하나의 유럽

하나의 유럽

1판 1쇄 발행 2009년 5월 28일
1판 3쇄 발행 2014년 9월 19일

지은이 | 강원택 · 조홍식
펴낸이 | 김선기
펴낸곳 | (주)푸른길
출판등록 | 1996년 4월 12일 제16-1292호
주소 | (152-847) 서울시 구로구 디지털로 33길 48 대륭포스트타워 7차 1008호
전화 | 02)523-2907   **팩스** | 02)523-2951
이메일 | purungilbook@naver.com
홈페이지 | www.purungil.co.kr

ISBN 978-89-6291-111-4 03340

하나의 유럽

강원택 · 조홍식 지음

푸른길

책을 펴내며

지난 1999년 유럽연합에 대한 대중적 입문서를 내면서 우리가 선택한 제목은 『유럽의 부활』이었다. 유럽은 한국에서 일반적으로 인식하듯이 '과거형'의 시제에 머물러 있는 것이 아니라 사실은 '현재 진행형'으로 변화하고 있다는 점 때문이었다. 유럽은 영광스런 과거의 흔적을 고스란히 보존한 박물관일 뿐 아니라 국제 사회에서 상당한 역할을 담당할 역동적 변화의 세력으로 다시 떠올랐다는 사실을 강조하고자 했다. 『유럽의 부활』을 펴낼 당시에는 1994년 유럽공동체에서 유럽연합으로 명칭을 바꾸면서 정치적 결속이 강화되었고, 1999년에는 단일 화폐를 출범시키면서 공동의 운명을 상징적으로 과시하였던 시기였다.

그로부터 정확하게 10년이 흘렀다. 그리고 일반 국가나 지역에서는 찾아보기 어려울 정도의 거대한 변화들이 유럽에서 나타났다. 유럽연합이라는 정치 체제의 기본적인 골격에 빈번한 부침과 변화가 있었다. 1999년 발효된 암스테르담 조약, 2001년 체결되어 2003년에 발효된 니스 조약, 그리고 그 이후에 추진된 유럽헌법의 비준 실패가 이어졌고 현재는 리스본 조약이 추진 중이다. 유럽연합이 포괄하는 국가의 범위도 15개국에서 27개국으로 대폭 확대되었다. 이제 유럽연합은 서유럽에서 시작하여 중·동부 유럽까지를 포함하는 대륙적 규모로 성장한 것이다. 또 그 사이에 유로화는 달러와 함께 국제 금융 시장에서 중요한 역할을 담당하는 화폐로 부상하였다.

　변화의 깊이와 폭이 컸던 만큼 이전의 책을 단순하게 개정하기보다는 새로 다시 시작해야 한다는 결론에 도달하였다. 이제 유럽은 진정 하나된 모습을 갖추어 가는 단일한 행위자가 되어 가고 있다. 우리가 『하나의 유럽』이라는 상징적 제목을 택하게 된 것은 바로 이런 점에 주목한 때문이다. 시민들의 기본적 권리를 직접적으로 보장하는 정치 체제를 수립하려는 다양한 시도는 물론 단일 시장과 단일 화폐의 형성과 운영, 외교 안보 분야에서 한 목소리를 내기 위한 노력은 모두 '하나의 유럽'을 만들어 가는 과정인 것이다.

　『유럽의 부활』은 모두 8개의 장으로 구성되어 있었다. 이번 『하나의 유럽』은 12개의 장으로 대폭 늘어났다. 유럽 통합의 역사를 1980년대 단일 시장 형성 계획을 기준으로 전·후로 나누었다. 또 단일 시장과 화폐를 함께 다루었던 장을 시장과 화폐로 각각 구분하여 취급하였다. 마찬가지로 유럽연합의 확대되고 강화된 정책 권한을 반영하여 정책의 장을 농업, 사회, 환경 분야와 사법 외교, 안보, 분야로 나누어서 분석하였다. 끝으로 대폭 늘어난 회원국의 수를 감안하여 유럽 통합과 국민 국가의 상호 관계 분석을 하나에서 두 장으로 늘렸다. 이러한 구성은 이 책이 대학의 유럽연합이나 유럽 지역 관련 입문 강의에서 교재로 활용되고 있다는 현실을 감안한 것이다.

　우리 저자들은 영국과 프랑스라는 서로 다른 나라에서 유학하였고 은연중에 이들 국가의 유럽에 대한 관점에 영향을 받았다는 점을 이전 작업을 통해 확인한 바 있다. 주도적이고 낙관적인 프랑스의 시각과 비판적이고 회의적인 영국의 태도가 연구자에게도 무의식적으로 심어졌다는 사실이 공동의 작업 과정에서 노출되었다. 하지만 10여 년이 지나면서 이러한 관점의 차이는 사실상 대폭 줄어들었다. 우선 짧지 않은 지난 10년이라는 기간의 유럽 통합의 경험과 역사가 많은 질문과 불확실성에 답을 주었다. 또한 이 기간 동안 우리는 유럽이 아닌 외부에서 통합을 바라보았기에 거리가 제공하는 공통의 객관적 시각을 형성할 수 있었다. 물론 이에 대한 반대급부는 현장감이 떨어질 수 있다는 점이겠지만, 가능한 현지 언론의 시사쟁점에 대한 최근 보도를 박스로 도입하여 살아 있는 호흡을 전달하려 하였다. 끝으로 우리는 같은 대학의 같은 학과에 함께 근무하게 되면서 전보다 수월하게 공동 작업을 할 수 있는 기회를 얻었다. 하지만 학교에서 가까운 곳에 사는 학생이 자주 지각을 하듯이 우리의 공동 작업은 사실 2006년 초 시작하여 3년을 끌었다. 저자들의 게으름을 묵묵히 참고 인내해 주신 푸른길의 김선기 사장께 감사의 말을 전한다.

10년 전 펴낸 『유럽의 부활』에 대해 유럽연합과 유럽 정치를 전공하는 동료 학자들이 보내 준 호응은 우리가 기대했던 것 이상이었다. 일반적으로 대중적 교육을 지향하는 저술보다는 학술적이고 전문적인 연구에 치우친 한국 학계의 관행을 감안할 때 우리의 작업은 조심스러울 수밖에 없었다. 그러나 작업의 관점과 시각에 대한 비판, 내용과 자료에 대한 평가, 그리고 우리의 시도에 대한 따뜻한 격려와 충고는 다시 한번 이 작업을 시작하게 하는 원동력이 되었다. 이 자리를 빌려 모든 분들께 깊은 감사를 표하며, 특히 초고를 가지고 토론·비판해 주신 통합유럽연구회 선생님들께 고마움을 전한다. 그리고 앞으로도 날카로운 비판과 따뜻한 충고를 기대한다.

2009년 4월

강원택·조홍식

차 례

4. 유럽연합의 제도와 기구

5. 단일 시장: 경제 및 경쟁 정책

약자 목록

AECF: Asia Europe Cooperation Framework, 아시아유럽협력제도

ARF: ASEAN Regional Forum, 아세안지역안보포럼

ASEAN: Association of Southeast Asian Nations, 동남아시아국가연합

ASEM: Asia Europe Meeting, 아시아유럽정상회의

BMW: Bayerische Motoren Werke AG, 바이에른자동차회사

CAP: Common Agricultural Policy, 공동농업정책

CCP: Common Commercial Policy, 공동통상정책

CIA: Central Intelligence Agency, 미국중앙정보국

CFC: Chlorofluorocarbon, 프레온 가스

CFSP: Common Foreign and Security Policy, 공동외교안보정책

CNPF: Conseil National du Patronat Français, 전국프랑스고용주협의회

COPA: Committee of Professional Agricultural Organisations in the European
Union, 유럽연합 농업직능조직 위원회

COREPER: Committee of Permanent Representatives, 상임대표 위원회

CSCE: Conference on Security and Cooperation in Europe, 유럽안전보장협력회의

DAC: Development Assistance Committee, 개발원조위원회

EAGGF: European Agricultural Guidance and Guarantee Fund, 유럽농업지도보장
기금

ECB: European Central Bank, 유럽중앙은행

ECHO: European Community Humanitarian aid Office, 유럽공동체인도적지원청

ECSC: European Coal and Steel Community, 유럽석탄철강공동체

ECU: European Currency Unit, 유럽통화단위

EDC: European Defense Community, 유럽방위공동체

EEA: European Economic Area, 유럽경제지역

EEA: European Environment Agency, 유럽환경기구

EEC: European Economic Community, 유럽경제공동체

EFTA: European Free Trade Association, 유럽자유무역연합

EIB: European Investment Bank, 유럽투자은행

EMA: European Monetary Agreement, 유럽통화협정

EMC: European Military Committee, 유럽군사위원회

EMCF: European Monetary Cooperation Fund, 유럽통화협력기금

EMI: European Monetary Institute, 유럽통화기구

EMS: European Monetary System, 유럽통화제도

EMU: Economic and Monetary Union, 경제통화통합

ENP: European Neighborhood Policy, 유럽근린정책

ENPI: European Neighborhood and Partnership Instrument, 유럽근린파트너십조치

EPC: European Political Cooperation, 유럽정치협력

ERDF: European Regional Development Fund, 유럽지역개발기금

ERM: Exchange Rate Mechanism, 환율제도

ESA: European Space Agency, 유럽우주기구

ESDP: European Security and Defense Policy, 유럽안보방위정책

ESF: European Social Fund, 유럽사회기금

ESPRIT: European Strategic Program in Information Technology, 유럽정보기술전
    략프로그램

ESCB: European System of Central Banks, 유럽중앙은행제도

ETS: Emission Trade Scheme, 배출거래제도

ETUC: European Trade Union Confederation, 유럽노조연맹

EUSC: European Union Satellite Center, 유럽연합위성센터

GATT: General Agreement on Tariffs and Trade, 관세무역 일반협정

GNI: Gross National Income, 국민총소득

IGC: Intergovernmental Conference, 정부간 회의

MEDSPA: Mediterranean Special Program Action, 지중해 특별 프로그램 행동계획

MFA: Multi-Fiber Agreement, 다자간 섬유협정

NAFTA: North American Free Trade Agreement, 북미자유무역협정

NAPs: National Action Plans for Employment, 고용을 위한 국가행동계획

NATO: North Atlantic Treaty Organization, 북대서양조약기구

NGO: Non Governmental Organization, 비정부기구

NIPC: Nouvel Instrument de la Politique Commerciale, 신통상정책도구

NTB: Non Tariff Barriers, 비관세 장벽

OCA: Optimum Currency Area, 최적통화지역

OECD: Organization for Economic Cooperation and Development, 경제협력개발
기구

OEEC: Organization for European Economic Cooperation, 유럽경제협력기구

ONP: Open Network Provision, 개방 네트워크 제공

OPEC: Organization of the Petroleum Exporting Countries, 석유수출국기구

PHARE: Poland and Hungary: Aid for Economic Restructuring, 폴랜드 헝가리를
위한 경제구조조정지원

PSC: Political and Security Committee, 정치안보위원회

SAPARD: Special Action Program for Agricultural and Rural Development, 농업
및 농촌발전을 위한 특별 행동 프로그램

SDI: Strategic Defense Initiative, 전략방위구상

SE: Societas Europaea, 유럽회사

SEA: Single European Act, 유럽단일의정서

SIS: Schengen Information System, 셴겐정보체계

SOLVIT: Effective Problem Solving in Europe, 유럽의 효과적 문제해결 네트워크

SPG: System of Generalized Preference, 일반수혜제도

TACIS: Technical Aid to the Commonwealth of Independent States, 독립국가연합
기술지원

UEFA: Union of European Football Association, 유럽축구연맹

UNICE: Union of Industrial & Employers confederation of Europe, 유럽산업고용
주연맹

WEU: Western European Union, 서유럽동맹

인명

고르바초프: Mikail Gorbachev

곤잘레스: Felipe Gonzalez

나세르: Gamal Abdel Nasser

닉슨: Richard Nixon

대처: Margaret Thatcher

데 가스페리: Alcide De Gasperi

도이센베르흐: Willem Duisenberg

뒤베르제: Maurice Duverger

드골: Charles de Gaulle

들로르: Jacques Delors

라스무센: Anders Rasmussen

러버스: Ruub Lubbers

레드우드: John Redwood

레이: Jean Rey

레이건: Ronald Reagan

로손: Nigel Lawson

르펜: Jean Le Pen

마라: Jean-Paul Marat

마셜: George Marshall

만델슨: Peter Mandelson

만스홀트: Sicco Mansholt

망데스프랑스: Pierre Mendès-France

맥밀란: Harold Macmillan

맥샤리: Raymond Macsharry

메르켈: Angela Merkel

메이저: John Major

메치아르: Vladimir Meciar

모네: Jean Monnet

모들링: Reginald Maudling

모로: Aldo Moro

몰레: Guy Mollet

미테랑: François Mitterrand

바로주: Manuel Barroso

바오르 2세: Joannes Paulus II

바웬사: Lech Walesa

베르너: Pierre Werner

베를루스코니: Silvio Berlusconi

베빈: Ernest Bevin

부시: George Bush

부티리오네: Rocco Buttiglione

브라운: James Brown

브라텔리: Trygve Brateli

브란트: Willy Brandt

블레어: Tony Blair

비도: Georges Bidault

비스마르크: Otto von Bismarck

빌트: Carl Bildt

사파테로: Jose Zapatero

살라자르: Antonio Salazar

상테르: Jacques Santer

세르방 슈레베르: Servan-Schreiber

솔라나: Javier Solana

슈뢰더: Gerhard Schröder

슈마허: Kurt Schumacher

슈만: Robert Schuman

슈말레: Wolfgang Schmale

슈미트: Helmut Schmidt

슘페터: Joseph Schumpeter

스틸: David Steel

스파크: Paul-Henri Spaak

스피넬리: Altiero Spinelli

아데나워: Konrad Adenauer

어윈: Derek Urwin

에르하르트: Ludwig Erhard

오바마: Barack Obama

윌슨: Harold Wilson

이든: Anthony Eden

젠킨스: Roy Jenkins

지스카르 데스탱: Valéry Giscard
    d'Estaing

차우체스쿠: Nicolae Ceausescu

처칠: Winston Churchill

체치니: Paolo Cecchini

카라만리스: Kostas Karamanlis

카메론: David Cameron

커필드: Jamie Cockfield

케네디: John Kennedy

켈러헌: James Callaghan

콜: Helmudt Kohl

쿠브 드 뮈르빌: Maurice Couve de
    Murville

쿠처: Hans Kutscher

클라우스: Vaclav Claus

토폴라넥: Mirek Topolanek

투즈만: Franjo Tudjman

트루만: Harry Truman

트리셰: Jean-Claude Trichet

티게슨: Neils Thygesson

틴드만스: Leo Tindemans

파판드레우: Andreas Papandreou

팍사스: Rolandas Paksas

페르손: Gran Persson

펠드스타인: Martin Feldstein

폴락: Anita Pollack

퐁피두: Georges Pompidou

푸셰: Christian Fouchet

푸트: Michael Foot

풀브라이트: William Fulbright

프랑코: Francissco Franco

플레벵: René Pleven

피셔: Joschka Fischer

피슐러: Franz Fischler

하우: Geoffrey Howe

하이더: Jorg Haider

할슈타인: Walter Hallstein

헤어초크: Roman Herzog

호프만: Heinz Hoffman

히스: Edward Heath

히틀러: Adolf Hitler

유럽 통합을 어떻게 바라보아야 하나

1

"어느 날 우리의 대륙에 있는 모든 국가들이 하나의 유럽이라는 형제애를 이룰 그 날이 올 것이다. …… 어느 날 우리는 미합중국과 유럽합중국이 얼굴을 마주하고 해양을 건너 서로에게 다가설 그 날을 …… 보게 될 것이다."

빅토르 위고(Victor Hugo), 1848

21세기 들어 하나의 유럽이 부쩍 눈에 띄게 되었다. 우선 제2차 세계대전 이후 철의 장막으로 양분되었던 유럽이 공산권의 붕괴로 자유롭게 소통할 수 있게 되었고, 구 공산권 국가들은 유럽으로의 복귀(Return to Europe)를 강력하게 희망하였다. 1990년대와 21세기 초반 장기간에 걸친 민주적 정치 제도의 도입과 시장 경제로의 이행 노력으로 대부분의 중·동구 국가들은 2004~2007년에 기존 서유럽 중심의 유럽연합에 회원국으로 가입하였다. 이로써 반세기 이상 분단을 겪었던 유럽은 비로소 다시 하나로 통합하게 된 셈이다. 유럽연합의 회원국은 15개에서 27개로 대폭 증가하였고 명실상부한 유럽 대륙의 정치 단위로 등장하였다.

　21세기에 나타난 또 다른 중대한 변화는 유로라는 단일 화폐의 등장이다. 이제 라인 강의 기적이라는 독일의 경제 발전을 상징하던 마르크는 역사의 뒤안길로 사라졌다. 마찬가지로 프랑스의 프랑과 이탈리아의 리라, 에스파냐의 페세타와 네덜란드의 플로린 등 민족 국가를 상징하던 화폐들도 모두 사라졌고 유로가 대신 등장하였다. 역사학자 볼프강 슈말레(W.

Schmale)는 이를 '지갑 속의 유럽'이라고 표현하였다. 그만큼 유럽 인이 일상생활에서 하나의 화폐를 사용하면서 느낄 수 있는 동질성이 강화되었다. 과거 국가의 화폐와 동전에 등장하는 민족 영웅과 기념비가 민족주의의 일상적 상징이었듯이 이제는 유럽의 문명적 동질성을 나타내는 건축의 양식 모형이 유럽 인에게 공통의 문화와 역사를 일깨우고 있다.

한국에서도 하나의 유럽은 21세기 들어 더욱 가시적인 모습으로 부상하였다. 유럽 지역으로 배낭여행을 떠나는 젊은이는 과거 달러를 들고 나가 여행지마다 각국 화폐로 환전해 사용하곤 했다. 그러나 이젠 달러 대신 유로를 지갑에 넣고 파리로 들어가 암스테르담과 뮌헨, 비엔나와 로마, 마드리드와 리스본을 자유롭게 오가면서 여행할 수 있다. 보다 거시적으로 기업과 은행도 이제는 여신과 투자 업무에서 유럽중앙은행의 정책 성향에 신경을 곤두세우고 달러와 유로의 사용 및 보유 비율을 심각하게 고려해야 한다. 다른 한편 한국은 지난 2007년 5월부터 유럽연합과 자유무역협정 체결을 위한 협상을 시작하였다. 미국, 중국, 일본 등의 국가뿐 아니라 이제는 아세안이나 유럽연합과 같은 행위자가 국제적으로 부상했다는 사실을 보여 주는 것이다. 그야말로 국가 대사에서 개인의 일상까지 '하나된 유럽'을 한국에서도 여러 형태로 실감할 수 있게 되었다.

우리가 흔히 부르는 '유럽'이라는 명칭의 대상은 사실 매우 애매하다. 우리는 종종 유럽을 아시아나 아메리카, 아프리카와 구분하는 지리적인 단위로 사용하고 있지만, 유럽으로 불리는 지역의 내부에는 적지 않은 상이함과 다양성이 존재하기 때문이다. 유럽은 위에서 지적한 형식적 정치 단위나 화폐, 국제 협상에 있어서 하나된 모습을 보여 주지만 여전히 기존의 국가와는 비교하기 어려운 성격이다. 예를 들어 미국에서는 영어, 중국에서는 중국어를 하지만 − 물론 우리의 단순한 인식과는 달리 미국이나 중국의 언어적 상황은 훨씬 복잡하다 − 유럽에는 유럽 어가 존재하지 않는다.

공식적인 언어만 하더라도 23개나 된다. 영국이나 아일랜드의 도로에서 자동차가 달리는 방향은 유럽의 이웃 나라와는 다르다. 국왕이 있는 나라도 있고 대통령을 선출하는 국가도 있다. 대통령은 프랑스에서는 강한 권한을 갖고 있지만, 유럽의 대부분 국가에서는 국가의 통합을 위한 상징적 존재일 뿐이다. 이러한 사례들은 단편적이지만, 하나로 불리는 유럽 내부의 다양함과 상이함을 보여 주는 예가 될 수 있다.

유럽의 지리적 경계 자체도 분명하지 않다. 서쪽 끝은 물론 대서양과 인접한 포르투갈이나 영국, 아일랜드 등일 것이다. 그러나 동쪽으로 가면 그 구분이 그리 명확하지 않다. 예를 들면 헝가리 사람들은 유럽이 헝가리의 동부 국경에서 끝이 난다고 주장하지만, 러시아 사람들은 모스크바나 상트페테르부르크를 오래된 유럽의 도시라고 부른다. 우크라이나 역시 자신을 유럽 국가라고 주장한다. 터키는 역사적·문화적으로 상이한 전통을 갖고 있으며 오랫동안 '유럽 국가에 대한 주된 위협'이었다. 그러나 현재 터키는 북대서양조약기구(NATO)의 일원이며, 유럽연합 회원국이 되기 위한 협상을 벌이고 있다. 과거 프랑스의 드골 대통령은 '대서양에서 우랄까지' 유럽의 단합을 주창한 바 있는데, 이 견해에 따르면 유럽은 이들을 모두 포함하는 지역이 된다. 사실 러시아, 터키, 우크라이나는 모두 유럽의 각종 국가 대항 스포츠 경기, 예컨대 챔피언스 리그와 같은 유럽 클럽 간 축구대회에 참여하고 있다. 비교적 동질화된 서유럽을 벗어나면 유럽의 다양성과 이질적 구성의 정도는 더욱 심해진다.

이런 상이점에도 불구하고 우리는 유럽을 단일 실체로 이해하는 경향이 있다. 즉 우리는 유럽에 다른 지역과 구분되는 명백한 공통의 속성이 존재한다고 느낀다. 우리가 종종 이야기하는 '유럽형의 건물', '유럽풍의 분위기', '유럽식 스타일'은 모두 유럽을 공통의 특징을 공유하는 단일 실체로 이해하는 단적인 예이다. 그 구성원의 다양성에도 불구하고 유럽을 하나로 바라보게 하는 한 가지 중요한 이유는 과거 '하나로 통합된 공동체'였다는 역사적 경험 때문일 것이다. 하나의 공동체로서 유럽의 기원은 멀리 로마 제국까지 거슬러 올라간다. 로마 제국은 북쪽으로 잉글랜드, 남쪽으로 북아프리카, 동쪽으로 터키, 서쪽으로 포르투갈에 이르는 광대한 지역을 통치하면서 각 지역 간 물자를 교류시키고 문화를 전파하였으며, 유럽을 비슷한 정치 제도와 계급 구조를 갖는 사회로 만들었다. 로마가 닦아 놓은 도로를 따라 로마의 문화와 기독교가 유럽의 곳곳으로 퍼져 나갔고, 이후 유럽은 기독교라는 종교에 의해 하나의 정신적·문화적 공동체로 '통합'되었다. 우리가 '유럽적'이라고 부르는 보편적인 특성으로서의 유럽의 문화는, 이 시기에 확고히 뿌리내리기 시작하였다고 보아도 될 것이다.

로마라는 제국의 지배와 여기서 비롯되는 정치·종교·문화적인 특성에서 비롯되는 '객관적' 동질성은 중세 동안 지속되었지만 유럽이 주관적으로 자신을 하나로 인정하는 계기는 다른 문명과의 접촉과 교류, 혹은 충돌을 통해서이다. 십자군 원정과 이슬람 문명과의 대결, 오토만에 의한 동로마 제국의 붕괴, 대항해 시대에 다른 대륙과의 접촉 등은 모두 유럽의 내부적 동질성과 공통점을 주관적으로 인식하게 해 준 계기이다.

하지만 역설적으로 중세의 객관적 '통합 공동체'와 그 뒤를 이은 주관적 유럽 의식이 발전함과 동시에 유럽은 수많은 정치적 단위로 분열되었다. 예컨대, 비스마르크의 통일 이전 독일 지역은 400여 개의 군소 정치 단위로 나뉘어 있었다. 분열과 함께 국가 간 전쟁도 끊이지 않았으며, 유럽의 국경선은 언제나 변화해 왔다. 민족을 단위로 하는 하나의 독립된 국가를 형성하려는 노력은 민족주의가 유럽을 휩쓴 근대에 가장 뚜렷이 나타났지만, 오늘날에도 그러한 움직임은 계속되고 있다. 소련의 붕괴에 따라 소속되었던 많은 공화국은 독립을 선포하였고, 그중 부유한 발트 3국은 이제 유럽연합의 일원이 되었다. 체코슬로바키아는 체코와 슬로바키아로 나뉘었다. 유고슬라비아 역시 슬로베니아, 크로아티아, 마케도니아, 보스니아–헤르체고비나, 세르비아, 몬테네그로, 코소보 등으로 분열되었다. 심지어 민주주의와 체제의 정통성이 확립된 서유럽 국가에서도 분리주의의 움직임은 발견된다. 에스파냐의 바스크 세력, 프랑스의 코르시카 세력, 영국의 스코틀랜드 민족당(Scottish National Party), 이탈리아의 파다니아 독립을 위한 북부동맹(Lega Nord) 등이 여전히 분립을 주장하는 세력들이다.

이러한 분열과 다툼은 역사적으로 어느 한 국가가 군사적으로 우위에 서는 경우 그 군사력에 의해 유럽을 하나의 제국으로 통합하려는 시도로 이어지곤 하였다. 나폴레옹의 유럽 정복이라든지 히틀러의 제국 건설의 꿈은 모두 이러한 예에 해당한다. 나폴레옹은 영국과 러시아를 복속시키지는 못하였지만 유럽 대륙의 대부분을 자신의 군사적 통제하에 두었다. 히틀러 역시 막강한 군사력을 기반으로 한때 유럽 대륙의 대부분을 점령하였다.

이와 같은 군사적 수단에 의한 통합 시도는 모두 실패로 끝났지만, 역설적으로 이러한 전쟁을 통해 유럽 인들은 진정한 통합의 필요성을 자각하기 시작했다. 특히 히틀러의 침략은 이에 맞서 함께 투쟁한 유럽 인들에게 서로 연대감을 느끼게 하였고, 유럽 재건을 위해서는 국가 간 국경선을 철폐하고 유럽을 하나의 공동체로 만들어야 한다는 인식에 도달하게 하였다. 이들은 유럽 각국의 민족주의와 민족적 자만을 전쟁의 근본 원인으로 비판하고, 유럽을 하나의 이해관계 속에 묶어 놓음으로서 평화를 보장받고 공통의 이해관계 속에서 안전과 번영을 추구하고자 하였다. 지금 우리가 보고 있는 유럽 통합의 모습은 바로 이러한 인식에서 출발한 것이다.

유럽 통합의 또 다른 요인은 국제 정치적인 측면에서 찾아볼 수 있다. 제1차 세계대전으로 큰 시련을 겪은 유럽은 전쟁의 상처가 아물기도 전에 제2차 세계대전에 휘말리게 되었으며, 전쟁이 끝났을 때 유럽은 승 · 패전국 어느 나라를 막론하고 폐허의 상태가 되었다. 과거 세계의 중심이었던 유럽은 이제 전쟁을 통해 스스로 몰락의 길을 걸어갔고, 미국과 소련이 주도하는 새로운 국제 정치 질서하에서 수동적인 존재로 전락하고 말았다. 유럽이 세계사의 중심 무대에서 밀려난 현실을 자각하면서, 유럽 인들은 새로운 세계 질서 속에서 유럽의 독자성과 일체감을 유지하기 위한 방안을 모색하였는데, 유럽 통합은 바로 이에 대한 현실적인 대안이었던 셈이다. 초강대국 미국과 소련을 중심으로 한 냉전 체제가 무너진 오늘날 통합된 유럽은 국제 사회에서 이전보다 커다란 영향력을 지닐 수 있게 되었으며, 미국 · 일본에 맞서는 경제 중심으로 다시 일어서게 되었다.

그런데 유럽 국가들이 통합을 추진할 수 있었고 또 통합에 도달할 수 있었던 것은 바로 유럽의 동질성, 즉 문화적 공동체로서의 역사적 경험과 무관하지 않다. 즉 오늘날 유럽 문화의 뿌리가 된 고대 그리스 · 로마 문화와 중세 유럽 인의 정신 세계를 지배한 기독교가 통합된 공동체로서 유럽의 재건을 가능하게 해 주었던 것이다. 어윈(D. Urwin)의 말을 빌리면,

"유럽 통합의 모델을 고대 로마 제국에서 찾고 있다. 로마 제국은 문명화된 유럽 전체를 통합한 것으로 인식되었다. 이들을 매료시킨 것은 바로 통합을 통하여 문명이 유지된다는 관점이었다. 즉 로마 제국의 형성과 함께 통합된 유럽 기독교 사회가 평화 속에서 성립되었으며, 외부의 약탈과 침략으로부터 유럽을 효과적으로 방위할 수 있게 되었다는 것이다. 통합의 가장 큰 가치는 전쟁의 방지와 평화의 유지라고 할 수 있다. 이것은 초기 유럽 통합 운동에 헌신한 사람들의 주제이기도 했다."

유럽 통합은 제2차 세계대전 이후 새로이 추진력을 갖고 진행되어 왔지만, 그 이전 많은 사상가들이 오랫동안 꿈꾸어 왔던 것이다. 그리고 그들이

꿈꾸어 온 유럽 통합은 유럽 문명의 보호 · 유지를 위한 통합, 곧 통합된 공동체로서의 유럽으로 복귀라는 오랜 이상에서 비롯되고 있는 것이다.

통합된 유럽과 국민 국가

유럽연합(EU)은 통합된 공동체를 꿈꾸었던 통합론자들의 이상을 많은 부분 충족시켜 주고 있다. 1951년 유럽석탄철강공동체(ECSC)의 창설과 함께 서유럽 6개국 간에 이루어졌던 석탄 · 철강 분야에서의 제한적 경제 협력은, 이제 동 서 유럽을 포괄하여 27개국으로 이뤄진 인구 5억에 육박하는 거대한 단위로 확대 · 발전하였다. 유럽연합의 총생산은 명목 가치로 보았을 때 세계 경제의 30% 정도를 차지하는 거대한 수준이다. 유럽의 통합은 경제적인 분야에서뿐만 아니라 사회 전반에 걸쳐 이미 많은 부분이 이루어졌고, 외교 · 국방분야에서도 한 목소리를 내기 위한 움직임이 시작되었다. 반 세기가 조금 넘은 비교적 짧은 기간에 달성된 유럽 통합의 성과를 보면 하나의 공동체로서 유럽의 미래에 대한 낙관적 기대를 갖게 하며, 궁극적으로 하나의 국가와 같은 형태, 즉 유럽합중국(United States of Europe)의 등장도 가능해 보인다. 사실 정치적 공동체의 꿈은 초기 유럽 통합을 이끌었던 인물들의 이상이기도 했는데, 프랑스의 장 모네(J. Monnet)는 주권의 자발적 양도를 통한 초국가적인 중앙 조직의 필요성을 강조하기도 하였다.

사실 유럽연합은 그 조직을 보면 하나의 국가처럼 보인다. 유럽연합의 주요 상설기구로는 집행위원회, 유럽의회, 유럽법원, 유럽중앙은행 등을 들 수 있다. 개별 국가에서 볼 수 있는 것과 같은 통치 기구가 갖춰져 있는 셈이다. 이들 기구는 유럽연합 개별 회원국의 영향을 받지 않고 독립성을 갖고 움직이는 초국가기구(supranational institution)인데, 다시 말하자면 국가 위에 존재하는 기구인 셈이다. 또한 유럽연합 회원국의 정상이 서명하고 각국 의회나 국민의 동의를 얻어 발효된 각종 조약은 개별 국가 법령에 우선하도록 되어 있다. 이런 점에서 보면 유럽은 이제 거의 하나의 통합된 정치 조직을 갖추고 있는 것으로 보이며, 유럽합중국의 출범도 어려워 보이지 않는다. 실제로 기존의 유럽연합 체제를 연방 국가와 비교하는 학자들이 있으며, 유럽의 연방화를 우려하는 반발과 비판의 강한 목소리는 이러한 현실의 반증이기도 하다.

그러나 이러한 외면적인 통합의 진전과 심화에도 불구하고 현실적으로 현 시점에서 유럽의 정치 통합이 짧은 기간 내에 완성될 것으로 기대하기는 어렵다. 유럽 정치 통합의 완성은 모네의 말대로 주권의 양도를 통해서만 가능한 것인데, 개별 국민 국가가 자신의 주권을 포기하고 초국가적 기구의 통치에 종속되는데 동의할 것으로 보기는 어렵기 때문이다. 오히려 주권 약화에 대한 우려로 인해 유럽의 통합은 그 과정에서 적지 않은 갈등을 겪어 온 것이 사실이다. 유럽 각국의 정부가 공동체의 참여 또는 통합의 심화를 추진하였을 때, 각국에서는 거의 예외 없이 이것이 주권의 상실로 이어질 것을 우려한 통합 반대론자들의 격렬한 저항에 부딪치곤 했다. 노르웨이에서는 유럽연합 가입을 위한 두 차례의 국민투표가 모두 부결되었다. 덴마크 역시 국민투표에서 마스트리히트 조약이 거부되었고, 조약 내용에 대한 선택적 탈퇴(Opt-out)를 허용받은 뒤 다시 실시한 국민투표에서 간신히 이를 비준받았다. 영국 역시 유럽 문제가 1990년대 보수당 정부의 내분을 불렀고, 1997년의 선거 패배에도 영향을 끼쳤다.

21세기 들어서는 유럽연합도 국가들과 마찬가지로 헌법을 마련하려는 원대한 계획이 추진되었지만 2005년 프랑스와 네덜란드의 국민투표에서 비준에 실패하였다. 유럽 헌법은 기존의 복잡한 조약 체계를 하나의 헌법으로 묶는 것은 물론 유럽 시민들의 기본권을 포괄적인 정치 계약의 형식으로 수립하는 중대한 상징적 진전이었다. 이러한 실패를 극복하기 위해 다시 마련된 리스본 조약도 2008년 아일랜드 국민투표에서 비준에 실패함으로써 유럽 통합의 제도 개선은 또 다른 장애에 봉착하게 되었다. 하나의 유럽이 강해지면서 이에 대한 반발도 거세지고, 회원국의 수가 늘어나면서 다양한 반대의 목소리도 그만큼 커졌다.

이러한 사례들은 통합의 심화에도 불구하고 유럽 통합이 개별 국가의 정치적 상황과 긴밀한 관련을 맺고 있다는 점을 여실히 보여 주고 있다. 즉 유럽 통합은 각국 정치 지도자들의 주도와 노력이 중요하지만, 국내 여론의 지지가 뒷받침되지 않는다면 그 기반이 아래로부터 약화될 수도 있는 것이다. 반유럽의 극단론은 최근 지지율이 높아진 극우 정당에서 발견할 수 있는데, 예컨대 프랑스 극우 정당인 국민전선(Front National)의 당수 르펜(J. Le Pen)은 유럽 단일 화폐로 인해 프랑스는 독일의 경제적 식민지로 전락하게 될 것이라고 주장하고 있다. 또 2009년 현재 유럽연합 의장국인 체코의 대통령 클라우스(V. Claus)는 반유럽적 성향을 보여 주고 있는데 리스본 조약의 비준에 반대하며 유럽에 체코의 주권을 양도해서는 안된다는 입장이다. 실질적 정치 권한을 갖고 있는 체코의 토폴라넥(M. Topolanek) 총리는 그와는 반대로 친유럽적 성향을 갖는데, 체코의 사례는 유럽 통합을 둘러싼 복잡한 회원국 국내 정치의 모습을 잘 보여 주고 있다. 설상가상으로 2009년 3월 토폴라넥 내각은 의회의 불신임으로 사퇴하였고 체코의 정치 위기는 유럽연합 의장국 역할의 마비도 동시에 가져왔다.

이러한 모습은, 비록 여러 분야에서 참여 회원국 간 통일성과 동질성이 크게 높아져 통합이 거스를 수 없는 흐름으로 확고히 자리 잡았지만, 이를 반대하거나 우려하는 목소리 역시 작지 않음을 보여 주고 있다. 통합의 심화와 관련하여 생각해 볼 수 있는 중요한 문제는 유럽 인들의 정치적 정체성이다. 유럽 인들이 자신을 각 개별 국가의 국민으로 배타적으로 인식하는 경우와 '유럽 인'이라고 생각하는 경우에 따라 유럽 통합을 바라보는 시각이 다를 수밖에 없기 때문이다. 한 가지 예를 들면, 1997년 유로바로미터(Eurobarometer) 조사에서 프랑스 인 중 13%만이 자신을 유럽 인으로 인식하고 있었으며, 32%는 자신을 프랑스 인이라고 생각하고, 50%는 자신을 유럽 인이며 동시에 프랑스 인이라고 생각하는 것으로 나타났다. 이 조사 결과에서 알 수 있듯이 통합 유럽에 자신의 정치적 충성심을 배타적으로 부여하는 시민은 그리 많지 않으며, 오히려 대부분은 자신이 개별 국가의 국민이라는데 무게를 더 두거나 혹은 둘 다에 속한다고 하는 이중성을 보여 주고 있다.

이러한 이중성은 유럽 통합의 현주소를 보여 주는 하나의 지표로 이해할 수 있다. 통합의 심화와 함께 아직도 여전한 개별 국가의 영향력을 동시에 시사해 주는 것이기 때문이다. 실제로 유럽연합의 시민들을 심층적으로 인터뷰하여 분석한 연구에 따르면 많은 사람들의 경우 유럽에 대한 소속감과 국가에 대한 충성심이 서로 상충하기 보다는 보완적인 관계라는 사실도 밝혀졌다. 이런 점에서 유럽 통합은 통합과 차별화라고 하는 두 조류 간의 '역동적인 과정'으로 이해하는 게 적절한 것으로 보인다. 통합은 불가피하게 과거 국민 국가에서 고유한 것으로 여겨 온 일부 주권의 부분적 제한을 가져왔고 그로 인한 적지 않은 반발과 진통을 겪어 왔지만, 그럼에도 불구하고 유럽 통합은 꾸준하게 심화·발전되어 왔기 때문이다. 정-반-합의 변증법적 발전은 유럽 통합의 모습 속에서도 발견되고 있는 것이다.

유럽 통합의 이론적 이해

 지금까지 논의된 두 입장은 유럽을 설명하는 이론적 시각에도 반영이 된다. 통합과 차별화 중 어디에 무게를 두느냐에 따라 유럽 통합에 대한 이론적 접근은 달라지게 될 것이다. 또한 통합의 목적이나 동인, 과정 그리고 통합의 성격에 따라 다양한 접근이 가능할 것이다.

 이론적 관점을 살펴보기 위해 유럽 통합의 역사적 과정을 뒤돌아 보면 흥미로운 특징이 발견된다. 오늘날 유럽 통합은 정치적 공동체, 연방제와 같은 정치 체제를 향해 나아가고 있지만 그 시작은 특정 산업 분야의 경제적 협력에서 시작되었다. 유럽 통합의 시발점은 프랑스, 독일, 이탈리아와 베네룩스 3국이 모여 이룬 유럽석탄철강공동체라는 일부 분야에 국한된 통합의 시도였지만, 이를 기초로 오늘날에는 모두 27개국이 참여하고 있고 미국과 일본의 경제 규모를 넘어서는 주요한 경제축으로 등장할 만큼 성장하였다.

 유럽의 이러한 역사적 과정을 고려할 때, 우선 기능주의적 접근 방식으로 통합을 설명해 볼 수 있다. 기능주의적 시각은 한 분야에서의 통합은 다른 분야로 확대되어 가고, 그러한 파급효과가 점진적으로 확산되면서 통합이 심화되어 간다는 것이다. 기능주의 이론은 통합이 점진적으로 진행되며, 일단 시작된 통합의 움직임은 멈추어 서거나 후퇴하는 일 없이 계속 발전해 나갈 것이라는 낙관적 시각을 갖고 있다.

 통합에 있어서 가장 중요한 것은 한 분야에서의 통합이 다른 분야로 확산되는 '파급효과' 혹은 '전이 효과'(spill-over)이다. 이렇듯 파급효과가 생겨나는 원인은 사회 현상이 상호 의존적이기 때문이다. 즉 한 산업 분야에서의 통합은 다른 산업 분야에서 통합의 필요성을 낳게 되고, 통합의 범위가 점진적으로 확대되면서 기능적 연계는 통합의 심화로 이어지게 된다.

유럽 통합의 측면에서 본다면, 특정 산업 분야에서 유럽 국가들 간의 통합은 불가분 상호 의존성 증가로 이어지게 되고, 이는 궁극적으로 정치적 통합으로 이어지게 될 것이라는 설명이 가능할 것이다. 실제로 초기 유럽 통합을 이끌었던 모네, 슈만, 스파크 등 통합론자들은 이러한 기능주의적 시각을 갖고 있었으며, 경제 공동체의 등장이 궁극적으로 연방제 형태의 유럽합중국이라는 정치적 공동체로 귀결될 것으로 믿었다.

그러나 이러한 시각에 회의적인 이들은 경제 통합에도 불구하고 현실적으로는 개별 국민 국가가 여전히 정책 결정에 있어서 중요한 역할을 담당하고 있다는 점을 주시한다. 즉 경제적인 통합이 관련 국가 상호 간의 의존성을 증대시키기는 하지만, 그것이 곧 정치적 통합으로 이어지지는 않는다는 것이다. 통합 과정에서 개별 국가의 영향력과 역할에 주목하는 경우 유럽 통합은 개별 국가의 국가 이익과 긴밀한 연관을 갖게 되고 국가 간 협상이 중요성을 갖게 된다. 현재 유럽연합 최고 정책 결정 기관은 회원 국가의 정상들이 모이는 유럽이사회라는 점을 고려하면 이러한 시각의 타당성을 인정할 수 있을 것이다. 따라서 통합의 진전은 개별 국가의 이익이 서로 합치되는 최소한 공통분모를 발견하는 경우에만 가능한 일이 될 것이다. 또한 기능주의적 시각에서 경제 통합이 정치적 공동체의 탄생을 가능케 할 것이라는 낙관적인 시각과는 달리 개별 국가 중심의 관점에서 보면 통합의 진전에도 불구하고 이들 국가가 주권을 포기하여 하나의 연방 국가 창설로 이어질 가능성은 그리 높아 보이지 않는다. 즉 여전히 개별 국가의 국내 정치적 상황이 통합에 있어서 중요한 변수로 작용하며, 경우에 따라서는 통합의 움직임을 저해하는 방향으로 나아갈 수도 있는 것이다. 예컨대, 드골이 1965~1966년에 공석 정책(empty chair policy)을 통해 유럽경제공동체의 모든 결정 기능을 마비시키면서 프랑스의 주장을 관철시킨 바 있으며, 1990년대 들어 영국과 덴마크가 국내 정치적 이유를 들어 마스트리히트 조약 내용의 일부에 대해 예외를 인정받은 것 역시 개별 국가의 국내 정치적 요소가 통합에 부정적인 영향을 끼친 예라고 볼 수 있다.

그러나 개별 국가의 영향이 정책 결정에 최종적인 영향력을 보유하고 있다고 하더라도 그동안 유럽의 국가들 간에 이루어진 통합의 진전을 과소평가할 수는 없다. 즉 기능주의 입장처럼 점진적인 발전을 통해 연방 국가와 같은 형태의 정치적 통합을 이루는 것은 상당 기간 동안 기대하기 힘든 것이 사실이지만, 그로 인해 유럽 통합의 발전이 가로막혀 있다고 볼 수는 없다. 현실적으로 유럽 통합은 비록 단선적인 형태로 계속 진전되어 온 것은 아니더라도, 과정마다 발전과 후퇴를 거듭하면서 장기적으로는 통합이 심화되는 방향으로 진행되어 왔기 때문이다. 다시 말해 장기적인 시각에서 볼 때 유럽의 통합은 일률적이고 점진적인 발전 과정을 거쳐 온 것이 아니라 실패와 성공이 서로 교차하면서 반복되는 단계적인 경험의 축적을 통하여 심화되어 왔다.

통합 유럽의 이러한 현실적 성과는 유럽 통합을 바라보는 이론적 시각이 기능주의적 입장이나 개별 국가의 역할을 강조하는 이분법적 시각에서 벗어나 보다 종합적인 관점에 입각해야 한다는 점을 시사해 준다. 기능주의적 입장을 강조하는 경우 유럽연합이 그동안 이루어 낸 여러 가지 정책적 성과와 제도적 장치, 즉 초국가기구로서의 유럽연합의 특성이 부각될 것이며, 각국의 입장을 강조하는 경우 개별 국가의 정치적 특성과 상이한 이해관계가 부각될 수 있을 것이다. 실제로 유럽 통합의 역사는 이러한 두 가지 요소가 서로 영향을 주고 받으면서 통합을 이끌어 왔다는 것을 보여 준다. 즉 개별 국가와 초국가적 기구로서의 유럽연합, 공적 행위자와 사적 행위자 등 여러 행위자들의 전략적 선택과 제도적 제약 속에서 상호 관계를 이루며 통합을 이루어 왔다. 통합의 과정에서 이러한 양자 간의 상호 관계는 진전과 후퇴의 과정을 겪으면서 변증법적으로 발전되어 왔다고 하는 것이

보다 적절한 표현일 것이다.

　유럽 통합을 바라보는 이러한 이론적 시각의 차이는 유럽 통합의 의미에 대해서도 서로 상이한 해석을 가능하게 한다. 기능주의적 시각에서 볼 때, 유럽 통합은 경제적 통합을 통한 점진적 진전이 궁극적으로 연방제인 유럽 합중국으로 이끄는 것이며, 현재 개별 국민 국가를 향한 소속감과 충성심이 연방제 정치 체제로 전이되어 가는 과정이 된다. 스피넬리는 유럽공동체의 목적으로 모두에게 공통된 법과 제도를 발전시키고, 공동 정책을 통해 특정한 임무를 함께 수행하도록 하며, 외부 세계에 대해 공동의 입장과 책임을 지게 하는 방법으로 몇 개 국가의 운명을 점차 하나로 묶는 것이라고 밝힌 적이 있다. 그의 견해는 바로 유럽 통합의 의미를 유럽합중국의 건설에서 찾고자 하는 것이다. 즉 유럽 통합의 의미는 개별적이고 분산적이던 국가들이 모여 하나의 공동체로 발전되어 간다는 데 있다는 것이다.

　그러나 이러한 시각과는 달리 개별 국가의 입장을 중시하는 시각에서 본다면, 유럽 통합은 단일한 정치 체제가 아니라 국가 간의 협력을 제도화한 국제기구일 뿐이다. 이런 시각에서 보면, 호프만의 말대로 '공동체로서의 국제기구와 그 회원국의 관계는 제로섬 게임(zero-sum game)이 아니라면, 공동체는 국민 국가의 쇠퇴를 강요하기보다 오히려 그 보존에 기여하는 것'이 된다. 즉 유럽 통합은 국민 국가를 대체하는 것이 아니며 국가가 유럽 통합을 도구적으로 이용하는 셈이다. 그러나 유럽 통합의 의미를 개별 국민 국가의 도구적인 국제기구로 바라보는 시각의 문제점은, 유럽 통합이 창설자의 의도와 무관한 다른 방향으로 발전되어 갈 수 있다는 가능성을 과소평가하고 있다는 점일 것이다. 다시 말해 이러한 시각은, 통합의 초기에는 각국의 의도가 협상을 통해 국제기구에 그대로 반영될 수 있지만, 통합이 진전되고 심화될 경우 장기간 추진해 온 공동의 정책은 그 스스로 탄력을 갖게 될 뿐만 아니라 정책 네트워크 역시 개별 국가의 수준을 넘어서는 방향으로 재편될 수 있다는 사실을 무시하고 있는 것이다.

유럽합중국이나 국제기구로 보는 두 가지 시각에서 나타나는 이런 문제점을 극복하기 위한 최근의 새로운 견해는 유럽 통합을 다층 정치 구조(multi-level governance)로 이해하려는 시도이다. 즉 종적으로 두개 이상의 정치 단위가 중복적으로 층을 이루고 있다는 것이다. 유럽의 경우 초국가적 기구로서의 유럽연합과 개별 국민 국가라는 이중적인 통치의 단위가 존재한다는 현실을 반영하는 시각이다. 이러한 견해는 과거 고유한 것으로 간주되었던 주권 국가의 기능이 유럽연합과 같은 초국가기구에 의해 수행되는 현실 속에서 '국가'에 대한 전통적 개념의 변화를 반영한 결과로 볼 수 있다. 즉 유럽연합 내 개별 국가의 정부는 자국 국민들에게 영향을 미치는 정책의 결정과 집행 분야에서 여전히 주요한 행위자이지만, 동시에 유럽연합 집행위원회, 유럽법원, 유럽의회 등 초국가기구의 활동에 의해서도 상당한 영향을 받을 수 있기 때문이다. 이러한 관점에서 보면 유럽연합은 국가와 초국가적 단위가 상호 종속되어 있고, 상호 보완적인 기능을 행사하고 있으며, 중복되는 권한을 가진 체제인 셈이다. 그리고 국가는 더 이상 국내 정치와 국제 관계를 연결하는 배타적이고 독점적인 연결 고리가 아닌 셈이다. 이러한 구조 가운데 살고 있는 시민들의 정체감과 충성심 역시 배타적이기보다 상호 보완적 경쟁적이다. 즉 프랑스 인이면서 동시에 유럽인이 될 수 있으며, 스코틀랜드 인이며 동시에 영국인이고 또한 유럽 인이 될 수 있는 것이다. 여전히 한 국가를 구분하는 영토는 독점적이고 배타적 특징을 지니고 있지만, 그럼에도 유럽 통합의 진정한 의미는 국가와 초국가적 기구의 대립이 아닌 양자 간의 유기적 연결을 통한 새로운 형태의 정치 체제가 등장했다는 데서 찾을 수 있을 것이다. 요약하자면 다층 정치 구조의 의미는 초국가-국가-지역-지방 등 다양한 영토적 층간에 존재하는 정치 기구들 사이에 지속적인 협상과 타협을 통한 통치 행위의 체제가 형성되었다는 것이다.

다층 정치 구조라고 하는 새로운 인식의 틀 속에서 최근에는 두 가지 이론적 경향이 등장하는 것을 발견할 수 있다. 그 첫번째 경향은 정책 공동체, 쟁점 네트워크 및 인식 공동체라는 개념을 통해서 유럽의 다양한 정책을 설명하는 시도이다. 실제로 다층 정치 구조 아래 정책이 형성되는 과정은 다양한 층의 정책 담당자들이 형성하고 있는 공동체를 중심으로 진행되어 왔다. 이러한 정책 공동체(policy community)의 특징은 제한된 수의 정책 담당자들이 장기간 밀접한 상호 작용을 통해 형성되었다는 점이며, 이들 사이에는 상당한 정도의 가치관의 공통점이 존재하며 보유하고 있는 정책 자원에 있어 평등한 편이고 권력과 영향력에 있어서도 상대적으로 균형잡힌 모습을 보여 준다는 점이다. 이와는 약간 다른 특징을 보여 주는 것이 쟁점 네트워크(issue network)인데 구체적으로 네트워크의 참여자는 정책 공동체보다 훨씬 다양하고 그 수가 많으며, 또 참여의 구성은 쉽게 변화한다. 네트워크 구성원 간의 상호 관계도 시기에 따라 다르게 나타나며, 이들 사이에는 공통된 가치관이 존재한다고 보기 어렵다. 끝으로 쟁점 네트워크의 구성원 간에는 보유 자원이나, 권력, 영향력 면에서 모두 큰 불평등이 존재한다. 유럽연합과 같은 다층 정치 구조에서는 이러한 정책 공동체 또는 쟁점 네트워크와 같은 정책 집단의 구조적 성격이 정책 형성은 물론 그 집행 과정에서 결정적인 영향을 미칠 수 있다. 왜냐하면 유럽 집행위원회를 비롯한 유럽연합 기구들은 전통적인 국가와 같은 방대한 관료 조직 즉 행정 집행 기구를 보유하고 있지 못하기 때문에 회원국 및 지방의 정부에 대한 의존성이 강하기 때문이다.

정책 공동체 또는 쟁점 네트워크의 연장선에서 발전한 이론적 경향으로 인식 공동체(epistemic community)를 열거할 수 있다. 인식 공동체란 특정 분야나 쟁점에 있어 사회에서 인정 받는 권위와 전문성을 자랑하는 전문가의 네트워크를 지칭하는데 이러한 인식 공동체가 국제적인 차원에서 형성되어 있을 경우 이들은 국가의 이익을 정의내리고 국가의 정책 선호를 형성하는데 결정적인 역할을 담당하곤 한다. 결국 국가의 이익이라는 것은 어떤 절대적 기준에 의거하여 정의되기 보다는 특정한 시각과 인식 또는 사고의 틀에 많은 영향을 받기 때문에 어떤 인식 공동체가 특정 정책 영역을 지배하는가는 정책을 연구하는데 핵심적인 고리라고 하겠다. 예를 들어 유럽연합 차원에서 통화 통합을 추진하는데 각 회원국의 경제 재무 정책 담당 부서와 중앙은행, 그리고 언론과 연구 기관 및 학계에 포진하고 있던 신자유주의 경제학과 통화주의 이론으로 무장한 전문가들의 역할은 정책 추진에 막강한 힘을 실어 주었던 것으로 평가되고 있다.

　이러한 세부적 정책 형성 및 집행 이론의 발전과 함께 유럽의 정책은 다양한 층위에서 다양한 논리에 의해 결정된다는 시각이 일반화 되었다. 우선 초국적 대륙적 차원에서 역사를 만드는(history making) 층위의 결정에서는 회원국 정부 간의 영향력과 협상이 중대한 역할을 하고 국제 정치적 이론이 적실성을 갖지만, 유럽 체제의 정책을 수립하는(policy setting) 차원에서는 이사회나 상임대표위 등이 정치적 요구와 기술적 요구를 종합하는 과정이 의미를 가지며, 마지막 하부 단위의 정책을 집행하고 조정하는 (policy shaping) 과정에서는 집행위나 각종 위원회의 분석을 통한 정책 공동체적 시각이 적실하다는 말이다. 부연하자면 거시적 역사 만들기는 통합 관련 조약의 체결이나 개정을 지칭하는 한편, 정책의 수립과 조정은 각각 중 · 단기적 방향의 설정과 일상적 결정을 의미한다.

　유럽이라는 다층 정치 구조에서 정책을 연구하는 과정에서 정책 공동체의 개념과 이론이 발전했다면, 그 두 번째 발전 경향은 제도의 분석에 있다고 말할 수 있다. 일명 신제도주의라고 불리는 다양한 접근과 이론은 사실 1960, 70년대의 행태주의에 대한 반발로 발전했다고 할 수 있는데 유럽 연구에 있어서도 이들은 풍요로운 시각과 분석 도구를 제공해 주었다. 신제도주의는 여러 개의 갈래와 성향으로 나누어 지는데 그 중 하나가 합리적 선택(rational choice)의 제도주의이다. 이들은 제도가 정해 놓은 규칙들이 행위자들의 합리적인 선택에 영향을 미친다는 커다란 틀 속에서, 구체적으로 유럽의 다양한 이익 집단들이 유럽 통합에 의한 규칙과 제도의 변화에 따라 회원국 정부, 유럽의회 또는 유럽집행위에 영향력과 로비를 집중하게 된다고 분석하였다. 예를 들어 만장일치제가 적용되는 사안에 대해서는 회원국 정부를 대상으로 로비를 하는 반면, 다수 결정제가 적용되는 정책과 관련해서는 오히려 유럽의회와 집행위에 로비력을 집중한다는 분석이다. 합리적 선택 이론의 또 다른 기여는 유럽의 회원국과 초국가기구의 상호관계를 주인-대리인(principal-agent)의 관계로 규정하고 분석하였다는 점이다. 이러한 이론에서 보면 유럽에서 담당하는 정책의 수와 범위가 증대하고, 유럽의 확대를 통해 회원국의 수가 증대하면서, 그리고 만장일치제보다는 다수 결정제가 확산되면서, 점차 '주인=회원국'이 '대리인=유럽'을 감시하고 통제하기가 어려워졌다는 점을 예리하게 지적하고 있다.

신제도주의의 두번째 성향은 시간의 중요성을 강조하는 역사적 제도주의이다. 합리적 선택론이 공식적인 제도와 규칙을 중요시 한다면 역사적 제도주의는 보다 광범위하게 비공식적이지만 행위자들의 행동을 규정하는 다양한 규칙과 전통을 모두 제도의 범주에 포함시킨다. 이들이 가장 강조하는 핵심적인 개념은 '경로 의존성(path dependence)'인데 이는 일단 내려진 결정과 정책, 그리고 제도는 변화에 대해서 상당한 경직성을 나타내는 관성을 보유하게 되며, 따라서 이들에게는 경로 의존성이 발생하게 된다는 주장이다. 달리 표현하자면 행위자들은 어떤 절대적 기준에 의한 합리적 결정을 내리기 보다는 기존의 환경이 내포하고 있는 경로 의존적 제도 속에서 행동하게 된다는 말이다. 유럽과 관련해서 이들은 일례로 1960

년대 그 시대 상황에 적절하게 결정된 공동 농업 정책이 환경과 정책의 목표가 변화했음에도 불구하고 1990년대까지도 크게 변화되지 않았던 상황을 사례로 들고 있다. 이러한 정책의 마비는 정책 구조가 이미 제도화 되어 농민과 같이 변화에 저항하는 세력이 존재하고 있으며, 이러한 변화를 밀어붙일 수 있는 정책 연합을 형성하기는 무척 어렵다는 사실에서 설명할 수 있다.

신제도주의의 마지막 갈래는 사회학적 제도주의로서 세 경향 중에서 가장 광범위한 제도의 정의를 가지고 있다고 볼 수 있다. 사회학적 제도주의자들은 일반적으로 문화라고 불릴 수 있는 상징 체계, 인식 지도 또는 도덕적 틀 등을 모두 제도라는 범주 속에서 분석하고 있다. 이들은 제도가 단순히 행위자들의 '전략적 계산(strategic calculation)'에만 영향을 미치는 것이 아니라 이들에게 깊이 뿌리내리고 있는 선호도 또는 정체성에까지 영향을 미치고 있다고 본다. 또한 이들은 제도가 만들어지는 것은 주인-대리인의 문제의식에서 보여지듯이 합리적인 필요에 의해서, 즉 효율성을 위해서 만들어지기 보다는 '사회적 정당성(social legitimacy)'을 강화하기 위해 만들어 진다고 보고 있다. '도구적 논리(logic of instrumentality)'보다는 '적절성의 논리(logic of appropriateness)'가 지배적이라는 주장을 펴고 있다. 이러한 분석은 왜 유럽연합의 집행위를 비롯해 정책 결정 과정에 동원되는 다양한 위원회가 단순히 회원국 이익을 대표하며 합리적 계산이 절충되고 조정되는 장으로 그치는 것이 아니라 유럽화라는 사회화의 기능을 수행하는 장으로도 기능하는지를 설명하고 있다. 국가 행위자들은 비록 회원국을 대표하는 입장이지만 동시에 유럽이라는 제도에 동참함으로서 이를 정당화하고, 유럽 전체의 이익도 존중하고 고려하는 것처럼 보이는 것이 '적절한' 사회적 · 문화적 · 제도적 환경에 놓이게 됨으로써 이들의 선호와 행동도 영향을 받는다는 의미이다.

1990년대 중반 경부터 사회학적 제도주의와 밀접하게 연관되어 기존의 합리주의적 이론에 도전장을 내민 것이 구성주의라고 할 수 있다. 구성주의는 합리주의 이론이 가지고 있는 이익의 개념을 비판한다. 구성주의에 의하면 이익은 물질적인 이익만으로 규정되는 것이 아니며 특정 행위자의 정체성에 따라 정신적이거나 가치적인 부분을 포함하여 각각 다르게 규정된다고 주장한다. 또한 구성주의는 구조와 행위자의 관계를 '상호 구성적(mutually constitutive)'이라고 규정하는데 그 의미는 구조가 행위자의 정체성과 이익을 규정하고 구성하는 것과 마찬가지로, 행위자 역시 구조의 집단적 정체성과 이익의 규정에 참여한다는 뜻이다. 유럽 통합과 관련하여 구성주의에서는 통합이 국가의 이익에 대한 냉철한 계산에 의해서 추진되는 부분이 있지만 동시에 해당 국가의 정치적 전통과 문화, 관습이라는 차원에서 통합에 대한 사상과 행위를 분석해야 한다고 주장하며, 정치 지도자 및 관료들의 문화와 가치관 역시 중요한 설명의 요인이라고 보고 있다. 또한 장기간의 통합의 역사를 통해 유럽 차원의 구조가 형성되어 가는 과정을 설명하면서 이익의 시각에서 설명하기 어려운 대규모 중·동구로의 확대에 대해 - 빈곤 국가로의 확대는 더 많은 경제적 부담을 의미한다 - 민주주의와 시장경제에 기초한 유럽 문명의 책임이라는 차원에서 구성주의적으로 설명할 수 있다고 역설적으로 제시하고 있다.

　이론적인 부분에서 마지막으로 언급할 수 있는 접근법은 '비판적 정치경제(critical political economy)'의 접근과 이론이라고 할 수 있다. 상당히 다양한 학자와 학파를 포괄하는 이 성향에서는 공통적으로 유럽 통합을 자본주의의 발전과 세계화라는 틀 속에서 바라보고 분석하고 있다. 유럽 국가들 간에 진행되는 통합을 기본적으로 자본주의의 사회 관계를 기능적 필요에 의해 재조정해 가는 과정으로 분석하고 있다. 결국 유럽의 통합은 유럽만을 고려해서 설명하기 어렵고 보다 지구적 관점에서 자본주의의 발전과 그 과정에서 나타나는 미국, 일본 같은 강대 세력과 유럽의 경쟁 차원에서 보아야 한다는 주장이다. 이 시각에서 출발하여 일부는 자본주의 모델 간의 경쟁에서 미국식 자유주의 모델과 유럽식 사회적 시장경제 모델이 서로 대립하고 있다는 분석도 제기된 바 있다.

이상에서 볼 수 있듯이 유럽은 이제 하나의 렌즈로 들여다보기에는 너무나 복잡하고 방대한 존재로 성장하였다. 국가들 간의 통합이라는 측면에서 국제 정치학의 집중적인 관심을 끌기 시작하였고, 그 다음에는 제도와 정책이 발전하면서 유럽이라는 정치 체제 및 정책 체제의 분석을 위해 비교 정치학, 정책학, 행정학, 사회학 등이 동원되었다. 그리고 세계화라는 거대한 움직임에 비추어 정치 경제학의 시각에서 유럽을 재조망하는 움직임도 나타나고 있는 것이다. 단순한 개념으로서의 유럽은 이제 폭발적 팽창을 통해 이념과 이익, 제도와 행위자들이 복잡하게 형성하고 있는 거대한 시스템으로 등장했다는 사실을 우리는 그 이론적 다양화에서도 확인할 수 있다.

참고문헌

안병억, 2008, 『한눈에 보는 유럽연합: EU를 이해하는 쉽고 명쾌한 해설』 서울: 높이 깊이.
조홍식, 1998, 『유럽통합의 이론』 성남: 세종연구소.
B. Rosamond, 2000, *Theories of European Integration*, London: St. Martin's Press.
E. B. Haas, 1968, *The Uniting of Europe*, Stanford: Stanford University Press.

유럽 통합의 역사:
창설부터 유럽공동체까지

"잇단 전쟁을 통해 모두가 몰락해 버린 뒤에야 유럽은 평화와 번영을 위한 공존과 협력의 필요성을 인식하기 시작했다."

유럽 통합의 꿈: 제2차 세계대전과 냉전

유럽 인들은 제2차 세계대전을 겪으면서 통합의 필요성을 자각하기 시작했다. 당시 유럽은 두 차례의 큰 전쟁을 통해 어느 나라를 막론하고 극심한 피해를 입었고, 더욱이 뒤이은 냉전의 도래로 인해 유럽 대륙은 동서로 갈라졌다. 유럽은 더 이상 세계사의 중심이 될 수 없었으며, 내부적으로 피폐해진 경제를 일으켜 세우기 위해 서로 협력해야 했고, 대외적으로는 냉전의 심화와 함께 이제 강대국의 지위에서 추락한 자신들을 외부의 적으로부터 방어하기 위해 뭉쳐야 했다. 잇단 전쟁을 통해 모두가 몰락해 버린 뒤에야 유럽은 평화와 번영을 위한 공존과 협력의 필요성을 인식하기 시작한 것이다.

이처럼 유럽 통합의 출발점은 제2차 세계대전의 충격과 피해에서 비롯된 것이었으며, 그 목적은 무엇보다 전쟁의 재발을 막아야 한다는 것이었다. 이미 전쟁의 와중에 유럽 대륙의 반(反) 나치 저항 단체를 중심으로 유럽 통합에 대한 활발한 논의가 이뤄져 왔다. 전쟁이 끝나면서 많은 사회 단체와 정치인들이 유럽 통합 문제에 관심을 나타내기 시작했는데, 영국의 처칠도 유럽 통합을 주창한 초기 인물 가운데 하나였다[1].

유럽 통합을 향한 구체적인 첫 걸음은 흥미롭게도 미국의 영향으로부터 비롯되었다. 제2차 세계대전 중 연합군으로 독일에 맞서 싸우던 미국과 소련이 전쟁의 종식과 함께 갈라서면서 냉전이 시작되었고, 서유럽 국가들은 안보상으로나 이념적으로 대립되는 소련과 중ㆍ동유럽의 위협에 직면하게 되었다. 이런 상황에서 세계의 지도국으로 등장한 미국은 전쟁으로 폐허가 된 유럽의 재건을 지원하기로 했다. 미국의 지원 결정은 국내 산업의 수출 시장 확보와 경제 활성화를 위해서는 서유럽 국가의 경제 발전이 필요하며, 또 한편 냉전이 시작되면서 서유럽 국가들이 소련과 공산주의의 위협에 대항할 수 있는 경제력과 안정적인 정치 체제를 유지할 수 있도록 지원하는 것이 중요하다고 판단한 때문이었다.

미국의 지원하에 결성된 유럽 국가 간 최초의 협력기구가 1948년 4월 발족한 유럽경제협력기구(OEEC: Organization for European Economic Cooperation)이다. 이 기구는 미국 국무장관 마셜이 1947년 6월 서유럽 전후 복구와 경제 부흥을 위한 미국의 지원 계획을 선언한 직후 이를 구체화하기 위해 만들어진 유럽경제협력위원회(Committee on European Economic Cooperation)를 발전시킨 것이다. 즉 유럽경제협력기구는 미국의 유럽 부흥 계획인 마셜 플랜(Marshall Plan)에 의거하여 지원 물자의 합리적인 분배와 관리를 관장하기 위한 목적으로 설립되었다. 미국의 지원 계획은 애당초 중ㆍ동유럽을 포함한 전 유럽 지역을 대상으로 하는 것이었다. 따라서 영국의 베빈 외무장관과 프랑스의 비도(G. Bidault) 외무장관은 1947년 소련의 외무장관을 초빙하여 이 문제를 협의하고자 했다. 그러나 소련은 미국의 지원이 중ㆍ동유럽 국가에 대한 자국의 영향력 감소로 이어질 것을 우려하여 참여를 거부했고, 결국 마셜 플랜은 소련의 영향권에서 벗어나 있는 서유럽 국가들만이 수혜를 보게 되었다. 1947년 7월 12일 파리에서 열린 회의에 서유럽 국가 중 패전국으로 연합군 4개국의 점령하에 있었던 서독과 독재자 프랑코의 지배하에 놓여 있던 에스파냐는 초대 받지 못했다[2]. 또한 회의에 초대 받았으나 이웃한 소련을 의식하여 핀란드가 불참함으로써 모두 14개국 대표가 회의에 참여했다. 이 회의에서 지원 프로그램을 조직하고 관리할 상설 기구의 설립이 합의되었고, 그 결과 유럽경제협력기구(OEEC)가 탄생하게 되었다.

유럽경제협력기구는 원래 원조 분배 등을 위한 각국별 협조와 합의의 도출을 목적으로 한다는 점에서 초국가적 기구이기보다는 정부 간 협의기구(inter-governmental body)'의 성격을 지녔다. 더욱이 영국 및 북유럽 국가들의 주장으로 사안의 의결을 위해서 참가국의 만장일치에 따르도록 했

OEEC와 OECD   BOX 01

OECD, 즉 경제협력개발기구(Organization for Economic Cooperation and Development)는 우리에게 익숙한 이름이다. OECD는 흔히 선진 산업 국가들의 친목 클럽이라고도 불리는데, 대의 민주주의와 발전된 자본주의 경제를 갖춘 국가들만이 OECD에 가입할 수 있다. 그런데 OECD는 유럽의 전후 부흥을 위해 미국이 지원한 물자의 합리적 배분을 논의하기 위한 기구였던 OEEC와 긴밀한 관련을 갖는다. 무슨 관계일까?

사실 OEEC는 OECD의 전신이다. OEEC가 OECD로 변화하게 된 것은 프랑스, 서독 등 6개국이 유럽경제공동체(EEC)를 결성하고 1959년 영국이 이에 대항하는 유럽자유무역지대(EFTA)를 창설하면서 서유럽 국가들의 경제적 분열 가능성을 우려한 미국이 직접 참여하여 이 기구를 통해 유럽 국가 간 경제적 협력과 안정을 모색했기 때문이다. 이에 따라 OEEC에서 준회원의 자격을 갖고 있던 미국과 캐나다가 OECD 창립과 함께 정회원으로 가입하면서 참여국의 지리적 범위를 유럽 외부로 확대하였다. 유럽과 북미의 20개국이 OECD의 창립 회원국이었다. 회원국의 범위뿐만 아니라 기구의 활동 범위도 유럽을 넘어서 선진 공업국 간의 협력 증진 및 경제 문제에 대한 장기적인 대응에 보다 관심을 갖게 되었다. 1964년 일본이 OECD에 가입하면서 이 기구는 대서양을 두고 마주한 서구 중심의 지리적 한계를 넘어 확대되었고, 1996년에 우리나라도 OECD의 회원국으로 가입했다. 현재 OECD에는 30개의 국가가 정회원으로 참여하고 있다.

기 때문에 OEEC의 활동은 한계가 있을 수밖에 없었다. 그러나 실제로는 참여 국가 간 자발적인 상호 협력이 잘 이뤄져 합의를 막는 거부권 행사는 거의 이뤄지지 않았으며, 마찰의 우려가 있는 안건은 신중하게 회피되었다. OEEC의 활동을 통해 서유럽 각국의 경제적 상호 의존성이 높아졌으며 교역의 장벽도 다소나마 낮아졌다. 유럽 통합을 추진하는 이들에게 이러한 OEEC의 경험은 경제 협력과 같은 기능적 통합을 통해 유럽 통합을 이룰 수 있다는 가능성을 제시해 준 셈이다. OEEC는 마셜 플랜에서 계획한 3년의 기한을 넘어서 12년간 존속했고 이후 유럽 내 다른 경제 협력 기구의 탄생과 함께 새로운 성격의 국제기구로 변화해 갔다.

유럽 통합의 시동: 유럽석탄철강공동체에서 유럽공동시장까지

유럽 통합의 움직임은 유럽경제협력기구(OEEC) 이외에도 여러 곳에서 나타났다. 1948년 6월 유럽 16개국의 주요 정치인들과, 각국의 정당 대표들이 네덜란드 헤이그에 모여 유럽의 단합을 논의했던 유럽회의(Congress of Europe)는 초기 통합의 움직임을 보여 주는 대표적 사례 가운데 하나이다. 이 회의에는 거의 천 명에 가까운 대규모 인원이 개인 자격으로 참석했으며 그 중에는 당시 야당 당수였던 영국의 윈스턴 처칠(W. churchill)도 있었다. 유럽회의는 끔찍한 전란을 겪은 후 유럽의 단합과 협력의 중요성에 대한 자각이 유럽 전역에 폭넓게 퍼져 있었음을 보여 준다. 이 회의에서는 유럽 각국 간의 다양한 협력과 통합 방안이 논의되기는 했지만 실질적인 성과를 거두지는 못했다. 다만 이 회의는 전쟁 이후 많은 이들이 유럽 통합에 대한 열망을 갖고 있다는 점을 확인했다는 점에서 의미를 찾을 수 있다. 유럽 국가 간 협력과 통합에 대한 이같은 고조된 분위기 속에서 프랑스의 비도 외무 장관은 유럽공동의회(European Assembly)의 창설을 제안하였지만 영국의 반대로 무산되었다. 그러나 미국은 영국이 유럽 통합의 움직임을 일방적으로 거부하거나 좌초시키지 못하도록 압력을 가했고 이에 따라 영국은 유럽공동의회의 대안으로 각료들 간의 협의체 설립을 마지못해 제안했다. 이 제안을 토대로 유럽 각국은 협의를 통해 서유럽의 경제적, 사회적 발전과 공동의 역사적 유산과 이상의 보존을 목적으로 한 정부간 협의 기구로 유럽평의회(Council of Europe)를 발족시켰다. 이 기구는 1949년 5월 5일 런던에서 10개국이 조약에 서명함으로써 출범하였지만 서독은 여기에 참여하지 못했다. 현재 유럽평의회는 유럽의 사실상 모든 국가가 참여하는 국제기구로 발전하였다[3](Box 04 참조).

유럽 전체를 대상으로 하는 통합의 논의와 함께 지역별로 국지적인 통합의 움직임도 나타났다. 가장 먼저 모습을 드러낸 것은 벨기에, 네덜란드, 룩셈부르크 등 베네룩스 3국의 경제 통합이었다. 벨기에와 룩셈부르크는 이미 1921년 경제 동맹을 결성하였다. 제2차 세계대전 중이던 1944년 베네룩스(Benelux) 3국의 망명정부는 런던에서 종전 후 관세 동맹을 맺기로 합의하였다. 이러한 합의에 따라 1948년 3국 간 교역에 대한 관세 철폐, 수입 물품에 대한 공동의 대외 관세 부과 등을 내용으로 하는 관세 동맹이 설립되었다. 이들 3국 간의 협력은 몇 단계의 발전 과정을 거쳐 1960년에는 경제 동맹(Benelux Economic Union)으로까지 발전되었다. 베네룩스 3국은 지리적으로 인접해 있을 뿐만 아니라 국가 규모도 작고 비교적 동질적인 문화를 지니고 있다는 점에서 통합을 이루기에 상대적으로 유리한 조건을 갖추고 있었다. 이들 국가의 통합에 대한 열정과 '실험적' 시도는 보다 확대된 범위에서 유럽의 경제 통합에 매우 중요한 경험을 제공해 주었다.

스웨덴, 노르웨이, 덴마크, 아이슬란드 등 북유럽 국가들 역시 국지적 지역 통합을 시도하였다. 역사적, 지리적, 문화적으로 긴밀한 관계를 유지해 온 이들 4개국은 여러 차례의 논의와 시도 끝에 1947년 북유럽경제협력공동위원회(Joint Nordic Committee for Economic Cooperation)를 설립하는 데 합의하고 광범위한 관세 동맹의 결성 등 지역 간 경제 협력을 강화하기로 하였다. 그러나 협의 과정에서 각국의 이해관계가 상충하였고, 특히 당시 스웨덴, 덴마크에 비해 경제적으로 뒤떨어졌던 노르웨이의 반대에 직면하면서 이들 국가의 통합 노력은 추진력을 상실하게 되었고 베네룩스 3국과는 달리 구체적인 결실을 얻지는 못하였다.

슈만 플랜과 유럽석탄철강공동체

베네룩스 3국이 경제 분야에서 시작하는 통합의 가능성을 제시해 주고 있었지만, 현실적으로 당시 유럽경제협력기구(OEEC)라든지 유럽평의회는 그 기구의 성격상 통합을 추진하는 주체로는 적절하지 않았다. OEEC는 기본적으로 마셜 플랜을 집행하기 위한 기구였고, 유럽평의회 역시 통합의 추진을 위한 실질적 수단을 갖지 못한 국가 간 클럽의 성격이 강했기 때문이다. 더욱이 영국 등 일부 국가에서는 초국가적 기구의 창설은 말할 것도 없고 그러한 방향으로의 논의가 진전되는 것조차도 원치 않았다. 따라서 통합 논의는 한동안 구체적인 실행의 대안을 찾지 못한 채 지지부진한 상태에 머물러 있었다. 더욱이 그동안의 통합 논의에 서독은 빠져 있었다. 서독이 유럽 국가들에 위협이 되지 않도록 하면서 서독이 지닌 경제적 잠재력을 실현시킬 수 있는 해결책의 모색은 쉽지 않은 일이었다.

유럽 통합의 논의가 새로운 단계로 접어들게 된 것은 당시 프랑스 외무장관이었던 로베르 슈만(R. Schuman)이 1950년 5월 유럽의 석탄 · 철강의 생산 및 판매를 공동 관리할 것을 제안하면서부터였다. 슈만 플랜으로 불리는 이 제안은 몇 가지 중요한 특징을 지니고 있었다. 이 계획의 가장 중요한 목적은 독일과 프랑스의 제도적 협력 관계를 모색하는 것이었는데, 슈만 플랜의 전제는 유럽(특히 서유럽)의 평화와 안정을 위해서는 독일과 프랑스 간의 화해와 협력이 필수적이라는 인식에 기초하고 있다. 프로이센 · 프랑스 전쟁, 제1, 2차 세계대전 등 독일과 계속 큰 전쟁을 치러 온 프랑스로서는 자국의 평화와 안보에 가장 중요한 대상이 독일이었던 것이다. 따라서 슈만 플랜은 원칙적으로 철강 · 석탄과 같은 경제 분야에서의 협력을 대상으로 한 것이었지만, 그 배후에는 정치적, 군사적인 고려가 포함되어 있었다.

제2차 세계대전이 끝난 뒤 프랑스의 내심은 영국 등과 군사적 동맹, 협력 관계를 유지하며 분할 지배 방식 등으로 독일을 계속해서 견제해야 한다는 것이었다. 1947년 영국과 상호 방위를 약속한 댕케르크 조약(Treaty of Dunkerque)이나, 이에 베네룩스 3국을 포함하여 확대한 1948년의 브뤼셀 조약(Treaty of Brussels) 모두 독일에 대한 상호 방위가 목적이었다 (Box 02 참조). 그러나 1948년 6월 소련의 서 베를린 봉쇄 이후 소련과 미국 간의 긴장이 더욱 높아지면서, 미국과 영국은 프랑스의 망설임에도 불구하고 독일에 대한 분할 지배를 종식하고 서독 지역을 통치하는 독자적인 정부를 수립하기로 결정했다. 1948년 6월 맺어진 런던 협약(London Accords)에서 프랑스가 최종적으로 동의함에 따라 1949년 5월 본(Bonn)을 수도로 하는 독일연방공화국(서독)이 탄생하게 되었다. 전쟁 이후 프랑스가 애당초 생각했던 독일에 대한 견제 방식에 급격한 변화가 오면서 프랑스는 이러한 상황의 변화에 대처해야 할 필요성을 느끼게 되었다. 프랑스는 독일연방공화국의 탄생을 허용하더라도 석탄 산지인 자르(Saar) 지방에 대한 통제권을 계속해서 유지하기를 원했으며, 또 다른 석탄 산지인 루르(Ruhr)에 대해서는 그 생산과 공급에 대한 국제적 감시 체제를 갖춰야

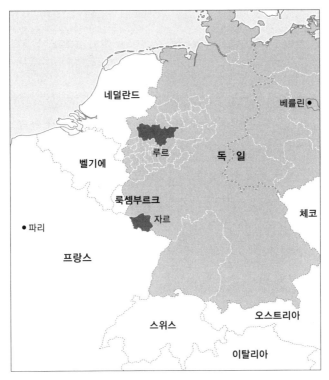

지도 1. 석탄 산지인 자르와 루르

한다고 주장했으며 결국 그 뜻을 관철시켰다. 그 만큼 독일의 재건에 대한 프랑스의 우려는 대단히 컸다. 그러나 루르에 대한 국제적 감시 체제는 프랑스의 뜻과는 달리 효과적으로 운영되지 못했으며, 자르 지방에 대한 영토 관할 문제도 독일의 반발로 어려움을 겪게 되었다.

슈만 플랜은 이런 상황에서 독일과의 석탄·철강의 공동 관리를 제안한 것이다. 석탄·철강은 중공업의 주요 원료가 되며 특히 석탄은 당시 가장 중요한 에너지원이었다는 점에서 경제적 의미는 대단히 큰 것이었다. 그러나 석탄·철강은 탱크, 대포 등 재래식 무기 생산과 전쟁을 위한 군수 산업에 반드시 필요한 원료라는 점에서, 이를 공동 관리하에 둔다면 경제적 분야에서의 협력 관계를 넘어서 군사적 움직임에 대한 효과적인 견제의 방안이 될 수 있었다. 즉 상대방이 전쟁 준비를 한다면 석탄·철강의 수요가 필요 이상으로 크게 확대될 것이기 때문에 이에 대한 공동 관리는 상대 국가의 전쟁 준비를 제도적으로 통제할 수 있는 효과적인 장치가 될 수 있었다. 앞서 이야기한 대로, 유럽 통합을 추진한 가장 실질적인 동기는 제2차 세계대전의 참화를 겪고 난 뒤 유럽 대륙에 항구적 평화와 안정을 가져다 줄 수 있는 제도적 장치를 마련하자는 것이었으며, 그것이 경제적인 분야에서 먼저 추진되었다고 하더라도 그 성격상 정치적, 군사적 동기를 함께 포함할 수밖에 없었던 것이다. 슈만 플랜을 기초한, 유럽 통합의 아버지로 불리는 장 모네(J. Monnet)는 실제로 슈만 플랜이 정치적 통합을 향해 가는 첫걸음이라고 생각하였다.

서독의 입장에서 볼 때도 슈만 플랜은 수용할 만한 제안이었다. 무엇보다 프랑스의 우려를 잠재울 수 있을 뿐만 아니라, 이를 통해 베를린 봉쇄에서 보듯이 소련의 군사적 위협에 놓여 있는 서독을 경제적으로, 정치적으로, 군사적으로 서유럽과 강하게 연계시킬 수 있는 좋은 기회를 마련해 주는 것이기 때문이었다. 또한 독일연방공화국의 출범에도 불구하고 외교 정책의 자율성이 사실상 제약되어 있는 상황에서 프랑스와 대등한 입장으로 협상에 참여한다는 것은 서독의 외교적 주권을 회복하는데 도움이 되는 일이었다.

슈만 플랜은 유럽석탄철강공동체(ECSC: European Coal and Steel Community)로 구체화되었다. 모든 서유럽 국가에게 참여를 권했지만 실제로 참여한 국가는 프랑스와 서독을 비롯하여 벨기에·네덜란드·룩셈부르크 등 베네룩스 3국, 그리고 이탈리아까지 모두 6개국이었다. 이 유럽석탄철강공동체(ECSC)의 출범이 갖는 중요성은, 이 기구가 OEEC 등의 기존

기구와 같은 정부 간 협의 기구가 아니라 특정 정책에 대해 개별 국가의 주권을 일부 이양한 초국가적 기구의 성격을 갖추었다는 점이다. 즉 서유럽의 석탄과 철강 생산이 관련 국가의 정부뿐만 아니라 개별 국가의 감시 · 감독에서 벗어나 독립적으로 결정을 내릴 수 있는 초국가적 권위체의 공동관리에 의해 운영되어야 한다는 점을 명시하였던 것이다. 이로써 유럽석탄철강공동체는 경제적으로 공동 시장을 이루고 정치적으로는 초국가적 통합으로 가는 유럽 통합 역사에 중요한 전기를 마련하였다.

유럽석탄철강공동체는 1951년 4월 18일 파리에서 참여 6개국 대표에 의해 서명되었고 이후 각국 의회에서 비준되었다. 파리 조약은 초국가기구의 권한을 인정하였다는 점에서 통합의 방식에 있어서 진일보한 형태였지만, 그와 동시에 개별 참여 국가의 의견도 완전히 배제하지 않는 타협적인 것이었다. 회원 각국은 석탄 및 철강 분야에 대한 주권을 독립적으로 활동하는 고위관리청(High Authority)에 6년간 이양하기로 하였다. 즉 석탄 · 철강과 관련된 개별 국가의 주권을 초국가적 기구에 이양하는 것이었다. 그러나 이와 함께 개별 국가의 견해를 반영할 수 있는 안전장치로 두 가지 기구를 동시에 마련하였다. 하나는 각국의 장관들로 구성되는 각료이사회(Council of Ministers)였다. 각료이사회는 사실상 ECSC의 최고 결정 기구로 기능하였고 이는 ECSC의 초국가적 성격을 완화시키는 역할을 하였다. 이와 함께 각국 의회 의원들로 구성되는 공동의회(Assembly)를 설치하였는데, 공동의회에는 고위관리청의 집행부를 불신임할 수 있는 권한이 부여되었다. 공동의회의 의원은 모두 78명으로 프랑스, 서독, 이탈리아에는 18명씩, 벨기에와 네덜란드에는 10명씩, 그리고 룩셈부르크에는 4명이 각각 할당되었다. ECSC의 또 다른 중요한 기구는 유럽법원(European Court of Justice)이다. 유럽법원은 공동관리청의 결정과 행위에 대한 적법성을 판결하였고, 조약의 해석을 통해 각국 정부의 개별적 행동의 견제와 공동체의 분쟁 해결을 가능하게 하였다. 이 ECSC의 기구 구성은 오늘날 유럽연합 체제의 기초를 이루었다(4장 참조).

ECSC의 목적은 석탄과 철강의 공동 시장을 형성하는 것이었는데, 이 목표를 달성하기 위해서는 회원 각국의 관세를 포함하여 자유로운 교역에 장애가 되는 각종 제도 및 법률을 모두 제거해야만 했다. 이 과정에서 각국의 이해관계가 충돌하기 때문에, 정부 간 협의보다는 초국가적 권위를 가진 기구의 감독·감시가 보다 효율적이다. 따라서 ECSC의 운영은 고위관리청의 활동과 집행에 크게 영향 받았다. 고위관리청의 집행부는 모두 9명으로 구성되었는데, 프랑스, 서독, 이탈리아 등 3개국은 2명의 위원을 임명하였고 나머지 베네룩스 3국에서는 1명씩을 각각 임명하였다. 슈만 플랜을 기초하였고 오랫동안 유럽 통합에 노력해 온 장 모네가 초대 위원장이 되었다. 운영에 필요한 경비는 각국의 분담금에 의존하지 않고 석탄 및 철강 생산과 관련된 기업으로부터 세금을 거두는 방식으로 기금을 조성하였다.

유럽석탄철강공동체(ECSC)는 교역을 장려하고 생산을 자유롭게 하였으며, 석탄·철강 산업의 발전과 현대화에 기여하였다. 뿐만 아니라 유럽의 경제적 부흥에도 크게 기여하였다. 앞서 지적하였지만 ECSC는 단순히 경제적인 면에서 석탄과 철강의 공동 시장 건설만을 의도한 기구는 아니었다. 정치적·군사적 계산이 포함되어 있었고 또한 유럽의 정치적 통합을 원하는 이들에게는 그 길로 향하는 중요한 첫걸음이었다. 그런 점에서 초국가적 성격을 갖는 고위관리청의 설립은 향후 유럽 통합이 나아가게 될 발전의 방향을 제시해 준 의미 있는 사건이었다. ECSC의 또 다른 초국가적 기구인 유럽법원은 ECSC의 운영과 관계된 각종 문제 및 불만을 판결하는 임무를 맡았다. 판결을 집행할 강제적인 수단은 없었지만 그럼에도 불구하고 유럽법원의 결정은 대체로 수용되었고, 이에 따라 통합의 원칙을 규정하는 권위 있는 판례 및 결정이 축적되기 시작하였다.

그러나 ECSC의 운영은 통합의 한계도 명확하게 보여 주었는데, 관세나 쿼터의 철폐만으로 공동 시장을 이룰 수 없다는 사실이 자명해졌기 때문이다. 관세나 쿼터 이외에도 각 회원국 간의 자유로운 교역을 어렵게 하는 여러 가지 제도 · 정책 · 관례 등이 존재하고 있었고, 각국은 자국의 이익을 위해 종종 비협조적인 정책을 계속 유지하였다. 따라서 공동 시장 혹은 보다 통합된 공동체를 이루기 위해서는 ECSC의 통합 수준을 넘어서는 새로운 형태의 조약이 필요하였다.

방위 정책과 통합: 유럽방위공동체

앞에서도 밝혔듯이 제2차 세계대전 이후 추진된 유럽 통합의 중요한 목적은 전쟁의 위협에서 벗어나자는 것이었다. 경제적인 측면에서 협력 체제를 구축함으로써 상호 의존성을 높이려는 시도와 함께 군사 · 안보 분야에서의 협력 · 통합의 움직임도 나타났다. 특히 제2차 세계대전 이후 동서 냉전이 본격화되면서 소련과 동구권에 맞서 서유럽 국가들을 지켜 줄 수 있는 집단 안보 체제의 형성이 시급해졌다.

집단 안보 체제 가운데 대표적인 것은 북대서양조약기구(NATO: North Atlantic Treaty Organization)이다. 북대서양조약기구는 서유럽의 경제적 약화와 소련의 점증하는 위협에 맞서기 위한 집단적 군사 · 방위 기구로 1949년 4월 12개국이 참여한 가운데 결성되었고, 1950년대 초 그리스, 터키, 서독이 추가로 가입하였다. 북대서양조약기구는 미국의 주도하에 설립된 일종의 군사 동맹이기 때문에 유럽 국가들의 통합을 위한 기구와는 본질적으로 거리가 멀었다. 그러나 NATO의 출범으로 인해 유럽 국가 간에 군사적 협력의 분위기가 조성되었고, 당시 소련의 위협에 군사적으로 취약했던 서유럽에 미국이 군사적 개입을 약속함으로써 군사적 안정을 유지할 수 있었다. 바로 이러한 안정의 기반 위에서 유럽 통합 논의가 진전되어 갈 수 있었다.

미국이 주도하는 군사 동맹체인 NATO와는 별개로 이보다 조금 일찍 서유럽 일부 국가 간의 자체적인 공동 방위 체제도 구축되었다. 특히 프랑스는 미국을 배제한 유럽 국가 간 독자적 방위망의 구축을 주장하였는데, 1948년 조인된 브뤼셀 조약도 그 한 예가 될 수 있을 것이다(Box 02 참조).

유럽의 공동 방위 정책의 진전과 관련하여 중요한 사건은 한국 전쟁이었다. 소련의 사주를 받은 북한군의 남침은 한반도처럼 분단되어 있던 독일에서도 마찬가지로 일어날 수 있는 사건으로 받아들여졌다. 즉 소련의 뜻에 의해 동독이 서독을 침공하는 일도 얼마든지 가능할 것으로 생각되었다. 이런 이유로 한국 전쟁의 발발은 유럽 국가들에게 매우 큰 충격을 주었

브뤼셀 조약(Treaty of Brussels)　　　　　　　**BOX 02**

브뤼셀 조약은 제2차 세계대전 이후인 1948년 3월 프랑스와 영국, 벨기에, 네덜란드, 룩셈부르크 등 5개국이 체결한 집단 방위 조약이다. 이 조약은 제2차 세계대전 이후 유럽 국가들이 맺은 최초의 집단 방위 조약으로, 공식적인 명칭은 '경제·사회·문화 협력과 집단 자위에 관한 조약(Treaty of Economic, Social, and Cultural Collaboration and Collective Self-Defence)'이다.

조약의 주요 내용은 조약국 가운데 어느 한 나라가 침공을 당하는 경우 상호 군사적 지원을 약속한 것으로 당시 이 조약에 참여한 국가들의 공통적인 가상 적국은 물론 독일이었다. 그러나 냉전이 심화되면서 이후에는 소련의 위협에 대한 공동 방위 협력의 성격도 갖게 되었다. 프랑스가 추진했다가 실패한 유럽방위공동체(EDC) 안과는 달리 이 조약의 내용은 국방·안보 문제에 대한 회원국의 주권을 모두 그대로 유지하면서 사안별로 정책을 협의하는 정부 간 협의체의 형태를 취하였다.

브뤼셀 조약은 참가 5개국 외무장관의 자문위원회(Consultative Commission)에서 주요 의제를 다루도록 하였고 본부는 런던에 두었다. 이후 브뤼셀 조약은 서독, 이탈리아가 참여하면서 서유럽연맹으로 확대되어 가게 된다.

다. 미국은 세계적 규모의 냉전 확대와 전쟁 가능성에 대비하면서 NATO 회원국이 분담하는 방위비의 증액을 요구하였다. 그러나 유럽 국가들이 이러한 요구를 여전히 취약한 경제 상황 등의 이유를 들어 거부하자 미국은 서독의 재무장을 통한 NATO 체제로의 편입을 요구하였다. 미국의 이러한 주장은 유럽 국가, 특히 프랑스로서는 도저히 받아들이기 힘든 것이었다. 히틀러 치하의 독일군에 의한 무력 침공의 기억은 유럽 인들에게 여전히 생생한 것이었고, 이 때문에 프랑스는 전쟁 이후 독일의 무력화(無力化)를 통한 안전 보장을 추구해 왔다. 그러나 당시 안보 문제에 있어 미국에 크게 의존하고 있었던 서유럽으로서는 미국의 이러한 요구를 전적으로 무시할 수 없었다. 프랑스는 서독의 재무장을 받아들이는 대신 서독 군대의 지휘권을 여러 나라의 공동 관리에 두는 방안을 모색하였다. 1950년 당시 프랑스 수상이었던 플레뱅(R. Pleven)의 이름을 딴 플레뱅 계획(Pleven Plan)은 유럽 공동군(共同軍)을 창설하자는 것으로 ECSC와 마찬가지 방식으로 유럽 공동군을 창설함으로써 서독의 군대를 공동의 관리하에 두자는 것이었다. 프랑스는 유럽 공동군에 영국의 참여를 희망했으나 영국은 여전히 이러한 초국가적 통합 기구의 참여에 미온적이었다. 이에 따라 ECSC 6개 회원국만으로 유럽방위공동체(EDC: European Defence Community)를 결성하기로 하였고, 1952년 5월 파리에서 유럽방위공동체(EDC)에 관한 조약이 체결되었다.

유럽방위공동체 조약은 경제 분야뿐만 아니라 보다 민감한 사안인 방위 분야에서 초국가적 기구의 설립을 통한 통합을 시도하였다는 점에서 큰 의미를 갖는다. 그러나 유럽방위공동체는 프랑스 의회에서 비준을 받는 데 실패함으로써 좌절되고 말았다. 유럽방위공동체 안은 프랑스에서 매우 격렬한 찬반 논쟁을 불러일으켰다. 참여국의 공동 관리라는 안전조치가 있다고 해도 독일의 재무장을 허용한다는 사실은 당시 많은 프랑스 인들에게 커다란 거부감을 주는 결정이었다. 더욱이 프랑스 제4공화국 정부는 국내 정치적으로 매우 취약한 입장이었기 때문에 의회 비준에 자신을 갖지 못하고 2년 동안이나 미루고 있었다. 인도차이나에서의 군사적 패배 등 정치적으로 어지러운 시기에 출범한 망데스 프랑스(P. Mendès-France) 내각은 EDC에 대한 국내의 강한 반발을 의식하여 이미 합의한 조약의 개정을 다른 참여국에 제의하였다. 그러나 이미 그 조약에 대한 비준을 끝낸 다른 국가들로부터 개정에 대한 동의를 얻지 못했다. 결국 1954년 8월 EDC 조약안이 프랑스 의회에서 부결되면서 유럽공동군 창설안은 좌초되고 말았다. 아이러니하게도 프랑스에 의해 추진된 EDC 창설 계획은 프랑스의 거부로 인해 실현되지 못한 것이다.

1953년 4월 서독 수상 아데나워(K. Adenauer)는 미국을 방문하면서, 유럽 국가들이 서로 통일된 외교 정책을 수립하지 않는 가운데 유럽공동군을 창설하는 일은 매우 비합리적이라고 지적한 바 있다. 이는 근본적으로 서독의 독자적 군대 보유를 막겠다는 목적을 가졌던 플레뱅 계획에 대한 우회적인 비판이지만, 동시에 외교 정책과 같은 보다 근본적인 입장의 통합 없이 국방과 같은 중요 분야의 권한을 (부분적이라도) 초국가적 기구에 이양하는 일이 쉽지 않음을 지적한 것이기도 하다. 요컨대 국방, 안보, 공동 외교 정책과 같은 예민한 문제는 통합의 최종적 단계, 즉 상호 신뢰와 확고한 정책 통일이 이루어진 이후에야 논의될 수 있는 사안인 것이다. 사실 공동 방위 정책은 단일 화폐의 출범이나 국경 정책 등 정치적으로 민감한 분야에서의 통합이 상당히 진전된 오늘날에도 여전히 각국 간 이견이 큰 분야의 정책 중 하나이다(8장 참조). 그런 점에서 유럽방위공동체는 여전히 국가 간 불신과 이견이 컸던 통합 운동 초기에 시도되었다는 점에서 애초부터 제대로 실현되기는 어려운 일이었다. 특히 이 사안은 민족 국가의 전통적인 독점 영역인 상위 정치(high politics)의 핵심을 초국가화하는 계획이었기 때문에 그만큼 국가 내부적으로 커다란 반발을 초래할 수밖에 없었고, 결국 이 계획을 주도한 프랑스가 자국 의회에서 비준을 받지 못함으로써 사장되고 말았다.

유럽방위공동체 계획은 실패로 끝이 났지만 미국은 여전히 서독의 재무장을 포함한 NATO의 강화를 요구하였고, 서독의 재무장을 추진하는 데에 대한 프랑스의 불만도 여전하였다. 영국 수상 이든(A. Eden)은 독일 재무장을 둘러싼 미국의 요구와 프랑스의 불안을 해결하는 한 형태로 서유럽동맹(WEU: Western European Union)의 창설을 주도하였다. 유럽방위공동체 안이 프랑스 의회에서 부결된 지 두 달 만인 1954년 10월 WEU가 창설되었다. WEU는 기본적으로 1948년에 체결된 브뤼셀 조약에 기초하고 있는데, 브뤼셀 조약에 참여한 영국, 프랑스, 베네룩스 3개국 등 5개국에 제2차 세계대전의 패전국인 서독과 이탈리아를 추가하여 7개국으로 확대한 것이다. 그러나 서유럽동맹은 EDC와는 달리 초국가적 기구가 아니며 영국이 선호하는 정부 간 협의체였다. 서유럽동맹은 기본적으로 서독의 군사력을 견제해야 한다는 프랑스의 우려를 해소하기 위해 출범하였지만, 서독의 독자적인 군대 창설은 EDC가 좌초되면서 사실상 더 이상 막을 수 없는 일이 되었다. 1955년 5월 서독은 NATO에 가입했고 독자적인 군대도 보유하게 되었다. 유럽방위공동체의 좌절과 서유럽동맹이라는 제한적 성격의 기구 출범은 유럽 통합의 과정에서 국방·안보와 같은 민감한 사안에 대한 주권의 양보가 결코 쉽지 않음을 보여 주는 것이다.

서유럽동맹(WEU)이 출범하기는 했지만 한동안 그 기능이 제대로 활성화되지 못했다. 서독의 재무장에 대한 견제라는 제한적인 목적을 갖고 출범한 때문이기도 하지만 NATO 체제하에서 서유럽동맹이 특별히 독자적인 군사 기능을 수행할 수는 없는 일이었기 때문이다. WEU의 역할은 군사적인 것보다 오히려 다른 데서 찾아볼 수 있다. 유럽이 ECSC 출범 이후 통합에 참가한 국가와 불참한 국가로 분열되었을 때 이 두 진영을 연결해 주는 역할을 WEU가 담당했다. 통합 불참국의 리더라 할 수 있는 영국과 통합을 주도해 온 프랑스, 독일이 모두 WEU에 참여하고 있었기 때문에 이 기구를 통한 양측의 의사소통과 연계가 가능했으며, 드골(C. de Gaulle) 대통령 시절 프랑스가 NATO의 군사 부문에서 탈퇴한 뒤에도 WEU는 프랑스와 NATO 회원국을 이어 주는 공간을 제공할 수 있었다.

서유럽동맹을 활성화시키려는 움직임은 1980년대 중반 고르바초프 등장 이후 미국·소련 간 화해가 가시화되면서 본격화되었는데, 그 목적은 방위 문제에 있어서 미국, 소련과 다른 유럽의 독자적인 목소리를 내기 위한 도구로 WEU의 역할을 강화하려는 것이었다. 그러나 동서 냉전의 붕괴와 유럽연합의 통합 심화와 함께 최근 들어 WEU의 고유한 역할은 다소 애매해졌다. 2000년 11월에는 WEU의 조직의 기능과 역할을 유럽연합(EU) 차원으로 이전하기로 결정했다. 즉, 유럽연합의 공동 외교 안보 정책(CFSP)과 유럽 안보 방위 정책(ESDP)의 틀 속에서 서유럽동맹의 역할을 규정한 것으로, 일부 조직은 이미 유럽연합 조직에 편입되었다. 그러나 WEU는 여전히 서유럽의 안보 동맹체로 조직적 독자성이 유지되고 있다. 현재 창립 7개국에 에스파냐, 포르투갈, 그리스 등 3개국이 추가로 가입하여 10개국이 정식 회원국으로 있다. 이외에 6개의 준회원 국가, 6개의 옵저버 국가, 그리고 7개의 파트너 국가가 WEU와 관계를 맺고 있다.

유럽경제공동체와 유럽원자력공동체

유럽방위공동체(EDC)의 좌절에도 불구하고 유럽 통합의 노력은 계속되었다. 더욱이 유럽경제협력기구(OEEC)와 관세 및 무역에 관한 일반협정

(GATT)의 자유화 조치에 의해 서유럽 국가 간 교역량은 급속히 증대되었다. 유럽 통합의 노력과 함께 보다 자유화된 시장을 마련하기 위한 방안으로 공동 시장에 대한 논의가 제기되기 시작했다. 1955년 6월 이탈리아 메시나(Messina)에서 열린 유럽석탄철강공동체(ECSC) 외무장관 회담에서는 정치적으로 민감한 분야를 피해 경제 분야에서 유럽 통합을 보다 심도 있게 추진하기 위한 공동 기구 창설 방안이 모색되었고, 이에 대한 구체적인 방안을 연구하기 위한 정부 간 위원회가 설치되었다. 이 위원회는 모네와 함께 유럽 통합에 적극적이었던 대표적 인물 가운데 하나로 벨기에 외무장관이었던 스파크(Paul-Henri Spaak)가 이끌었기 때문에 스파크 위원회라고 불린다. 스파크 위원회는 1956년 4월 제출한 최종 검토 보고서에서 유럽경제공동체(EEC)와 유럽원자력공동체(Euratom: European Atomic Energy Community)의 창설을 제안하였다. 이 제안은 ECSC 전체 회의와 ECSC 회원국 6개국 외무장관 회담에서 모두 승인되었다. 이에 따라 각국은 스파크 보고서를 기초로 두 개의 새로운 공동체 구성을 위한 협상에 나섰다. 유럽원자력공동체의 설립이 논의된 것은 원자력이 향후 석탄을 대신할 자원으로 간주되었기 때문이었다. 석탄·철강의 공동 관리를 위한 ECSC의 설립과 마찬가지의 이유에서 Euratom의 설립이 논의된 것이었다. 당시 원자력 분야에서 기술적으로 앞섰던 프랑스는 특히 유럽원자력공동체의 설립에 적극적이었으나 역내 자유 경쟁과 공동 시장 창설에는 소극적이었다. 프랑스는 공업 분야에서 서독의 지배를 두려워했던 것이다. 이와 대조적으로 서독은 프랑스의 주도 하에 놓이게 될 것으로 보이는 유럽원자력공동체 설립에는 소극적이었으나 경제공동체 창설에는 적극적이었다. 스파크 보고서에서 이 두 개의 공동체 설립을 동시에 추진하도록 권고한 것은 바로 프랑스와 서독의 입장 차이를 고려한 때문이었다.

특히 프랑스는 애초에 경제공동체 설립에 부정적이었지만, 농산물 분야에까지 공동 시장 확대, 프랑스 해외 영토에 대한 발전 기금의 지원, 그리고 남녀 동등 임금, 장기 유급 휴무제 같은 프랑스 사회 법안의 수용 등을 전제로 두 공동체의 창설을 지지하기로 하였다. 이러한 프랑스의 많은 요구를 다른 국가들이 수용한 것은 EDC의 좌절에서 보듯이 프랑스 제4공화국 정부의 허약함을 우려하였기 때문이었다. 특히 스파크 보고서가 제출되기 직전인 1956년 1월 프랑스 의회 선거에서 유럽 통합에 반대해 온 드골파의 지지율이 하락하고 대신 친 유럽적인 사회당의 몰레(G. Mollet) 정부가 들어섰는데, ECSC에 참여한 다른 5개국은 정치적으로 취약한 몰레 정부의 유럽 통합 정책에 힘을 실어 주기 위해 프랑스에 많은 양보를 했던 것이다. 한편 이탈리아는 공동체 내의 낙후된 지역 개발을 지원하기 위한 유럽투자은행(EIB)의 설립을 주장하였는데, 실제로 이 기구의 설립 이후 이탈리아는 유럽투자은행의 가장 큰 수혜국이 되었다.

이러한 협상의 결과로 유럽경제공동체는 출범과 함께 3개의 기금을 설립하였다. 프랑스가 요구한 근로자의 고용 기회 확대와 생활 수준의 향상을 위한 유럽사회기금(ESF: European Social Fund)과, 프랑스의 해외 영토 발전에 그 목적을 둔 유럽개발기금(EDF: European Development Fund), 그리고 이탈리아가 주장한 낙후 지역 개발을 위한 유럽투자은행(EIB: European Investment Bank)이 그것이다(3장 참조). 그러나 이 가운데 유럽사회기금의 설립은 원활하게 추진되지 못했다.

유럽경제공동체와 유럽원자력공동체 조약은 1957년 3월 25일 로마에서 체결되었다. 유럽원자력공동체 조약의 서문에는 유럽의 평화와 번영(peace and prosperity)이라는 유럽 통합의 목적을 설명하는 핵심적 단어가 포함되었으며, 유럽경제공동체 조약의 서문은 이 새로운 공동체가 '유럽 국민들 간 그 어느 때보다 가까워진 연합(an ever closer union among the peoples of Europe)'을 향한 중요한 진전이라는 내용을 담았다. 로마 조약(Treaty of Rome)으로 불리는 이 새로운 공동체의 창설은 그 이전의 실패한 유럽방위공동체 계획과는 달리 프랑스 의회에서 맨 처음 비준됨으로써 순조롭게 출범할 수 있었다.

프랑스에서 이처럼 쉽사리 비준된 것은 1956년의 이집트 수에즈 사태와 밀접한 연관이 있다. 당시 쿠데타로 집권한 나세르(G. Nasser) 대통령이 수에즈 운하를 국유화하자 영국과 프랑스는 이를 되찾기 위해 이집트에 군대를 파견하였지만 유엔을 통한 미국과 소련의 압력으로 무기력하게 철수해야만 했다. 국제 무대에서 유럽 국가, 즉 영국과 프랑스의 힘과 영향력이 약화되었음을 확인한 이후 프랑스 인들은 이제 미국, 소련 등 초강대국에 대항하기 위해서는 유럽의 단결이 필요함을 인식하게 되었고, 이는 로마 조약에 대한 프랑스 의회의 비준에 큰 도움을 주었다. EEC가 프랑스에 매력적으로 비쳤던 또 다른 요인은, 서독에게 EEC가 번창하는 서독 경제를 위한 거대한 공산품 시장으로 받아들여졌다면, 프랑스에게는 자국의 농산물을 판매할 수 있는 거대한 시장이 될 수 있다는 기대감 때문이었다.

유럽경제공동체는 자유 경쟁 원칙에 따른 공동 시장의 설립을 그 목적으로 하였다. 자본과 노동의 자유로운 이동을 규정하였고, 공동체 내의 관세 및 수량의 규제를 철폐하였으며, 공동체 밖의 국가에 대해서는 공동 대외 관세(CET: Common External Tariff)를 부과하기로 하였다. EEC가 ECSC보다 더 발전된 통합의 형태라는 것을 대외적으로 보여 주는 좋은 예가 바로 공동 대외 관세이다. CET는 관세 동맹(Customs Union)의 구축을 통해 공동체 외부의 국가에 대해 단일한 보호 무역 체제를 형성함을 의미했다.

경제 분야에서 대외적으로 관세 동맹의 결성, 내부적으로 교역 규모 증대와 함께, EEC 출범 이후 나타난 가장 중요한 성과의 하나는 공동 농업 정책(CAP: Common Agricultural Policy)의 수립이다(7장 참조). 이는 네덜란드의 만스홀트(S. Mansholt)에 의해 주창되었는데, 농산물에 대해 공동 가격을 설정하고, 생산량·가격 조절을 위한 중앙 통제 정책을 도입하자는 것이었다. 공동 농업 정책의 출범으로 주요 농산품에 대한 공동 가격제와 수입 농산품에 대한 공동 관세 제도가 도입되었고, 농업 생산에 대한 보조금 지급을 위한 유럽농업지도보장기금(EAGGF: European Agricultural Guidance and Guarantee Fund)을 설치하였다.

유럽경제공동체와 유럽원자력공동체의 기구는 유럽석탄철강공동체의 구조와 크게 다르지 않았다. 차이가 있다면 ECSC의 고위관리청 대신에 EEC와 Euratom은 집행위원회(Commission)라는 기구를 두었다는 점인데 명칭의 차이일 뿐 유사한 기능을 수행하였다. 초대 집행위원장은 우리에게도 할슈타인 원칙[4]으로 잘 알려진 독일의 할슈타인(W. Hallstein)이 맡았다. 각료이사회 역시 각 기구에 설치되었고, ECSC의 공동의회를 대신하여 의회(Parliamentary Assembly)가 설치되었다. 로마 조약에서는 ECSC에 비해 의회의 권한이 다소 강화되었고, 의원의 수도 ECSC의 78명에서 142명으로 늘어났다. 의회는 집행위원회와 각료이사회에 대한 감독권, 집행위원회에 대한 질의권, 각료이사회의 예산 보고서에 대한 토의권과 예산의 실행권, 그리고 집행위원회에 대한 사찰권을 가졌으며, 2/3 이상의 결의로 집행위원회를 불신임할 수 있는 권한이 부여되었다. 법원(Court of Justice)은 로마 조약을 해석하고 각 회원국이 그 규정을 준수하도록 할 목적으로 설립되었다. 이러한 EEC의 기구와 기능은 향후 보다 긴밀하게 통합된 유럽공동체(EC)나 유럽연합(EU) 같은 기구의 기본적인 성격을 규정하게 된다.

전체적으로 보아 EEC는 만족할 만한 성과를 거둔 것으로 평가된다. 유럽경제공동체 내부의 교역량도 증가하였고 공동체 외부 국가와의 교역 규모도 커졌다. 이러한 성과는 부분적으로 1950년대 말과 1960년대 서유럽의 경제 붐이라는 우호적인 경제 환경의 영향을 받기도 했는데, 경제 성장과 미래에 대한 낙관적인 기대감이 EEC의 발전에 긍정적으로 작용한 셈이다. 이 밖에 프랑스와 독일의 화해 분위기도 EEC에 유리하게 작용했다. 프랑스와 독일 국경 지대의 석탄, 철광 산지인 자르 지방은 제2차 세계대전 이후 프랑스가 사실상의 식민지처럼 자국의 영향권 아래에 두었으나, 1955년 10월 지역 주민 투표를 통해 서독에 귀속시키기로 결정했고 이듬해 서독 영토로 합병되었다. 프랑스와 독일 간의 첨예한 갈등을 불러일으켰던 이 문제가 해결되면서 양국 간의 관계가 급진전되었고, EEC의 주축인 두 국가의 화해는 다시 EEC의 발전에 긍정적으로 작용하였다.

유럽원자력공동체는 핵에너지의 평화적 사용을 위한 공동 개발과 연구를 목적으로 한 공동체이다. 모네의 발상과 스파크 보고서에 의해 원자력 분야의 통합이 우선적으로 시도될 수 있었던 것은, 당시 원자력이 미래의 에너지원으로 기대를 모으고 있었으나 원자력 산업의 수준이 높지 않은 상태였으므로 이를 공동으로 개발·이용하는 것이 필요했으며, 또 이러한 협력 관계는 자연히 통합에 긍정적인 효과를 미칠 것으로 기대되었기 때문이다. 즉 원자력을 개발하기 위해서는 막대한 투자와 노력이 소요될 것이므로 공동 개발에 적극 참여할 필요가 있었고, 또한 서독을 원자력공동체라는 틀 속에 참여시킴으로써 서독의 독자적 핵무기 개발 가능성을 견제하려는 의도도 있었을 것이다.

그러나 전체적으로 보아 유럽원자력공동체는 EEC에 비하면 그리 큰 성공을 거두지 못하였다. 그 이름이 의미하는 바와 달리 유럽원자력공동체는 하나의 초국가적 공동체로 자리잡지 못하고 개별 국가의 독자적 행동에 의해 약화되었다. 출범 당시 유일하게 원자력 프로그램을 갖고 있던 프랑스는 이 분야에서 주도권을 가지려 했고, 다른 국가들은 독자적 개발을 추진하였다. 결국 Euratom이 출범한 지 얼마 안 된 1959년에 이탈리아와 독일이 독자적으로 원자력 개발에 성공하였다. 뿐만 아니라 기술적인 어려움,

비용, 환경 오염 및 안전에 대한 주민들의 두려움 등이 Euratom의 순항에 적지 않은 걸림돌로 작용하였다. 사실 핵폭탄의 등장 이후 원자력은 결코 군사적 목적과 분리하여 생각할 수 없는 것이었다. 따라서 비록 평화적 이용을 위한 기구로 Euratom이 등장하였지만 원자력이란 자원 자체는 군사·정치·안보와 같은 매우 민감한 이슈로부터 완전히 분리될 수 없는 속성을 지니고 있었고, 그런 점에서 다른 자원의 공동 관리에 비해 원자력의 공동 관리는 보다 큰 어려움을 지니고 있었던 셈이다.

로마 조약으로 유럽경제공동체와 유럽원자력공동체가 출범하면서 '유럽 6개국의 통합 기구'는 유럽석탄철강공동체를 포함해 모두 3개로 늘어났다. 각 공동체는 각기 상이한 분야에서 통합의 추진체로 기능하였으나 유사한 기능과 성격을 지닌 기구가 중복적으로 존재하는 것이었기 때문에 이들 기구의 통합이 추진되었다. 먼저 의회와 법원이 통합되었으며, 1967년 7월에는 세 공동체의 각료이사회가 통합되고 집행 기구가 집행위원회(European Commission)로 일원화되었다. 이로써 유럽 통합의 기구는 유럽공동체(EC: European Community)로 단일화되었다.

영국과 유럽자유무역연합

제2차 세계대전 직후 처칠이 통합된 유럽의 필요성을 역설하기도 했지만, 전체적으로 보아 유럽 통합 문제에 있어서 영국은 언제나 골치덩어리였다. 영국은 섬나라이기 때문에 프랑스처럼 원하든 원하지 않든 유럽 대륙에서 일어났던 거의 모든 주요한 전쟁의 직접적인 당사자가 되기보다는 한 발짝 물러서 있는 입장이었다. 나폴레옹 전쟁에서도 직접적인 피해는 입지 않았고, 히틀러와의 전쟁에서도 공습은 받았지만 프랑스처럼 국토가 전쟁터가 되지는 않았다. 또한 영국은 영 연방 국가들(Commonwealth countries)과 독자적인 교역망을 구축하고 있었고, 유럽 국가이지만 대서양 국가로서 미국과 '특별한' 관계를 유지하고 있었다. 이런 역사적 경험과 지리적 조건은 영국이 유럽 통합에 소극적이도록 했고 더욱이 주권을 일부라도 양보해야 한다는 사실은 영국으로서는 받아들이기 어려운 것이었다. 따라서 영국은 초국가적 기구의 설립을 원하기보다는 개별 국가의 입장과 영향력이 확보되는 정부 간 협상 기구(intergovernmental body)를 선호하였다. 그래서 영국은 앞서 살핀 대로 ECSC에도 참여하지 않았고, 실패로 끝난 EDC에도 불참을 선언했던 것이다.

공동 시장 창설을 위한 메시나 회의에서 영국은 6개국만의 공동 시장이 아닌 OEEC 국가 모두를 포괄할 수 있는 자유 무역 지대(free trade area)를 만들자고 제안하였다. 영국에게 공동 시장은 받아들일 수 없는 제안이었기 때문에 국가 간 협의에 기초한 자유 무역 지대의 제안은 공동 시장 수립 움직임에 대한 하나의 대안이었던 것이다. 이 제안을 논의하기 위해 당시 영국 수상이었던 맥밀란(H. Macmilan)은 모들링(R. Mauding)을 대표로 회의에 파견하였다. 모들링의 제안은 ECSC에 참여하지 않은 국가들, 특히 스칸디나비아 반도 국가들로부터는 지지를 얻었으나 프랑스 등 공동 시장 추진 국가들로부터는 통합 저지를 위한 방해 공작이 아닌가 하는 의혹을 받았다.

자유 무역 지대 창설에 대한 제안이 받아들여지지 않자 영국은 오스트리아, 덴마크, 노르웨이, 포르투갈, 스웨덴, 스위스 등 7개국으로 구성된 유럽자유무역연합(EFTA: European Free Trade Association)을 결성하였다. 1960년 5월 스톡홀름 협정(Stockholm Convention)을 통해 유럽자유무역연합(EFTA)의 창설에 대한 공식적 서명이 이루어졌다. EFTA는 회원국 간 공산품에 대한 관세 철폐가 주된 목적이었으며 관세 동맹을 통한 보다 통합된 경제 동맹인 EEC와 같은 경제 동맹은 아니었다. 즉 EEC는 최대한의 통합을 선호한 반면, EFTA의 7개국은 최소 수준의 정부 간 협의체(intergovernmental association)의 형태를 선택하였다. 결국 EFTA의 출범으로 유럽은 EEC 6개국과 EFTA 7개국의 유럽으로 분리되어 존재하게 되었다. 이러한 분리는 1973년 영국, 아일랜드, 덴마크가 유럽공동체(EC)에 공식 가입할 때까지 약 10여 년 동안 지속되었다. 1959년 EFTA의 결성으로 서유럽 국가들이 EEC와 EFTA로 양분되자 이러한 분열을 우려한 미국은 유럽경제협력기구(OEEC)를 1960년 12월 경제협력개발기구(OECD)로 개편하고 서유럽 국가들만으로 구성되어 있는 이 기구에 직접 참여하게 된다.

영국이 EFTA 결성을 주도했지만 1961년 영국이 EEC 가입을 신청했을 때 이미 EEC를 중심으로 한 유럽 통합은 거스를 수 없는 대세라는 사실을 영국도 인정한 셈이었다. 1961년 7월 영국 수상 맥밀란은 영국이 EEC에 가입을 신청하겠다고 발표하면서, 히스(E. Heath)를 교섭 단장으로 임명하였다. 이 발표 이후 EFTA의 참여 국가인 덴마크와 노르웨이, 그리고 EFTA에 참여하지는 않았으나 영국과 자유 무역 협정을 맺고 있던 아일랜드가 EEC에 가입을 신청하였다. 한편 EFTA의 오스트리아, 스웨덴, 포르투갈도 준 회원국으로 가입 신청을 하였다. 영국이 이렇게 갑자기 마음을 바꾸게 된 것은 무엇보다 현실적으로 EEC가 큰 발전을 이루어 간 반면, EFTA를 통해 영국이 얻을 수 있는 것은 그다지 크지 않았기 때문이다. 영국과 비교할 때 EFTA에 참여한 국가의 경제 규모는 크지 않았으며 스칸디나비아 국가들의 관세는 이미 그리 높지 않은 상태였다. 이런 점에서 볼 때 영국은 EFTA가 EEC를 대신할 수 있을 것으로 보았다기 보다는 자유교역 지대의 주장 관철을 위한 일종의 압력 수단으로 활용하고자 했던 것이다. EEC가 완전한 관세 동맹으로 발전해 가면서 영국은 이로 인한 손해를 EFTA를 통해 만회하기 힘들 것이라고 판단했으며, 실제로 EFTA의 일부 국가들은 EEC와 보다 많은 양의 무역 거래를 하고 있었다. 그리고 국제 정치적으로 특히 미국과 영 연방 국가들에 대해 영국의 영향력이 감소한 것도 중요한 한 원인이었다. 미국이 유럽과 보다 심화된 상호 의존을 추구하면서 EEC를 서유럽의 파트너로 삼게 되자, 이 공동체 외부에 있는 영국은 불이익을 감수해야 했다. 또 다른 원인은 영국의 경제 성장과 관련이 있다. 1950~1960년대에 유럽은 고도 성장을 계속하였으나 영국의 경제 성장은 상대적으로 경쟁국에 비해 뒤떨어졌다. 따라서 EEC 가입은 노동력 과잉이나 낮은 생산성으로 고민하는 영국의 문제를 해결하고 경제 성장에 긍정적 효과를 가져다 줄 것으로 판단되었던 것이다. 마지막으로는 EEC 내부에서 나타난 정치 통합의 움직임을 들 수 있다. 프랑스의 드골 대통령은 정치 연합으로의 발전을 제의하였고, 이 문제를 토의하기 위해 1961년 푸셰(C. Fouchet)를 위원장으로 하는 위원회가 설치되었다(Box 03 참조). 이러한 논의로의 발전은 영국이 가장 거부감을 갖고 있는 정치 통합을 향해 유럽 각국이 한 걸음 전진한 것인데, 이러한 논의에 영국의 영향력이 행사되기 위해서는 그 논의의 구조 속으로 들어가야만 한다는 절박함이 생겨났던 것이다.

그러나 1963년 1월 14일 프랑스 드골 대통령은 영국이 가입 조건을 충족시킬 준비가 안 되어 있다는 이유로 영국의 가입에 거부권을 행사하였다. 당시 영국은 공산품을 수출하였고 농산물 수입은 영연방 국가와의 교역을 통해 값싸게 해결하고 있었기 때문에 영국으로서는 EEC가 추진하는 공동 농업 정책(CAP)은 불리할 수밖에 없었다. 따라서 영국은 영 연방에 대한 기득권 보장과 관계 유지의 인정, 그리고 농업 분야에 대한 특혜를 주장하였다. 이러한 영국의 입장은 농산물 수출 국가인 프랑스로서는 받아들이기 힘든 것이었다. 그러나 보다 중요한 이유는 방위 문제를 비롯한 여러 분야에서 미국과 긴밀한 관계에 있는 영국이 EEC에 가입하게 될 경우 유럽 문제에 대한 미국의 영향력이 확대될 수 있다는 프랑스의 우려가 크게 작용하였다. 즉 영국의 가입은 유럽 문제에 대한 미국의 영향력 확대로 이어지고 이로 인해 EEC의 응집력은 떨어지게 될 것이며, 이는 '대서양의 유럽'에 반대되는 '유럽 인들의 유럽'이라는 드골의 이상에 정면으로 배치되는 것이었다. 드골에게 있어 영국의 가입은 '미국의 트로이 목마(American Trojan horse)' [5]와 같은 것이었다.

영국은 1967년 다시 가입 신청을 했다. 협상이 시작될 즈음 드골은 다시

푸셰 플랜　　　　　　　　　　　　　　　　　　　　**BOX 03**

1961년 프랑스 드골 대통령이 제안한 계획으로 이 안을 작성한 당시 프랑스의 덴마크 주재 대사였던 푸셰의 이름을 따서 푸셰 플랜으로 불린다. 초국가적 통합의 진전을 탐탁하게 생각하지 않았던 드골은 새로운 형태의 정치 통합을 구상했다. 드골은 유럽경제공동체 외무장관들 간의 정기적인 모임을 제안했고 회원국 정상 간의 회담도 성사시켰다. 이러한 기반 위에서 드골은 유럽의 정치 통합(political union)을 연구하기 위한 조직 결성을 제안하였고 이에 따라 푸셰가 이끄는 푸셰 위원회가 조직되었다.

푸셰 플랜은 국가 연합(union of States)의 결성을 제시하고 있는데 크게 네 가지 주요한 내용을 담고 있다. 첫째 유럽 각국 정상 혹은 관련 각료들 간의 정기적 회합과 만장일치에 의한 결정을 제안하였고, 둘째, 각국에서 파견한 고위 외교관들로 구성된 상임 사무국의 설치, 셋째, 외교·국방·통상·문화 분야 협력의 강화와 이러한 사안을 논의하기 위한 정부 간 위원회의 상설화, 마지막으로 각국 의회에서 유럽의회에 파견할 의원 선발 등의 내용을 담고 있다.

푸셰 플랜은 정치적 통합의 내용을 담고 있지만 초국가적 기구의 설립이나 강화라기보다는 만장일치에 의한 결정 방식을 제안한 데서 잘 알 수 있듯이 각국의 주권을 유지한 채 국가간 협의에 기초한 정치 공동체의 구성을 제안한 것이다. 이러한 제안은 ECSC 출범 이후 지속되어 온, 그리고 로마 조약 이후 강화된 유럽 통합을 저해하고 공동 시장과 NATO 중심의 공동 안보 체제에도 부정적인 영향을 미칠 것으로 비판 받았다. 또한 미국을 멀리하려는 드골의 태도와 프랑스의 독주에 대한 다른 국가들의 우려와 거부감도 적지 않았다. 네덜란드, 벨기에가 이 계획에 대해 매우 강력하게 반대했으며 다른 회원국들의 지지도 얻지 못해 결국 푸셰 플랜은 폐기되었다.

영국의 EEC 가입에 대한 거부권 행사 의사를 분명히 했다. 이로 인해 드골이 프랑스 대통령으로 머물고 있는 한 영국의 가입은 사실상 불가능하다는 점이 명확해졌다. 그러나 영국은 가입 신청을 철회하지 않은 채 WEU, NATO 등 다른 기구를 통한 대화의 채널을 유지하였고, 결국 1969년 드골이 대통령에서 물러난 이후인 1973년 유럽경제공동체에 가입할 수 있었다.

유럽 통합의 위기와 룩셈부르크 타협

푸셰 플랜의 좌초에도 불구하고 드골 프랑스 대통령은 유럽 통합이 초국가적 기구로 발전해 가는데 대해 큰 불만을 갖고 있었다. 또한 1963년 영국의 EEC 가입 신청에 대해 거부권을 행사할 때도 드골은 다른 회원국과의 사전 회의를 거친 것이 아니라 파리에서 일방적으로 그 사실을 발표했다. 이러한 드골의 태도에 대해서 집행위원장이었던 할슈타인과 회원국 중에서는 특히 네덜란드가 몹시 못마땅해 했다. 드골 대통령 재임하의 프랑스와 다른 회원국 간의 갈등은 1965년 극에 달하게 된다.

유럽경제공동체 출범 이후 회원국들은 통합의 진전과 효율성의 제고를 위해서 EEC 내 각 기구의 권한과 기능에 대한 강화를 모색하고자 했다. 당시 제시된 안은 크게 세 가지였는데, 그 하나는 유럽의회(European Parliament)의 역할 강화에 대한 것으로 EEC의 예산에 대한 실질적인 권한을 부여하자는 것이었다. 이렇게 된다면 유럽의회는 실질적인 의미에서 의회의 역할을 수행할 수 있게 될 것이었다. 이 제안은 네덜란드의 지지를 받았다. 두 번째 세안은 EEC 집행위원회가 독자적으로 재정을 충당할 수 있도록 제3국으로부터 EEC에 수입되는 물품에 대한 관세를 부여할 권한을 허용하자는 것이었다. 그리고 이러한 집행위원회의 재정 충당과 집행에 대한 감시, 감독은 유럽의회의 역할에 맡기자는 것이었다. 이 두 가지 제안은 EEC의 초국가성을 강화하는 것으로 드골로서는 받아들이기 힘든 것이었다. 세 번째 제안은 공동 농업 정책(CAP)이었다. 만스홀트가 1960년에 이를 제안했지만 각국의 첨예한 이해관계로 그 이후에도 쉽사리 합의에 이르지 못했다. 공동 농업 정책은 유럽경제공동체 국가 간에 단일 농산물 시장을 구축하여 자유로운 유통을 보장하고 회원국 간에 동일한 농산물 가격을 형성하며, 각국의 농산물 생산비 차이는 회원국들의 공동 부담으로 그 격차만큼을 농민들에게 지원해 주자는 것이었다(7장 참조). 이러한 공동 농업 정책은 농업 대국이었던 프랑스가 가장 큰 혜택을 볼 것으로 예상되었고, 프랑스는 당연히 이 정책의 채택을 지지했다. 이 때문에 네덜란드를 비롯한 회원국의 반대가 심했는데 특히 서독이 이 정책의 수용을 주저했다. 1965년 당시 독일은 아데나워 후임으로 에르하르트(L. Erhard)가 기민당 정부를 이끌고 있었다. 에르하르트는 아데나워만큼 독일-프랑스 관계에 관심을 쏟지 않았으며 오히려 미국과의 관계를 중시하는 편이었다. 더욱이 그해 말 선거를 앞둔 상황에서 기민당의 주요 지지층 가운데 하나인 농민층의 지지를 잃고 싶지 않았다. 이처럼 유럽경제공동체의 기능 재조정에 대한 각국의 이해관계가 첨예하게 대립하게 되자 집행위원회는 이 세 가지를 하나의 종합적인 안(package)으로 묶어 처리하고자 했다. 유럽공동체의 기능을 강화하는 안에 대해서 반대하는 프랑스로서도 공동 농업 정책은 합의되기를 바라고 있으므로 인한 타협이 가능할 것으로 생각했기 때문이다.

그러나 프랑스는 공동 농업 정책의 채택은 원하지만 그것은 동시에 유럽경제공동체의 초국가성이 강화되는 것을 인정해야 하는 것이라는 점에서 딜레마에 빠졌다. 공동 농업 정책의 재원 마련을 둘러싼 논의가 계속되고 있던 가운데 프랑스 외무장관 쿠브 드 뮈르빌(M. Couve de Murville)은 1965년 6월 자신이 의장 직을 수행하기로 되어 있는 그 달의 각료이사회에 돌연히 불참했으며, 그 이후로도 계속해서 참여를 거부했다. 프랑스는 이러한 논의가 진전되는 것을 원하지 않았던 것이다. 이후 프랑스는 통상적인 업무를 수행하는 하위직 대표를 제외한 모든 자국 대표들을 EEC에서 파리로 소환하여 EEC의 정책 결정이나 정책 추진과 관련된 모든 업무에 불참하였다. 이로 인해 EEC 국가 간 정책 협상 테이블에 프랑스 대표의 의석이 빈 자리로 남아 있게 되었다고 해서 '공석(空席) 정책(Empty Chair Policy)'이라고 불린다.

그런데 프랑스가 이러한 논의의 진전을 중단시킨 실질적인 이유는 공동 농업 정책의 재정 부담에 대한 이견보다는 EEC의 의사 결정 방식에 대한 우려 때문이었다. EEC를 성립시킨 로마 조약은 EEC의 최종 의사결정을 기존의 6개국 만장일치 방식에서 1966년 1월부터 대부분의 사안에 대해 다수결 방식으로 처리하기로 규정하였다. 만장일치하에서는 회원 각국이 자국의 이해관계에 따라 거부권을 행사할 수 있었지만, 만약 EEC의 의사 결정이 다수결이 된다면 그와 같은 개별 국가의 제어 장치는 사라지게 되는 것이다. 즉 EEC의 초국가성이 크게 강화되는 것이다. 드골로서는 이러한 상황을 수용할 수 없었다. 프랑스의 공석 정책은 7개월간이나 계속되었고, 그 기간 동안 유럽경제공동체는 주요한 정책의 결정이나 새로운 사업의 추진을 수행할 수 없었다.

프랑스의 참여 거부로 위기는 해를 넘기고 이듬해인 1966년 1월 EEC 참여 6개국이 룩셈부르크에서 만나 타협을 모색하면서 일단락되었다. 이러한 룩셈부르크 타협(Luxemburg Compromise)은 다수결에 의한 결정을 축소하고 만장일치 방식의 결정도 그대로 유지해야 한다는 프랑스의 주장을 받아들임으로써 이뤄질 수 있었다. 자국의 중요한 이해가 걸려 있는 사안에 대해서는 회원국의 거부권을 사실상 계속해서 인정하도록 한 것이다. 룩셈부르크 타협으로 EEC의 기능은 정상화될 수 있었지만, 만장일치 결정의 유지가 포함된 타협안은 초국가적 공동체를 추진해 온 이들에게는 적지 않은 타격이 되었다.

유럽 통합의 확대와 발전: 유럽공동체의 발전

프랑스의 공석 정책으로 인한 위기에서 보듯이 유럽 통합의 과정에서 회원국 간 갈등도 적지 않았지만, 유럽경제공동체(EEC)의 탄생 이후 공동체 내 회원국 간의 무역 규모는 매우 크게 신장되었다. 또한 EEC는 대외적으로 하나의 블록으로서 외국과의 협상에 집단으로 임하기도 했다. 예를 들면, 미국은 관세 및 무역에 관한 일반 협정(GATT) 체제 내의 관세를 낮추고 비관세장벽을 제거하는 등 국가 간 교역을 활성화시키려는 목적에서 케네디 라운드(Kennedy Round) 협상을 추진하였다. EEC 6개국은 1964년부터 1967년까지 계속된 이 협상에 공동 대표를 선임하여 파견하였다. 이 밖에도 EEC는 과거 유럽 식민지, 특히 아프리카 지역 국가들과 교역을 확대하기 위해 1963년 아프리카 18개국과 야운데 회담(Yaoundé Convention)을 개최하였다. 이 회담에서 EEC는 이들 국가에 대해 농산물을 제외한 다른 분야에서 최혜국 대우를 보장해 주고 그 대신 EEC 수출 상품의 우선적 수입을 요구하였다. 그리고 유럽개발기금(EDF)을 통한 투자의 확대와 유럽투자은행(EIB)의 차관 제공을 아프리카 국가들에 약속하였다. 비록 예민한 외교 및 국방 정책을 포함한 것은 아니지만, 위의 사례들은 EEC가 대외적으로 하나의 공동체로서 성장해 가고 있음을 보여 준다.

한편, 앞서 언급한 대로, 병렬적으로 존재해 오던 유럽석탄철강공동체

(ECSC), 유럽경제공동체(ECC), 유럽원자력공동체(Euratom) 등 세 공동체는 1967년 7월에 합병하여 유럽공동체(EC)로 재편되었고, 각 공동체마다 중복적으로 존재하던 기구들도 모두 하나로 통합되었다. 통합된 집행위원회의 새 위원장은 벨기에의 레이(J. Rey)가 맡게 되었다. EEC 출범 이후 10년 가까이 집행위원장을 맡아 오던 독일의 할슈타인은 드골의 반대로 재임되지 못했다. 룩셈부르크 타협 이후 주요 이슈에 대한 회원 각국의 입장이 중요해지면서 각료이사회의 비중이 높아졌고, 이를 위해 각국의 외교관으로 구성된 실무 준비 기구인 상임대표위원회(COREPER: Cmommittee of Permament Representatives)의 역할도 중요하게 되었다(Box 06 참조).

영국의 가입에 대한 거부 및 공석 정책 등으로 위기를 겪은 유럽공동체가 다시 활기를 찾게 된 중요한 계기는 드골의 사임이었다. 그동안 EC가 겪었던 어려움은 프랑스의 국익과 민족주의를 최우선적으로 표방한 드골의 정치 노선과 긴밀하게 관련되어 있었다. 드골은 파업 및 학생 시위에 따른 국내 정치적 위기를 타개하기 위해 그가 제안했던 제도 개혁안이 1969년 4월의 국민투표에서 부결되자, 그 결과에 책임을 지고 사임하였다. 드골의 사임 이후 퐁피두(G. Pompidou)가 대통령에 당선되면서 EC의 확대 및 유럽 통합의 움직임은 다시 활발해졌다. 퐁피두 등장 이후 나타난 변화를 보여 주는 상징적 사건이 헤이그 회담에서 이뤄졌다. 1969년 12월 초 네덜란드 헤이그에서 열린 EC 6개국의 회담에서는 그동안 드골의 거부로 이루어지지 못했던 EC의 확대와 제도 강화에 대한 논의가 있었다. 이와 같은 논의의 진전은 무엇보다 드골의 사임으로 인해 가능해진 것이었지만, 이와 함께 서독의 경제적, 국제 정치적 지위의 급속한 부상(浮上)에 대한 프랑스의 우려도 중요한 원인이었다. 서독은 매우 빠른 속도로 경제 성장을 거듭하였고 이와 같은 경제적인 성공을 기반으로 국제 정치 무대에서도 활발한 행보를 보이기 시작했다. 1969년 서독 총선에서 빌리 브란트(W.

Brandt)의 사회민주당(SDP)이 자유민주당(FDP)과의 연립으로 집권에 성공하였다. 집권 후 브란트는 새로운 중·동유럽 정책, 즉 동방 정책(Ostpolitik)을 추진하였다. 중·동유럽에 대한 서독의 이러한 접근은 독일의 영향력 확대에 대한 프랑스의 뿌리 깊은 두려움을 다시 불러일으켰고, 이에 따라 프랑스는 EC의 제도적 장치를 보다 견고히 함으로써 서독을 EC라는 구조 속에서 견제할 수 있기를 희망했던 것이다. 그런 점에서 회원국의 확대, 특히 또 다른 유럽의 강자인 영국의 가입은 서독 견제라는 프랑스의 목표 달성을 위해 정치적으로 매우 필요한 일이었다. 반면 서독의 입장에서는 자신들이 추구하는 동방 정책이 EC의 통합이나 결속에 장애가 되지 않는다는 점을 분명히 하고 프랑스의 우려를 해소시켜야 할 필요가 있었다.

이미 두 차례나 드골에게 냉대를 받은 영국은 드디어 헤이그 회담 이후 EC에 가입할 수 있게 되었다. 헤이그 회담에서 영국 등 신규 회원국의 가입에 합의가 이뤄지기는 했지만 프랑스의 퐁피두 대통령은 여전히 영국의 EC 가입에 유보적인 입장을 취하였던 반면, 서독의 브란트 수상은 이를 앞장 서 추진하였다. 한편, 영국은 2차 가입 신청 이후 자국의 가입에 대한 EC의 결정이 유보된 것으로 간주하고 있었기 때문에 재가입 신청을 하지 않고 있었다. 1970년 영국 총선에서 히스가 이끄는 보수당이 승리했는데, 히스는 1961년 맥밀란 정부가 EEC 가입 신청을 했을 때 영국 협상단의 대표였다. 히스 수상은 1971년 5월 파리에서 프랑스의 퐁피두 대통령을 만났고, 그 이후 영국의 가입을 둘러싼 갈등은 모두 해결되었다. 영국의 가입을 둘러싼 협상은 재정 분담금 문제와 영 연방 국가로부터의 수입, 특히 농산품의 수입 문제에 집중되었다. 흥미로운 사실은 대처 수상 이후 오늘날까지 영국 보수당이 유럽 통합에 부정적인 편인데 당시에는 보수당의 히스 정부가 이를 추진했고 노동당이 영국의 EC 가입에 반대했다는 것이다. 영국의 EC 가입 동의안은 1972년 7월 하원에서 노동당의 반대 속에 301 대 284로 통과되었다. 이에 노동당의 윌슨(H. Wilson) 당수는 노동당이 집권하면 가입 조건에 대해 재협상을 시도하고 EC 잔류 여부를 국민투표로 묻겠다고 약속하였다. 실제로 1974년 2월 선거에서 승리한 뒤 노동당의 윌슨 수상은 공약대로 영국의 분담금과 공동 농업 시장의 개정을 논의하기 위한 재협상을 요구하였고, 재협상의 결과를 국민투표에 부쳤다. 그리고 1975년 6월 실시된 이 국민투표에서 67%의 지지를 얻음으로써 영국의 EC 가입 문제는 일단락되었다.

1972년 1월 영국은 브뤼셀에서 가입 조약에 서명하고 1년 뒤 정식으로 회원국이 되었다. 1961년 맥밀란 수상이 처음 가입을 신청한 이후 10년 만의 일이었다. 영국과 함께 아일랜드, 덴마크, 노르웨이가 EC에 가입을 신청했다. 아일랜드, 덴마크는 국민투표에서 각각 83%, 63.3%의 찬성으로 EC 가입에 대한 국민의 지지를 획득했다. 그러나 노르웨이는 EC 가입 문제가 국내 정치적으로 큰 혼란을 일으켰다. 가입 문제를 둘러싼 갈등으로 연립 정부가 붕괴되었고, 뒤를 이어 집권한 노동당 소수 정부의 브라텔리(T. Brateli) 수상은 안건을 국민투표에 부치고 만약 반대가 다수라면 사임하겠다고 정치적으로 배수진을 쳤다. 그러나 국민투표에서 53.5%의 반대로 EC 가입안이 부결되어 브라텔리 수상은 사임하였고, 노르웨이는 1973년 5월 EC와 자유 무역 협정을 맺는 것으로 만족해야 했다. 이후 노르웨이의 EC 가입 문제는 오랫동안 논의되지 못했고, 1993년 실시한 유럽연합(EU) 가입을 위한 국민투표에서도 가입안이 부결되어 오늘날까지 유럽연합에 회원국으로 참여하지 않고 있다. 그럼에도 불구하고 영국, 아일랜드, 덴마크의 가입으로 두 개의 블록으로 나뉘어 있던 유럽은 이제 EC를 중심으로 재결합하게 되있다. EC에 가입하지 않고 남아 있는 EFTA 국가들은 개별적인 국가와 EC 간의 쌍무 협상을 통해 자유 무역 협정을 체결하였다.

회원국 확대와 함께 헤이그 회담에서 얻은 또 하나의 성과는 정치 통합이라는 EC의 최종적 도달점에 대한 합의가 이루어졌다는 점이다. 정치 통합을 강화시키는 가장 손쉬운 방식은 로마 조약에 의해 설립된 기존의 기구, 즉 집행위원회와 유럽의회의 권한을 강화함으로써 전체 유럽을 대표하는 정치적 기구가 되도록 하는 것이었다. 그러나 이는 이들 기구의 초국가적 성격을 강화시키는 것으로 프랑스로서는 받아들일 수 없었으며 영국 역시 이를 거부했다. 실제로 헤이그 회담에서 EC의 기능과 활동을 강화시키려는 많은 합의가 이뤄졌지만, 프랑스의 퐁피두 대통령은 유럽의회를 유럽 시민의 직접 보통 선거에 의해 구성하여야 한다는 다른 회원국의 주장에 동조하지 않았다. 프랑스는 유럽의회가 직접 선거에 의해 구성되면 민주적 정통성을 갖게 될 뿐만 아니라 권한의 강화도 불가피하게 될 것이며, 그것은 곧 초국가적 권한의 강화로 이어질 것으로 보았기 때문이다.

　따라서 정치적 통합의 강화는 기존의 기구나 통합을 위한 새로운 기구의 설립에 의해서가 아니라 각국 간의 논의와 협조를 통해 방안을 추진하기로 하였다. 이를 연구한 다비뇽 보고서(Davignon Report)는, 정치 통합의 문제는 우선 각국이 공동의 이해관계를 갖고 있는 분야에서 출발하는 것이 좋으며 첫 출발은 외교 정책이 적합할 것이라고 권고하였다. 미·소 간의 양극적 대결 와중에 주요 국제적 이슈에 대해 제 목소리를 내지 못했던 유럽 각국이 하나의 외교 정책을 취함으로써 대외적으로 통합을 과시하고 역내 국가들 간의 이해와 협조를 증진하자는 것이었다. 이 다비뇽 보고서는 유럽정치협력(EPC: European Political Cooperation)으로 구체화되었는데, EPC는 공식적 기구나 제도라기보다는 본질적으로 정부 간 협력의 개념을 포함하는 것이었다. 이에 따른 첫 번째 외무장관 회담이 1970년 독일 뮌헨에서 열렸으며, 1975년부터는 국제기구나 회담에 EC가 단일 대표를 파견하는 등 국제 문제에 대해 공동의 입장을 취할 수 있게 되었다. 예를 들면, 1975년 핀란드 헬싱키의 유럽안보협력회의(CSCE: Conference on Security and Cooperation in Europe)에서 조인된 헬싱키 의정서에는 이탈리아의 모로(A. Moro) 수상이 EC를 대표하여 서명하였다. 그러나 유럽 정치협력(EPC)이라는 이름이 시사하듯 기본적으로 이 기구는 각국의 협조와 이해를 기초로 한 자발적 정부 간 협의체라는 점에서 초국가적 정치 통합체와는 다소 거리가 있는 것이었다.

한편, 헤이그 회담에서 그동안 프랑스가 반대해 온 예산 집행에 대한 유럽의회의 권한 확대가 이루어졌으며, 공동 농업 정책(CAP)에 대한 재원 마련의 규칙도 결정되었다. 이로 인해 회원국의 직접적인 재정 분담금에 의존하던 EC는 독자적인 재원 확보 체제를 갖추게 되었다. 유럽의 단일 화폐 출범을 위한 화폐 동맹의 구상 역시 헤이그 회담에서 논의되었다. EC 6개국 정상은 통합의 심화를 위해서는 통화 동맹(monetary union)으로 나아가야 한다는 데 동의하였고, 이를 위해 유럽준비기금(ERF: European Reserve Fund)의 설치에 대해 논의하기로 하였다. 당시 헤이그 회담에서는 1980년까지 완전한 통화 동맹을 이루기로 합의하였으나, 그 실현은 약 20년 가까이 지연되어 이뤄졌다. 1970년 EC는 이를 위해 당시 룩셈부르크 수상이었던 베르너(P. Werner)를 위원장으로 하는 위원회를 구성하여 통화 동맹의 구체적 구상을 체계화하도록 하였다.

경제통화 동맹(EMU: Economical and Monetary Union)의 구상은 관세 동맹과 공동 농업 정책, 그리고 공동 시장을 완성하고 이를 운용하기 위해서 현실적으로 필요한 정책 방향이었다. 또한 유럽 통합론자들에게는 각국의 재정 정책, 조세 정책 등에 직접적인 영향을 미침으로써 통합의 수준을 한 단계 심화시킬 수 있는 중요한 수단이기도 했다. 통화 동맹의 방안을 검토한 베르너 보고서(Werner Report)는 초국가적인 경제 정책을 수립할 단일한 결정 기구와, 통화 정책을 책임질 각 회원국 중앙 은행의 공동 체제를 제안하면서 3단계의 발전 계획을 제시하였다. 이에 대해 프랑스는 초국가적인 성격을 갖는 정책 결정 기구의 설립에 반대하는 입장을 표명했고, 각 회원국 간에도 견해차가 커서 베르너 보고서를 둘러싼 협상은 쉽게 진행될 수 없었지만, 회원국들은 이 방식에 대한 점진적인 접근에 대해서는 합의하였다. 이런 와중에 1971년 제2차 세계대전 이후 국제교역 및 금융을 규제해 온 브레튼우즈(Breton Woods) 체제가 불안정해지면서 세계적으로 통화 위기가 발생했고, 1973년에는 이스라엘과 아랍 국가들 간의 중동 전쟁의 여파로 석유 파동이 발생하였다. 이 같은 경제 위기 속에서 EC 각국은 국가 간 협력을 모색하기보다는 개별 국가 수준에서 이러한 국제 정치적, 경제적 위기에 대응할 수밖에 없었다. 이런 상황에서 베르너 보고서는 경제통화 동맹(EMU)의 창설을 구체적으로 추진해 보기도 전에 일단 보류될 수밖에 없었다.

유럽공동체의 발전은 국제적 상황의 급변과 함께 EC를 이끄는 주요 국가의 지도자들이 바뀌면서 새로운 단계로 접어들었다. 퐁피두의 갑작스런 죽음으로 1974년 지스카르 데스탱(V. Giscard d'Estaing)이 프랑스 대통령으로 취임하였고, 같은 해 서독에서는 스파이 스캔들에 연루되어 브란트 수상이 사임하고 이어 슈미트(H. Schmidt)가 새로운 수상이 되었다. 한편 영국에서는 광산 노조와의 오랜 대립 속에서 히스 수상이 선거에 패배하여 노동당의 윌슨이 재집권하였다. 지스카르 데스탱과 슈미트는 EC를 정치, 경제적 통합을 위한 실용적 도구로 생각했으며, 따라서 이를 발전시킬 필요가 있다고 보았다. 1974년 이후 1981년까지의 기간 동안 유럽연합의 문제, 특히 유럽이사회의 결정은 대체로 지스카르 데스탱과 슈미트의 개인적 친밀감과 협력에 크게 영향을 받았다. 어윈의 표현을 빌자면,

"유럽이사회는 지스카르 데스탱과 슈미트의 오랜 노력에 의해 성립

된 것이었다. 그들은 유럽이사회를 단지 EC의 문제를 다루기 위한 매개 수단으로서뿐만 아니라 특히 경제 분야를 포함한 각국의 이해관계 조정과 국제 협력을 가능케 하기 위한 수단으로 보았다.[6]"

유럽이사회에서 지스카르 데스탱과 슈미트 간의 우호적 협력에 의한 프랑스와 서독의 지배적 위치는 다른 회원국들의 불만을 야기시켰는데, 특히 1979년 집권한 영국의 대처는 유럽이사회에서 공동 농업 정책과 EC에 대한 재정 분담금 문제를 제기하면서 이들의 주도에 대해 노골적으로 비판하기도 하였다.

1974년 12월 프랑스 지스카르 데스탱 대통령의 요구로 파리에서 EC 회원국 정상들의 회담이 개최되었는데, 이 회담에서 두 가지 중요한 사항이 합의되었다. 하나는 유럽이사회(European Council)의 모임을 정례화하기로 한 것이며, 또 다른 하나는 직접 보통 선거에 의해 유럽의회를 구성하기로 한 것이다. 유럽이사회의 제도화는 당시 부정기적으로 모임을 가졌던 EC 회원국 정상들 간의 회담을 매년 3회로 정례화함으로써[7] 유럽이사회가 명실상부한 유럽공동체의 최고 결정 기구로 등장하게 하였다. 이는 매우 현실적인 결정으로 볼 수 있다. 집행위원회가 초국가적 행정 기구로 기능해 왔지만 사실 EC의 주요 정책 결정은 각국의 입장을 반영한 각료이사회에서 처리되어 왔고, 회원 각국의 정치 지도자로 구성된 유럽이사회는 그런 점에서 보다 자유롭고 폭넓은 주제에 대한 각국의 입장을 조율할 수 있는 국가 간 협의체의 성격을 지니고 있기 때문이다.

유럽의회 의원 선거에서 직접 보통 선거의 도입은 그동안 드골이 강력하게 반대해 온 사항이었다. 이 안건은 1976년 7월 브뤼셀에서 열린 유럽이사회 회담에서 브뤼셀 협정이 체결되면서 선거 일정, 임기, 각국별 할당 의원 수 등 세부 사항이 합의되었는데, 프랑스에서는 이 협정의 비준을 둘러싸고 국내적으로 적잖은 갈등이 일어났다. 특히 드골주의자들은 이 협정이 초국가적 권위를 갖는 기구의 탄생을 의미하는 것으로 간주하고 강력한 반대를 천명하였다. 프랑스의 헌법재판소가 유럽의회의 권한이 지금보다 크게 증대되지 않는다면 유럽의회 의원을 직선에 의해 선출하는 것은 국가 주권에 대립하지 않는다는 판결을 내린 이후에야 이 문제를 둘러싼 프랑스 내부의 논란이 가라앉았다. 영국 역시 직접 선거에 의한 유럽의회 구성에 반대했는데, 노동당의 캘러헌(J. Callaghan) 수상은 유럽의회 선거 일자를 미룸으로써 사실상 이를 유야무야 시키고 싶어했다. 이러한 난관에도 불구하고 1979년 마침내 유럽의회 구성을 위한 첫 번째 직접 선거가 실시되었다. 유럽의회 의원들은 이제 유럽 시민들의 직접 선거에 의해 구성됨으로써 정치적 정통성을 갖게 되었으나, 초국가적 권위체로 발전해 갈 것이라는 프랑스와 영국 등 일부 국가들의 우려로 인해 실질적으로 중요한 권한은 주어지지 않았다.

1974년 파리에서 열린 유럽이사회 이후 당시 벨기에 수상이었던 틴드만스(L. Tindemans)는 정치 분야에서의 통합을 진전시키기 위한 방안을 강구하는 임무를 위임 받았다. 이에 따라 발간된 틴드만스 보고서(Tindemans Report)는 실현 가능한 방안의 하나로 개별 국가의 주권을 침해하지 않도록 하면서 동시에 유럽공동체 기구의 권한을 강화하는 방안을 제시하였다. 틴드만스 보고서는 집행위원회가 일부 각료이사회의 기능을 포함하는 형태로 강화되고 재편되어야 한다고 제안했으며, 유럽의회의 권한 강화를 위해 각국 정부가 지명하는 상원(Chamber of the States)과 유럽 시민들이 직접 선출하는 하원(Chamber of the People)으로 확대, 재편할 것을 주장하였다. 틴드만스 보고서는 또한 일부 국가만이라도 준비된 분야에서 먼저 통합을 실현하는 '이중 속도의 유럽 통합(two-speed Europe)'을 주장하였다. 그러나 이 보고서는 각국의 주권이 침해되지 않도록 하면서 동시에 EC의 초국가적 기구의 권한을 강화한다고 하는 상호 모순된 내용을 담고 있었을 뿐만 아니라, 초국가적 기구의 권한 강화를 바라지 않는 회원국의 반대로 인하여 사장되고 말았다.

1975년 6월에는 그리스가, 1977년 포르투갈과 에스파냐가 각각 가입 신청을 하면서 EC의 2차 확대 문제가 제기되었다. 이들 국가는 그동안 권위주의 지배 체제하에 있었기 때문에 가입이 허용되지 않았으나 민주화와 함께 EC에 문호 개방을 요구하게 된 것이다. 원칙적으로 EC 회원국은 이들 국가의 가입에 대해 호의적이었으나, 이들 세 국가의 경제적 수준은 기존 회원국들과 적지 않은 차이를 보였기 때문에 현실적으로 이들의 가입 허용에 보다 신중한 입장을 취할 수밖에 없었다. 특히 농업 분야에서 에스파냐 등 이들 남부 국가의 값싼 과일, 야채, 포도주 등은 프랑스나 이탈리아의 이해관계와 직접적으로 연계되어 있었기 때문에 더욱 조심스러울 수밖에 없었다. 따라서 EC는 이들 세 국가의 가입 문제를 동시에 다루기보다 우선 그리스의 가입 문제를 먼저 논의하기로 결정하였다. 그리스는 1979년 아테네에서 조약을 체결하고 1981년부터 정식 회원국이 되었다. 에스파냐와 포르투갈은 농산물 분야에서 지중해 국가인 프랑스, 이탈리아 등과 경쟁 관계에 놓여 있는데다가 에스파냐는 공동 어업 정책에서 많은 문제를 일으킬 수 있다는 점에서 이들의 가입은 그만큼 더욱 어려웠다. 따라서 가입을 둘러싼 회담은 상당히 오랜 시간이 걸렸는데, 1985년 3월 유럽이사회의 합의에 의해 마침내 이들 두 국가의 가입이 최종적으로 결정되었고 1986년부터 정식 회원국이 되었다. 이로써 스칸디나비아 국가(스웨덴, 노르웨이, 핀란드, 아이슬란드)와 오스트리아, 스위스 등의 중립국을 제외한 모든 서유럽 국가가 EC에 참여하게 되었다.

이러한 회원국의 증가는 서유럽의 대다수 국가가 참여하는 통합 기구로서 EC의 입지를 강화시켰으나, 동시에 정책 결정에 있어서 보다 효율적인 방안을 모색할 필요성도 함께 야기시켰다. 즉 늘어난 회원국의 수만큼 룩셈부르크 타협 이후 인정된 각국의 거부권 행사의 가능성은 더욱 커졌고, 따라서 효율적인 결정을 위해 결국 1986년 2월의 단일유럽의정서에서 가중 다수 투표제(weighted QMV: weighted Qualified Majority Voting)가 도입되었다(4장 참조).

다른 한편 1970년대 초의 통화 위기와 경제 위기를 겪고 난 1977년 10월, 당시 집행위원장이었던 젠킨스(R. Jenkins)는 유럽통화제도(EMS: European Monetary System)의 도입을 제시하였고, 1978년 4월 유럽이사회의 코펜하겐 회담에서 프랑스 대통령 지스카르 데스탱은 통화 안정권(Zone of Monetary Stability)의 창설을 주창하였다. 그리고 같은 해 7월 독일 브레멘에서 열린 유럽이사회에서 EC 각국 정상들은 최종적으로 유럽통화제도의 창설을 결정하였는데, 이 제도는 유럽 통화 단위(ECU: European Currency Unit)와 환율 조절 장치(ERM: Exchange Rate Mechanism)를 기초로 하는 것이었다(5장 참조). 이 제도는 환율의 안정과 통화를 적정 수준으로 유지하여 EC의 내부와 외부 간의 교역을 증대시키겠다는 의도에서 비롯된 것이었지만, 그 뿐만 아니라 유럽의 통화를 국제통화로 발전시켜 미국의 달러화에 대응하게 한다는 의도도 포함되어 있었다. 그리고 궁극적으로는 베르너 보고서에서 제시된 것처럼 EC를 완전한 통화 동맹으로 이끌겠다는 목표를 가지고 있었다. 다소의 문제점에도 불구하고 유럽통화제도(EMS)는 환율 안정에 기여하였으며, 무엇보다 유럽의 경제 및 통화 분야에서 보다 진일보한 통합으로 가는 데 중요한 역할을 했다.

주

1) 처칠은 1946년 9월 취리히에서 행한 연설을 통해 '일종의 유럽합중국(a kind of United States of Europe)' 이라는 표현을 쓰며 유럽 통합에 우호적인 발언을 한 바 있다. 그러나 당시 다른 영국의 정치 지도자들과 마찬가지로 처칠 역시 근본적으로는 유럽 통합에 소극적이었으며 특히 영국의 주권 일부를 양보해야 하는 형태의 유럽 통합에는 강한 거부감을 갖고 있었다.
2) 서독은 1949년에, 에스파냐는 1959년에 OEEC 회원국이 되었다. 미국과 캐나다는 1950년 준회원으로 참여하였다.
3) 초기에 참여한 10개국은 영국, 프랑스, 이탈리아, 아일랜드, 벨기에, 네덜란드, 노르웨이, 룩셈부르크, 스웨덴, 덴마크 등이다. 현재는 우크라이나, 러시아를 포함하여 그보다 서쪽에 있는 모든 유럽 국가들이 회원국으로 참여하고 있다. 벨라루스(Belarus)만이 인권 탄압으로 인해 일시적으로 회원 가입이 유예되어 있는 상태이다.
4) 서독 외무부 고위 관리인 할슈타인이 1955년 9월 제시한 서독 외교 정책의 원칙으로, 서독은 동독과 수교하는 국가와는 외교 관계를 맺지 않겠다는 것이다. 1957년 유고슬라비아에 이 원칙이 처음 적용되었다.
5) Derek Urwin, 1997, *A Political History of Western Europe*, 5th edition, London: Longman, p.168.
6) Derek Urwin, 1994, *The Community of Europe: A History of European Integration since 1945*, 노명환 역, 『유럽 통합사』, 대한교과서, pp.259-260.
7) 1985년부터는 연 2회로 재조정되었다.

3

유럽 통합의 역사:
유럽 단일 시장에서 오늘날까지

"리스본 조약의 비준 절차가 끝나면 개혁 조약이라는 별칭이 시사하듯이 유럽연합은 중·동유럽으로서의 회원국 확대와 함께 그에 수반되는 제도적 개혁을 일단락 짓게 된다. 유럽 전체를 망라한 27개국 5억 명의 인구를 가진 유럽연합이 새로운 제도적 틀과 환경 속에서 통합을 향한 새로운 발걸음을 내딛게 되는 것이다."

유럽 단일 시장의 출범

유럽 통합의 진전은 1980년대가 되면서 다소 정체되었다. 1979년 집권한 영국의 대처 총리는 유럽 통합에 대해 매우 부정적인 시각을 갖고 있었으며 유럽이사회에서 공동 농업 정책(CAP)에 대한 불만과 EC에 대한 영국의 재정 분담금 문제를 제기하면서 독일, 프랑스 등 다른 회원국과 갈등을 빚었다. 국제정치적으로도 미국의 레이건(R. Reagan) 정부가 출범한 이후 소련과의 냉전적 갈등이 고조되었고 이로 인해 미국과 유럽 국가 간의 입장 차이도 생겨났다.

지지부진했던 유럽 통합의 진전에 새로운 활력을 불어넣은 것은 프랑스의 미테랑(F. Mitterrand) 대통령이었다. 1980년대 초 유럽 통합이 정체에 놓여 있을 때 열렬한 연방주의자인 이탈리아의 스피넬리(A. Spinelli)는 기존의 유럽공동체를 유럽연합으로 개편해야 한다고 주장했다. 스피넬리는 이탈리아 공산당 후보로서 유럽의회 의원으로 당선된 인물이다. 스피넬리가 구상한 것은 유럽연합의 결성을 위해서는 기존의 로마조약을 수정해야 할 뿐만 아니라 법적으로 새로운 기구를 창설하는 등 유럽공동체 기구의 권한 강화를 이뤄야 한다는 것이었다. 유럽연합의 속성은 국가들의 연합이 며 새로운 통합 기구의 창설을 위해서는 개별 회원국의 승인이 필요하지 만, 회원국들이 갖는 거부권은 향후 10년 동안만 허용해야 하며 그 이후에 는 유럽연합의 초국가적 속성을 강화해야 한다는 것이었다. 그가 제안한 유럽연합 조약의 초안(draft Treaty of European Union)은 1984년 2월 14 일 유럽의회의 승인을 받았다. 그러나 그리스나 덴마크 등은 이런 구상에 큰 반감을 나타냈으며 유럽 통합 문제에 호의적이었던 이탈리아마저 난색 을 표시했다. 전체적으로 볼 때 스피넬리의 구상은 지나치게 야심적인 것 이었으며 현실적으로 큰 주목을 받지 못했다.

그러나 1984년 5월 프랑스의 미테랑 대통령이 유럽 통합의 새로운 조약 을 위한 국가 간 회의를 지지한다고 밝히면서 유럽 통합의 움직임은 다시 힘을 받기 시작했다. 미테랑 대통령 집권 이후 실시한 여러 가지 사회주의 적 정책의 실험이 실패로 돌아가면서 프랑스는 경제적으로 어려움에 처하 게 되었는데 유럽 통합을 이러한 난관을 극복할 수 있는 새로운 기회로 바 라보았던 것이다. 또한 유럽 통합에 적극적이며 얼마 지나지 않아 유럽연 합 집행위원장을 역임하게 되는 자크 들로르(J. Delors)가 미테랑 정부의 재무장관이었다는 사실도 프랑스가 새로이 유럽 통합을 주도할 수 있게 한 중요한 요인이었다. 이보다 앞서 1982년 10월 유럽 통합에 호의적인 헬무 트 콜(H. Kohl)이 새로이 독일의 총리가 된 것도 유럽 통합 논의의 활성화 에 커다란 힘이 되었다.

1984년 프랑스가 순번제로 돌아가는 유럽공동체의 의장국이 되었다. 1984년 프랑스 퐁텐블로(Fontainebleau)에서 열린 유럽이사회에서는 국 경 검문 폐지, 유럽 여권의 신설 등과 같은 유럽 시민으로서의 정체성 확립을 위한 '시민의 유럽(People's Europe)'에 대한 상징적 조치가 결정되었다. 이와 함께 제도적 문제에 대해서도 본격적으로 논의하였다. 퐁텐블로 유럽이사회에서는 유럽공동체의 운영과 제도 개선 방안에 대해 검토하기 위해 아일랜드 외무장관인 두지를 위원장으로 하는 임시 위원회를 구성하기로 결정하였다. 이 두지 위원회(Dooge Committee)는 그 기능에 있어서 유럽 통합 초기에 공동체의 통합 심화 방안을 검토했던 스파크 위원회(Spaak Committee)에 비교되었지만, 스파크가 메시나 회담에서 이미 결정된 범위 내에서 검토해야 했던 것에 비해서 두지는 그러한 제약 없이 백지에서 출발할 수 있었다. 이에 따라 두지 위원회는 단일 시장의 완성, 문화 등 공동 가치의 증진, 국방·안보를 포함하는 대외적 일체감의 모색, 각료이사회 및 유럽이사회에서 다수결 방식에 의한 정책 결정, 집행위원회의 강화, 유럽의회의 입법 과정에의 참여, 유럽연합 조약을 위한 회담 개최 등을 내용으로 하는 보고서를 작성하여 제출하였다. 이 보고서는 보다 심화된 통합을 위해서는 EC의 초국가적 기구의 권한을 강화하고 개별 국가의 영향력을 제한하자는 내용을 담고 있었다. 한편 1985년 1월 EC 집행위원장에 취임한 자크 들로르는 단일 시장의 완성을 통한 통합의 활성화를 추진하였다. 들로르의 단일 시장 구상은 공동체 회원국 간의 국경 철폐를 위해 공동체 내 시장의 기술적, 물리적, 재정적 장벽을 제거해야 한다는 것이었다.

사실 그때까지 유럽공동체는 관세동맹의 수준에 머물러 있었다. 미국과 일본의 경제력과 기술력에 대응하기 위해서는 보다 적극적인 경제 통합이 필요한 일이었다. 실제로 유럽의 대기업들은 유럽 단일 시장의 형성을 촉구해 왔다. 예를 들면, 1983년 초 유럽 기업인들 간의 라운드 테이블(Roundtable of European Industrialists)이 구성되어 유럽 시장의 통합을 촉구하기도 했다. 주요 국가의 입장을 볼 때도 독일은 이전부터 단일 시장을 지지해 왔고, 프랑스는 1983년 이후의 정책 전환과 함께 단일 시장에 우호적인 태도로 바뀌었다. 영국에서도 시장과 자유교역을 강조하는 신자유주의를 주창해 온 대처 총리로서는 유럽공동체에서도 그러한 원칙이 수용되기를 원했다. 들로르 유럽공동체 집행위원장은 유럽 단일 시장을 완성하는 것이 회원국 모두에게 도움이 될 것이라는 점을 널리 알리기 위해 각 회원국의 수도를 방문하기도 하였다.

1985년 이탈리아 밀라노에서 열린 유럽이사회에서 각국 정상들은 두지 보고서에 대해 합의를 이루지 못했다. 두지 보고서에 대해 영국과 덴마크, 그리스가 반대했으며, 규모가 작은 회원국들은 두지 보고서에 포함된 각국 거부권의 폐지나 집행위원회나 유럽의회의 권한 강화에 대해서 우려를 나타냈다. 그러나 들로르 집행위원장이 제시한 단일 시장 안에 대해서는 논란 끝에 이를 추진하기 위한 정부 간 회의를 개최하기로 결정했다. 이 결정은 유럽이사회 사상 처음으로 표결을 통해 결정하였는데, 영국, 그리스, 덴마크가 이에 대해 반대표를 던졌다. 그리스의 파판드레우(A. Papandreou) 총리는 이 결정을 '쿠데타'라고 평하면서 노골적으로 불만을 드러내기도 했다. 그러나 영국의 입장에서는 이 결정으로 인해 한 때 프랑스의 미테랑 대통령이 제안한 '이중 속도의 유럽(two-speed Europe)' 정책으로 인해 영국이 소외될 지도 모른다는 우려에서 벗어날 수 있었다.

이에 따라 1957년 체결된 로마 조약을 개정하고 공동 시장 완성을 위한 회원국 간의 정치적 협력을 체계화할 단일 유럽 의정서(SEA: Single European Act)의 제정을 위한 마지막 정부 간 회의(IGC: Intergovern mental Conference)가 1985년 9월 9일 룩셈부르크에서 개최되었다. 이 회의에서 각국 정상들 간의 어려운 협상과 타협, 양보, 설득의 과정을 거쳐 유럽 단일 시장을 위한 합의안이 최종적으로 마련되었다. 단일 시장에 대한 합의안은 이듬해 네덜란드 헤이그에서 정식으로 조인되었으며, 각국 의회나 국민투표를 통한 비준 절차를 거쳐 1987년 7월 1일부터 발효되었다.

단일유럽의정서(SEA)로 불리는 이 단일법은 유럽에서 인력, 상품, 자본, 서비스가 자유롭게 이동할 수 있도록 하기 위한 국경 없는 공동체의 창설을 목표로 삼고 있다. 즉 EC를 명실상부한 단일 시장으로 완성하기 위해, 국가 간 협력 강화를 규정하고 각국이 설정해 놓은 각종 장벽과 규제의 철폐를 요구하고 있다. 인력의 이동은 단순한 제한의 철폐를 넘어 거주 이전 및 자유로운 취업의 자유를 포함하고 있으며, EC 회원국의 국민이라면 국적을 이유로 상이한 대우를 받지 않도록 규정하였다. 단일유럽의정서에서 합의된 사항들 가운데 중요한 점은 자본과 인력의 이동을 제외한 사항에 대해서는 각료이사회에서 만장일치가 아닌 가중 다수결 제도를 도입하기로 한 점이며, 또한 입법 과정에서 협력 절차(Cooperation Procedure)를 도입하여 유럽의회의 영향력을 다소 높이도록 한 점이다. 이들 조항은 두지 보고서 내용의 일부를 수용한 것으로 EC의 정책 결정 유연성을 높이는 데 기여하였고, 통합의 효과를 높일 수 있게 만들었다. 또한 단일유럽의정서는 EC 단일 시장의 완성을 1992년 말까지 끝내겠다는 점을 조약에 명문화하였는데, 이는 단일 시장 완성을 이루겠다는 회원국들의 정치적 의지의 표현으로 이해할 수 있을 것이다. 단일 유럽법은 국경 개방에 따른 테러나 난민 유입 등 국내외적 정치 상황과 관련된 문제에도 불구하고 비교적 신속하고 순조롭게 자리잡아 갔으며, 통합의 수준을 한 단계 심화시키고 경제 · 통화 동맹으로 가는 토대를 마련했다.

통화 동맹과 단일 화폐

단일 시장의 출범 이후 유럽공동체는 보다 심화된 통합의 형태인 통화 동맹(monetary union)을 향해 나아갔다. 자본의 자유로운 이동을 규정한 유럽 단일 시장이 통화 동맹으로 나아가는데 매우 중요한 동력으로 작용했다. 통화 동맹으로의 진전은 프랑스가 중요한 기여를 했다. 1987년 초 프랑스의 프랑화는 독일의 마르크화에 대해 1986년 4월 8.2%를 평가절하한 데 이어 1987년 1월 다시 3%를 평가절하해야 했다. 그러나 잇단 평가절하에도 불구하고 독일 마르크화의 강세는 계속되었다. 이런 상황에서 프랑스는 1987년 11월 독일과 경제 각료 및 중앙은행 총재가 함께 참여하는 회의를 갖고 싶어했으나, 독립성을 강조하는 독일중앙은행(Deutche Bundesbank)의 반대로 뜻을 이루지 못했다. 이런 일을 겪으면서 프랑스는 독일과의 협력을 통해 효과적으로 자국의 통화 불안을 해소하고 또 한편으로 독일의 경제적 우위를 견제하기 위해서는 통화 동맹이 필요하다는 판단을 하게 되었다. 통화 동맹에 대한 프랑스의 제안은 자본 자유화가 통화 동맹으로 이어질 수 있을 것이라는 독일 재무장관의 언급으로 화답을 받았다.

1988년 6월 개최된 하노버 유럽이사회에서는 통화 동맹에 대한 논의가 이뤄졌다. 원래 유럽중앙은행 설립에 대한 논의를 본격화하자는 견해가 많았지만 영국과 덴마크의 반대로 무산되었고, 대신 들로르 집행위원장의 책임하에 통화 동맹의 추진 방안을 연구할 위원회를 구성하도록 결정했다. 이와 함께 들로르 현 집행위원장의 재선도 하노버 유럽이사회에서 승인 받았다. 영국의 대처 총리는 마지못해 그의 재임에 동의했다. 1989년 4월 통화 동맹의 방안을 검토한 보고서, '유럽공동체 내 경제 및 통화 동맹에 관한 보고서(Report on Economic and Monetary Union in the European Community)'가 발간되었다. 이 보고서에서 제시한 방안은 과거 베르너 보고서에서 제시한 대로, 세 단계의 과정을 거쳐 통화 동맹으로 나아가는 방안을 제시하였다. 첫 단계는 경제적 수렴과 환율조정장치(ERM)로 모든 역내 통화의 편입, 두 번째는 자본거래의 완전 자유화와 금융시장의 통합, 그리고 마지막으로 각국 화폐의 환율 변동 폭의 제거와 평가의 완전 고정이다. 통화 동맹이 물가 안정을 최우선 목표로 삼을 것과 중앙은행의 독립성을 주장해 온 독일은 이 보고서에 대해서 특히 만족감을 나타냈다. 이 보고서를 토대로1989년 6월 에스파냐 마드리드(Madrid)에서 열린 유럽이사회에서 통화 동맹을 이루기 위한 정부 간 회의를 개최하기로 최종 결정하였다.

이런 상황 속에서 통화 동맹을 비롯한 유럽 통합의 심화를 가져온 또 다른 중대한 사건은 중·동유럽 사회주의 체제의 붕괴였다. 단일유럽의정서 이후 유럽은 미국과 소련의 군비 축소와 소련 및 중·동유럽 사회주의 정권의 몰락, 독일의 통일 등 격변하는 외부 환경에 큰 영향을 받게 되었다. 소련 및 중·동유럽 국가의 몰락이 외부적 환경의 변화라면, 동독의 붕괴와 독일 통일의 가능성 증대는 유럽공동체 내부에서 발생한 직접적인 환경 변화였다. 1989년 후반 동독으로부터의 대규모 난민 이탈과 동독 내부 체제에 대한 동독인들의 저항, 중·동유럽에 대한 소련의 영향력 감소 등으로 인해 독일의 통일 가능성은 높아졌다. 서독 콜 총리는 독일 통일을 추진하겠다고 선언했다. 그러나 이는 제2차 세계대전 이후 안정적으로 유지되어 온 유럽의 정치 질서를 변혁시키는 일이었다. 영국의 대처나 프랑스의 미테랑 모두 이러한 변화를 원하지 않았다. 독일은 자국의 통일과 유럽 통합의 진전을 연계시킴으로써 이웃 국가들의 우려를 잠재우기 위해 노력했다. 유럽 통합이 보다 심화되어 공동체 국가 간의 연계가 더욱 강화된다면 그 속에 포함된 독일은 결코 다른 회원국의 위협이 되지 않을 것이라는 논리였다. 이러한 독일의 주장은 1989년 12월 스트라스부르(Strasbourg)에서 열린 유럽이사회에서 적지 않은 논란을 거친 끝에 수용되었다. 이와 함께 1990년 12월 로마에서 통화 동맹에 대한 국가 간 회의를 개최하기로 결정했다.

통화 동맹에 대한 논의에서 독일의 콜 총리는 유럽의회에 보다 큰 권한을 부여하는 등 제도적 개선책이 필요하다는 점을 강조했다. 이러한 주장은 당연히 유럽집행위원회와 들로르 위원장으로부터 큰 환영을 받았다. 1990년 12월 통합된 독일 총선에서 콜의 기민당·기사당이 동독 지역에서도 승리를 거두면서 독일의 통일과 콜의 리더십은 확고해졌다. 이와 함께 독일 통일 과정에서 소원해졌던 독일과 프랑스의 관계도 회복되었다. 1990년 4월 콜 총리와 미테랑 대통령은 통화 동맹을 위한 정부 간 회의와 함께 정치 동맹(political union)에 대한 국가 간 회의를 개최하자고 촉구했다. 이 사안은 그 달 독일 통일 문제를 논의하기 위해 열린 아일랜드 더블린 유럽이사회에서 논의되었고, 6월에 다시 더블린에서 열린 유럽이사회에서 최종 승인되었다. 이와 함께 더블린 유럽이사회에서는 통일된 독일의 구동독지역이 유럽공동체의 영역에 편입되는 것을 유럽공동체 조약의 개정없이 수용할 수 있는 특별한 사례로 인정했다. 유럽공동체 내에서 독일의 통일이 공식적으로 승인된 것이다.

공동체에서 연합으로: 마스트리히트 조약

통화 동맹에 비해서 정치 동맹에 대한 논의는 지지부진했다. 그러나 각 국가의 화폐와 금리 등 금융, 통화 정책과 관련된 중요한 주권 국가의 권리를 초국가기구에 양도하게 되는 상황에서 유럽공동체 기구의 권한 증대와 이에 대한 감시, 감독의 강화와 같은 제도적 개선책 없이 이를 추진하는 것은 문제일 수밖에 없었다. 독일의 콜 총리는 정치 동맹 없는 경제·화폐 동맹은 있을 수 없다고 강조했다. 사실 정치 동맹과 관련된 다양한 안들이 제기되지 않은 것은 아니지만 각 국가의 이해관계를 반영한 것이어서 합의를 이루기가 어려웠다.

유럽공동체 집행위원회는 유럽의회가 큰 틀에서 원칙을 규정하는 법률을 제정할 수 있는 권한을 갖고, 구체적인 사안은 해당 국가가 현실에 맞게 집행하도록 하는 방안을 제시하였지만 회원국으로부터 지지를 얻어내지 못했다. 프랑스는 각국의 의회 대표들로 구성되는 대의원회(Congress)의 설치를 제안했다. 그러나 이는 명백히 정치적 동맹(union)보다는 국가연합(confederation)적인 속성을 갖는 것이었다. 독일은 유럽이사회와 유럽의회의 대표들로 구성되는 조정위원회(a committee of conciliation)을 구성하자고 제안했는데, 여기에 집행위원회는 배제되어 있어 들로르 집행위원장을 분노시켰다.

정치 동맹은 단지 유럽공동체 기구의 재편뿐만 아니라 대외 관계에 있어서도 보다 결속된 유럽의 입장을 반영하자는 논의로까지 확대되었다. 들로르는 서유럽동맹(WEU)을 유럽공동체 내에 흡수하여 유럽 자체의 독자적인 대외정책의 수립을 구상했다. 그러나 이 구상은 영국, 덴마크, 네덜란드, 포르투갈 등 미국과의 대서양 동맹을 중시하는 국가들로부터의 강한 반대에 부딪혔으며 미국 역시 NATO를 대신할 목적의 다른 어떤 기구의 설립도 반대한다고 밝혔다. 정치 동맹의 강화 방안에 유럽의 독자적인 방위 정책은 포함되기 어렵다는 것이 분명해졌다.

이런 상황에서 1991년 4월 룩셈부르크는 유럽공동체를 3개의 축(pillars)로 구성하도록 하자는 안을 제시했다. 첫 번째 축은 현재의 유럽공동체에 경제·화폐 동맹을 포함시키는 것이고, 두 번째는 공동 외교 안보 정책(CFSP)의 수립, 그리고 세 번째는 내무·사법 분야에서의 협력(JHA: Justice and Home Affairs)를 제시했다. 그런데 두 번째, 세 번째 축은 원래 의도했던 정치 동맹의 구상에서 본다면, 초국가적 형식이기보다는 국가 간 협의의 대상이라는 점에서 첫 번째 축과는 그 속성에서 차이가 있는 것이었다. 네덜란드는 룩셈부르크 안에 반대하며 유럽공동체의 강화, 특히 유럽의회의 권한 강화를 주장했으며 또 한편으로는 대서양 동맹의 강화를 주장했다. 그러나 네덜란드의 주장 가운데 전자는 영국, 덴마크, 포르투갈 등 초국가성의 강화를 우려하는 국가의 반대를 불렀으며 후자는 프랑스의 반발을 초래했다. 벨기에는 룩셈부르크 안을 토대로, 두 번째, 세 번째 축을 모두 유럽공동체의 틀 속으로 통합시키고자 노력했으나 무위로 그치고 말았다. 결국 남아 있는 대안은 룩셈부르크가 제시한 세 개의 축으로 구성하자는 제안뿐이었다.

1991년 12월 네덜란드 마스트리히트 유럽이사회를 앞두고 정부 간 회의가 두 달간 계속 이어졌다. 국가별 이해관계가 서로 부딪혀 합의 도출이 쉽지 않은 상황이었다. 영국은 경제·화폐 동맹에 참여는 하지만 제3단계 참여의 유보를 허용 받았다. 그러나 영국의 메이저(J. Major) 총리는 가중 다수결의 확대 적용과 최저임금제 등이 규정된 사회정책은 수용할 수 없다고 강하게 반발했다. 에스파냐의 곤잘레스(F. Gonzalez) 총리는 유럽공동체 내부의 상대적으로 덜 부유한 국가들의 입장을 대변하며 이들 국가에 대한 경제적 지원을 의미하는 경제·사회적 결속(economic and social cohesion)에 대한 보다 광범위한 문구가 삽입되어야 하며 이것이 포함되지 않으면 거부권을 행사하겠다고 버텼다. 이러한 각국의 이견을 조정하는 데는 의장국인 네덜란드의 러버스(R. Lubbers) 총리의 역할이 컸다. 독일의 콜 총리는 결속 기금(cohesion fund) 문제에 대해 양보함으로써 에스파냐의 요구를 수용했고, 영국은 사회헌장(Social Chapter)의 수용을 면제 받는 대신 가중 다수결 방식의 확대 도입과 유럽의회의 권한 확대에 동의했다. 이런 조정과 타협의 과정을 거쳐 마침내 1991년 12월 네덜란드의 마스트리히트에서 열린 유럽이사회에서 합의가 이뤄졌다. 흔히 마스트리히트 조약으로 불리는 '유럽연합 조약(Treaty on European Union)'이 체결된 것이었다. 마스트리히트 조약의 체결로 유럽 통합은 이제 '공동체(community)'에서 '연합(union)'으로 질적 전환을 이루게 되었다.

유럽연합은 룩셈부르크에서 제시한 안에 따라 경제 · 통화 동맹(EMU)으로의 전환을 통한 경제적 통합의 완성과 함께, 공동 외교 안보 정책과 내무 · 사법 분야에서의 협력을 통한 정치적 통합의 실현이라는 세 가지 핵심적 사항으로 정리되었다. 첫 번째 축인 경제 · 통화 동맹의 달성은 ECSC 이후 계속 심화되어 온 경제 공동체의 완성을 의미하며, 두 번째 축인 공동 외교 안보 정책(CFSP)은 그동안 잘 이뤄지지 않았던 외교 · 안보에 대한 결속된 입장을 강화함으로써 국제 무대에서 유럽연합(EU)의 외교적 · 정치적 영향력을 증대시키는 것을 목적으로 하고 있다. 유럽 내 협력과 대서양 동맹 두 가지를 모두 고려한 일종의 타협책으로 볼 수 있다. 세 번째 축인 내무 · 사법 분야는 유럽 단일 시장 출범 이후 자유로운 이동이 가능해지면서 난민이나 마약, 테러, 돈 세탁 같은 범죄의 예방에 각국의 통합된 노력의 필요성이 제기된 결과이다. 이에 따라 마스트리히트 조약에서는 유럽경찰청(Europol: European Police Office)의 설립과 치안 분야에서의 협력을 규정하였다. 유럽연합(EU)의 이러한 정책상의 세 가지 주축을 담은 통합의 내용에 대해 이루어짐으로써, 그리고 오랫동안 경제적 영역에 국한되어 있던 유럽의 통합이 국내 정치 및 외교 분야까지 확대되었다.

그러나 조약에는 애매한 부분도 포함되어 있었다. 마스트리히트 조약의 조항 C에는 '단일한 제도적 틀(a single institutional framework)에 의해 지원된다'고 규정하고 있지만, 사실 공동 외교 안보 정책과 내무 사법 분야의 협력은 정부 간 회의의 속성을 그대로 지닌 것이다. 예컨대 이들 두 분야의 활동은 유럽법원의 관할 영역에서 벗어나 있다. 그러나 유럽연합 집행위원회가 이들 분야의 활동에 전적으로 연계되도록 했으며 집행위원회의 정책적 주도도 허용했다는 점에서 실질적으로는 정부 간 회의와 초국가적 기구의 중간적 속성을 지니는 것으로 보는 것이 적절할 것 같다. 일정한 한계와 애매한 속성이 존재함에도 불구하고 유럽연합 조약은 유럽 단일 시장보다 훨씬 강화된 형태로 통합이 심화되었으며, 무엇보다 전통적으로 주권 국가의 상징이었던 통화에 대한 개별 국가의 통제가 상실된 것은 매우 의미 있는 통합의 진전으로 볼 수 있다.

그러나 바로 이 때문에 각국별 비준 과정에서는 적지 않은 진통을 겪었다. 1992년 6월 2일 제일 먼저 비준을 위한 국민투표를 실시한 덴마크에서는 투표 결과 50.7%의 반대로 부결되었다. 이 덴마크의 불참은 심각한 문제였다. 1992년 영국 에든버러(Edinburgh)에서 열린 유럽이사회에서는 덴마크의 투표 결과를 최종적인 결정으로 간주하지 않고 재투표를 위해 덴마크에 재협상을 허용했다. 이를 통해 덴마크는 논란이 된 EMU 참여와 방위 문제 등 일부 조항에 대해 양보와 선택적 탈퇴(Opt-out)를 보장받음으로써 1년 뒤인 1993년 5월 다시 국민투표를 실시하여 56.8%의 찬성을 얻어 비준될 수 있었다. 1992년 9월에 실시된 프랑스의 국민투표에서도 찬반 진영 간의 팽팽한 대결 끝에 51.05%라는 근소한 차이로 간신히 마스트리히트 조약안이 통과되었다. 사실 프랑스에서는 국민투표가 반드시 필요한 것은 아니었지만 미테랑의 정치적 판단 착오로 국민투표에 부쳤고 어렵사리 통과되었다. 영국에서는 1993년 8월 마스트리히트 조약 비준을 둘러싸고 집권 보수당 내에서 심각한 분열과 진통을 거친 끝에 메이저 총리가 이를 자신의 내각에 대한 신임 투표로 선언하면서 가까스로 비준되었다.

마스트리히트 조약에서 합의된 경제통화 동맹의 설립은 세 단계로 되어 있다. 첫째 단계는 1990년 1월부터 1993년 12월 31일까지로 단일유럽의 정서(SEA)를 적용하고 준비하는 기간이다. 이 기간동안 각국은 EMS 체제 하에서 경제·통화 정책을 조정하고 협력하도록 했다. 둘째 단계는 1994

년 1월부터 1998년 12월 31일까지의 기간으로, 각국은 물가 안정, 공공 재정의 강화, EMS 등락률의 준수, 장기 이자율의 수렴 등 단일 화폐로 진행하기 위한 경제적 조건을 충족해야 하며, 단일 화폐 체제로의 전환을 위한 기술적 토대를 쌓고 통화 정책의 조정과 협조 증진을 위해 유럽통화기구(EMI: European Monetary Institute)를 설립하여 운용하는 시기이다. 세 번째이자 마지막 단계는 1999년 1월부터 시작되는데, 요구 기준에 도달한 국가들이 유로(Euro)로 불리는 단일 화폐 체제에 참여하게 되고, 이와 함께 개별 국가로부터 독립적으로 유럽의 통화 정책을 담당할 유럽중앙은행(ECB: European Central Bank)을 설립하도록 하는 것이었다.

그러나 마스트리히트 조약의 체결에도 불구하고 완전한 경제통화 동맹으로의 여정은 그리 순탄치 않았다. 우선 1990년대 초 유럽을 둘러싼 경제 여건이 그리 좋지 않았다. 독일은 통일로 인해 막대한 비용을 지출해야 했고 이로 인해 인플레이션의 우려가 높아지자 금리를 인상했다. 독일로서는 과거 제1차 세계대전 이후의 가히 살인적인 인플레이션의 기억 속에 인플레에 대한 뿌리 깊은 두려움이 잔존해 있었다. 그러나 보다 심각한 문제는 이로 인해 각국의 투기 자본이 독일로 몰려가기 시작했다는 것이다. 당시 영국은 ERM 협약에 따라 1파운드당 2.95마르크(변동폭 상하 6%)로 환율을 고정했다. 하지만 독일의 금리 인상은 파운드화 가치 급락을 초래했다. 이로 인해 영국 재무장관과 독일중앙은행 총재 간에 갈등이 증폭되었지만 독일중앙은행은 정책적 입장을 바꾸지 않았다. 파운드화의 가치 하락을 막기 위해 영국은 환율 방어에 나섰지만 파운드화의 폭락은 멈추지 않았다. 1992년 9월 16일 검은 수요일(Black Wednesday)로 불리는 투기 자본의 파운드화에 대한 공격을 겪은 후 영국은 치욕적으로 ERM에서 탈퇴할 수밖에 없었다. 이 무렵 영국과 독일의 관계는 유럽 통합이 진행된 이후 최악의 상황으로 치달았다. 이탈리아의 리라화도 영국과 비슷한 어려움에 처하면서 마찬가지로 ERM에서 탈퇴하게 되었다. 1993년 7월에는 프랑스의 프랑화에 대한 투기 자본의 공격이 시작되었다. 그러나 이번에도 독일중앙은행은 금리 인하를 거부했다. 프랑스는 양국 간 환율 안정을 위한 회담을 제안하지만 거부 당했고 양국 관계 역시 심각한 갈등을 겪었다. 유럽연합 내

유럽연합의 국기와 국가, 기념일   **BOX 04**

하나의 정치 공동체를 꿈꾼다면 동일한 정치적 상징을 갖는 것은 매우 중요한 일이다. 유럽연합 역시 일반 국가에서처럼 국기와 국가(國歌) 그리고 그 탄생기념일을 정해두고 있다. 유럽연합의 국기는 12개의 노란 별이 파란 바탕에 둥글게 원을 그리고 있는 모양이다. 12개의 별의 수는 회원국의 수와는 무관하며 다만 전통적인 완벽함을 의미한다. 둥근 형상은 단결을 상징하는 모습이다. 이 깃발의 역사는 1955년까지 거슬러 올라간다. 당시 유럽 통합은 석탄철강공동체(ECSC)의 창설 6개국 만이 존재했던 때였다. 이 깃발은 ECSC에서 사용하던 것은 아니었으며, 보다 많은 회원국을 갖고 인권 보호와 유럽 문화 촉진을 위해 활동했던 유럽평의회(Council of Europe. Box 08 참조)에서 오랜 논의 끝에 고안하여 사용하던 것이었다. 유럽평의회는 다른 유럽의 기구들도 이 깃발을 함께 사용할 것을 권고했고, 1983년 유럽의회가 그 권고를 수용하여 유럽연합(당시는 유럽공동체)의 공식적인 상징 깃발로 사용하기 시작했다. 유럽연합 회원국의 정부 건물을 보면 해당 회원국의 국기와 함께 유럽연합의 국기가 함께 게양되어 있는 모습을 발견할 수 있다.

유럽연합은 국가(國歌)도 정했다. 유럽연합의 국가는 베토벤 교향곡 9번에 나오는 환희의 송가(Ode to Joy)이다. 이 환희의 송가는 프리드리히 본 쉴러(Friedrich von Schiller)가 쓴 시에 곡을 붙인 것으로 시의 내용은 모든 인간은 서로 형제가 될 수 있다는 이상적인 비전을 담고 있다. 이런 결정 역시 1972년 유럽평의회가 내렸다. 1985년 유럽공동체가 이를 공식적인 국가로 정했다. 그러나 일반적인 국가와는 달리 가사는 포함하고 있지 않다.

그렇다면 유럽연합에도 독립기념일이나 광복절, 개천절 같은 국가의 탄생일이 있을까? 1950년 5월 9일이 유럽연합의 탄생기념일이다. 즉 이 날은 유럽의 날(Europe Day)이다. 이날은 프랑스의 외무장관이었던 로베르 슈만이 지금의 유럽연합으로까지 진전된 유럽 통합의 첫걸음이 된 '슈만 선언(Schuman declaration)'을 한 날이다. 이처럼 일반적인 주권 국가와 같이 유럽연합 역시 국기, 국가, 그리고 기념일을 정해두고 있다는 사실을 알 수 있다. 그러나 유럽헌법이 프랑스와 네딜란드의 국민투표에서 부결됨으로써 좌초된 이후 이러한 유럽연합의 국기, 국가, 기념일을 공식화하고 있지는 않다.

여러 국가가 경험한 이러한 환율 공세의 문제는 ERM의 환율 변동 허용 폭을 기존의 2.25%에서 상하 15%로 대폭 확대함으로써 해결할 수 있었다.

이런 문제점을 겪으면서 유럽연합 회원국 중앙은행들은 통화 동맹 이전에 유럽연합 차원의 내부 개혁이 필요하다는 점을 깨닫게 되었다. 유럽연합 집행위원장 들로르는 1993년 6월 코펜하겐 유럽이사회에서 실업과 경쟁, 성장에 관한 백서(White Paper on unemployment, competitiveness and growth)의 준비에 대한 승인을 얻어내었다. 1994년 12월 독일 에센에서 열린 유럽이사회에서는 각국의 입장 차이에도 불구하고 하부 구조의 개선, 교육 강화 등을 강조한 들로르 백서를 대부분 수용했다. 그리고 EMU가 매우 중요한 목표라는 점과 이를 위해 각국이 경제적 수렴 조건을 충족하는 것이 중요하다는 점을 재확인했다.

이러한 우여곡절을 겪으면서 마침내 1999년 1월, 참여 유보를 결정한 영국, 덴마크, 스웨덴과 참여 조건에 도달하지 못한 그리스 등 4개국을 제외한, 유럽연합의 11개국이 통화 동맹의 출범에 참여하였다. 그리고 2002년 1월부터 유로화의 지폐와 동전이, 참여 기준을 충족한 그리스를 포함한 12개국에서, 기존 각국의 통화를 대체하여 사용되기 시작했다. 단일 화폐의 출범과 함께 유럽 통합은 이제 새로운 단계로 접어들게 되었다.

유럽연합의 확대

서유럽 통합의 완성: 스웨덴, 오스트리아와 핀란드

1986년 포르투갈과 에스파냐의 가입 이후 EC는 한동안 내부적으로 통합의 심화에 힘을 기울였으나, 1991년 12월의 마스트리히트 조약으로 통합이 심화된 이후 다시 가입국의 확대가 논의되었다. 이번에 가입을 신청한 국가들은 유럽 통합에서 한걸음 물러서 있던 오스트리아, 스위스, 노르웨이, 핀란드, 스웨덴 등 유럽자유무역연합(EFTA) 국가들이었다. 유럽공동체는 단일 시장의 완성과 함께 이들 EFTA 국가들이 유럽공동체에 가입하지 않고도 단일 시장에 대한 접근을 허용하는 유럽경제지역(EEA: European Economic Area)을 체결하고자 했다. 그러나 대다수 EFTA 국가들은 EEA체제에 불만을 갖고 직접 유럽연합에 가입을 신청했다. 오스트리아, 핀란드, 스웨덴 등 과거 국제정치적으로 중립적 입장을 고수하던 국가들은 냉전 종식이라는 상황의 변화에 따라 유럽연합 가입을 신청했다. 오스트리아는 1989년에, 스웨덴은 1991년에, 핀란드, 스위스, 노르웨이는 1992년에 각각 가입을 신청하였다. 노르웨이는 1972년 9월의 국민투표에서 당시 EEC에 대한 가입안이 부결된 이후 약 20년 만에 다시 가입을 신청하였다. 스위스는 경제적 고려에서 유럽연합 가입을 신청했으나 1992년 12월 국민투표에서 EEA에 대한 참여가 부결되면서 EU 가입은 생각하지 못하게 되었다.

1992년 12월 영국 에든버러에서 열린 유럽이사회에서 스위스를 제외한 EFTA 국가와의 가입 협상을 승인했고, 1994년 3월 이들 국가의 EU 가입 협상이 타결되었다. 이들 국가는 경제력이나 정치, 문화적으로 EU의 여타 국가들과 크게 다르지 않았고 산업 구조 면에서도 상충되지 않았기 때문에, 과거 그리스, 포르투갈, 에스파냐의 가입 때처럼 오랜 시간이 걸리지 않았다. 오히려 문제가 되었던 것은 회원국의 증가로 회원국 간의 힘의 균형에 변화가 생겨나서 이를 제도적으로 어떻게 반영할 것인가 하는 점이었다. 구체적으로는 가중 다수결로 결정하는 경우 통과를 위한 정족수를 몇 표로 할 것인가를 두고 영국-에스파냐와 다른 기존 회원국들 간에 갈등이 있었으나 결국 타결되었다(4상 참조). 1994년 6월 그리스 코르푸(Corfu)에서 열린 유럽이사회에서 이들 국가의 가입이 정식으로 서명되었다. 이어 각국별로 국민투표를 실시하였는데, 제일 먼저 국민투표를 실시한 오스트리아는 66.4%라는 비교적 높은 지지로 비준되었고, 핀란드는 56.9%, 스웨덴은 52.2%로 EU 가입이 확정되었다. 그러나 1994년 11월에 가장 늦게 국민투표를 실시한 노르웨이는 52.5%가 반대하여 또 다시 참여가 부결되었다. 이에 따라 3개국이 늘어나 1995년 1월부터 유럽연합의 가입국은 15개국으로 확대되었다.

유럽연합의 동진: 중·동유럽의 가입

15개국으로 유럽연합이 확대되면서 정치적으로 안정되고 경제적으로 풍요로운 '서유럽' 국가들의 가입 문제는 일단락되었다. 이제 유럽연합은 사회주의권의 붕괴와 함께 중·동유럽 국가들에 눈을 돌려야 했다. 1993년 6월에 덴마크 코펜하겐에서 유럽이사회가 열렸다. 의장국인 덴마크는 중·동유럽 국가의 가입을 적극적으로 지지했다. 이 유럽이사회에서는 중·동유럽 국가들이 유럽연합에 가입할 수 있는 세 가지 중요한 원칙, 곧 '코펜하겐 기준(Copenhagen criteria)'에 합의했다.

- 민주주의를 보장하는 제도적 안정성, 법의 지배, 인권 존중, 소수자의 권리 보호와 존중
- 시장경제의 활성화, 유럽연합 내 경쟁의 압력과 시장의 힘에 대응할 수 있는 능력의 확보
- 정치, 경제, 통화 동맹의 목표에 대한 준수를 포함한 회원국으로서의 의무를 실행할 수 있는 역량의 확보

유럽연합의 확대 문제는 시장의 확대 등 경제적인 면에서 뿐만 아니라 정치적으로도 중요한 의미를 갖는다. 특히 민주화된 중·동유럽 국가의 가

입은 단순한 경제적 통합의 지리적 확대라는 의미를 넘어서는 것이다. 그러나 현실적으로 유럽연합 내부적으로는 국가별로 매우 복잡한 이해관계가 얽혀 있었다. 프랑스는 회원 국가 수의 증대가 자국의 영향력 축소를 초래할 수 있으며, 특히 중·동유럽 국가들의 가입은 인접한 독일의 영향력 강화로 이어질 수 있다는 점을 우려했다. 영국과 덴마크처럼 통합의 심화에 반대해 온 국가들은 회원국 수의 증가가 통합의 속도를 늦출 수 있다는 점에서 가입국의 확대에 찬성했다. 에스파냐나 그리스 등 경제력이 상대적으로 낮은 국가들에서는 북구와 같은 부유한 국가의 가입은 지지했지만 중·동유럽국가의 가입에는 동의하기를 주저했다. 그러나 내부적으로는 독일의 통일, 경제통화 동맹의 출범, 단일 시장의 완성 등 커다란 변화를 거쳤고 외부적으로는 냉전이 종식되었다. 이러한 상황에서 유럽 통합을 서유럽 지역에만 국한하는 것은 현실적으로 불가능한 일이었다. 중·동유럽 국가들은 민주화와 함께 서유럽 국가들이 통합을 통해 이룩한 경제적 풍요와 정치적 안정의 과실을 공유하고 싶어했다.

사실 유럽연합은 중·동유럽에서의 정치적 변화가 발생하는 것을 보며 이에 대한 지원 사업을 일찍부터 시작했다. 1989년 유럽공동체 집행위원회는 폴란드와 헝가리를 대상으로 하는 PHARE 프로젝트(Poland and Hungary Assistance for the Reconstruction of the Economy)를 시작했다. 이와는 별개로 1991년에는 프랑스의 미테랑 대통령의 주도로 '재건과 개발을 위한 유럽은행(European Bank for Reconstruction and Development: EBRD)'이 설립되었다. 이 은행의 설립은 EC와 회원국들이 주도했지만 이 밖에도 미국을 비롯한 비 EC 회원국도 다수 참여했다. 한국도 EBRD 설립에 참여한 국가 가운데 하나이다. EBRD는 중·동유럽 및 구 소련연방에 속하는 중앙아시아 국가까지 모두 27개국에 대해 경제 발전을 위한 자금을 지원하고 있다. 1990년 8월 유럽공동체 집행위원회는 체코슬로바키아, 폴란드, 헝가리 3국과의 특별 협약을 맺기로 했다. 이들 3개국은 중·동유럽 사회주의 국가 중에서는 경제적으로 가장 앞서 있던 나라들이며 전략적으로도 중요한 국가들이었다. 1990년 12월 회담이 시작되었으며 1년 뒤인 1991년 12월 헝가리, 체코슬로바키아[1], 폴란드와 협정을 체결했다. 이 협정에서 유럽연합은 이들 국가들과 최대 10년간 자유무역지대를 형성하고 폭넓은 경제 협력을 갖기로 합의했다. 또한 이들 국가와 '구조화된 협의(structured dialogue)'를 행하기로 했다. 구조화된 협의란 정기적인 각료 간 회의 개최와 유럽이사회의 폐회 무렵 유럽연합 회원국과 이들 국가 정상들 간에 연례 모임을 행하는 것을 지칭한다. 이와 같이 과거 중·동유럽의 3개국과 맺은 협약을 '유럽 협약(Europe Agreement)'이라고 불렀다. 이러한 유럽 협약은 불가리아, 루마니아 등 다른 국가로까지 확대되었다. 1994년 12월 독일 에센(Essen)에서 열린 유럽이사회에서 이들 중·동유럽 국가들과의 '구조화된 협의'를 승인하였으며, 실제로 에센 회의부터 유럽연합과 중·동유럽 국가들 정상 간의 회합이 시작되었다. 1995년 6월 프랑스 칸느에서 열린 유럽이사회에서는 이들 국가의 EU 가입의 첫 단계로 유럽 단일 시장 가입에 대한 집행위원회의 백서를 승인했다. EU의 가입 조건은 매우 복잡하고 어려운 주문을 담고 있었다. 한편 이 회의에서는 폴란드, 헝가리를 대상으로 한 지원 프로그램인 PHARE를 개정하여 중·동유럽의 가입 희망국들이 단일 시장 조건을 충족할 수 있도록 지원하는 프로그램을 마련하기로 했다.

　1997년 7월 EU 집행위원회는 코펜하겐에서 정한 가입 원칙 등을 기준으로 하여 중·동유럽 국가들 가운데 우선적으로 가입 협상을 할 국가들을 선정했다. 우선 선정된 협상대상 중·동유럽 5개국은 헝가리, 폴란드, 체코, 에스토니아, 슬로베니아 등이며 여기에 지중해의 키프로스가 함께 포함되었다. 중·동유럽 국가 가운데 에스토니아, 슬로베니아의 선정은 선정

기준을 충족한 탓도 있지만 그 무렵 헝가리, 폴란드, 체코 등 3개국이 1999
년 NATO에 정식 가입하기로 했다는 발표가 있었기 때문에, 유럽연합의
확대가 NATO와 같은 군사적 동맹의 확대와 궤를 같이 한다는 오해를 러
시아로부터 받지 않으려는 정치적 고려도 반영되었다. 1998년 3월부터 이
들 국가들과 가입 협상(accession negotiation)이 시작되었다. 이들 5개국
과의 협상이 시작되면서 첫 협상 대상에서 빠진 중·동유럽 국가들의 불만
이 높아졌다. 여기에 1999년 터진 코소보 전쟁 등 발칸반도의 위기가 고조

지도 2. 유럽연합의 확대

되면서 1999년 10월 유럽연합 집행위원회는 불가리아, 루마니아, 슬로바키아, 라트비아, 리투아니아 등 나머지 중·동유럽 5개국과의 협상 개시를 권고했다. 1999년 12월 헬싱키 유럽이사회에서는 이들 나머지 5개국과의 가입 협상을 2000년 2월부터 시작할 것을 결정했다. 중·동유럽 국가들과의 가입 협상이 시작되었지만 언제 그 협상이 끝이 나고 정식으로 가입할 수 있을지 정확한 일정은 당시에는 마련되어 있지 않았다. 사실 EEC 시절 영국 등 첫 번째 확대의 경우 드골의 거부권 행사 등으로 12년 정도가 걸렸고, 그리스가 가입하는 데 6년, 에스파냐와 포르투갈의 경우에는 9년이 걸렸다. 정치적으로 신생 민주주의 국가이며 경제적으로 자본주의로 전환하고 있는 중·동유럽 국가들의 가입은 훨씬 큰 어려움이 있을 것으로 예상되었다. 그러나 2001년 6월 스웨덴 괴테보르그(Göteborg)에서 열린 유럽이사회에서는 중·동유럽 지역으로 EU의 조속한 확대를 지지하는 의장국 스웨덴의 주장이 반영되어, 협상 대상국 가운데 2002년 12월까지 성공적으로 조건을 충족하고 협상을 마친 국가들은 2004년 초에 유럽연합에 가입시킨다는 일정이 마침내 마련되었다. 2004년 6월 유럽의회 의원 선거가

표 1. 유럽연합의 확대

가입 시기	국가
창립 국가 6개국(ECSC 1952년)	독일, 프랑스, 이탈리아, 벨기에, 네덜란드, 룩셈부르크
1차 확대 3개국(1973년)	영국, 덴마크, 아일랜드
2차 확대 남부 유럽국가 3개국(1980년대)	그리스(1981년), 에스파냐, 포르투갈(1986년)
3차 확대 3개국(1995년)	오스트리아, 스웨덴, 핀란드
중·동유럽, 지중해 확대(2004년, 2007년)	체코, 헝가리, 폴란드, 에스토니아, 라트비아, 리투아니아, 슬로바키아, 슬로베니아, 몰타, 키프로스(이상 2004년), 불가리아, 루마니아(2007)
가입 후보 3개국	터키, 크로아티아, 마케도니아
잠재적 후보 국가 4개국	알바니아, 세르비아, 보스니아-헤르체고비나, 몬테네그로

예정되어 있는 만큼 그 이전에 가입이 완료되면 유럽의회 구성에도 시기적으로 잘 맞을 것이라는 점도 고려가 되었다. 2002년 10월 EU 집행위원회는 가입 협상을 해 온 중·동유럽 10개국 가운데 불가리아와 루마니아를 제외한 8개국과 키프로스, 그리고 2000년에 가입 협상을 개시한 지중해의 소국 몰타 등 10개국이 2004년부터 EU 가입이 가능하다고 보고했다. 불가리아와 루마니아는 2007년 가입을 권고했다. 2002년 10월 브뤼셀에서 열린 특별 유럽이사회에서는 신규 가입국에 대한 공동 농업 정책의 예산에 대해 합의함으로써 중·동유럽 국가 가입을 위한 모든 사전 준비를 마쳤다. 2002년 12월 코펜하겐에서 열린 유럽이사회에서는 이들 10개국의 가입을 승인함으로써 서유럽에 머물러 있던 유럽연합은 이제 중·동유럽과 지중해까지 확대되었다. 중·동유럽 국가로의 EU 확대를 처음 결정한 회의도 1993년 6월의 코펜하겐 유럽이사회였다. 코펜하겐에서 시작된 유럽연합의 중·동유럽 확대는 근 10년의 시간이 흐른 뒤에 다시 코펜하겐에서 다시 마무리 짓게 된 것이다. 불가리아와 루마니아가 7년간의 협상을 마치고 2007년 1월 최종적으로 EU에 가입함으로써 이제 유럽연합은 모두 27개국으로 확대되었다.

제도적 개혁의 노력

대다수 중·동유럽 국가들의 가입으로 이제 유럽연합의 외형적 확대는 어느 정도 일단락 되었다. 그와 함께 자연스럽게 유럽연합 내부의 제도적 개혁에 눈을 돌리게 되었다. 기존 제도가 갖는 문제점을 해소하기 위한 목적도 있었지만 무엇보다 회원국이 27개국으로 크게 늘어나면서 효과적인 논의와 결정, 효율적인 유럽연합의 거버넌스를 실현하기 위해서는 제도적 개혁이 시급하게 요구되었던 것이다. 사실 당시까지 유럽연합의 제도는 ECSC 때 만들어진 제도적 틀에서 거의 변화가 없었다.

암스테르담 조약(Treaty of Amsterdam)

유럽연합은 1990년대 중반부터 제도적 개혁의 문제에 관심을 갖기 시작했다. 광범위하고 근본적인 제도 개혁은 정치적인 부담을 줄 수 있는 일이므로 주저할 수밖에 없었지만 중·동유럽 국가의 가입이 머지않았다는 현실적인 시급함으로 인해 사전에 제도적 개선에 대한 대비를 할 수밖에 없었다. 이러한 제도 개선을 위한 첫 회합은 1995년 6월 이탈리아 메시나에서 개최되었다. 각 회원국, 집행위원회, 유럽의회 대표와 회담 실무 준비진이 함께 모여 유럽연합의 제도적 개선책에 대해 논의했다. 그러나 이 논의는 길고 어려운 과정을 겪었다. 제도적 개선책은 각료이사회나 유럽이사회에서의 결정방식을 개선하는 방안, 단일 시장 이후 자유로운 인구의 이동으로 인한 문제의 해결, 공동 외교 안보 정책의 제도적 보완, 유럽의회 역할의 강화 등 매우 광범위한 개혁 조항을 담고 있었지만 동시에 국가별로 첨예하게 이해관계가 갈릴 수 있는 사안도 적지 않았기 때문이다.

논의 과정에서 제시된 중요한 제도적 개선책 중 하나가 유연성 개념의 도입이었다. 이는 특정한 정책 분야에서는 다수 회원국 간에 보다 긴밀한 협력을 허용하도록 하자는 것이었다. 한두 회원국의 반대로 인해 모든 회원국이 다 참여하지는 못하게 되더라도 대다수 회원국들이 원하는 경우 유럽 통합을 심화시키는 방향으로 나아갈 수 있도록 하자는 것이었다. 현실적으로 당장 통화 동맹에 영국, 스웨덴, 덴마크 등이 참여하지 않고 있었으며, 더욱이 정치적, 경제적, 사회적 조건이 기존의 회원국과 크게 다른 중·동유럽 국가들의 가입도 머지않은 상황이었다. 마스트리히트 조약 체결 때도 영국이나 덴마크처럼 일부 조항에 대한 선택적 탈퇴(Opt-out)도 이미 나타난 바 있었다. 이러한 현실을 반영하여 그동안 임시적인 조정 방안이었던 '이중 속도의 유럽(two-speed Europe)'과 같은 분화된 통합(differentiated integration)을 이제 중요한 원칙으로 포함시키기로 한 것이다. 그러나 유연성의 원칙 남발로 통합이 저해될 것을 우려하여 그 적용은 대단히 까다롭게 규정하기로 했다.

또 다른 중요한 제도적 논의는 가중 다수결 제도의 보완에 대한 것이었다. 통합이 심화되면서 유럽연합에서 결정해야 할 사안이 늘어나고 또 회원국의 수도 늘어나면서 만장일치에 의한 결정 방식은 매우 비효율적인 것이 되었다. 더욱이 중·동유럽 국가들의 대규모 가입도 예정되어 있는 상황이었다. 따라서 다수결 방식에 의한 결정은 현실적으로 매우 불가피한 일이 되었다. 그러나 인구 규모가 큰 회원국들은 다수결 방식의 적용이 잦아지면 그만큼 자신들의 영향력이 감소될 수밖에 없기 때문에 이사회에서 부여된 투표권에 의한 다수결 이외에 다른 보완책을 요구했다. 하지만 이것은 인구 규모가 작은 국가로서는 용인할 수 없는 것이었다.

또 다른 문제는 집행위원(commissioner)의 정수 조정 문제였다. 유럽석탄철강공동체 이후 집행위원의 임명은 인구 규모가 큰 국가에서 2명씩, 나머지 국가에서 1명씩을 임명해 왔다. 1958년을 예로 들면, 6개 회원국 가운데 프랑스, 이탈리아, 독일이 2명씩, 벨기에, 네덜란드, 룩셈부르크가 1명씩으로 모두 9명의 집행위원이 있었다. 1996년 회의 당시에는 15개 회원국 가운데 독일, 프랑스, 영국, 이탈리아, 에스파냐 등 5개국에서 2명씩, 나머지 10개국에서 각 1명씩 모두 20명의 집행위원이 있었다. 그런데 회원국 수가 크게 늘어난다고 해서 집행위원의 수를 무한정 늘릴 수는 없는 일이었다. 그러나 이 역시 회원 국가 간 영향력의 재조정과 관련되어 있어서 합의가 쉽지 않은 문제였다.

유럽의회의 역할을 강화하는 문제도 중요한 검토 사항이었다. 유럽의회 선거의 낮은 투표율 문제, 유럽 통합에 대한 일반 유럽 인들의 피로감, 유럽연합 제도의 민주성 결핍(democratic deficit) 등의 문제를 해결하기 위해서는 유럽의회의 권한 강화는 불가피한 일이었다. 논의된 사항은 정책 결정 과정에서 유럽의회가 관여할 수 있는 정책 영역과 역할의 증대를 도모하려는 것이었다. 그동안 유럽이사회나 각료이사회에서 결정해 온 방식에서 벗어나 고용, 사회정책, 보건, 교통, 환경 문제 등 대다수 사안에 대해서 유럽의회와 이사회가 공동으로 결정하는(co-decision) 절차를 마련했다. 또한 집행위원장의 임명 역시 유럽의회의 승인을 받도록 했다. 이와 함께 유럽의회 의석 수 상한을 700석으로 제한하기로 했다.

또 다른 제도적 개선은 마스트리히트 조약에서 규정한 3개의 축 가운데 경제통화 동맹을 제외한 나머지 두 축을 제도적으로 보완하는데 놓여졌다. 공동 외교 안보 정책(CFSP)의 문제는 유럽의 공동방위가 NATO를 주축으로 하고 있는 상황에서 유럽연합 차원의 별도의 공동방위 규정을 둘 수 없다는 점이었다. 그 대신 평화 유지, 인도주의적 사안에 대한 유럽연합의 책임을 강조하고 서유럽연맹(WEU)과의 긴밀한 협력을 규정하는 문제에 대해 논의했다. 제도적으로는 EU의 대외 업무를 관장할 새로운 직책으로 'EU 외교정책 담당 고위대표(High Representative of EU Foreign Policy)' 직을 신설하는 방안이 검토되었다. 사법 내무 분야 협력(JHA)에서는 회원국 간 국경 통제를 폐지한 셴겐 조약(Schengen Agreements. 8장 참조)을 유럽연합의 법적 체제에 정식으로 포함시키고 이민, 민사소송 절차에 대한 법제화 문제, 경찰과 범죄 소탕에 대한 국가 간 협력 강화의 문제가 논의되었다.

이러한 제도적 개선책은 오랜 논의 과정 끝에 마침내 1997년 6월 18일 암스테르담 유럽이사회에서 최종합의가 이뤄졌고 그 해 10월 2일 정식으로 조인되었다. 그리고 각국별 비준 과정을 거쳐 1999년 5월 1일 발효가

되었다. 암스테르담 조약은 오늘날의 유럽연합을 이끈 로마 조약 40주년을 맞이한 시점에서 이뤄진 최초로 주목할 만한 제도적 개선책이었다. 그러나 커다란 성과에도 불구하고 암스테르담 조약에서는 정치적으로 가장 예민한 문제에 대한 합의 도출에는 실패했다. 각료이사회나 유럽이사회에서 결정을 내릴 때 만장일치 대신 가중 다수결 제도를 일부 정책 영역에 확대 적용하는 문제에 대해서는 합의가 이뤄졌지만, 정책 결정 과정에서 회원국 간 힘의 배분에 영향을 미칠 수 있는 가중 다수결 방식 자체에 대한 제도적 변혁이나 집행위원의 수의 재조정에 대해서는 회담 마지막 날 밤 늦게까지 협상이 이어지고도 결국 합의에 이르지 못했다. 암스테르담 회의는 의미 있는 제도적 개선이라는 성과에도 불구하고 각 회원국 간 이해관계가 정면으로 부딪히는 까다로운 숙제들은 해결하지 못한 채 그대로 남겨두고 말았다.

니스 조약(Treaty of Nice)

암스테르담 조약에서 미진한 채로 남아 있는 제도적 개선에 대한 문제는 암스테르담 조약에 대한 각국별 비준이 끝나고 발효되면서 자연스럽게 다시 논의되기 시작했다. 이 문제를 해결할 새로운 조약의 필요성이 제기된 것이다. 암스테르담 조약에서 각 회원국 간의 이견으로 해결하지 못한 가중 다수결 방식의 개정, 집행위원회의 규모와 구성의 변화 등 유럽연합 내부의 결정 방식이나 각국별 영향력 배분에 대한 합의를 이루는 일은 시급한 것이었다. 머지 않아 중ㆍ동유럽의 많은 국가들이 새로이 가입하게 되는 상황에서 이들 국가에 부여할 의석 수, 집행위원의 배정 방식, 이사회에서의 결정 방식 등이 모두 이와 연관되어 있는 사안이었다. 따라서 새로운 회담에서 다뤄지게 될 회의의 안건은 이전과 비교하면 대체로 단순한 것이었지만, 그 성격에 있어서는 매우 까다롭고 예민한 것이었다.

2000년 12월 프랑스에서 열린 니스 유럽이사회는 유럽연합의 제도적 개선책을 논의했으나 각국별 대단히 큰 입장 차이를 보였다. 그동안 유럽이사회가 2일에 걸쳐 열렸던 것과 비교할 때 전례 없이 3일간 계속된 것만 보아도 니스 정상회담이 상당한 난항을 겪었음을 알 수 있다. 가장 예민한 문제라고 할 수 있는 가중 다수결제에서 국가별로 배분되는 투표 수의 재조정이 까다로운 사안이었다. 중·동유럽의 국가들이 새로이 가입하게 되는 만큼 이에 대한 재조정은 절실한 문제였다. 그러나 조정과정에서 각국별 이해 관계가 직접 충돌하였다. 인구수를 기준으로 투표수가 배분되어 온 만큼 8,200만 규모의 독일과 6,300만 규모의 프랑스의 투표 수의 차이는 이제 불가피한 것이었다. 그러나 프랑스의 시라크 대통령은 다른 회원국들의 설득에도 불구하고 프랑스에 독일보다 적은 표가 부여된다는 것을 용납할 수 없었다. 유럽 통합이 프랑스와 독일의 화해라는 상징적 의미에서 출발한 것인 만큼 동등한 위치가 보장되어야 한다고 시라크 대통령은 끝까지 버텼다. 마침내 독일 슈뢰더(G. Schröder) 총리가 이 문제에 대해서 양보를 하고 대신 결정 방식에서 가중다수결 방식 이외에 인구 등 다른 기준에 의한 조건을 추가해 줄 것을 요구했다. 벨기에와 네덜란드 역시 비슷한 갈등을 겪었다. 네덜란드는 인구 규모가 1,600만 명 수준인데 비해 벨기에는 1,000만 명 수준으로 적지 않은 차이가 있었다. 그러나 벨기에는 이웃한 네덜란드에 더 많은 투표수가 부여되는 것에 반대하며 동등한 대우를 요구했다. 벨기에는 향후 모든 유럽이사회를 브뤼셀에서 개최한다는 약속을 받고서야 물러섰다.

또 다른 쟁점은 각국별 집행위원 수의 축소 문제였는데, 인구 규모가 작은 국가들이 집행위원 수의 축소에 반대했다. 인구 대국에 비해 상대적으로 영향력 행사에 불리한 인구 소국들은 집행위원에 자국 출신을 포함시킴으로써 자국의 영향력 행사를 보장받고 싶었던 것이다. 결국 회원국이 27

개국이 될 때까지 한 국가당 한 명씩의 집행위원을 두기로 합의했으며, 집행위원 축소 문제는 그 이후에 다시 논의하기로 결정했다. 이는 독일, 프랑스, 영국, 에스파냐, 이탈리아 등 그동안 두 명의 집행위원을 보유해 온 인구 대국에서 한 명씩을 포기해야 하는 결정이었다. 2005년 1월 1일 이후 각국별로 한 명씩의 집행위원을 두는 방식을 적용하기로 합의했다.

또 다른 핵심 쟁점이었던 각료이사회와 유럽이사회에서의 결정방식은 각국별 이해관계가 첨예하게 맞서면서 매우 복잡한 형태로 결정되었다. 정책이 결정되기 위해서는 세 가지 기준을 모두 만족시키도록 했다. 첫째, 기존의 가중 다수결 방식(QMV)에서 각국이 행사하는 득표수의 72% 이상 확보, 둘째, 유럽연합 전체 인구 기준으로 62% 이상의 지지(국가별 인구 기준), 세 번째, 회원국이 요구하는 경우, 회원국 절대 과반의 지지 확보 등을 모두 충족해야 하도록 했다. 이와 함께 유럽의회 의석 정수를 암스테르담 조약에서 정한 700석 상한선을 넘어 732석으로 재조정했다. 이 문제도 각국별로 배출하는 유럽의회 의원 수의 재조정과 관련되어 있었다.

논란을 겪은 끝에 이러한 내용은 2001년 2월 26일 정식 조약으로 체결되었다. 니스 조약은 암스테르담 조약에서 해결하지 못한 유럽연합의 제도적 쟁점을 해소하고자 한 것이었다. 그러나 그 성과는 매우 제한적이며 회원국 간에 씁쓸함을 남겼다. 집행위원회의 규모나 구성도 제한적인 개혁에 그쳤지만, 결정 방식은 니스 조약 이전보다 더욱 복잡하고 어렵게 되었다. 결국 애당초 의도한 제도적 개선의 목표를 달성하지 못했으며 니스 조약은 안팎으로 강한 비판을 받게 되었다. 니스 조약의 타결 과정에서 보듯이, 인구 대국과 소국 간의 갈등, 회원국 간의 갈등 등 유럽 통합을 위한 회의가 오히려 정부간 회의적인 속성을 보다 강하게 드러내 놓고 말았다.

이런 상황에서 2001년 6월 아일랜드에서 실시된 니스 조약 비준 국민투표에서 투표자의 54%가 반대하여 부결되었다. 아일랜드에서의 부결은 매우 커다란 충격으로 받아들여졌다. 아일랜드에서 유럽 통합 조약이 부결된 것은 처음 있는 일이었다. 아일랜드의 군사적 중립의 훼손 가능성에 대한 우려, 낙태 등 사회적 가치의 문제 등 여러 가지 이슈가 포함되어 있었지만, 니스 조약의 협상 과정에 보여준 실망스러운 모습이 유럽 통합에 대한 일반 유럽 인들의 열정을 가라앉힌 때문으로 이해되었다. 아일랜드에서는 한 해 뒤인 2002년 10월 니스 조약에 대한 재투표를 실시하여 63%의 찬성으로 마침내 승인이 되면서 니스 조약은 유럽연합 내에서 효력을 발휘하게 되었다. 그럼에도 불구하고 EU의 제도적 구조와 기능을 위한 새로운 회의의 개최는 여전히 불가피한 것이었다.

유럽헌법(A Constitution for European Union)

니스 조약 체결 과정의 혼란스러움과 각 회원국의 이해관계의 노정, 아일랜드에서의 조약 비준 부결 등은 그동안 우여곡절을 겪으면서도 비교적 순조롭게 진행되어 온 유럽 통합에 적지 않은 충격이었다. 중 · 동유럽 국가들의 대거 가입을 눈앞에 둔 상황에서 제도적으로도 보다 근본적인 개혁이 요구되었으며, 또 한편으로는 아일랜드 국민투표에서 드러난 대로 유럽연합 거버넌스를 보다 개방적이고 투명하며 민주적인 형태로 만들기 위한 방안에 대해서도 고민해야 했다. 이러한 상황에서 2002년 5월 독일 외무장관이던 요쉬카 피셔(J. Fischer)는 베를린에서의 한 연설에서 확대된 EU의 제도적 구조, 조직, 원칙 등에 대해 언급하면서 연방제적 속성을 강조했고 유럽 통합의 최종 지점에 대한 토론을 제안했다. 이 연설은 연방제 성격의 통합을 둘러싸고 논란을 불러 일으켰지만 니스 조약에 대한 실망과 아일랜드 부결 충격 등이 남아 있던 상황에서, 니스와는 다른 분위기 속에서 보다 폭넓은 의제를 다룰 회의가 필요하다는데 대한 공감을 넓히는 데 도움을 주었다.

2001년 12월 벨기에 라켄(Laeken)에서 열린 유럽이사회에서는 유럽연합이 민주주의, 개방성, 효율성을 증진시켜야 하며 이러한 목표를 이루기 위해 유럽헌법을 제정하기로 결정했다. 이를 위해 폭넓고 개방적으로 의제를 논의하기로 합의하였으며, EU 조약 개정에 다양한 참여자가 포함되어야 한다는데 대한 공감대가 형성되었다. 그 결과 각국 정부 대표, 각국 의회 대표, 집행위원회와 유럽의회 대표가 모두 참여하는 유럽대표자 회의(European Convention)를 열기로 하였다. 이 대표자 회의에는 15개 EU 회원국 정상, 각 회원국 별로 2명의 의회 대표, 집행위원회에서 대표 2명, 그리고 유럽의회에서 16명이 참여하도록 했다. 가입 후보국들도 회원국과 마찬가지 형태로 참여하도록 하였으나 결정과정에는 참여할 수 없도록 했다. 유럽 대표자 회의의 의장은 프랑스의 강력한 요구로 지스카르 데스텡 전 프랑스 대통령이 추천되었다.

　유럽 대표자 회의는 2002년 2월 브뤼셀에서 첫 회의를 개최한 이후 6개월에 걸쳐 정책, 제도, 정체성 등 광범위한 안건에 대해 심도 있는 논의를 나눴다. 이 논의를 통해 비록 상징적인 표현이기는 하지만 '유럽의 헌법'을 기초하기로 결정했다. 이와 함께 니스 조약에서 제대로 해결하지 못한 제도적 문제점에 대한 해결책도 모색했다.

　이 회의에서 논란이 되었던 것 가운데 하나는 유럽 이사회 의장(President of European Council)을 선출하여 일정한 임기 동안 유럽을 대표하도록 하자는 것이었다. 지금까지는 각국이 1년씩 돌아가며 의장국의 역할을 수행해 왔다. 그러나 여기서 제안된 것은 유럽 이사회 의장을 선출하여 5년간 의장으로 복무하도록 하자는 것이었다. 효율성의 제고나 EU의 국제적 위상 제고에 도움을 줄 것이라는 이유에서였다. 인구 규모가 큰 나라에서는 대체로 이 아이디어에 공감을 표시했지만 인구 규모가 작은 나라에서는 인구 대국의 지배권 강화로 바라보는 경향이 있었다.

또 다른 흥미로운 제안은 대외 관계에 있어서 보다 효과적이고 강력한 정책 추진을 위해 암스테르담 조약에서 규정한 대로 공동 외교 안보 정책을 담당해 온 EU 외교정책 담당 고위대표와 집행위원회의 대외관계 담당 집행위원의 직책을 합병하여 EU 외무장관 직(Union Minister for Foreign Affairs)을 신설하자는 것이었다.

암스테르담과 니스에서 모두 논란이 되었던 집행위원회의 규모와 구성에 대해서도 논의되었다. 이번에도 이 문제에 대해서는 인구 규모가 큰 나라와 작은 나라 간의 입장 차이가 여전히 컸는데 제안된 해결책은 모든 회원국이 집행위원을 한 명씩 임명하되, 투표권을 갖는 소수의 핵심 집단은 별개로 두도록 하자는 것이었다. 그리고 그 핵심 집단은 국가별로 순서대로 돌아가며 맡도록 하자는 것이었다. 가중 다수결 방식 등 결정방식에 대한 문제 역시 논란의 대상이었다. 유럽연합 인구의 60% 이상 그리고 회원국의 과반 이상이 찬성하는 경우 통과되는 것으로 하자고 제안했지만 에스파냐 등 니스 조약의 수혜국들이 반발하면서 마지막까지 논란의 대상이 되었다.

어렵고 힘든 논의 과정을 거쳐 유럽헌법의 초안이 완성되었다. 이는 2003년 6월 그리스 데살로니카(Thessalonica) 유럽이사회에서 승인을 받았다. 다음달 유럽헌법 구성을 위한 조약 초안(Draft Treaty establishing a Constitution for Europe)이 발간되었고, 이를 기초로 2003년 10월부터 정부 간 회의가 시작되었다. 정부 간 회의에서 각국별 이해관계 충돌로 논란을 겪은 끝에 유럽헌법은 2004년 6월 마침내 합의에 이르렀다.

유럽 이사회 의장은 새로이 두기로 합의했지만 5년 임기 대신 2년 반 임기로 하고 재임이 가능하도록 타협이 이뤄졌다. EU 외무장관 직도 신설하기로 합의했고 집행위원회의 부집행 위원장(Vice President of the Commission)직을 겸임하도록 했다. 논란이 된 집행위원회의 규모와 구성에 대해서는 2014년까지 집행위원 수를 회원국 총수의 2/3 규모로 줄이기로 타협이 이뤄졌다. 회원국이 27개국이라면 18명의 위원만을 두게 되는 것으로, 1957년 이래 회원국마다 최소 1명씩의 집행위원을 할당해 온 원칙이 폐지된 것이다. 집행위원의 임기는 5년이며, 각 회원국은 집행위원이 세 번 임명될 때마다 한 번은 순서대로 돌아가며 집행위원 임명을 하지 못하도록 결정했다. 또한 가중 다수결 제도에 대해서는 이사회 투표수의 55% 이상과 유럽연합 인구의 65% 이상을 모두 충족하는 경우에 가결된 것으로 하는 이중 다수결(double majority) 방식으로 결정하였다. 유럽의회 권한은 보다 강화되어 니스 조약에서 규정한 '대부분의' 정책에 대한 유럽의회 공동 결정 권한을 사실상 '모든' 정책에 대한 공동 결정권으로 확대했다. 그리고 유럽연합 정책결정 과정에 개별 회원국 의회가 개입할 수 있는 여지를 처음으로 열어두었다.

사실 유럽헌법은 이전 조약과 비교할 때 정치적으로 의미 있는 내용을 담고 있었다. 1999년 독일 기본헌법 50주년이 되던 해를 기념하며 독일은 유럽연합 시민의 정치적, 사회적, 경제적 권리를 담은 헌장을 만들자고 제안했다. 암스테르담 조약에서는 최초로 민주주의, 법의 지배와 같은 정치적 가치를 조약 속에서 구체적으로 표명했지만, 독일의 제안은 이런 선언적인 표현을 넘어 시민 권리를 규정하는 별개의 헌장을 만들자는 것이었다. 이는 '기본권 헌장(Charter of Fundamental Rights)'으로 구체화되었다. 유럽헌법에서는 이 헌장을 흡수하여 이를 유럽연합의 일종의 권리장전(Bill of Rights)과 같은 의미를 부여했다. 유럽연합은 민주주의, 법의 지배, 인권 존중, 근본적 자유에 기초해 있으며, 부여된 권한의 원칙(the principle of conferral), 보충성의 원칙(the principle of subsidiarity), 비례성의 원칙(the principle of proportionality), 그리고 EU 법의 우위(the primacy of EU law) 등을 핵심적인 조직의 원칙이라고 규정했다.

2004년 10월 29일 25개국 대표가 로마에서 유럽헌법에 조인했다. 이후 각국별로 비준 절차가 진행되었다. 비준이 예정대로 진행되면 2006년 11월 1일 유럽연합을 발효할 계획이었다. 2004년 11월 리투아니아에서 처음 유럽헌법이 의회에서 비준되었고 이후 헝가리 등 15개국에서 큰 어려움 없이 순조롭게 비준 절차가 진행되었다. 그러나 2005년 5월 29일 실시된 프랑스의 국민투표에서 투표자의 54.7%가 반대함으로써 유럽헌법이 부결되었다. 더욱이 며칠 뒤인 6월 1일 네덜란드에서 실시된 국민투표에서도 국민의 61.5%가 유럽헌법에 반대함으로써 또 다시 부결되었다. 이 두 나라에서의 비준 부결은 대단히 큰 충격이었다. 프랑스와 네덜란드는 유럽석탄철강공동체의 창립 국가로서 유럽 통합의 토대를 닦아온 국가들이었다. 이들 국가에서 유럽헌법이 부결된 것은 유럽 통합 과정에 대한 일반 유럽 인들의 불만과 소외감이 커졌으며 정책 추진의 신뢰감이 취약해졌다는 것을 보여 주는 명백한 증거였다. 2006년 1월에 실시한 룩셈부르크에서의 국민투표 역시 승인되기는 했지만 찬반의 차이는 매우 근소했다. 상황이 이렇게 돌아가자 영국을 비롯하여 그 이후에 비준 절차를 밟기로 한 일곱 국가가 모두 비준 절차를 연기하거나 취소했다. 결국 야심 차게 준비한 유럽헌법은 유럽 인들의 비준을 받지 못하고 사장되어 버렸다. 1958년 로마조약으로 유럽경제공동체가 출범한 이래 유럽이사회에서 각국 대표가 조인한 조약이 개별 국가의 비준 과정에서 부결되어 폐기된 것은 유럽헌법이 역사상 처음 있는 일이었다. 그만큼 유럽헌법의 좌절이 유럽연합 각 회원국에 미친 충격은 지대했다. 제도적 개혁 등 유럽연합의 중요한 과제들은 여전히 해소되지 못한 채 남겨지게 되었으며 이를 해결하려는 움직임은 한동안 정체될 수밖에 없었다.

리스본 조약(Treaty of Lisbon)

유럽헌법이 좌초된 이후 유럽연합 각국은 즉각적으로 새로운 대체 조약을 위한 협상을 시작하기보다 당분간 숙고와 반성의 시간을 갖기로 했다. 따라서 2007년까지 새로운 조약 마련을 위한 어떠한 움직임도 나타나지 않았다. 숙고와 반성의 의미에 더해서 독일의 입장에서는 자국이 2007년 유럽이사회 의장국이 되므로 보다 주도적으로 유럽헌법을 대신할 수 있는 조약의 체결을 이끌 수 있다는 점도 고려되었다. 또한 프랑스의 이해관계에 집착하여 그동안의 조약 체결 과정에서 합의 도출을 어렵게 한 시라크 프랑스 대통령이 물러나게 되고 새로운 프랑스 대통령 선거가 2007년 상반기에 예정되어 있다는 점도 고려사항이었다.

2007년 독일이 의장국이 되면서 숙고 기간의 종료를 선언했다. 로마조약 50주년을 기념하여 베를린에서 모인 유럽연합 회원국 정상들은 협상을 가속화하여 2007년 말까지 협상을 마치고, 2009년 유럽의회 선거 이전에 국가별 비준을 마치기로 합의했다. 2007년 6월 브뤼셀에서 열린 유럽이사회에서도 새로운 유럽연합의 조약 마련을 위한 국가 간 회의를 조속히 열기로 합의했다.

새로운 조약은 기본적으로 좌초로 끝난 유럽헌법을 토대로 한 것이었지만, '헌법'이라는 표현이나 그것을 연상할 수 있는 용어, 상징은 모두 배제했다. 공식적인 국기, 국가, 표어 모두 폐지했다. 위기감 속에 회의가 개최된 만큼 여러 가지 이견에도 불구하고 비교적 순조롭게 회의가 진행되었다. 암스테르담 조약 논의 과정부터 가장 큰 논란의 대상 가운데 하나였던 집행위원의 수는 유럽헌법에서와 마찬가지로 집행위원의 수를 27명에서 18명으로 줄이기로 마침내 합의를 보았다. 다만 집행위원회의 명칭은 유럽집행위원회(European Commission)으로 개칭하기로 했다. 유럽이사회나 각료이사회에서의 결정방식 역시 유럽헌법에서 규정한 방식대로 가중 다수결에서 각국 투표의 55% 이상[2], 그리고 유럽연합 전체 인구 규모의 65% 이상을 대표한다는 조건이 충족되는 경우에 통과되는 것으로 간주하기로 했다. 이중 다수결 방식이 다시 합의된 것이다. 그리고 15개국 이상이 반드시 찬성 의사를 표시해야 하며 부결을 위해서는 최소 4개국 이상이 포함되어야 하는 것으로 규정했다. 그러나 폴란드의 반대로 이 방식은 2014년까지는 적용하지 않기로 했다. 가중 다수결 제도의 적용은 국방, 외교, 과세를 제외한 사실상 모든 영역에 대해서 확대되었다. 그런 만큼 개별 국가의 거부권 행사의 영역은 줄어들게 되었다.

유럽 이사회의 의장도 유럽헌법에서와 마찬가지로 2년 반의 임기에 재임이 가능하도록 하며 이사회에서 선출하기로 했다. EU의 대외 업무를 통합하여 이를 총괄하는 직책을 만든다는 것도 유럽헌법과 동일하지만, 유럽헌법에서 그 직책을 EU 외무장관(Union Minister for Foreign Affairs)이라고 칭했던 것에 비해 이번에는 외교 담당 고위대표(High Representative of the Union for the Common Foreign Affairs and Security Policy)로 바꿨다. 이 직책을 집행위원회 부위원장으로 둔다는 유럽헌법의 조항은 그대로 유지되었다.

유럽의회의 권한도 강화되어 새로운 영역에서 이사회와의 공동 결정권한이 확대되어 이제 공동 결정이 보다 일반적인 정책 결정 절차가 되었다. 일부 영역에서 유럽이사회나 각료이사회가 독자적으로 결정하게 되는 경우라고 해도 유럽의회에 동의를 구하거나 결정 이전에 자문 절차를 반드시 거치도록 했다. 예산 감독권도 강화하여 집행위원회가 과거처럼 이사회의 예비심사를 거쳐 유럽의회에 제출하던 절차대신 곧바로 유럽의회에 예산안을 제출하도록 했다. 또한 또 다른 논란의 대상이었던 유럽의회 의원의 수는, 유럽의회 의장은 투표권을 행사하지 않는다는 전제하에 751명으로 확정했다. 이와 함께 한 국가가 최대로 선출할 수 있는 유럽의회 의원의 수도 이전의 99명에서 96명으로(독일) 낮추었고, 한 국가가 최소한 선출해야 하는 의원의 수는 5명에서 6명으로 높였다(에스토니아, 키프로스, 룩셈부르크, 몰타). 유럽헌법에 포함된 유럽 시민의 정치, 경제, 사회적 권리를 규정한 '기본권 헌장' 역시 포함되었으며 이는 법적인 구속력을 갖는 조항으로 강화되었다. 그러나 영국과 폴란드는 부가 조항에 의해 이 규정에 대한 선택적 탈퇴를 허용했다.

이번 조약 개정 과정에서 주목해야 할 점은 마스트리히트 조약 때 규정한 유럽연합의 세 개의 축이 그동안 각기 독립적으로 존재해 왔다면 이를 모두 유럽연합이라는 단일한 법인체로 통합하기로 한 것이다. 이에 따라 EU 내 모든 기구가 하나로 통합될 수 있게 되었다. 예컨대 서유럽연맹(WEU) 역시 EU 내의 기구로 통합하게 되었다. 그리고 유럽중앙은행과 유로화를 공식적으로 유럽연합의 중앙은행과 화폐로 규정하는 조항도 포함시켰다. 또한 처음으로 회원국이 유럽연합에서 탈퇴할 수 있는 조항도 마련했다. 1985년 그린란드(Greenland)는 어업권 분쟁 이후 주민투표를 통해 유럽공동체에서 탈퇴한 바 있다. 그러나 당시 탈퇴에 대한 조항은 공동체 조약 내에 포함되어 있지 않았다. 또 다른 중요한 합의 사항은 치안과 사법 분야에서 그동안의 만장일치 위주의 결정 방식에서 가중 다수결 방식을 확대하기로 한 것이다. 그러나 이 문제는 정치적으로 예민한 문제인 만큼 회원국 간 논란이 많아 영국, 아일랜드의 선택적 탈퇴를 허용했고 발효 3년 뒤에 다시 논의하기로 하였다. 또 한 가지 중요한 점은 유럽연합이 당면한 새로운 과제로 기후변화와 에너지 연대(energy solidarity)를 언급했다는 점이다. 기후변화 문제는 2008년 12월 유럽이사회에서 논란 끝에 2020년까지 20%의 이산화탄소 배출을 줄이고 20%의 에너지 효율을 높이며 20%의 재생에너지를 사용한다는 20/20/20 프로젝트에 대한 합의로 이어졌다.

이러한 논의사항은 2007년 12월 13일 리스본에서 최종적으로 합의가 되어 조인되었다. 이 때문에 리스본 조약으로 불리지만 또 한편으로는 유럽연합의 제도적 개혁과 변화를 모색한 조약이라는 점에서 개혁조약(Reform Treaty)라고도 부른다. 리스본 조약은 2007년 초 베를린에서 합의한 대로 2009년 유럽의회 선거 이전까지 각국별로 비준 절차를 모두 마치기로 했다. 유럽헌법의 비준 과정과는 달리 각 회원국 별로 순조롭게 비준이 이뤄졌지만, 2008년 6월 12일 실시된 아일랜드 국민투표에서는 53.4%의 반대로 또 다시 부결되었다. 아일랜드의 국민투표 이전까지 27개국 중 25개국이 비준을 완료한 상황이었다. 비준절차가 남아 있는 또 다른 국가는 체코였는데 체코에서 비준이 늦어진 것은 리스본 조약에 대한 위헌 소송이 진행 중이었기 때문이었다. 그러나 2008년 11월 헌법재판소가 리스본 조약이 체코 헌법에 위배되지 않는다는 결정을 내림으로써 머지않아 의회에서 비준이 이뤄질 것으로 보인다. 아일랜드 국민투표에서의 부결은 유럽헌법 좌초에서 보듯이 유럽 통합에 대한 일반 유럽시민의 동의를 구하는 과정이 결코 쉽지 않다는 사실을 다시 일깨워 줬다. 그러나 27개국 가운데 나머지 다른 국가들에서 모두 비준이 체결된 상황에서 아일랜드의 국민투표 부결이 주는 충격은 유럽헌법에 대해 프랑스나 네덜란드에서 거부되었던 때와는 분명히 다르다고 할 수 있다. 유럽연합 회원국들은 아일랜드가 다시 국민투표를 실시하여 리스본 조약을 비준할 것을 기대하고 있다. 과거 마스트리히트 조약 때 덴마크에서의 국민투표 부결로 난항을 거쳤지만 덴마크와의 재협상과 새로운 국민투표의 실시를 통해 결국 비준이 되었던 경험도 있다.

리스본 조약의 비준 절차가 끝나면 개혁 조약이라는 그 별칭이 시사하듯이, 유럽연합은 중·동유럽으로의 회원국의 확대와 함께 그에 수반되는 제도적 개혁을 일단락 짓게 된다. 유럽 전체를 망라한 27개국 5억 명의 인구를 가진 유럽연합이 새로운 제도적 틀과 환경 속에서 통합을 향한 새로운 발걸음을 내딛게 되는 것이다.

주

1) 체코슬로바키아가 체코 공화국과 슬로바키아로 분리된 이후 1993년 10월 이들 국가와 각각 다시 조약을 체결했다.
2) 그러나 집행위원회의 제안을 토대로 하지 않고 유럽이사회에서 직접 제안한 사안 등을 대상으로 표결하는 경우에는 이사회 가중 다수제 방식에서 표의 72% 이상을 확보하도록 규정하고 있다.

참고문헌

Derek Urwin, 1997, *A Political History of Western Europe*, 5th edition, London: Longman.

Desmond Dinan. 2004. *Europe Recast: A History of European Union*. Boulder: Lynne Rienner.

Martin Dedman. 1996. *The Origins and Development of the European Union 1945~95: A History of European Integration*. London: Routledge.

Peter Stirk. 1996. *A History of European Integration since 1914*. London: Pinter

4

유럽연합의 제도와 기구

"유럽연합, 이 거대하고 복잡한 대상을 어떻게 관리하고 운영하며 통치해 나갈까
하는데 대한 의문이 제기될 수 있다."

앞장에서 살펴본 대로 유럽 통합의 역사는 개별 국가의 민족주의에 대한 지나친 강조가 제1, 2차 세계대전이라는 참화로 이어졌다는 데 대한 반성에서 출발했다. 그리고 이러한 재앙을 막기 위해서는 과거 민족 국가가 행사해 온 주권의 일부를 유럽 전체를 관장하는 초국가적 기구에 양도함으로써 각 회원 국가가 보다 큰 정치적 단위의 일부로 참여하는 것이 필요하다고 유럽 통합의 지도자들은 생각해 왔다. 우여곡절을 겪으면서도 유럽 통합은 그동안 꾸준히 진행되어 왔고, 단일 화폐가 상징해 주듯이 EU는 이제 마치 하나의 국가처럼 운영되는 모습을 보여 주고 있다. 유럽 여행을 할 때 공항에서 경험할 수 있는 것처럼 유럽연합 내 한 회원 국가에서 다른 회원 국가로 이동할 때는 마치 국내 여행을 하는 것과 같은 수속을 밟게 된다. EU의 내부적인 통합을 보여 주는 또 다른 예이다. 대외적으로도 중요한 국제회의나 행사에 유럽연합은 많은 경우에 단일한 목소리로 대표되고 있다. 한국이 자유무역협정(FTA) 체결을 논의하는 대상이 유럽 각국이 아니라 'EU'라는 것이 좋은 예가 될 수 있다. 이처럼 EU는 주권을 가진 27개 개별 국가들이 회원으로 참여하고 있는 연합체의 성격을 지니고 있지만, 그와 동시에 유럽연합 자체가 하나의 정치적 단위, 즉 국가처럼 기능하고 있음을 알 수 있다.

유럽의 통합이 이처럼 폭넓고 깊이 있게 진행되면서 이 거대하고 복잡한 대상을 어떻게 관리하고 운영하며 통치해 나갈까 하는데 대한 의문이 제기될 수 있다. 이번 장의 관심은 바로 유럽연합의 제도와 기구에 대한 것이다. 유럽연합은 외형적으로는 주권 국가와 유사한 제도를 갖추고 있다. 유럽연합 내 회원국들이 공동의 정책을 추진하기 위해서는 정책을 결정하고 실행하며 이를 감독하는 기능을 지닌 기구가 어떤 형태로든 필요하기 때문이다.

국가를 구성하는 데는 어떤 기구나 제도가 필요할까? 우선 국가 통치의 근간이 되는 헌법이 필요할 것이다. 그러나 유럽연합에는 하나의 성문화된 헌법은 없다. 그 대신 각 회원국의 정상들이 서명하고 각국 의회나 국민투표를 통해 비준을 받은 각종 조약, 예를 들면 로마 조약, 마스트리히트 조약, 암스테르담 조약, 니스 조약 등이 사실상 헌법을 대신하여 최고의 권위를 갖는 법적 규정이 되고 있다. 그러나 개별 국가의 헌법처럼 최종적인 것이 아니라 조약의 개정 때마다 앞선 조약들을 토대로 개정되고 대체되는 것이다.

또한 국가를 구성하기 위해서는 기능적으로 입법, 행정, 사법 등의 역할을 담당하는 제도적 기구가 필요할 것이다. EU 역시 개별 민족 국가와는 다소 차이가 있지만 유사한 기구를 갖추고 있다. 오늘날의 유럽연합의 토대를 닦은 1958년의 로마 조약은 집행위원회(Commission)에 법안을 제안하는 기능을, 유럽의회(당시는 Parliamentary Assembly)에 자문의 기능을, 각료이사회(Council of Ministers)에 입법 기능을, 그리고 유럽법원(Court of Justice)에는 법률 해석의 권한을 각각 부여하였다. 각 기구의 구체적인 역할과 권한에 대해서는 뒤에서 상세히 논의하겠지만, 입법권이 이사회에 있고 유럽의회는 자문 기능이 주어졌다는 점이 우선 일반적인 국가와는 다르다는 사실을 알 수 있다.

일반적으로 유럽연합 내에서 이뤄지는 정책 결정 과정은 다음과 같다. 각료이사회나 유럽이사회에서는 집행위원회의 검토 사항을 토대로 유럽 통합에 대한 정책이나 제도적 변화에 대한 큰 방향과 대강의 윤곽을 결정한다. 집행위원회는 이를 토대로 구체적인 정책, 법률안을 마련한다. 이러한 정책안은 이사회와 유럽의회의 공동 결정 과정을 거쳐 확정된다. 이후 집행위원회는 각국이 결정된 사항을 제대로 실행하는지 그 집행을 감독하며, 유럽법원은 통합의 정신과 조약의 규정에 의거하여 분쟁이 생기는 경우에 최종적인 판단을 내린다.

로마 조약에서 규정한 각 기구의 구체적 기능과 역할은 회원국의 확대와 통합의 심화에도 불구하고 그 기본적인 골격과 특징은 오늘날에도 크게 바뀌지 않고 있다. 집행위원회, 각료이사회, 유럽의회는 유럽연합의 주요 기구로 유럽연합의 제도적 삼각형(institutional triangle)을 이루고 있으며, 유럽법원 역시 유럽 통합에 있어서 매우 중요한 기능을 수행해 왔다. 그러나 제도적 틀의 유사성에도 불구하고 회원국의 수가 6개국에서 27개국으로 크게 증가했고, 석탄·철강의 공동 생산, 관리에 머물던 수준에서 화폐를 비롯한 일상생활의 다양한 영역으로까지 통합이 심화된 상황의 변화는 제도와 기능의 재편으로 이어질 수밖에 없었다. 이 장에서는 유럽연합의 각종 기구와 제도의 기능과 권한, 그리고 유럽연합 내 정책 결정 과정상의 특징에 대해 살펴봄으로써 유럽연합이 어떻게 기능하고 통치해 가는지 살펴볼 것이다.

유럽연합 집행위원회(European Commission)

  유럽연합 집행위원회는 국가로 보자면 행정부에 해당하는 부서이지만 그 속성은 다소 다르다. 무엇보다 유럽연합 내에서 결정된 정책의 집행은 각 회원국 정부를 통해 실행되므로 유럽연합 집행위원회가 실제로 정책 집행의 기능을 직접 담당한다고 볼 수는 없기 때문이다. 집행위원회는 우선 유럽연합 내 정책 결정 기구인 각료이사회나 유럽이사회와 유럽의회에서 논의될 이슈를 마련하고, 거기서 결정된 사항에 대해 그 집행을 감독하는 기능을 한다. 그런 점에서 집행위원회는 실질적으로는 EU와 관련된 주요한 정책을 발의하고 입안하는 역할을 수행하는 셈이다. 특히 각 회원국이 조인하여 효력을 갖게 된 각종 조약의 원칙을 현실적으로 적용 가능한 법과 정책으로 전환하여 시행될 수 있도록 하는 것이 집행위원회의 중요한 기능 중 하나이다.

  두 번째로 중요한 집행위원회의 기능은 EU 내에서 제정된 법안이 회원 각국에서 제대로 적용되고 있는지의 여부를 감시·감독하는 일이다. 앞서 지적한 대로, 유럽연합에서 결정한 정책은 각 회원 국가에서 집행한다. 그러나 정책 사안마다 개별 국가의 이해관계가 복잡하게 얽혀 있기 때문에 EU 차원에서 합의하고 결정한 정책이라고 하더라도, 일부 회원국에서는 그 조치가 자국에 불리하거나 인기가 없는 정책이라면 이를 시행하는 것을 주저하거나 일부러 지연시키는 경우가 생겨날 수 있다. 선거를 앞두고 있다면 더욱더 그 시행에 소극적이 될 수밖에 없을 것이다. 때로는 회원국 정부의 비효율과 관료주의로 인해 법규 적용이 소홀해진 경우도 있다. 그런데 유럽 통합 초기에는 회원국이 이처럼 유럽공동체나 유럽연합 차원에서 결정된 정책이나 법규를 어기더라도 이에 대해 적절한 제재 조치를 취할 수가 없었다. 그동안의 사례를 보면, 환경 정책, 단일 시장, 농업 등 세 가지 분야에서 특히 EU 차원의 정책이 제대로 준수되지 않은 경우가 많았다. 그러나 마스트리히트 조약 이후에는 공동체의 법안을 준수하지 않고 있는 회원 국가가 발견되면 집행위원회는 그 국가를 유럽법원에 제소할 수 있으며, 위반 사실이 확인되면 유럽법원은 해당 국가에 벌금을 부과할 수 있게 되었다. 이와 같이 공동의 정책과 제도의 실현을 강화함으로써 집행위원회는 유럽이 하나의 공동체가 되기 위해 필수적인 경제적 · 사회적 결속을 강화시키는 데 실무적으로 매우 중요한 기여를 하고 있는 셈이다. 이런 점에서 유럽연합 집행위원회는 스스로 일컫듯 '조약을 지키는 수호자(the guardian of the Treaties)' 의 역할을 맡고 있다.

세 번째 중요한 기능은 예산의 관리 집행 기능이다. 앞서 유럽연합 집행위원회가 기능적으로 한 국가의 행정부에 해당할 수 있다고 했는데, 그 특징을 잘 나타내는 것이 바로 예산을 관리 · 집행하는 기능일 것이다[1]. 집행위원회는 예산안을 마련하며 확정된 예산안을 관리하고 집행하는 역할을 담당한다. 과거에는 각국에 할당된 분담금에 의해 예산이 운영되었지만 1969년 이후 집행위원회는 독자적인 재원 마련의 기능을 갖고 있다.

네 번째 기능으로 집행위원회는 대외적으로는 외국 및 국제 기구와의 교역 및 협력 조약에 대해서 유럽연합 회원국을 대표하는 역할을 수행한다. 예컨대, 한국과 EU 간의 자유무역협정에 대한 논의는 유럽연합 집행위원회에서 담당한다. 또한 EU 본부가 있는 브뤼셀에는 전 세계 140개국 이상의 대표부가 상주하면서 EU와의 쌍무적 관계를 담당하고 있다. 각료이사회나 유럽이사회에서 결정된 법안을 회원 각국의 언어로 번역하는 일도 유럽연합 집행위원회의 중요한 업무 중 하나이다. 현재 27개 회원국의 EU에는 공식 언어가 23개에 이른다. 실제로 이 업무에 종사하는 인원이 전체 직원 가운데 큰 비중을 차지하고 있다. 각료이사회 내에서 회원 국가 간 또는 각료이사회와 유럽의회 사이의 법안을 둘러싼 이견을 중재하는 역할도 집행위원회가 담당한다.

집행위원회의 상층부를 구성하는 집행위원은 유럽석탄철강공동체부터 암스테르담 조약 때까지는 독일, 프랑스, 이탈리아, 영국, 에스파냐 등 인구 규모가 큰 5개국에서 각각 2명씩, 그 밖의 국가에서는 각각 1명씩 자국 출신의 집행위원을 지명해 왔다. 그러나 니스 조약에서는 회원국 수가 27개국에 이를 때까지는 각국별로 인구 규모와 무관하게 모두 1명씩 위원을 지명하는 것으로 조정되었고, 최종 비준에는 실패했지만 유럽헌법 논의 과정에서는 회원국 정수의 2/3로 집행위원의 수를 2014년부터 줄이기로 합의되었다. 이러한 조정은 리스본 조약에서도 그대로 포함되어 있어서 아일랜드 등 일부 국가에서의 비준이 최종적으로 이뤄져 리스본 조약이 발효되면 2014년부터 집행위원의 수는 회원국을 현재의 27개국으로 가정한다면 18명으로 줄어들게 된다. 현재는 27개 회원국에서 각각 한 명씩 모두 27명의 집행위원이 집행위원단(College of Commissioners)을 구성하고 있다.

집행위원들은 출신 국가 정부가 추천하며 집행위원장과의 협의를 거쳐 임명되며 유럽의회의 동의 절차를 필요로 한다. 일단 집행위원이 되고 나면 자신의 출신 국가로부터는 철저히 독립성을 유지하며 유럽연합 전체의 이해를 위해 일할 것이라는 선서를 행한다. 그러나 현실적으로 집행위원들이 출신 국가와 관련된 이해관계에 대해 완전히 자유롭기는 어렵다. 실제로 암스테르담 조약부터 리스본 조약까지 유럽연합의 제도 개선 방안에 대한 논의 과정에서 가장 논란이 심했던 분야가 집행위원의 정수 조정 문제였다. 집행위원의 정수의 축소는 특히 인구가 적은 회원 국가가 자국 출신을 집행위원회에 둘 수 없게 되는 것에 반대함으로써 합의 도출에 어려움을 겪었다.

집행위원들은 각기 특성 분야에 대한 책임을 맡고 있으며 일주일에 한번 정도 집행위원단의 모임을 가져 법안 제안이나 정책 보고서 또는 정책의 우선 순위에 대해 논의한다. 집행위원단의 결정 방식은 이견이 심한 경우 다수결 방식을 사용하기도 하지만 합의를 도출하여 결정하는 것이 일반적이다. 실무적인 정책의 입안과 관리는 40개의 총국(DG: Directorates-General)에서 각각 고유의 업무를 담당하고 있는 있는데, 각 집행위원들은 이들 총국의 업무를 영역별로 나눠 관장하는 책임을 맡고 있다. 또한 각 집행위원들은 산하에 대개 7명 정도의 개인 보좌역을 두어 이들에게 주요 정책 결정 과정에서 실무적으로 중요한 역할을 맡기고 있다. 각국에서 추천하는 집행위원들은 정치인이나 고위 관리 출신이 대부분이다. 1994년까지 집행위원들의 임기는 4년 이었지만 마스트리히트 조약 이후 유럽의회 의원과 같이 5년으로 늘어났다. 유럽의회는 집행위원회 위원장과 집행위원 전원(en bloc)에 대한 사임을 요구할 수 있는 권한이 있으나, 아직까지 유럽의회가 지명된 집행위원에 대해 불신임 투표를 실시한 적은 없다. 상테르(J. Santer)의 집행위원회가 부패 스캔들로 불신임의 가능성이 높았지만 의회 투표 이전인 1999년 모두 사임했다.

집행위원들 중 수장인 집행위원장(the President of the European Commission)은 EU 회원국 정상들의 모임인 유럽이사회에서 선출한다. 임기는 5년이며 연임도 가능하다. 지금까지 초대 집행위원장인 할슈타인과 1980년대 단일 시장, 화폐 통합 등 중요한 정책을 추진했던 들로르만이 집행위원장 직을 연임한 바 있다. 집행위원장은 유럽연합이라는 거대한 초국가기구를 이끌고 가는 역할을 맡고 있지만 각 주권 국가의 정상들과는 다른 존재이다. 집행위원장은 유럽연합의 대통령이나 정상이 아니라 EU라는 제도 내부의 관료 조직의 총책임자로 보는 것이 보다 적절하다. 그러나 집행위원장은 상당한 영향력을 행사한다. 다른 집행위원의 임명에 간접적으로 영향을 미칠 수 있으며 각 집행위원에게 자리를 배분하는 결정은 전적으로 집행위원장이 행사한다. 집행위원들의 회합을 주재하며 집행위원단의 회의에서 논의하게 될 주요 의제의 설정, 새로운 정책 추진에 대한 주도권을 갖는다. EU와 관련된 사안에 대해서는 대외적으로 EU를 대표하는 역할도 맡고 있다. 그런데 제도적으로 주어진 집행위원장의 권한과는 달리 집행위원장이 행사할 수 있는 영향력의 정도는 누가 그 직을 맡느냐에 따라 상당한 차이를 보인다. 예를 들면, 1985년부터 1994년까지 집행위원장을 맡았던 들로르는 이러한 제도적 수준의 권한을 넘는 대단히 강력한 리더십을 보이기도 했다.

한편 리스본 조약에서는 EU 대외 관계 업무를 전담하는 외교 담당 고위대표(High Representative of the Union for the Common Foreign Affairs and Security Policy) 직을 신설하여 집행위원회의 부위원장 직을 겸임하도록 규정하고 있다.

유럽연합 집행위원회에는 현재 약 25,000명 정도의 '유럽 공무원'이 브뤼셀과 룩셈부르크에서 활동하고 있다. 이들은 유럽연합 내의 정책 입안과 정책 추진에 대한 감시, 감독, EU의 기구의 원활한 작동 등의 업무를 담당하고 있다. 이들은 종종 '유럽 관료(Eurocrats)'라고도 불리는데, 그 말에는 우리가 일반적으로 관료제에 대해 갖는 부정적인 뉘앙스가 포함되어 있다. 즉 이들의 조직이 이미 비대해지고 통제하기 힘든 규모로 확대되었고 유럽 시민들의 의견을 제대로 반영하고 있지 못하다는 비판이 포함되어 있다. 그러나 사실 동서 유럽 27개국을 포함하는 지역의 방대함과 단일 시장이나 화폐 통합 등 정책적 통합의 심화를 고려할 때, 이들의 수가 지나치게 많다고만 보기는 어렵다. 그리고 이들 '유럽 공무원' 가운데 상당한 수는 23개 회원국의 언어로 각종 문서를 번역하고 통역하는 역할을 담당하는 이들이며 실제로 정책 관련 업무를 담당하는 직원의 수는 6,000명에 불과하다. 또한 집행위원회의 예산 역시 EU 전체 예산의 3% 정도에 불과하다는 점에서 비대하다고만 보기는 어렵다.

과거에 유럽연합 집행위원회에 대한 또 다른 비판은 EU 정책 결정 과정의 민주성 결핍(democratic deficit) 문제와 관련이 있었다. 즉 EU의 정책 결정 과정이 일반 유럽 시민들의 견해를 제대로 대표하지 못하며 시민들의 참여도 제한되어 있다는 것이다. 특히 1999년 공금 남용과 유용 등으로 집행위원 전원의 사퇴를 몰고 온 상테르 집행위원회의 부패 스캔들은 이러한 문제점을 다시 부각시켰다. 그러나 제도적으로 본다면 EU 집행위원회가 제안한 각종 정책안은 회원 각국에서 선거를 통해 대표된 '정치인'으로 구성된 각료이사회에서 결정되어 왔다. 더욱이 암스테르담 조약 이후에는 유럽 시민들이 직접 선출하는 유럽의회가 정책 결정 과정에 함께 참여하는 공동 결정(co-decision)의 영역이 크게 증대되어 책임성, 민주성 결핍의 문제는 사실 크게 완화되었다. 이러한 제도적 개선에도 불구하고 이 같은 비

표 2. 역대 집행위원회 위원장

재임 연도	이름	출신국가	비고
1958~67	발터 할슈타인(Walter Hallstein)	서독	재임
1967~70	장 레이(Jean Rey)	벨기에	
1970~72	프랑코 마리아 말파티(Franco Maria Malfatti)	이탈리아	
1972	시코 만스홀트(Sicco Mansholt)	네덜란드	임시 대행
1973~76	프랑소아-자비에 오르톨리(François-Xavier Ortoli)	프랑스	
1977~80	로이 젠킨스(Roy Jenkins)	영국	
1981~84	가스통 소온(Gaston Thorn)	룩셈부르크	
1985~94	자크 들로르(Jacques Delors)	프랑스	재임
1995~99	자크 상테르(Jacques Santer)	룩셈부르크	
1999	마누엘 마린(Mauel Marín)	에스파냐	임시 대행
1999~2004	로마노 프로디(Romano Prodi)	이탈리아	
2004~현재	호세 마누엘 바로주(Jose Manuel Barroso)	포르투갈	2009년까지 임기

자료: John McCormick.(2008). *Understanding the European Union: A Concise Introduction.* 4th edition. Basingstoke: Palgrave Macmillan, p. 76에 의거 일부 수정.

판이 여전히 제기되고 있는 것은 유럽 통합의 심화로 인해 집행위원회의 영향력이 그만큼 확대되었음을 보여 주는 것이다.

각료이사회(Council of Ministers)

각료이사회는 일반 국가에서 찾아볼 수 없는 EU만의 독특한 기구이다. 각료이사회의 공식 명칭은 유럽연합 이사회(Council of European Union)이다. 각료이사회는 특정 정책 분야를 담당 하는 각 회원국의 장관들의 모임이다. 유럽연합의 정책을 결정하는 데 있어서 핵심적인 역할을 수행하며 사실상 입법 기구로서의 기능을 한다. 유럽연합 집행위원회가 스스로 정할 수 있도록 권한을 부여 받은 조례나 규칙 등을 제외한 모든 법안은 각료이사회가 독자적으로, 혹은 유럽의회와 공동으로 결정하도록 되어 있다.

각료이사회는 유럽 통합의 두 가지 상반되는 특성을 드러내고 있다. 각료이사회라는 기구는 하나의 공동체로서의 유럽연합의 주요 정책을 결정하는 기능을 맡고 있지만 그 구성은 각 회원국의 대표들로 구성되어 있으며 각국 간의 대립되는 이해관계를 둘러싸고 이들 간의 타협, 거래, 외교적 노력에 의해 정책이 결정되기 때문이다. 다시 말해 이 기구는 초국가적(supra-national) 성격을 갖는 주요 정책을 결정하는 정부 간(inter-governmental) 협상 기구인 셈이다. 그리고 이러한 이중성으로 말미암아 때때로 공동체로서 유럽 전체의 일반적 이해관계와 각국의 특수한 이해관계 사이에 마찰이 발생하기도 한다.

각료이사회는 정책 분야에 따라 다양한 행위자가 개입되는 여러 차원의 매우 복잡한 제도이다. 예컨대 여러 정책 분야가 함께 포함되는 조약 등을 논의하게 되면 한 분야의 각료들뿐만 아니라 여러 분야의 정책 담당 각료들이 함께 그 논의 과정에 개입된다. 각료이사회에는 농업, 환경, 내부, 재무 등 모두 9개 분야의 영역(configurations)이 존재한다. 각료이사회의 여러 영역 가운데 가장 폭넓고 중요한 역할을 수행하는 것은 외무장관들의 모임인 일반 사안 및 대외관계 이사회(General Affairs and External Relations Council: GAERC)이다. GAERC는 기본적으로 외교적 이슈나 유럽연합과 다른 나라와의 조약 등과 같은 EU의 대외 관계의 문제를 다룬다. 그러나 여기서는 단지 대외 문제만을 다룰 뿐만 아니라 정치적으로 예민한 사안, 각국 간 이해관계가 첨예하게 대립되어 조정과 타협이 필요한 사안도 외무장관들의 각료이사회에서 주로 논의된다. 예컨대, 각료이사회 중에서 각국 간 이견이 크게 노정되는 것은 각국의 농어업 혹은 상공업 분야의 이해관계가 부딪히는 농어업 각료이사회(Agricultural and Fisheries Council)와 경쟁 분야 각료이사회(Competitiveness Council) 등에서 자주 발생하는데, 여기서 제대로 해결되지 않는 경우에는 외무장관들의 각료이사회로 넘기게 된다. 외무장관 모임이 이처럼 특별한 지위를 갖게 된 것은 유럽 통합 초기에 통합과 관련된 문제는 '외교적인' 사안으로 간주되어 외무장관들 간에 논의되었다는 사실과 관련이 있다. 이제는 많은 이슈가 유럽연합 회원국들 간에 '국내적인' 안건으로 취급되고 있지만, 이러한 전통이 남아서 외무장관들의 각료이사회는 정치적으로 민감한 사안을 다루고 정책 가이드라인을 제시하는 등 보다 우월적인 지위를 갖게 되었다

그러나 일반적으로 각료이사회는 각국의 담당 장관들이 참여한 형태로 진행된다. 예컨대, 농업 문제를 다루는 경우에는 각 회원 국가의 농업 담당 장관들이 모이게 되고, 환경 문제를 다루는 경우 환경 담당 장관들이 모이게 된다. 그러나 어떤 각료를 보낼 것인가 하는 결정은 회원국에서 내린다. 때때로 한 회의에 두세 명의 각료가 동시에 참여하는 경우도 있다. 마스트리히트 조약 이후에는 독일과 같은 연방제 국가에서는 주 장관 등 지방 정부 각료의 참여도 가능하게 되었으며 이 때 지방 정부 각료는 그 국가를 대표하게 된다. 유럽 단일 화폐 출범 이후에는 이코핀(Ecofin)으로 불리는 경제, 재무 분야 장관들의 각료이사회(Economic and Financial Affairs Council)의 중요성도 커졌다.

유럽 통합의 초기였던 1965년 말까지는 각료이사회에서의 결정은 만장일치에 의한 것이 대부분이었지만 이후 결정방식은 다양해졌다. 정치적으로 예민한 문제를 다루는 경우에는 만장일치에 의한 결정이 그대로 유지된다. 세금과 관련된 문제나 신규 회원국의 가입, 조약의 개정과 같이 유럽연합의 기본 틀을 변경시키는 사안은 모두 만장일치에 의해 결정된다. 또한 집행위원회가 제안한 법령을 각료이사회가 집행위원회의 의사에 반해서 수정하고자 할 때도 만장일치 방식을 사용한다. 그러나 대부분의 사안은 다수결 방식을 이용한다. 50% 이상의 지지로 결정되는 단순 다수결 방식은 절차적 문제나 조약에 규정되어 있는 사안을 다룰 때 사용되기도 하지만, 거의 대부분의 결정은 이보다 높은 가결 비율을 설정한 가중 다수결 방

식(QMV)에 의해 이뤄진다. 가중 다수결 방식은 일반적으로 다수결에서 행하는 대로 찬성이 50%를 넘으면 결정되는 것이 아니라 이보다 높은 별도의 통과 조건을 정해 둔 방식이다.

가중 다수결 방식에서 한 가지 흥미로운 점은 개별 주권 국가가 참여한다고 해서 1국가 1표의 권한을 부여하는 것이 아니라 인구 수에 따라 국가별로 행사할 수 있는 표의 수를 각기 다르게 정한 것이다. 인구 규모를 감안했지만 반드시 인구 크기에 비례하는 것은 아니며 전반적으로 작은 국가에 유리하게 배분되어 있다. 〈표 3〉에서 보듯이, 유럽의 'Big 4' 라고 할 수 있는 독일, 프랑스, 영국, 이탈리아는 모두 29표씩을 행사하는 반면, 가장 큰 영향력을 행사할 수 있으며, 나머지 국가들은 이보다 적은 수의 표를 행사할 수 있다. '빅 4' 가운데 독일은 인구 면에서 다른 세 나라보다 상당히 크지만 니스 조약에서 프랑스의 강한 요구로 프랑스, 영국, 이탈리아와 동수의 표가 배정되었다. 인구 규모를 감안할 때 가장 득을 보고 있는 국가는 유럽연합 내 가장 소국(小國)인 룩셈부르크와 몰타인데, 이들 국가에서는 한 표가 대표하는 인구 규모가 13만 명인데 비해서 독일은 한 표가 약 300만 명을 대표하고 있다. 전체적으로 보면 인구 규모가 큰 국가들이 상대적으로 과소 대표(under-represent)되고 있고, 인구 규모가 적은 국가들이 크게 과대 대표(over-represent)되고 있음을 알 수 있다.

니스 조약에서는 각료이사회에서 안건이 통과되기 위해서는 세 가지 조건을 모두 충족하도록 규정하였다. 첫째, 가중 다수결 방식으로 통과되어야 한다. 각국별 투표 집계 결과 255표 이상, 즉 대략 74% 이상의 지지를 얻어야 한다는 가중 다수결 투표의 요건을 충족해야 한다. 투표 총수가 345표이므로 현재 각국별 표 가운데 91표를 모으면 법안의 통과를 막을 수 있게 된다. 둘째, 인구 규모의 요건을 충족해야 한다. 찬성 의사를 표시한 회원국의 인구 규모가 전체 EU 인구의 62% 이상이 되어야 하며, 셋째, 회

원국의 과반수가 찬성해야 한다는 것이다. 과거에는 가중 다수결 투표의
요건 한 가지만 충족하면 되었던 것을 감안하면 니스 조약 이후 결정절차

표 3. 가중 다수결 제도에서 각국별 표의 수와 인구 규모

회원국	가중 다수결에서 행사하는 표의 수(a)	인구 규모(b) (단위: 백만 명, 2007년 기준)	한 표 당 대표되는 인구의 수(b/a)(단위: 백만 명)
독일	29	82.3	2.84
프랑스	29	63.3	2.18
영국	29	60.7	2.09
이탈리아	29	58.9	2.03
에스파냐	27	44.5	1.65
폴란드	27	38.1	1.41
루마니아	14	21.6	1.54
네덜란드	13	16.3	1.28
그리스	12	11.2	0.93
포르투갈	12	10.6	0.88
벨기에	12	10.6	0.88
체코	12	10.3	0.86
헝가리	12	10.1	0.84
스웨덴	10	9.1	0.91
오스트리아	10	8.3	0.83
불가리아	10	7.7	0.77
덴마크	7	5.4	0.77
슬로바키아	7	5.4	0.77
핀란드	7	5.3	0.76
아일랜드	7	4.3	0.61
리투아니아	7	3.4	0.49
라트비아	4	2.3	0.58
슬로베니아	4	2.0	0.50
에스토니아	4	1.3	0.33
키프로스	4	0.8	0.20
룩셈부르크	4	0.5	0.13
몰타	3	0.4	0.13
합계	345	494.7	

자료: Elizabeth Bomberg, John Peterson and Alexander Stubb. 2008. *The European Union: How Does It Work?* Oxford: Oxford University Press, pp.54~55.

상임대표위원회는 각 회원국이 유럽연합에 파견한 EU 대표부의 회합을 일컫는 말이다. 영어로는 Committee of Permanent Representatives라고 부르며 일반적으로 칭하는 COREPER는 이것의 프랑스어의 약어 표현이다. 상임대표위원회는 1967년 ECSC, Euratum, EEC가 유럽공동체(EC)로 통합되면서 공식적으로 설치되었다.

각료이사회에서 논의되는 모든 사안이 우선적으로 COREPER에서 먼저 다뤄진다. 각 회원국에서 파견한 EU 대표부는 집행위원회의 제안이나 법률안을 검토, 분석하고 이사회 안건에 대한 각국의 입장을 정리한다. 그리고 각료이사회 이전 단계에서 회합을 갖고 각국별 이견을 조율하며 합의 도출을 시도한다. 따라서 COREPER는 각료이사회의 하위 논의 구조를 형성하고 있다고 할 수 있는데, 각료이사회의 모임을 준비하고 논의해야 할 사안의 우선순위 등을 조정한다. 그러나 이와 같은 회원국 실무 대표부 간의 논의를 통해 많은 사안은 각료이사회 이전 단계에서 해결이 되며 실제로 논의되는 정책안의 대다수(약 70% 정도)는 여기서 결정된다. COREPER의 실무자 간 논의에서 합의가 도출되지 못한 사안은 각료이사회에서 그 결정이 이뤄지게 된다. COREPER II는 각국의 EU 대표부 대사들 간의 회의로 정치, 제도, 예산과 같은 중요 이슈를 논의하는 자리이며, COREPER I은 부대사급 간의 회의로 대다수 사안이 논의되는 자리이다. 그러나 안보, 재무, 농업, 치안과 사법 등 정치적으로 예민한 사안에 대해서는 각료이사회를 위한 특별준비위원회가 논의 준비를 담당함으로써 COREPER의 부담을 줄여주고 있다.

유럽 통합의 진전과 회원국의 증대에 따라 실무적 검토와 사전 조율의 기능을 담당하는 전문 외교관의 회합인 COREPER의 중요성은 더욱 높아졌다. 이 때문에 COREPER가 '유럽을 실제로 움직이는(the men and women who run Europe)' 실질적인 권력 기구라는 평가도 나오고 있다[2].

가 매우 복잡해졌다는 것을 알 수 있다. 결정 절차가 너무 복잡하다는 비판이 일면서 리스본 조약에서는 2014년부터 이중 다수결(double majority) 방식으로 제도를 바꾸는 것을 제안했다. 새로운 방식은 가중 다수결 투표로 55% 이상의 찬성과 유럽연합 전체 인구 기준으로 65% 이상이 찬성하면 그 사안이 통과되는 것으로 정했다. 그리고 2017년까지 이행 기간을 두어서 2014년부터 2017년까지는 어떤 회원국이 이중 다수결이 아니라 현재 사용되는 방식으로 결정하기를 요구하면 그 방식에 따르기로 했다. 이처럼 결정방식이 복잡한 것은 유럽연합 내 주요 국가 간의 현실적인 힘의 균형

회의를 하려면 누군가 회의를 주재하는 의장이 있어야 하기 마련이다. 유럽연합 집행위원회는 집행위원장이 그 책임을 맡고 있지만, 각국의 장관들이 동등한 자격으로 만나는 각료이사회나 각국 정상들이 모이는 유럽이사회에서는 누가 그 역할을 맡을까?

각료이사회와 유럽이사회는 그동안 6개월마다 각국별로 돌아가면서 의장국의 역할을 수행해 왔다. 매년 1월과 7월에 새로운 의장국이 등장하게 되는 것이다. 예컨대, 2008년 상반기는 슬로 베니아가, 하반기는 프랑스가 의장국이었으며, 2009년 상반기는 체코, 하반기는 스웨덴, 2010년 상반기는 에스파냐, 하반기는 벨기에가 각각 담당하게 되어 있다. 의장국은 이사회 회의를 주재하고 의제를 설정하며 각국 간 이견을 조정하고 중재를 통해 타협을 이끌어 내는 역할을 한다. 대외적으로는 집행위원장과 함께 분야에 따라 EU를 대표하는 역할도 맡는다. 돌아가면서 역할을 맡지만 그 기간 동안 의장국은 EU 정책 결정에 상당한 영향력을 행사할 수 있다.

이처럼 윤번제로 의장직을 담당하는 경우에는 각 회원국이 중요하게 생각하는 의제들이 고르게 제기될 수 있으며, 인구 규모가 작은 소국의 경우에는 국제 무대에서 큰 역할을 담당할 수 있는 기회도 갖게 된다. 그러나 유럽 통합이 심화되면서 다뤄야 할 정책 영역이 다양해졌고 회원국의 수도 크게 늘어나면서 이사회에서 다뤄야 할 업무량이 크게 늘어났다. 그만큼 의장국이 수행해야 할 역할의 부담도 커지게 되었다. 또한 이런 변화된 상황에서 각국별 이해관계를 조정하고 합의를 이끌어 내기 위해서는 의장국의 상당한 리더십도 필요로 하게 되었다. 특히 공식적인 회의와 별개로 비공식적으로 양자 간, 혹은 다자간 접촉을 통해 이견을 좁히고 타협안을 도출해 내는 의장국의 주도적인 역할이 중요하게 되었다. 또 한편으로는 27개국으로 회원국 수가 늘어나면서 한 국가가 의장국의 역할을 맡기 위해서는 13년 반이나 기다려야 한다는 새로운 문제점도 생겨났다.

이 때문에 유럽헌법과 리스본 조약에서는 기존의 윤번제 방식을 개정하는 의장직에 대한 새로운 제도적 개선책을 제안했다. 각료이사회의 경우에는 기존의 방식을 토대로 하여 3개국이 18개월 동안 공동으로 의장국의 역할을 담당하도록 함으로써, 한 국가가 맡게 되는 경우에 생겨날 수 있는 부담과 리더십의 취약을 보완할 수 있도록 했다. 유럽이사회의 경우에는 별도의 의장(president of European Council)을 선출해서 그 역할을 맡기기로 했다. 유럽이사회 의장의 임기는 2년 반이고 한 회에 한해 연임을 허용하며 유럽이사회에서 가중 다수결 방식으로 선출하기로 했다. 이와 함께 리스본 조약에서 대외관계를 담당하는 새로운 직책을 신설하기로 결정한 것도 대외 관계 업무에 대한 의장국의 부담을 줄이려는 의도도 포함되어 있다.

과 소규모 국가의 영향력을 보장해야 하는 복잡한 이해관계를 모두 반영해야 했기 때문이다. 그러나 현실적으로는 여전히 합의에 의한 만장일치 방

식이 보다 일반적인 결정 방식이다.

유럽 통합이 심화되면서 각료이사회의 업무량은 크게 증대되었다. 외교, 농업, 재무 분야 등의 각료이사회는 거의 한 달에 한번 정도 회합을 가지며, 다른 부서도 2~3개월에 한번 정도 모임을 갖는다. 각료이사회 산하에는 비서국(Secretariat)이 있는데 여기서는 3,000명 가량의 직원이 각료이사회의 모임을 위한 정책안을 준비하고 각국별 이견에 대한 사전 조정을 행한다. 각 회원국들에서는 각료이사회에서 논의하게 될 다양한 정책에 대한 각국의 입장을 사전에 반영하고 조정하며 대책을 마련하기 위한 상설기구를 마련해 두고 있는데 이를 COREPER라고 한다(BOX 06 참조).

각료이사회의 회의는 매우 폐쇄적인 형태의 논의 방식을 취하고 있다. 논의 과정이 공개되는 경우 각 회원국에서 국내 정치적으로 다양한 반응이 나타날 수 있고 그러한 국내 정치적 요인이 유럽연합 차원에서의 집단적인 정책 결정에 나쁜 영향을 미칠 수 있기 때문이다. 이로 인해 각료이사회는 유럽연합 집행위원회에 비해 일반인들에게도 잘 알려져 있지 않으며 미디어에도 별로 공개되고 있지 않다. 그러나 그로 인해 매우 폐쇄적이라는 비판도 동시에 제기되고 있다.

유럽이사회(European Council)

유럽이사회는 유럽연합 회원국의 수상들과 프랑스, 핀란드의 대통령으로 구성된 사실상 가장 강력한 힘을 가진 최고의 정책 결정 기구이다. 언론에서 종종 유럽 정상 회담으로 부르는 모임이 바로 유럽이사회이다. 유럽이사회는 유럽연합의 장기적인 정책 방향을 결정하고, 유럽연합의 확대 등 정치적으로 민감한 이슈나 경제 통합의 심화 등 주요 이슈에 대한 입장을 정하고 각국별로 이견이 있는 경우 입장을 조율하는 기능을 수행한다. 여기서 결정된 사항은 추후에 집행위원회나 각료이사회 등을 통해 세부사항을 결정하고 정책으로 구체화된다. 이 유럽이사회에는 각국의 정상 외에도 외무 장관들(프랑스의 경우 총리나 외무 장관)도 함께 참석하는 것이 보통이며, 유럽연합 집행위원회에서도 집행위원장과 부위원장 등 두 명이 참석한다.

각료이사회와는 달리 유럽이사회는 원래 로마 조약에서 규정한 유럽경제공동체의 제도적 틀 속에 포함되어 있는 공식 기구가 아니었으므로 그 역할에 대한 규정이 존재하지 않았고, 따라서 유럽이사회는 유럽연합 내 다른 기구의 구속을 받지 않고 자유로운 활동이 가능했다. 그러다가 1987년 단일유럽의정서에서 유럽이사회는 법제화되었다. 마스트리히트 조약에서는 정치적인 가이드라인을 제공하는 역할로 그 기능을 규정하였고, 유럽이사회의 회의 후에는 유럽의회에 토의 사항을 보고하도록 규정하였다. 그러나 유럽이사회에 참가하는 이들이 모두 각국의 현직 수상이나 대통령이라는 점에서 이들의 정치적 권위의 정당성이 유럽적 차원이 아니라 각국의 국내 정치와 보다 긴밀하게 연결되어 있기 때문에 유럽이사회는 유럽연합의 다른 기구와 달리 독립성이 강하다는 점을 쉽게 이해할 수 있다.

유럽이사회는 유럽 통합 초기 여러 가지 어려운 문제들을 정치적으로 해결하기 위한 필요에서 시작되었는데, 1974년 처음 회의가 개최되었다. 이 기구가 자리잡기까지는 특히 프랑스의 지스카르 데스탱 대통령과 독일의 슈미트 수상의 역할이 중요했다. 유럽이사회는 COREPER나 각료이사회 등 각국별 논의 과정에서 해소되지 못한 이견을 최종적으로 해소하고, 유럽 통합에 정치적 리더십을 부여하기 위한 필요에 의해 자연스럽게 발전해 온 기구라고 할 수 있다. 유럽이사회에서는 유럽 통합과 관련된 사안이 폭넓게 논의되는데 특히 쟁점이 되는 사안에 대한 최종 결정뿐만 아니라 중요한 의제의 설정이나 유럽연합의 장기적 목표 설정 등 통합의 진전과 심화를 위한 '큰 그림'을 그리는 역할을 담당하고 있다. 유럽의회 의원들을 유럽 시민들의 직선으로 선출하는 결정이나 통화 동맹의 추진, EU 신속 배치군의 추진 등 EU의 제도적 변화나 공동 외교 정책 방향 결정, 조약의 변경이나 신설, 국제 위기에 대한 공동 대응 등 통합과 관련된 중요한 이슈들이 모두 유럽이사회에서 논의되고 결정된다.

유럽이사회는 대체로 6월, 12월 두 차례 공식적인 회의를 가지며 비정기적인 모임도 비교적 자주 열리는 편이다. 과거에는 윤번제로 6개월씩 돌아가며 맡는 의장국 내의 도시에서 유럽이사회가 개최되었지만 2001년 니스 조약 이후에는 브뤼셀에서 공식 모임을 열기로 하였다. 회의는 2일간 열리는 것이 일반적이며 합의가 도출되지 않는 경우에는 밤늦게까지 협상이 계속되기도 한다. 유럽이사회에서의 결정은 예외적인 경우가 아니라면 거의 대부분 만장일치로 이뤄지는 것이 보통이다.

종종 선거를 의식한 개별 국가의 국내 이슈가 유럽이사회 모임에서 제기되어 협상에 어려움을 주기도 한다. 메이저 영국 수상이 1997년 영국 총선거를 앞두고 유럽이사회에서 강경한 태도를 보인 것이나, 콜 독일 수상이 1997년 말부터 유럽연합 내 분담금 문제를 새삼 제기한 것도 1998년의 총선거를 의식한 국내 정치용의 성격이 짙은 것이었다. 즉 유럽이사회는 그 성격상 각국의 국내 정치와 연계되어 있기 때문에 종종 유럽연합 내 공동 정책 결정이 난항을 겪기도 한다. 이처럼 유럽이사회의 성공적 운영은 각국 지도자의 역할에 의해 크게 영향을 받는다. 프랑스의 미테랑 대통령이나 독일의 콜 총리처럼 장기적으로 집권하며, 국내 정치적으로 안정적인 기반을 가지고, 유럽 통합에 적극적인 지도자들이 많은 경우에 유럽이사회의 운영은 보다 원활하게 이뤄질 수 있다. 당시 미테랑과 콜 간의 긴밀한 협력이 유럽 통합에 매우 중요한 기여를 했다. 특히 유럽이사회의 성공적 유럽이사회와 영문 명칭에서 혼동을 일으킬 수 있는 기구가 유럽평의회이다. 두 기구의 영어 명칭을 보면 순서만 다를 뿐 사실상 동일한 단어로 배열되어 있다. 유럽연합의 기구인 유럽이사회는 European Council이며, 유럽평의회는 Council of Europe이다. 그러나 명칭의 유사성에도 불구하고 이 두 기구는 전혀 무관한 기구이다. 유럽이사회가 유럽연합의 핵심적 정책 결정 기구임에 비해, 유럽평의회는 비록 EU와 긴밀한 협조 관계를 유지하고 있기는 하지만 유럽연합에 속하는 기구가 아니다.

유럽평의회는 제2차 세계대전 이후 유럽에서 결성된 국제기구이다. 1949년 5월 5일 런던에서 서유럽 10개국이 참가하여 결성하였으며 현재는 프랑스의 스트라스부르에 본부를 두고 있다. 이 기구는 유럽 인권협약(the European Convention on Human Rights) 등에서 선언한 민주주의, 인권, 법의 지배를 강화하자는 목적에서 조직되었다. 제2차 세계대전의 참화를 겪고 난 이후 이러한 기본적인 정치적 가치가 한 국가의 경계를 넘어 보편적으로 공유되어야 한다는 필요성에 대한 인식에서 출발한 것이다. 그리스, 에스파냐, 포르투갈 등 남유럽 국가들이 민주화 이후 가입하였고, 공산주의 체제 붕괴 이후에는 중·동유럽 국가들이 대거 가입하여 현재는 유럽 전역의 47개 국가가 회원국으로 가입해 있다. 유럽연합 회원국은 모두 유럽평의회의 회원국이며 러시아, 터키 등 현재 인권 문제로 회원 자격이 정지되어 있는 벨라루스를 제외한 대서양부터 러시아까지의 모든 유럽 국가들이 참여하고 있다. 유럽평의회는 최근 들어 인권, 민주주의뿐만 아니라 난민, 마약, 테러, 문화적 전통의 보전 등 다양한 이슈에 대해서 관심을 쏟고 있다.

운영에는 의장국 정상의 역할이 매우 중요하다. 의장국의 정상은 각국별 이견을 해소하고 중요한 의제를 설정하는 등 주도적인 역할을 한다. 리스본 조약에서는 6개월씩 돌아가며 맡던 유럽이사회 의장국 제도를 폐지하고 2년 반 임기의 별도의 의장을 신설하기로 했다(BOX 07 의장국 참조).

유럽의회(European Parliament)

유럽의회는 유럽연합의 회원 각국에서 선거로 선출하여 구성되는 세계 유일의 초국가적 의회체이다. 로마 조약 당시에는 공동의회(Assembly)라는 명칭이었으며 1958년부터 유럽의회로 불리기 시작했다. 초기 유럽의회는 회원 각국의 의회에서 파견한 의원 대표로 구성되어 있었고 프랑스의 스트라스부르에서 짧은 모임만을 갖곤 하였다. 당시 유럽의회는 정책 결정과 관련된 권한은 전혀 없었으며, 구속력이 없는 결의안을 가결하거나 각료이사회에 질문을 제출하는 것이 권한의 전부였다. 그 이후로도 오랫동안 유럽의회는 각국 의회 대표들 간의 의견 교환을 위한 공간이라는 상징적 역할과 자문 기관 이상의 의미를 갖지 못했다. 유럽의회의 위상이 크게 높아지게 된 것은 유럽 시민들의 직접적인 선거에 의해 유럽의회를 구성하기로 결정한 이후의 일이다. '유럽 시민들'이 직접 선거에 참여하여 유럽의회 의원을 선출한 첫 선거는 1979년 6월 7~10일에 실시되었다. 첫 유럽의회 의원 선거에는 독일의 브란트, 프랑스의 미테랑 등 유럽 각국의 정치 지도자들도 많이 참여했는데, 이는 새로이 직선으로 구성되는 유럽의회의 위상과 유권자들의 관심을 높이기 위한 상징적 조치로 볼 수 있다.

유럽의회는 의회라는 이름과는 달리 법안을 제안하는 권한을 갖고 있지는 않으며 일반 국민 국가에서 볼 수 있는 의회와 비교할 때 행사할 수 있는 권한은 약한 편이다. 그러나 유럽의회는 단일유럽의정서 이후 새로운 조약이 체결될 때마다 그 권한이 꾸준히 증대되어 왔다. 유럽의회가 지닌 권한은 크게 세 가지로 나눠 볼 수 있다.

첫째는 감독, 통제의 권한이다. 유럽의회의 각료이사회와 집행위원회에 대해 감독, 통제의 권한을 갖는다. 유럽의회는 무엇보다 집행위원회의 구성과 해임에 대한 권한을 갖고 있다. 집행위원은 각국에서 지명하지만 각료이사회에서 선임하는 집행위원장은 유럽의회의 승인을 받아야 한다. 또한 집행위원 지명자에 대해 인사 청문회를 실시할 수 있으며, 전체 집행위원회에 대한 승인 혹은 불신임의 결정을 내릴 수 있다. 과거에는 집행위원의 선임은 각 회원국 정부가 지명한 것으로 완료되었다. 그러나 마스트리히트 조약에서는 집행위원단에 대한 유럽의회의 동의를 얻는 절차가 추가되었다. 1995년 처음 이 권한이 행사되어 당시 새로 구성된 20명의 집행위원들에 대한 신임 투표는 417 대 104로 가결된 바 있다. 그러나 이러한 권한은 마스트리히트 조약 이전에도 사실상 '관행적으로' 인정되어 오던 것이었다. 유럽의회가 직선에 의해 선출되면서 유럽연합 집행위원회가 새로이 구성될 때마다 이들이 제출하는 첫 번째 프로그램에 대해 사실상의 신임 투표 형식으로 견해를 표시하자는 논의가 있었다. 그리고 이는 하나의 관행으로 자리잡아 1981년 소온이 이끄는 집행위원회부터 이러한 신임 투표가 사실상 행해져 왔다(표 4 참조). 이러한 관행은 이후 들로르가 이끌었던 1985년, 1989년, 1993년 세 차례의 집행위원회에서도 계속 유지되었는데, 특히 들로르의 2차 집행위원회부터는 새로 선임된 집행위원들이 취임 서약을 하기 전 유럽의회의 신임 투표의 결과를 기다림으로써 유럽의회의 승인을 공식화하였다. 유럽의회의 집행위원단 불신임 권한은 아직까지 실제로 적용된 적은 없지만 이미 그 위력을 발휘한 바 있다. 1999년 1월 자크 상테르 집행위원장이 이끄는 집행위원회에서 두 명의 집행위원이 정실 인사와 부패 문제로 논란이 불거지자 유럽의회는 이들에 대한 조사를 토대로 집행위원단에 대한 불신임 투표를 행할 예정이었다. 그러나 유럽의회 조사 결과가 완결되기 직전에 집행위원단이 자발적으로 사임함으로써 불신임 표결은 이뤄지지 않았다. 한편, 유럽의회는 개별 집행위원을 사임시킬 수 있는 권한은 갖고 있지 않다. 그러나 유럽의회는 비공식적인 형태로 이러한 권한을 행사한 바 있다. 2004년 10월 이탈리아의 베를루스코니(S. Berlusconi) 총리는 자국의 새로운 집행위원으로 로코 부티리오네(R. Buttiglione)를 지명했다. 그러나 그는 동성연애가 '죄악'이며 여성들은 '집안에 머물러 있어야 한다'는 발언으로 논란을 일으킨 바 있는 인물로서 유럽의회 내 비준 청문회 과정에서 다수 의원들의 반발을 샀다. 유럽의회

의원들은 부티리오네를 제외하지 않으면 전체 집행위원단을 승인하지 않겠다고 위협했다. 유럽의회 의원들의 반발이 커지자 집행위원장인 바로주(M. Barroso)는 부티리오네를 자신의 집행위원단에서 배제하는 결정을 내렸다. 공식적인 권한에 의한 것은 아니지만 유럽의회가 개별 집행위원의 임명을 저지한 것이다.

집행위원회에 대한 통제, 감독의 권한에 비해서 각료이사회에 대한 유럽의회의 직접적 통제 권한은 매우 취약하다. 여기서 펴낸 보고서를 토대로 질의하고 조사할 수 있는 정도의 권한만을 갖는다. 그러나 신규 회원국의 가입은 각료이사회의 승인 전에 반드시 유럽의회의 동의를 구하도록 하고 있다.

두 번째는 예산과 관련된 권한이다. 유럽의회가 지닌 예산에 대한 권한은 지출 분야와 재정 수입 분야가 매우 커다란 차이를 보인다. 기본적으로 예산을 편성하는 권한은 집행위원회에 있으며, 재정 수입 부분에 대해서 유럽의회는 사실상 아무런 권한을 갖고 있지 못하다. 그러나 예산 지출과 관련된 유럽의회의 권한은 강한 편이다. 유럽연합의 연례 예산안은 유럽의회 의장이 최종적으로 서명을 해야 효력을 발휘한다. 유럽의회는 예산안을 거부할 수 있는 권한도 부여되어 있다. 또한 지역, 사회정책, 문화, 교육 등의 정책 분야에 대해서는 유럽의회가 예산 지출과 관련된 최종적인 결정권을 갖는다. 또한 유럽연합 예산의 거의 절반을 차지하는 공동 농업 정책과 관련된 지출에 대해서도 유럽의회는 별다른 권한을 갖고 있지 못하다. 유럽의회는 농업 지출과 관련하여 수정안을 제출할 수는 있지만 최종적인 결정 권한은 각료이사회에 있다.

세 번째는 입법 관련 권한이다. 유럽의회의 입법 관련 권한은 꾸준히 증대되어 왔다. 로마 조약에서는 각료이사회가 법안을 채택하기 전에 법안에 대해 유럽의회가 의견을 제시할 수 있도록 했지만 그 의견 제시가 구속력을 갖는 것은 아니었다. 이와 같이 자문 역할에 머물던 유럽의회의 입법 관련 권한은 오늘날에는 공동 결정으로까지 발전해 왔다. 즉 각료이사회뿐만 아니라 유럽의회의 공식적인 동의 없이는 법령이 채택될 수 없게 된 것이다. 따라서 각료이사회에서는 유럽의회의 견해를 청취하고 입장을 조율해야만 원하는 법안을 통과시킬 수 있게 된 것이다. 그러나 농업이나 과세 문제 등 정치적으로 보다 예민한 사안에 대해서는 유럽의회의 권한은 매우 제한적이다. 입법 과정에서 유럽의회의 권한은 단일유럽의정서 이후의 조약에서 꾸준히 증대되어 왔다. 유럽의회는 입법 과정에서 대체로 다음과 같은 권한을 지닌다.

자문 절차(Consultation procedure)

유럽 통합 초기 로마 조약에서 부여한 권한으로 집행위원회가 제안한 법안을 각료이사회가 결정 하기 이전에 일부 정책 영역에 대해서 유럽의회에 자문절차를 거치도록 한 것이다. 오늘날에는 농업, 경쟁 정책, 내무·치안 분야 등 일부 정책에 대해서 자문 절차를 거친다. 그러나 유럽의회가 자문 과정에서 제기한 의견이 법적인 구속력이 있는 것은 아니다 따라서 각료이사회가 그 견해를 반드시 수용해야 하는 의무는 없기 때문에 사실 유럽의회의 의견에 크게 주목하지는 않는 편이다.

협력 절차(Co-operation procedure)

단일유럽의정서(SEA)에서 새로이 도입한 권한이다. 만약 유럽의회의 견해가 각료이사회에서 충분히 반영되지 않는 경우, 유럽의회는 다시 법안을 검토하고 추가 수정안을 채택하거나, 경우에 따라서는 각료이사회의 법안을 거부할 수 있다. 이에 대해 각료이사회는 석 달 이내에 만장일치로 의회의 결정을 뒤엎을 수 있다. 그러나 실제로 각료이사회가 만장일치에 도달하지 못하는 경우도 많기 때문에 유럽의회와의 타협을 모색하는 경우가 종종 발생한다. 현재 통화 및 경제 동맹과 관련된 일부 사안에 이러한 협력 절차가 제한적으로 사용되고 있는데, 리스본 조약에서는 유럽의회의 협력 절차를 폐지하기로 했다.

공동 결정 절차(Co-decision procedure)

마스트리히트 조약에서 새로이 신설한 유럽의회의 권한으로 각료이사회와 정책 결정의 권한을 공유한다. 유럽의회의 공동 결정 권한은 그 이후 확대되어 오늘날에는 대부분의 법안이 각료이사회와 유럽의회의 공동 결정 절차를 거쳐 확정된다. 각료이사회가 제안한 정책에 유럽의회가 동의하지 않으면 두 기구 간의 직접 협상 과정을 거치고, 여기서 합의가 도출되지 않으면 그 법안은 폐기된다. 유럽의회에 사실상의 법안 거부권을 부여한 셈이다. 정책 결정 과정에 유럽의회의 권한이 크게 증대되었다는 사실을 잘 보여 준다. 리스본 조약에서는 거의 모든 법안에 대해 유럽의회와 각료이사회의 공동 결정 절차를 거치도록 했으며, 그 명칭도 '통상적 입법 절차(ordinary legislative procedure)'로 변경하여 이제 공동 결정이 일반화된 법률 제정 절차임을 강조했다.

동의 절차(Assent procedure)

신규 회원국에 대한 승인, 제3국과의 협력 조약, 국제 조약의 승인, 유럽 시민권, 유럽의회 선거 제도의 개정, 유럽중앙은행의 임무와 권한 등과 같이 중요한 사안에 대해서는 유럽의회의 동의 절차를 거치도록 하고 있다. 그러나 유럽의회가 그 내용을 수정할 수는 없으며 동의에 대한 찬반 여부만 결정한다. 앞서 언급한 대로, 유럽의회는 집행위원단의 임명 동의권을 가지며, 의원들 2/3의 찬성으로 집행위원단 전원을 해임할 수 있는 권한도 가진다.

유럽의회는 세 곳에 그 기구가 나눠져 있다. 프랑스 스트라스부르에는 전원이 참석하는 본회의가 열리며, 상임 위원회나 특별 위원회 등 위원회의 모임은 유럽연합 집행위원회가 위치한 브뤼셀에서 열린다. 한편 의회의 사무국은 룩셈부르크에 있다. 유럽의회 의원(European Parliament)들은 한 달에 2~3주는 의회 위원회가 열리는 브뤼셀에 머물며 한 달에 3~4일 정도를 스트라스부르의 본 회의에 참석한다. 이 때문에 의원들의 여행이 잦은 편이며, 일부 의원들은 스트라스부르의 의회에는 형식적으로 출근하고 실제로는 브뤼셀 등지에 머무는 경우가 많아 언론의 구설수에 오르기도 하였다. 분산된 기구로 인해 불필요한 예산 낭비에 대한 비판도 높다. 그러나 암스테르담 조약에서 프랑스는 유럽의회의 전체회의는 스트라스부르에서 개최한다는 초기의 합의를 다시 관철시켰다.

유럽의회의 권한은 단일유럽의정서 이후 꾸준히 증대되었고, 대표성이나 민주성 역시 1979년 유럽 시민들이 직접 유럽의회 의원들을 선출한 이래 크게 개선되었다. 그런데 유럽 선거의 투표율은 국가별로 큰 차이가 있다. 벨기에, 룩셈부르크 같은 나라에서는 90%선을 오르내리는 높은 투표율을 보이는데, 그 이유는 이들 국가가 통합에 적극적이라는 점뿐만 아니라 이들 국가에서 투표는 의무 사항이어서 투표에 참여하지 않으면 벌금 등의 제재를 받기 때문이다. 반면 통합에 소극적인 영국, 덴마크에서 유럽의회 의원 선거의 투표율이 낮으며, 특히 영국에서는 지난 네 차례 선거 모두 30%선에 머물렀다.

그런데 문제는 1979년 첫 선거가 치러진 이후 어디에서나 전반적으로 투표율이 점차 낮아지고 있나는 점이다. 유럽연합 전체의 평균을 보면 첫 선거가 있었던 1979년 63%에 달했던 투표율은 1984년 61%, 1989년

58.5% 그리고 1994년에는 56.4%로 계속해서 낮아지고 있다. 전반적으로 보아 유럽 선거의 투표율은 50% 이상이어서 미국의 투표율과 비교하면 낮다고 볼 수는 없으나 유럽 대다수 국가의 국내 선거 투표율과 비교하면 참가율은 매우 낮은 셈이다. 투표율이 점차 낮아지는 것은 유럽의회의 낮은 정치적 효용감으로 인한 유럽 시민들의 늘어나는 무관심을 반영하는 것인지도 모른다.

유럽의회의 의석 수는 신규 회원국이 참여하면서 계속 늘어났다. 처음 유럽의회 의원 선거가 실시되었던 1979년에는 410석에 불과하였다. 이후 1981년 그리스의 가입으로 434석, 1986년 에스파냐와 포르투갈의 가입으로 518석으로 늘어났다. 1994년 선거에서는 독일 통일과 함께 의석이 567석으로 늘어났다. 이후 1995년 스웨덴, 핀란드, 오스트리아가 유럽연합에 참여하면서 626석으로 다시 늘어났다. 유럽연합이 중·동유럽 국가들을 대거 회원국으로 받아들이게 되면서 유럽의회의 의석을 어느 정도까지 증가시켜야 할 것인가는 매우 중요한 제도적 개선을 위한 이슈가 되었다. 2004~2009년 회기의 유럽의회의 의석은 785석이다. 그러나 2009년 유럽의회 선거부터는 이를 축소하기로 했다. 암스테르담 조약에서는 700석으로 상한을 제한했으나, 니스 조약에서는 732석으로 이를 늘렸다.(그러나 체코와 헝가리에 대한 2석씩의 의석 재조정으로 니스 조약에 의하면 모두 736석의 유럽의회 의원을 2009년 선거에서 선출하도록 했다.) 그러나 리스본 조약에서는 유럽의회 의원 750명에 유럽의회 의장 1명, 즉 750+1로 최종 확정했다. 원래 리스본 조약은 2009년 유럽의회 선거 이전까지 각 회원국의 비준을 모두 마치고 751명의 의회 의원을 선출할 예정이었지만, 아일랜드에서의 부결로 그 일정은 다소 불투명해졌다. 리스본 조약에서는 이와 함께 한 국가가 최대로 선출할 수 있는 유럽의회 의원의 수도 이전의 99명에서 96명으로 변경하였고, 한 국가가 최소한 선출해야 하는 의원의 수

표 4. 유럽의회의 각국별 의석 수

	2008년 의석 수	2009년 선거 의석 수 (니스 조약)	2009년 선거 의석 수 (리스본 조약)	인구 규모 (단위: 백만 명, 2007년 기준)
독일	99	99	96	82.3
프랑스	78	72	74	63.3
영국	78	72	73	60.7
이탈리아	78	72	73	58.9
에스파냐	54	50	54	44.5
폴란드	54	50	51	38.1
루마니아	35	33	33	21.6
네덜란드	27	25	26	16.3
그리스	24	22	22	11.2
포르투갈	24	22	22	10.6
벨기에	24	22	22	10.6
체코	24	22	22	10.3
헝가리	24	22	22	10.1
스웨덴	19	18	20	9.1
오스트리아	18	17	19	8.3
불가리아	18	17	18	7.7
덴마크	14	13	13	5.4
슬로바키아	14	13	13	5.4
핀란드	14	13	13	5.3
아일랜드	13	12	12	4.3
리투아니아	13	12	12	3.4
라트비아	9	8	9	2.3
슬로베니아	7	7	8	2.0
에스토니아	6	6	6	1.3
키프로스	6	6	6	0.8
룩셈부르크	6	6	6	0.5
몰타	5	5	6	0.4
합계	785	736	751	494.7

도 5명에서 6명으로 높였다.

각국별로 할당된 의석은 기본적으로 인구를 고려한 구성이다(표4 참조).
그러나 유럽의회 의원 1인당 대표하는 인구의 비율은 국가별로 대단히 큰 편차를 보인다. 유럽연합 27개국의 각 의석이 대표하는 인구 수를 비교해 보면 독일, 영국, 프랑스, 이탈리아, 에스파냐 등 인구 규모가 큰 국가들은 인구 규모에 비해 과소 대표되고 있으며, 반면 소국들은 인구 규모보다 많은 수의 의원으로 과대 대표되고 있는 셈이다. 즉 의회의 인구에 따른 대표성의 측면에서 본다면, 유럽의회 역시 기본적으로는 큰 국가의 양보로 작은 국가들에게 보다 유리한 형태로 구성되어 있는 셈이다.

마스트리히트 조약 이후 유럽연합 시민들은 자국이 아닌 곳에서도 유럽의회 의원 선거에 출마할 수 있게 되었다. 따라서 예컨대 독일인이 네덜란드에서 출마할 수 있고 영국인이 프랑스에서 출마할 수 있게 된 것이다. 사실 그 이전인 1989년부터 이탈리아에서는 유럽연합 내 다른 국가 시민들이 자국에서 유럽의회 선거에 참여하는 것을 허용한 바 있다. 이에 따라 프랑스의 유명한 정치학자인 모리스 뒤베르제(M. Duverger)가 이탈리아 공산당 소속으로 당선되었고, 영국의 자유당 당수였던 데이비드 스틸(D. Steel)은 중부 이탈리아 선거구에서 출마하기도 하였다.

대체로 유럽연합 국가의 시민들은 거주지와 무관하게 투표가 허용이 되지만 모든 국가에서 다 허용되는 것은 아니며, 외부에 거주하는 자국 시민들에 대한 투표권 허용은 거주 기간 등의 제한을 두는 경우도 있다. 영국의 경우에는 자국에 거주하는 아일랜드와 영연방 시민들에게도 투표권 및 출마 자격을 인정하고 있는데 그 결과로 비(非)유럽연합 시민이 유럽의회 의원에 당선되는 해프닝이 발생하기도 하였다. 예를 들어 애니타 폴락(A. Pollack)은 호주 출신이었지만 영국에서 1989년과 1994년 선거에 출마하여 유럽의회 의원으로 당선된 바 있다. 투표권은 어느 국가에서나 18세 이상이면 주어지며 영국, 아일랜드, 덴마크, 네덜란드는 목요일, 나머지 국가에서는 일요일에 유럽의회 선거가 실시된다.

유럽의회에서 좌석의 배열은 국가별 배열이 아니라 정치 집단(political

표 5. 유럽의회 내 정치 집단

정치집단 명칭	약어	정치 성향	소속 의원의 수
European People's Party (Christian Democrats) and European Democrats	EPP–ED	중도 우파	278
Socialist Group	PES	중도 좌파	216
Alliance of Liberals and Democrats for Europe	ALDE	자유주의자	104
Union for Europe of the Nations	UEN	유럽 통합 반대, 대체로 우파	44
Greens/European Free Alliance	Greens/EFA	환경주의/일부 지역주의	42
European United Left – Nordic Green Left	EUL/NGL	좌파	41
Independence/Democracy	ID	반EU/유럽 통합 반대파	24
Identity, Tradition and Sovereignty*	ITS	극우파	23
무당파/ 일시적 공석	NI	–	13
합계			785

2007년 9월 1일 현재.

* 2007년 11월 14일 공식 해체됨.

자료: http://europa.eu/institutions/inst/parliament/index_en.htm(2008.12.20)에 의거 수정

group)별로 배열되어 있다(표 5 참조). 각국의 사회당, 사회민주당, 영국의 노동당 출신 의원들로 구성된 사회당(Party of European Socialists) 그룹과 기독교민주당 출신 등 보수파 의원들로 구성된 유럽 인민당–유럽민주당 연합(European People's Party-European Democrats)이 두 개의 거대 블록을 형성하고 있다. 그러나 반드시 정당의 형식을 취한 집단만이 존재하는 것은 아니며, 일시적으로 사안에 따라, 예컨대 반(反)유럽 통합적인 우파 민족주의자들의 결집체로 일시적으로 등장했던 '일체감, 전통, 주권 (ITS: Identity, Tradition, and Sovereignty)'과 같은 집단도 생겨날 수 있다. 이들 각 정치 집단의 대표와 유럽의회의 의장이 의제를 설정하며 구체

적인 정책은 농업, 환경, 교통 등 해당 위원회에서 논의된다. 유럽 의원들의 투표 성향은 각 의원의 이념적, 정치적 성향이 크게 반영되지만 동시에 출신 국가별 입장도 드러나는 것이 일반적이다.

유럽법원(European Court of Justice)

룩셈부르크에 있는 유럽법원은 유럽연합의 법률을 해석하고 법적 규정을 회원 국가가 제대로 적용하도록 하는 사법 기구이다. 재판소의 구성은 한 회원 국가에서 1명씩 모두 27명의 판사로 구성되어 있다. 유럽법원 판사들의 임기는 유럽연합 내 다른 기구와는 달리 6년이며 재임도 가능하다. 판결의 연속성을 보장하기 위해 3년마다 절반씩 판사를 교체하는 방식을 취하고 있다. 또한 판결의 공정성을 유지하기 위해서 판사들은 출신 국가에 대한 애국심·충성심과 무관하게 독립적으로 사건을 심리할 것임을 선서하며, 제도적으로도 판사들의 독립성을 보장하기 위해 심리를 비공개로 한다든지 법정에서의 반대 의견을 기록하지 않는다든지 하는 방식으로 출신 국가에 대한 부담에서 벗어날 수 있도록 하고 있다. 제도적 독립성을 위해서 판사들은 유럽법원 내 다른 판사들의 결정이 아니라면 다른 EU 기구의 결정에 의해 사임을 강요 받지 않도록 규정되어 있다.

이들 판사들은 8명의 법률 심의관(Advocates-General)에 의해 지원을 받지만, 법률 심의관들은 재판의 결정에 참여하지 않는다. 법률 심의관들은 독립성을 유지하며 독자적으로 사건에 대해 조사하고 이에 대한 검토 의견을 제시한다. 이는 물론 판사들의 판결과는 무관한 참고자료이지만 현실적으로는 판사들이 이러한 검토 의견과 전혀 다른 견해를 갖는 경우는 매우 드물다. 때때로 이들의 보고서는 판결에 도움을 줄 수 있는 귀중한 정보를 포함하고 있는 경우도 있다. 판결 후 유럽법원은 판결문과 함께 법률 심의관의 보고서도 함께 출간한다. 한편 유럽법원 법원장은 27명의 판사들과 8명의 법률심의관에 의해 선출되는데, 임기는 3년이며 연임할 수 있다.

유럽법원의 업무가 과중해지면서 부담을 덜어주기 위한 별도의 하위 기구가 설립되었다. 1989년에는 제1심 법원(Court of First Instance)을 설립하여 단순한 사건인 경우 여기서 담당하도록 하였다. 여기서 불복하면 유럽법원에서 다시 다뤄지게 된다. 또한 2004년에는 유럽 기구와 직원들 간의 분규를 해결하기 위한 기구로 EU 행정 재판소(EU Civil Service Tribunal)를 설립했다.

유럽법원은 각 회원국 정상들의 합의와 각국 의회의 비준을 통해 확정된 조약(로마 조약, 단일유럽의정서, 마스트리히트 조약, 암스테르담 조약, 니스조약 등)의 기본 정신과 내용이 제대로 지켜지고 있는지를 판정한다. 각 회원국이 조약에 서명하고 비준 절차를 마쳤더라도 그 내용이 제대로 지켜지지 않거나 서로 다른 해석을 내리게 된다면 큰 혼란을 불러 올 수 있으며, 통합에도 부정적인 영향을 미칠 것이다. 유럽법원은 조약의 내용을 어기는 경우 이를 적시하거나, 또는 서로 다른 해석을 하는 경우에 이에 대한 의미를 명확하게 밝혀 줌으로써 공동체의 규칙이 지켜지도록 하는 역할을 수행하고 있다. 유럽법원은 법률 해석을 통해 공동체의 발전 방향에 큰 기여를 했으며, 로마 조약 이후 유럽 통합 과정에서 제정된 조약을 일종의 '유럽 헌법'과 같은 권위를 갖도록 한 법적 기반을 제공한 기구로 평가 받고 있다.

유럽법원의 역할이 중요했던 이유는 조약 체결 이후에도 국가 간의 상이한 이해관계나 과거의 관습으로 인해 조약의 기본 성신이 실제 업무에 적용되지 않은 경우가 많았기 때문이었다. 예컨대, 유럽 통합이 경제 영역에서 먼저 시작되었음을 생각하면 역내에서 물자의 자유로운 교류는 비교적 쉽게 이뤄졌을 것으로 생각할 수 있지만, 사실은 국내 시장의 보호를 위한 비제도적인 무역 장벽의 설치 등과 같은 조약 규정 불이행이 적지 않았다. 이러한 문제의 극복은 유럽법원의 판결에 의해 이뤄졌다. 대표적인 사례가 1979년 '디종의 카시스(Cassis de Dijon)' 사건이다. 독일의 한 수입업자가 프랑스의 리큐어(liqueur)인 디종에서 생산된 카시스를 수입하려고 했지만, 독일 정부는 알코올 함유량 15~25%의 술은 판매할 수 없다는 국내법의 규정을 들어 이를 금지했다. 수입상은 독일정부의 이러한 조치가 유럽공동체 조약에 위배되는 것이라고 제소했고, 유럽법원은 각 회원 국가에서 적법하게 생산되고 판매되는 물자는 환경·보건상에 해를 끼치지 않는다면 다른 회원 국가가 그 상품의 수입과 판매를 규제할 수 없다고 판결하였다. 이 판결과 함께 상호 인정의 원칙(principle of mutual recognition)이 확립되었고, 이러한 원칙에 기반하여 집행위원회는 1985년 유럽 단일 시장 정책을 추진할 수 있었다. 유럽 단일 시장의 형성에 유럽법원이 커다란 기여를 한 것이다.

유럽법원이 회원국에 영향을 미치는 방식은 크게 두 가지로 나눠 살펴볼 수 있다. 첫째는, 예비적 판결(preliminary ruling)이다. 유럽연합 규정이나 조약과 관련된 이슈가 회원국의 국내 법원에서 제기되면 회원 국가의 법원은 이 사건에 대한 EU 법규나 조약의 적용 가능성, 타당성, 혹은 법규 해석에 대한 의견을 유럽법원에 문의하게 된다. 유럽법원에서 내려진 판단은 국내 법원에 의해 수용되므로, 유럽법원은 국내 법원을 대신하여 이러한 사건에 대한 판결을 내리게 되는 것이다. 간접적으로 각국의 법규에 유럽법원이 영향을 미치는 방식이라고 할 수 있다.

두 번째는 직접적 행동(direct actions)이다. 이는 유럽법원이 유럽연합 내 행위자들 간의 분쟁이나 갈등에 직접 개입하여 최종적인 중재자로서의 역할을 수행하는 것이다. 즉 EU 내 개인, 회사, 회원국 혹은 EU 기구 등이 다른 EU 기구나 회원국을 대상으로 법적 소송을 벌이는 경우, 조약이나 법규의 위반에 대한 결정이나, EU 기구나 개인의 활동이나 결정의 적법성 등에 대한 판단을 내리는 것이다. 예컨대, 집행위원회가 어떤 회원국이 EU 법에 따른 의무 사항의 준수를 소홀히 한다고 제소하거나, 어떤 회사가 특정 회원 국가가 자신들의 상품을 차별한다고 제소하는 경우에 유럽법원이 최종적인 판단을 내리게 되는 것이다. 또한 EU의 각 기구가 명기된 권한, 역할 이상으로 활동하지 못하도록 제어하는 역할도 맡고 있다.

유럽법원은 유럽 통합 과정에서 중요한 판결을 내리면서 스스로의 권위를 증대시켜 왔다. 초기에 유럽법원의 의미 있는 재판은 1963년의 'Van Gend en Loos v. Nederlandse Administratie der Belastingen' 사건이다. 네덜란드의 한 수입업자가 독일로부터 수입한 화학 물질에 대해 네덜란드 정부가 수입 관세를 부과함으로써 물자의 자유로운 왕래를 규정한 로마 조약의 정신을 위반하였다고 주장하며 제소하였다. 네덜란드 법원은 사건 검토 후 이를 유럽법원에 보내 의견을 구했고, 유럽법원은 조약에 규정되어 있는 영역에 대해서는 공동체 조약에 의거한 법적 규정이 회원 국가에서 직접적으로 그 효력이 발생하며 개인 권리의 보호에도 적용된다고 판시하였다. 이 판결과 함께 유럽연합의 조약 규정이 회원국에 직접적인 효력을 갖는다는 직접적 효력(direct principle)의 원칙이 확립되었다.

이듬해인 1964년에도 중요한 판결이 내려졌다. 'Costa v. ENEL' 사건은 이탈리아의 변호사인 코스타(F. Costa)가 이탈리아 정부를 상대로 제기한 소송이다. 이탈리아 정부는 전력회사를 하나로 통합하여 ENEL(국영전기공사)로 국영화하기로 결정했다. 통합되는 전력회사 중 한 회사의 지분을 갖고 있던 코스타는 이에 반발하며 국유화가 시장 왜곡이라는 EC 법에 위반된다고 소송을 제기하였다. 유럽법원은 일반조약과 달리 EEC 조약은 고유한 법적 체제를 마련해 두었기 때문에 회원국 가입과 함께 각 회원국 및 회원국의 법원은 그 법 체계를 준수해야 한다고 판시했다. 즉 조약과 관련된 분야에서는 각 회원국의 주권적 권리가 제약을 받으며 따라서 EEC 조약의 정신에 위배되는 결정을 회원국에서 일방적으로 내려서는 안 된다고 결정했다. 이탈리아 법원의 결정을 뒤엎는 판결이었다. 이 사건에 대한 판결을 통해 유럽 각국의 국내법과 유럽연합의 조약 규정이 서로 상충되는 경우, 통합 유럽연합 조약 규정이 국내법에 우선하며 이를 번복할 수 없다는 원칙이 확립되었다. 즉 국내법에 대한 유럽 법 우위(supremacy) 원칙이 생겨난 것이다. 이와 같은 유럽법원의 판결은 유럽을 동일한 법률 체제하에서 생활하는 하나의 공동체로 만들었다. 특히 통합 초기인 1960년대와 통합 움직임이 정체되었던 1970년대 유럽법원의 판결은 유럽 통합을 가속화 하는데 매우 중요한 역할을 하였다.

처음에 유럽법원은 인권 분야의 사건은 다루지 않았다. 그것은 원칙적으로 스트라스부르에 위치한 유럽 인권재판소(European Court of Human Rights)의 소관 사항이기 때문이다. 그러나 1967년 독일의 연방헌법재판소(Bundesverfassungsgericht)가 로마 조약의 규정이 독일(당시는 서독) 연방헌법에 보장된 인권 보호의 규정을 충분히 반영하지 못하고 있으며, 따라서 유럽공동체의 법 조항은 근본적인 인권을 제대로 보호하지 못하고 있다고 주장하면서 유럽공동체 법률의 우월적 지위에 대해 의문을 제기한 바 있다. 이후 유럽법원은 인간의 기본 권리에 대한 재판권을 강화함으로써 이러한 내부적 도전에 대응하였다.

유럽법원은 그동안 유럽 시민들의 개인 권리의 문제, 노동력의 자유로운 이동, 성 차별의 해소, 유럽의회의 권한 강화, 각국의 경쟁 장벽 제거 등의 분야에 있어서 커다란 기여를 했다. 그러나 유럽법원의 역할은 대체로 여전히 경제 통합과 관련된 분야에 집중되어 있으며 치안이나 이민 등 내무

유럽연합 법원의 판결 사례: 폴크스바겐법 무효 판결   **BOX 09**

포르셰 자동차의 창업자인 페르디난트 포르셰(Ferdinand Porsche)는 1934년 히틀러(A. Hitler)에게 불려가 5인 가족이 넉넉히 탈 수 있는, 고장이 적고 기름을 덜 먹는 차를 개발하라는 명령을 받았다. 이렇게 해서 탄생한 것이 딱정벌레 모양의 폴크스바겐 비틀이다. 폴크스바겐은 히틀러의 국민차 기업 프로젝트에 따라 탄생한 독일의 국영 기업으로 유럽 최대의 자동차 그룹이 됐다. 이후 독일 정부는 1960년 폴크스바겐을 민영화하면서도 국민 기업의 성격을 유지하기 위해 '폴크스바겐법'을 제정했다. 이 법은 대주주가 아무리 지분을 많이 매입하더라도 의결권을 20%까지만 행사하도록 제한하고, 독일 정부가 이사회의 이사 2명을 선임할 수 있도록 해 적대적 인수 합병(M&A)으로부터 회사를 방어하는 장치를 마련해뒀다.

그런데 최근 유럽법원은 폴크스바겐법 조항이 무효라고 판결했다. 독일 정치인들과 노동조합은 근로자의 고용 안정을 위해 이 법이 반드시 필요하다고 주장했으나 받아들여지지 않았다. 유럽법원은 "독일 정부가 폴크스바겐의 지분을 유지함으로써 그들의 근로자들을 보호하는 것이 왜 필요한지에 대해 설명하지 못했으며 폴크스바겐법이 자본의 자유로운 이동을 저해한다"고 판시했다. ……(중략)

이번 판결은 주요회사들에서 황금주(golden shares)를 갖고 있는 유럽연합(회원국) 정부들과의 일련의 싸움에서 EU 집행위원회가 거둔 승리라는 점에서 의미가 있다. EU 집행위원회는 2005년 폴크스바겐법 때문에 독일 정부를 유럽법원 법정에 세운 이래 에너지 회사 보호정책을 편 에스파냐, 고속도로 회사에 대한 인수 합병을 방해한 이탈리아, 그리고 이탈리아계 은행의 자국 내 은행에 대한 합병을 방해하던 폴란드를 제소했다. 유럽연합 국가 어느 곳에서나 비즈니스를 할 수 있는 권리와 같은 기본적인 경제적 자유를 선언한 EU조약의 정신을 계승하기 위해 이런 싸움을 지속한다고 집행위원회는 밝혔다…(후략)

강상진(중앙 Sunday 2007년 11월 18일)

적 사안이나 외교 문제에 대해서는 매우 제한적인 역할만이 부여되어 있다. 이 정책 영역은 각 회원국에서 여전히 유럽연합에 양보하기를 꺼리는 부분이다.

마스트리히트 조약 이후에야 유럽법원은 자신들의 판결에 따르기를 거부하는 각 회원 국가에 벌금을 부과할 수 있는 권한을 부여 받았다. 그러나 유럽법원의 판결에도 불구하고 판결을 집행할 수 있는 강제적 권한을 갖는 기구는 존재하지 않으므로 회원 국가의 협조가 없으면 사실상 집행은 쉽지

유럽 옴부즈만(European Ombudsman)   BOX 10

유럽 옴부즈만은 유럽연합 내 각종 기구와 단체의 행정상 문제점, 불만 사항이나 피해에 대한 유럽 시민들의 불만을 접수하여 이를 조사하는 역할을 맡고 있다. 유럽연합 내의 어떤 기구의 명백한 행정적 불법 행위뿐만 아니라 불평등한 대우, 차별, 권력 남용, 정보 제공의 거부, 이유 없는 업무 지연 등에 대해서도 옴부즈만을 통해 불만을 접수시킬 수 있다. 유럽연합 시민뿐만 아니라 유럽연합 역내의 거주자, 유럽연합 내의 등록된 사업체나 각종 단체, 기구도 옴부즈만을 통해 불만을 접수시킬 수 있다.

이 제도는 비교적 오래되었다. 유럽석탄철강공동체와 유럽원자력공동체가 결성될 당시 조약 내용 속에 옴부즈만 제도가 이미 포함되어 있었다. 옴부즈만은 철저히 독립성을 유지하며 자신의 활동과 조사 결과를 포함하는 내용의 연례 보고서와 특별 보고서를 유럽의회에 제출하여야 한다.

옴부즈만은 행정 기관에 문제가 있음을 확인하면 석 달 이내에 자신의 견해를 관련 기구와 유럽의회에 보내게 된다. 옴부즈만이 요구하면 해당 기관은 관련 서류와 증거물을 제출하도록 되어 있으며 경우에 따라서는 개별 회원 국가의 정부에 자료나 정보를 요구할 수 있다. 옴부즈만은 접수된 불만을 조사하고 자신의 견해를 관련 기관에 권고하거나 이를 유럽의회에 보고함으로써 유럽 시민들과 유럽연합 행정 기구 사이의 중재자 역할을 하고 있다.

않은 셈이다. 또 한 가지 불완전한 점은 조약 중 일부 조항의 적용을 선택적으로 면제를 받는 경우(Opt-out)가 있다는 사실이다. 영국, 폴란드 등 일부 국가가 리스본 조약 중 일부 규정에 대해 자국 적용을 면제받았다. 즉 각 국가 간 조약이 유럽연합의 방향을 규정하는 공동의 법률임에도 불구하고 정치적인 이유로 일부 국가에서는 적용되지 않는다는 점도 법 적용에 있어서 어려움을 일으킬 수 있는 요인이다. 이런 제약에도 불구하고 유럽 법원은 그동안 중요한 판결과 함께 유럽 통합을 가속화하고 심화시키는데 매우 중요한 기여를 해 왔다.

지금까지 살펴본 유럽연합 집행위원회, 각료이사회, 유럽이사회, 유럽의회와 유럽법원은 유럽연합의 형성과 운영의 핵심적인 기구이다. 그러나 유럽연합에는 이외에도 살펴보아야 할 몇 개의 중요한 기구가 있다.

유럽감사원(European Court of Auditors)

유럽감사원은 이름 그대로 유럽연합의 예산 집행 내용을 감사하는 기능을 맡고 있다. 한국의 감사원과 같은 기능을 수행한다고 생각하면 된다. 유럽연합의 각 기구는 초국가적 기구로 각 회원국과는 별개로 예산을 수립하고 집행하기 때문에, 이들 기구의 수입과 지출에 대한 감사는 각국의 정치 기구와는 별개의 초국가적 독립 기구에 의해 수행될 수밖에 없다.

유럽감사원의 창설은 1975년 7월 22일에 체결된 브뤼셀 조약에 의해 처음 합의되었다. 매우 제한적인 기능만을 수행하던 기존의 감사국(Audit Board)을 대신하여 1977년부터 활동을 시작하였고, 마스트리히트 조약으로 1993년 11월 1일부터 유럽연합의 공식적인 기구로 승격되었다. 유럽감사원의 기구 승격은 전반적으로 유럽연합의 예산 집행에 대한 통제 강화의 움직임과 궤를 같이 한다. 즉 유럽감사원의 기구 승격은 예산 집행에 대한 유럽의회 권한의 확대와 같은 시기에 이루어졌는데 당시 유럽의회는 집행위원회의 예산안을 거부할 수 있는 권한이 주어졌다. 유럽 통합의 진전에 따른 기구의 확대와 유럽 내 초국가적 활동의 증대로 예산 규모가 커지면서 이에 대한 감시 · 감독을 체계적으로 강화할 필요성이 높아진 것이다. 현재 이 기구는 룩셈부르크에 있다.

유럽감사원은 모두 27명으로 구성되어 있으며, 회원국마다 1명씩 행정기구에서 감사 업무를 경험한 인물을 선임하며, 유럽의회의 자문을 거쳐 각료이사회에서 공식적으로 지명된다. 임기는 6년이며 연임이 가능하다. 감사원장은 27명의 감사 중에서 선출하며, 임기는 3년으로 역시 연임이 가능하다.

유럽감사원은 간단히 말해 유럽연합의 금융 · 재정 관련 감시 기구(financial watchdog)이다. 1977년 유럽감사원의 활동이 시작되었을 때 당시 유럽법원 의장이었던 쿠처(H. Kutscher)는 유럽감사원을 유럽공동체의 '재정적 양심(financial conscience)'이라고 표현한 바 있다. 공공 자금을 적절하고 효과적으로 사용하고 있는지, 또 자금 관리는 건전하게 이루어지고 있는지, 또한 예산 집행은 절차에 맞게 이루어지고 있는지를 조사하는 것이 이 기구의 구체적인 활동 목적이다. 그리고 이러한 감사 결과는 연례 보고서 및 특별 보고서로 발간되어 유럽의회에 제출되며, 1992년부터는 감사 결과를 관보(the Official Journal of the European Communities)를 통해 일반에 공개하고 있다. 최근 들어 유럽감사원의 활동은 문제점을 찾아 내어 이에 대한 제재 조치를 취하려는 데 그치지 않으며, 자금 운영에 대한 보다 효율적인 방안과 개선책을 찾으려는 데까지 나아가고 있다. 상테르 집행위원단의 사임을 몰고 온 일부 집행위원의 부적절한 업무 처리와 부패 스캔들 이후에 감사원의 기능에 대한 중요성은 더욱 높아졌다.

유럽연합의 예산

유럽감사원의 활동과 관련하여 유럽연합의 예산 구성에 대해 살펴보기로 하자. 유럽연합의 재원 마련은 각 회원국에게 정해진 규모의 분담금을 '징수'하여 운영하는 방식이 아니라는 점에서 유엔(UN)의 경우와는 다르다. 다시 말해, 유럽연합은 회원국의 회비에 의해 운영되는 형태가 아니며 주어진 권한에 따른 적법한 재원에 의존하고 있다. 그러나 '유럽 시민'에 대한 직접적인 세금 부과의 형태로 재원이 징수되는 것은 아니며 각 회원국을 통한 간접적 징수 방식을 취하고 있다. 이런 점에서 '회비'는 아니지만 각 회원국 입장에서는 결국 회비와 유사한 형태로 유럽연합의 재정에 기여하고 있는 셈이다. 유럽연합의 재원은 크게 세 가지로 구분해 볼 수 있다(표 6 참조). 첫째, 유럽연합의 외부에서 EU로 수입되는 공산품에 대한 관세이다. 예컨대 우리나라가 유럽연합에 자동차나 가전 제품을 수출하면 회원 국가 중 어디로 수출품이 도착하건 동일한 관세를 물게 되는데, 각 회원 국가 정부가 징수한 관세는 나중에 유럽연합에 전달된다. 또 다른 하나는 유럽연합 외부에서 수입된 농산물과 설탕에 대한 관세이다. 공산품에 대한 관세의 징수와 마찬가지 방식에 의해 유럽연합의 재원으로 사용된다. 유럽연합은 각국이 모금한 금액 가운데 25%를 모금과 관련된 비용으로 되돌려 준다.

유럽연합의 두 번째 재원은 각 회원국의 부가가치세(VAT: Value-added tax)와 관련되어 있다. 1970년에 도입에 합의되었지만 구체적인 세율에 대한 합의에 이르지 못해 1980년부터 시행되었다. 유럽연합은 각 회원국이 징수하는 부가가치세의 일부를 징수하는 권한을 부여 받고 있다. 그런데 실제로 각 회원국이 징수하는 부가가치세의 세율도 상이하고 부가세가 적용되는 품목이나 서비스 역시 각각 다르기 때문에 일정하게 정해진 비율을 공통으로 적용하기는 어렵다. 이러한 차이를 고려하여 유럽연합의 회원국의 부가세를 표준화(harmonize)하는 별도의 방법을 적용하여 각국 VAT 세제의 공통 기반을 정하고, 이를 토대로 일정 비율의 금액을 유럽연합의 재원으로 납부하도록 하고 있다. 현재 그 비율은 0.33%이다.

유럽연합의 세 번째 재원은 비교적 최근에 추가된 방식이다. 이 방식은 1980년대 중반 유럽공동체의 재정 위기를 해결하기 위한 방안으로 추진되었다. 1988년의 브뤼셀 협약은 당시 유럽공동체의 가용 재정을 확대하기 위해 각 회원국이 자국의 국민 총생산(GNI: Gross National Income) 중 일정 비율만큼을 납부하기로 한 것이다. 그러나 이 방식에 의한 기금 마련은 EU 전체 GNI의 1.24%를 넘지 못하도록 제한해 두고 있다. 원래 이 방식은 기존의 예산 재원 방안에 의해 충분한 재원을 확보하지 못하게 되는 경우에 사용되었지만, 점차 그 비중이 증가되어 왔다. 따라서 도표 1에서 보듯이, 2009년도 예산에서도 GNI 관련 예산 규모가 가장 큰 65%를 차지하고 있다. 이러한 각국의 직접적인 부담은 유럽연합의 재정 기반을 안정시켰지만 동시에 유럽연합의 재원 마련의 형식적 독자성을 약화시키고 회원 각국에 대한 직접적 의존을 강화시키는 결과를 낳았다.

유럽연합의 예산은 다른 국제 기구와는 달리 회원국 시민들에게 직접적인 영향을 미치는 정책에 집행된다. 2009년 예산안 가운데 가장 큰 금액을 차지하는 것은 결속(cohesion) 정책이다. 이는 중·동유럽으로 회원국이 확대되면서 이들 신규 회원 국가의 경제 기반 조성과 사회적, 지역적 발전을 위한 지원에 많은 예산이 배정되었기 때문이다. 회원 국가 간의 지역적 불균형 발전 문제를 해결하기 위해 낙후된 지역 개발에 지원되는 구조 기금(structural fund)은 과거에도 예산안 가운데 높은 비중을 차지해 왔다. 두 번째로 큰 비중을 차지하는 것은 농업 분야에 대한 지출이다. 사실 중·동유럽 국가의 대거 가입 이전까지 전통적으로 가장 큰 지출액을 차지하던 분야가 바로 공동 농업 정책이었다(공동 농업 정책에 대해서는 7장 참조). 1990년대 초 공동 농업 정책으로 인한 지출 규모는 총 예산의 50%를 넘었으며 1997년에만 해도 그 비율은 47.5%에 달했다. 2009년 예산에서는 30.7%로 이전에 비해서는 크게 줄어들었지만 총 지출 규모에 있어서는 여전히 높은 비중을 차지하고 있음을 알 수 있다. 농업 관련 지출과 결속 정책 등 이 두 가지 정책에 대한 지출액이 전체 예산 집행액의 66.9%를 차지하고 있다. 이 밖에 예산 규모가 비교적 큰 것은 경쟁력 강화를 위한 예산 지출 분야로 특히 연구에 대한 지원금액이 크다는 사실을 알 수 있다. 대외 관련 정책 분야에 대한 예산액이 과거와 비교할 때 큰 폭으로 늘어나고 있다는 점도 주목할 만하다.

표 6. 유럽연합의 예산(2009년)

정책	2009년 예산(단위: 10억 유로)		2008년 예산과 차이	
지속 가능한 성장	60.2		3.2%	
경쟁력 [아래 항목 포함]	11.8		6.2%	
교육과 훈련		1.1		6.5%
연구		6.8		10.9%
경쟁력과 혁신		0.5		22.2%
교통 및 에너지 네트워크		1.9		-4.6%
사회정책 의제		0.2		5.5%
결속(cohesion) [아래 항목 포함]	48.4		2.5%	
수렴(convergence)		39.0		4.4%
지역 경쟁력과 고용		8.1		-5.6%
지역 간 협력		1.2		-1.3%
자연 자원	56.1		1.0%	
환경		0.3		18.8%
농업 지출 및 직접 보조		41.1		0.3%
농촌 개발		13.7		2.6%
어업		0.9		0.3%
시민적 권리, 자유, 치안과 사법	1.5		12.3%	
자유, 치안과 사법(기본권, 치안, 이주)		0.9		18.1%
시민적 권리(문화, 미디어, 공공보건, 소비자 보호 등)		0.6		5.4%
국제적 행위자로서의 EU	8.1		7.3%	
가입 예정국 관련		1.5		5.6%
EU 주변국		1.6		3.8%
개발 지원		2.4		5.5%
인도적 지원		0.8		3.4%
민주주의와 인권 지원		0.2		6.9%
공동외교안보정책		0.2		-14.8%
안정을 위한 기금		0.2		4.1%
행정 관련 비용	7.7		5.7%	
유럽연합 집행위원회		3.6		4.5%
다른 부서		2.8		6.5%
유럽연합 신규 회원국에 대한 보상금	0.2		1.2%	
총액	133.8	2.5		

자료: http://ec.europa.eu/budget/library/publications/budget_in_fig/dep_eu_budg_2009_en.pdf

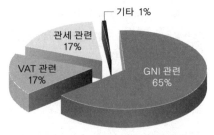

기타 1%

관세 관련
17%

VAT 관련
17%

GNI 관련
65%

도표 1. EU 재정 수입 비율(2009)

자료: http://ec.europa.eu/budget/library/publications/budget_in_fig/dep_eu_budg_2009_en.pdf

유럽연합의 수입과 예산 집행은 기본적으로 각종 조약에 의해 규정된다. 앞서 지적한 대로 유럽의회는 EU의 재정 수입에 대해서는 별 영향력이 없지만 예산 집행에 대해서는 상당한 영향력을 갖고 있다. 실제로 1979년과 1984년 유럽의회는 집행위원회가 제출한 예산안을 거부한 바 있다. GNI 관련 예산으로 일반 국가보다 오히려 예산 편성의 유연성은 높아졌지만 로마 조약 199조에 의해 유럽연합은 재정 적자 운영이 금지되어 있다.

유럽 경제사회위원회(EESC: European Economic and Social Committee)

경제사회위원회는 1957년 로마 조약에 의해 설치된 유럽경제공동체(EEC)의 주요 기구 중 하나로, 유럽 내 여러 경제, 사회 단체들을 유럽 공동시장 건설에 참여시키고, 집행위원회와 각료이사회에 이들의 의견을 전달할 수 있는 제도적 장치를 마련하려는 의도로 설립되었다. 경제사회위원회는 단일유럽의정서, 마스트리히트 조약, 암스테르담 조약, 니스 조약에서 거듭하여 그 역할이 강화되어 왔다.

표 7. 유럽경제사회위원회(지역위원회) 국가별 대표의 수

국가	대표 수
독일, 프랑스, 영국, 이탈리아	24
에스파냐, 폴란드	21
루마니아	15
벨기에, 그리스, 네덜란드, 포르투갈, 오스트리아, 스웨덴, 체코, 헝가리, 불가리아	12
덴마크, 아일랜드, 핀란드, 리투아니아, 슬로바키아	9
에스토니아, 라트비아, 슬로베니아	7
룩셈부르크, 키프로스	6
몰타	5

자료: http://eesc.europa.eu/organisation/how/index_en.asp

이 위원회의 구성원은 회원국 27개국에서 모두 344명으로, 각국 정부에 의해 선발되며 각료이사회에서 공식적으로 지명한다. 위원들의 임기는 4년이며 연임도 가능하다. 각국별 할당의 방식은 대체로 인구에 비례해서 배정하고 있다(표 7 참조).

이들은 고용주(employers)와 고용자(employees), 그리고 이익집단(various interests) 등 세 범주로 구성되어 있다. 이익집단 범주에는 농민 단체, 소비자 단체, 직능 단체, 중소기업, 사회 및 환경 관련 NGO 등 다양한 경제·사회 분야의 여러 집단을 포함하고 있다. 이들은 유럽연합 집행위원회와 각료이사회, 유럽의회에 대해 폭넓은 자문을 행하고 있다. 특히 농업 정책, 노동자의 자유로운 이동, 환경, 교통, 보건 등 몇몇 정책 분야에 대해서는 경제사회위원회의 자문을 구할 것을 의무적으로 규정하고 있다. 그러나 그 구성 집단의 특성을 보면 알 수 있듯이 흔히 이 위원회는 상이한 이해관계로 인해 의견이 갈리는 경우가 종종 발생한다. 즉 고용주 대표들과 고용자 대표들 간에 이해관계는 매우 다를 수밖에 없으며, 이에 따라 일부 이해 집단은 경제사회위원회가 아니라 자국 정부에 대한 로비를 통해

간접적으로 유럽연합의 결정 과정에 자신들의 의견을 전달하고 이해관계를 지키려는 현상도 나타나고 있다. 경제사회위원회는 매년 150개 정도의 자문 보고서를 발간하지만 정책 결정에 있어서 중요한 영향력을 행사하고 있다고 보기는 어렵다.

지역위원회(CoR: Committee of Regions)

지역위원회(CoR)는 유럽연합의 자문 기구로 유럽연합 내의 지방 혹은 지역 당국(local or regional authorities) 대표로 구성되어 있다. 마스트리히트 조약에 의거하여 1993년 11월에 구성되었으며 1994년 3월 첫 총회를 개최하였다.

이 위원회는 일반 시민들이 접촉하는 가장 하위 단위의 정치 단체, 따라서 시민들의 요구에 가장 민감한 지방 자치 단체의 대표들 — 예컨대 시장, 시 의원, 구 의원들의 의견을 수렴함으로써 보다 민주적인 방식으로 정책을 형성하는 데 도움을 얻고자 하는 것이다. 뿐만 아니라 이들이 유럽연합에서 추진하는 정책을 실제 집행하는 실무적 책임 기관이 될 수 있기 때문에 이들과의 유대 관계를 확립하는 것은 정책 실행의 효율성이라는 측면에서도 매우 중요한 의미를 가질 수 있다. 이 지역위원회의 출범은 일상생활에 보다 밀접한 지역이라는 하부 단위에서 통합이 진전되지 못하면 공동체로서의 유럽 건설이 어려울 것이라는 고려에서 출발한 것이지만, 보다 직접적으로는 주와 연방 정부의 권한이 헌법에 의해 명백히 구분되어 있는 연방 국가인 독일의 현실 정치적 필요성 때문이었다. 독일에서는 교육, 방송, 치안 등의 정책 영역은 연방 정부가 아니라 주 정부의 권한이기 때문에 유럽 차원에서 이 분야에 대한 논의를 할 경우 독일에서는 주 정부의 참여가 필수적이었던 것이다.

지역위원회는 독립적인 기구이며 그 구성원들은 외부의 지시에 구속 받지 않는다. 마스트리히트 조약에서는 유럽연합 집행위원회나 이사회는 지방 자치 단체의 관할권에 직접적으로 영향을 미치는 5개 분야에 대해서는 반드시 지역위원회의 자문을 구하도록 규정했는데, 이는 경제 · 사회적 결속, 전 유럽적인 교통 · 통신 · 에너지 · 인프라 구조의 연계, 공공 보건, 교육과 청소년, 문화 등이다. 이후 암스테르담 조약에서는 고용 정책, 사회 정책, 환경, 직업 훈련, 교통 등의 분야에서 추가로 지역위원회의 자문을 구하도록 규정했다.

지역위원회의 강화는 유럽연합 내 다양한 층위의 통치 기관 간 대화의 채널을 마련하고 구체적으로 정책이 구현되는 하부 지방 단위로 유럽연합이 다가서려는 노력의 일환으로 볼 수 있다. 실제로 EU 정책의 3/4 정도가 지방 정부 수준에서 실행되고 있다. 그러나 내부적으로는 지역 정부의 권한이나 기능, 규모에 있어서 국가별로 큰 차이가 나서 지역 정부라고 하더라도 유사한 환경에 놓여 있지 않다는 점은 통합된 의견 형성에 문제가 될 수 있다. 예컨대, 연방 국가인 독일이나 벨기에의 주 정부와 단방제이며 중앙정부의 권한이 강한 영국의 지방 정부의 권한과 규모 간에는 대단히 큰 차이가 존재할 수밖에 없다.

지역위원회는 경제사회위원회와 마찬가지로 344명의 정회원들과 같은 수의 예비 회원들로 구성되는데, 이들은 모두 각 회원 국가에 의해 선출되고 공식적으로는 각료이사회에서 4년의 임기로 지명되며 연임도 가능하다. 지방 자치 단체의 각국별 분포 역시 경제사회위원회와 동일하다.

유럽중앙은행(European Central Bank)

　유럽의 경제 통합의 최종적 단계는 역시 1999년 1월부터 시작된 단일 화폐의 사용일 것이다. 앞서 2장에서 보았듯이 경제통화동맹(EMU)은 세 단계를 거쳐 이루어져 왔는데 그 세번째이자 마지막 단계가 유럽 단일 화폐인 유로의 출범이다. 비록 영국을 비롯한 일부 국가가 동참하지 않았지만, 단일 화폐야말로 유럽연합을 진정한 하나의 경제권으로 완성시켰다고 볼 수 있다. 단일 화폐의 출범 이후 EU의 통화 정책을 담당하는 기구가 유럽중앙은행이다. 유럽중앙은행은 통화 안정, 이자율 설정, 유로화 발행, 관리 등 유럽 단일 화폐와 관련된 사안에 대해 전적인 책임을 지고 있다.

　유럽중앙은행이 출범하기 전 유럽 화폐 통합과 관련된 업무는 통합의 단계별로 각각 상이한 조직이 담당해 왔다. 유럽 화폐 통합의 1단계가 시작된 1990년 7월 1일부터 각 회원국 간 자본 이동에 대한 모든 제한이 철폐되었는데, 유럽의 공동 화폐 문제는 당시 각 회원국의 중앙은행 총재로 구성된 '중앙은행 총재위원회(the Committee of Governors of the Central Banks)'에서 논의되었다. 유럽 화폐 통합의 2단계가 시작된 1994년 1월 1일부터는 유럽통화기구(EMI)가 '중앙은행 총재위원회'를 대신하여 유럽 화폐 통합과 관련된 문제를 다루었으나, 유럽통화기구는 유럽연합의 통화 정책을 독자적으로 추진할 수 있는 권한은 부여 받지 못했으며 외환 시장에 개입할 수 있는 능력도 없었다. 따라서 통화 정책은 여전히 개별 회원국가의 권한으로 남아 있었다. EMI에 부여된 두 가지 주된 업무는, 각국 중앙은행 간 협력과 통화 정책의 공동 보조의 강화와 유럽중앙은행체제(ESCB: European System of Central Banks)의 구축을 위한 준비 작업이었다. 간단히 말해 유럽통화기구는 단일 화폐의 출범과 유럽중앙은행 수립을 위한 사전 준비 기구였던 셈이다. 1996년 12월 유럽통화기구는 새로운 환율조절장치(ERM)에 대한 기본 원칙과 주요 내용을 기초하였는데, ERM 은 1997년 6월 유럽이사회에서 최종 결정되었다.

유럽중앙은행은 이러한 유럽통화기구의 활동에 기초하여 출범하였다. 불참을 선언한 영국, 덴마크, 스웨덴과 당시 가입을 위한 요건을 충족하지 못했던 그리스를 제외한 유럽연합 내 11개국은 1998년 5월 25일 유럽중앙 은행의 총재와 부총재, 그 밖에 4인으로 구성된 집행부(the Executive Board of the ECB)를 선출하면서 본격적인 활동에 들어가게 되었다. 현재 유럽은행 집행부는 6인으로 구성되어 있으며 임기는 8년으로, 유럽중앙은 행 운영의 최고 책임을 맡고 있다.

유럽중앙은행은 독일 프랑크푸르트에 있는데, 실제로 유럽중앙은행은 독일의 중앙은행 분데스방크(Bundesbank)를 모델로 하여 그 권한과 기능 이 설정되었다. 이 때문에 유럽중앙은행은 통화 정책에 관해서 대단히 강 한 독립성을 보장받고 있다. 마스트리히트 조약에는 유럽중앙은행은 유럽 연합의 기구나 개별 국가의 정부로부터 어떠한 지시도 받지 않도록 규정하 고 있으며, 중앙은행 총재도 외부 기관이 중도에 사임시킬 수 없도록 되어 있다. 다만 유럽중앙은행 총재는 유럽이사회, 각료이사회, 유럽의회에 연 례 업무를 보고해야 할 의무는 갖는다.

그러나 유럽중앙은행이 유럽의 통화 정책에 대한 모든 권한을 다 독점하 고 있는 것은 아니며, 유럽 단일 통화 정책은 유럽중앙은행체제 내에서 이 루어진다. 유럽중앙은행체제는 크게 보아 ECB와 (단일 화폐 참여 여부와 무관하게) 유럽연합 회원국 중앙은행 총재들의 모임이라는 이원적 구성으 로 이루어져 있다. 구체적으로 유럽중앙은행의 정책 결정은 앞서 언급한 집행부(the Executive Board) 이외에도 관리이사회(Governing Council), 그리고 일반이사회(General Council) 등의 세 기구에서 이루어진다. 관리 이사회는 집행부 위원 전원과 단일 통화에 참여한 회원 국가의 중앙은행 총재로 구성된다. 집행부가 상임 직으로 유럽중앙은행의 일상적 업무를 총괄한다면, 관리이사회는 유럽 단일 화폐에 참여한 국가들 간의 실무적인 최고 의사 결정 기구라고 할 수 있다. 이에 비해 일반이사회는 유럽중앙은행의 총재·부총재와 유럽연합 전 회원국 중앙은행 총재로 구성되어 있다. 집행부의 위원들도 참여할 수는 있으나 표결권은 없다. 흥미로운 점은 일반이사회라는 기구를 두어 단일 화폐에 불참한 국가라도 유럽연합의 단일 통화와 관련된 정책에 참여할 수 있도록 한 점인데, 이는 단일 통화 불참 국가라고 하더라도 유럽연합의 단일 통화 정책에 큰 영향을 받을 수밖에 없다는 현실적 판단과 이들 국가들이 향후 단일 통화권에 참여하도록 하기 위한 배려로 볼 수 있다.

유럽투자은행(European Investment Bank)

유럽투자은행은 유럽연합 내의 또 다른 은행이다. 그러나 유럽중앙은행이 한국은행처럼 화폐 정책이나 외환 정책에 관여한다면, 유럽투자은행은 사업에 필요한 투자 자본을 빌려 주는 기능을 한다는 점에서 일반 은행의 기능에 더욱 가깝다고 할 수 있다. 그러나 사업은 유럽연합과 관련된 공공 사업에 국한되며 은행의 운영 역시 비영리를 추구한다는 점에서 일반 은행과는 구분된다. 유럽중앙은행이 1999년 1월에 설립된 것에 데 비해 유럽투자은행은 일찍이 로마 조약에 의해 1958년 출범하였다.

유럽투자은행은 유럽연합이라는 공동체 내에서 회원국 간, 지역 간 균형 발전을 돕고 사회 경제적 결속을 높이기 위해 설립되었다. 지역 및 경제 개발을 지원하기 위해 자본을 비영리적으로 지원하는 것이 주된 업무이다. 특히 상대적으로 저개발된 지역의 개발을 위한 프로젝트나 현대화 프로젝트, 구조 개선 프로젝트, 그리고 다수 회원국 공동의 이해와 관련되어 있으나 단일 회원 국가가 독자적으로 부담하기에는 어려움이 있는 프로젝트 등이 우선적인 자금 지원 대상이다. 그러나 특정 프로젝트에 대한 전적인 지원은 없으며, 대체로 다른 곳에서 일정 금액이 조성되면 같은 규모의 금액을 매칭펀드 형식으로 대부해 주는 것이 일반적이다. 사실 유럽투자은행은 이탈리아 남부, 메쪼지오르노(Mezzogiorno)의 경제 개발을 지원하기 위한 목적에서 출발하였다. 그러나 최근 들어서는 환경 보호, 경쟁력 강화, 도시 개발 지원, 에너지 공급, 중소기업 지원 등 그 지원 영역을 다양화하고 있으며, 지역적으로도 유럽연합 회원국뿐만 아니라 아프리카, 카리브, 태평양, 지중해 남부권 국가 및 유럽연합 가입 예정국에도 지원하고 있다.

최고 정책 결정 기구는 회원국 재무 장관들로 구성된 총재단회의(Board of Governors)에서 이루어지며, 실무적으로 주요한 결정은 이사회(Board of Directors)에서 관장한다. 이사회는 유럽연합 집행위원회에서 추천한 1명과 각 회원국에서 추천한 27명 등 모두 28명의 이사들로 구성되며, 5년 임기로 총재단회의에서 임명한다. 일상적인 업무는 운영위원회(Management Committee)에서 이루어지는데 이 위원회의 임기는 6년이다. 사업 타당성 검토와 대부 결정은 이사회에서 결정되며 사전에 관련 회원 국가와 유럽연합 집행위원회의 의견을 들어야 한다. 만일 유럽연합 집행위원회에서 사업에 대해 부정적인 견해를 보일 경우에는 이사회가 만장일치로 지원을 결정하지 않는 한 대부는 이루어질 수 없다.

흥미로운 점은 유럽투자은행의 임직원은 다른 기구와는 달리 유럽연합의 직원이 아니며 유럽투자은행에 소속되어 있다. 즉 유럽투자은행은 법적 지위로 볼 때 별도의 법인이며 재정상의 독립성을 유지하고 있다. 이로 인해 유럽의회에 구속되고 있지 않으나 유럽법원의 판결로부터는 자유롭지 않다.

지금까지 유럽연합의 각종 기구와 제도상의 특징을 살펴보았다. 다음 장에서는 유럽연합의 정책에 대해 알아보기로 한다.

주

1) 유럽연합의 예산 편성 및 수입, 지출에 대해서는 이 장의 '유럽감사원' 부분을 참조할 것.
2) Elizabeth Bomberg, John Peterson and Alexander Stubb. 2008. *The European Union: How Does It Work?* Oxford: Oxford University Press, p.55

참고문헌

Clive Archer, 2008, *The European Union*. London: Routledge.

Elizabeth Bomberg, John Peterson and Alexander Stubb. 2008. *The European Union: How Does It Work?* Oxford: Oxford University Press.

John McCormick, 2008, *Understanding the European Union: A Concise Introduction*. 4th edition. Basingstoke: Palgrave Macmillan.

Michelle Cini, 2007, *European Union Politics*. 2nd edition. Oxford: Oxford University Press.

Simon Hix, 2005, *The Political System of the European Union*. 2nd edition. Basingstoke: Plagrave Macmillan.

http://ec.europa.eu/index_en.htm 유럽연합 집행위원회 홈페이지

5

유럽의 단일 시장

"유럽연합을 하나의 개념으로 표현하라면 '시장'이라는 묘사가 가장 일반적일 것이다."

유럽연합을 하나의 개념으로 표현하라면 '시장'이라는 묘사가 가장 일반적일 것이다. 유럽 통합은 석탄철강공동체로 시작하였지만 1957년의 로마 조약 이후로는 공동 시장이라는 이름으로 불려왔고, 1986년부터는 단일 시장이라는 호칭이 일반화되었다. 유럽 시장은 이제 세계에서 가장 거대한 규모의 시장으로 성장하였다. 과거 미국 시장이나 일본 시장을 말했던 것과 마찬가지로 이제 유럽 시장이라는 용어가 자연스럽게 되었다. 물론 여러 국가로 구성되어 있는 유럽 시장이 미국이나 일본, 중국과 같은 한 국가로만 구성된 시장에 비교했을 때 아직 동질성과 단일성이라는 측면에서 부족한 면이 있는 것도 사실이다. 하지만 기본적으로 유럽의 생산자와 소비자들은 단일 시장 내에서 자유롭게 상품과 서비스를 사고 팔 수 있다. 특히 1999년 유로화가 도입된 이후 단일 시장의 가격 형성과 수렴 현상은 더욱 강화되었다.

여기서는 공동 시장을 설립하는 유럽경제공동체가 1958년 출범한 이래 관세 동맹으로의 발전 과정부터 시작하여 최근 단일 시장 완성을 위한 논

표 8. 세계 강대 세력 규모비교(2007년 기준)

	인구(억명)	국민총생산(조달러)PPP	1인당 국민총생산(달러)PPP
유럽연합(27)	4.996	14.7539	29,531
미국	3.019	13.8075	45,725
일본	1.277	4.2921	33,596
중국	13.210	7.0348	5,325

출처: IMF

의까지 단일 시장의 발전 과정을 역사적으로 살펴보도록 한다. 유럽 통합의 핵심을 형성하는 시장 통합은 다른 영역에서와 같이 발전과 정체의 시기나 과정이 교차하면서 불규칙적으로 변화해 왔다. 1960년대가 빠른 통합의 시작이었다면 1970년대부터 1980년대 중반까지는 회원국별 보호주의적 경향이 고개를 들었던 시기였다. 하지만 1980년대 중반에는 통합의 새로운 출발이 필요하다는 인식을 갖고 단일 시장을 향한 대대적인 노력이 시작되었다. 그 결과 1993년에는 유럽 단일 시장이 공식적으로 출범하였고, 지금까지 다양한 후속 조치를 추진하면서 완성의 목표를 향해 왔다. 또한 단일 시장의 성공은 그간 통합의 주변에 머물러 있던 새로운 회원국들을 끌어들였고, 특히 2004~2007년의 대규모 확산을 통해 회원국의 수는 12개국에서 27개국으로 두배 이상 증가하였다. 2009년 현재 유럽 단일 시장은 미국이나 일본, 중국을 능가하는 세계 최대 시장이 되었다.

관세 동맹과 자유 무역 지대

관세 동맹(Customs Union)과 자유 무역 지대(Free Trade Area)는 비슷한 의미로 인식되고 있지만 실질적으로는 매우 큰 차이가 있다. 관세 동맹과 자유 무역 지대는 모두 역내 무역에 대해 관세를 적용하지 않는다는 공통점을 가지고 있다. 유럽공동체 내에서 독일의 기계를 프랑스로 수출하게 되면 관세를 부과하지 않는다. 마찬가지로 북미자유무역지대(NAFTA: North American Free Trade Agreement)내에서 미국의 항공기를 캐나다로 수출할 경우 무관세로 통과하게 된다. 그러나 역내 무역이 아닌 역외 무역에 대해서는 두 제도의 차이점이 여실히 드러난다. 관세 동맹에서는 역외 무역에 공통된 관세가 적용되는 반면 자유 무역 지대의 역외 무역은 여전히 각 회원국의 재량에 달려 있는 것이다. 달리 말해서 미국의 제품에 대해 유럽공동체의 프랑스와 독일은 동일한 관세를 적용하고 있지만 독일 제품을 수입할 때 미국과 캐나다의 관세는 양국의 통상 정책에 따라 다르게 적용되고 있다.

이렇게 무심코 지나치기 쉬운 차이점은 실제로 관세 동맹과 자유 무역 지대가 본질적으로 같은 성격의 제도가 아니라는 점을 보여 주고 있다. 자유 무역 지대는 제한된 수의 국가들 간의 무역 활동을 자유화 시키지만, 각 국가가 가지고 있는 정책적 주권을 보존시키는 시장 중심 통합의 성격을 가지고 있다. 그러나 관세 동맹은 역외 무역에 대해서 같은 관세를 적용해야 하기 때문에 공동의 대외 통상 정책을 수립해야 하고, 이는 결국 정책적 주권의 공동 행사를 요구하고 있다. 따라서 관세 동맹의 형성은 시장 중심적으로 진행되는 자유 무역 지대에 비해 정치 중심적인 통합의 성격을 보다 강하게 보여 준다.

이러한 두 제도가 가지고 있는 본질적 차이점의 이해는 지역 협력과 지역 통합의 차이점을 이해하는 기초가 된다. 각 국가의 주권을 보존하면서 협력을 진행하는 과정에서는 자유 무역 지대가 적절한 방안으로 부각되지만, 반대로 관세 동맹의 형성은 협력의 단계를 넘어선 정치적 통합의 의지를 표현한다고 볼 수 있다. 1950년대 중반 유럽에서 진행된 통합 관련 논의는 이러한 차이점을 명백하게 보여 주고 있다. 정치적 통합보다는 경제적 협력에 무게를 두고 있던 영국은 자유 무역 지대의 형성을 주장했는데, 반대로 프랑스와 독일은 '공동 시장'이라는 명칭이 보여 주듯이 관세 동맹을 수립해야 한다는 입장이었다. 독일·프랑스를 포함한 유럽석탄철강공동체(ECSC)의 6개국은 초기 통합 추진 과정에서 관세 동맹의 방식을 택했던 것이다.

사실 1953~1954년 군사 부문 통합안인 유럽방위공동체(EDC) 계획이 프랑스 의회의 비준거부로 무산되자 유럽 6개국 정부는 우선 다른 분야에서 통합을 추진하려 하였다. 즉 이들은 유럽방위공동체의 실패 이유가 민감한 반응을 불러일으키기 쉬운 군사 부문의 통합을 너무 서둘러 추진한 데 있다고 판단하여 이번에는 경제 분야부터 점진적으로 실천해 나가야 한다고 인식하였다. 유럽 국가들은 1930년대 대공황 시기의 강력한 보호주의가 제2차 세계대전이라는 비극으로 귀결되었다고 인식하였으며, 전후 유럽이 경제적으로 부강하게 발전하기 위해서는 미국에 버금가는 거대한 시장을 가져야 한다고 느꼈다. 이러한 공동의 인식을 바탕으로 1958년 유럽경제공동체(EEC)가 출범하였지만 영국은 석탄철강공동체에 이어 경제공동체에도 불참하였다. 자신의 독립적 주권을 매우 중요시하는 영국 정부는 유럽경제공동체가 출범한 이듬해인 1959년 유럽자유무역연합(EFTA)를 출범시켰다.

유럽경제공동체와 유럽자유무역연합의 본질적인 차이점은 그 구성 국가를 살펴보면 쉽게 알 수 있다. 유럽경제공동체를 결성한 프랑스 독일 이탈리아 및 베네룩스 3국의 6개국은 모두 민주적인 정치 체제를 가지고 있는 국가들이다. 이들 국가에서는 제2차 세계대전의 종결을 통해 나치스, 파시스트 또는 괴뢰 정권들이 무너지고 해방 정국을 맞아 사회 민주주의와 기독교 민주주의 세력들이 득세를 하면서 민주 체제를 재건한 상황이었다.

유럽자유무역연합은 영국이나 덴마크, 스웨덴과 같은 전통적 민주 국가들도 있었지만 동시에 살라자르 독재 정권이 들어선 포르투갈과 같은 권위주의 정치 체제를 가진 국가도 포함하고 있었다.

구체적으로 유럽경제공동체에 모델을 제공한 것은 그보다 먼저 벨기에, 네덜란드, 룩셈부르크 3국이 형성하였던 베네룩스 경제공동체였다. 이들 소규모 국가의 정치 및 행정 엘리트들은 전후 국제 경제에서 자신들이 생존하고 발전하기 위해서는 더욱 커다란 규모의 경제권을 형성해야 한다고 믿고 있었다. 실제로 경제공동체 안을 제안한 것 역시 벨기에 정부의 지원을 받은 네덜란드 정부였다. 공동체 형성을 위한 협상이 진행되는 과정에서 가장 강력하게 반발했던 것은 프랑스의 재계였다. 프랑스는 자국의 산업 경쟁력이 독일에 비해 현저히 낮았기 때문에 프랑스 재계의 대표 기관인 전국프랑스고용주협의회(CNPF)는 경제공동체 계획을 부정적으로 보았다. 하지만 프랑스 정부의 엘리트들은 이들의 반대를 무릅쓰고 통합을 추진하였다. 프랑스 산업이 피해를 입을 수도 있었지만 총체적으로는 경쟁력의 향상을 촉진할 수 있고 농업과 같은 분야에서 얻을 수 있는 이익이 많다고 계산했던 것이다.

위에서 지적했듯이 유럽경제공동체는 정치적 통합을 추진하는 출발점이었던 만큼 회원국의 정치 체제도 비슷하게 민주적 성격을 가지고 있어야 했다. 그러나 경제 교역의 자유화를 통한 협력을 추진하였던 유럽자유무역연합에 있어서는 회원국의 정치 체제가 다르다는 점이 커다란 장애물이 되지 않았다. 이와 같이 1950년대 말 유럽에는 독일, 프랑스 중심의 정치 통합과 영국 중심의 경제 협력안이 서로 경제공동체와 자유무역연합이라는 형태로 수립되어 경쟁하는 상황이었다. 그러나 이들 간의 경쟁은 곧 승부가 판가름 나 버렸다. 유럽자유무역연합이 출범한 바로 이듬해인 1960년 영국 정부는 경제공동체에 가입 신청을 함으로써 스스로 자신의 계획을 포기하려는 입장을 나타냈다. 프랑스 드골 대통령의 반대로 영국의 가입은 무산되었고 그 후 1973년에야 성사되지만, 영국이 이미 1960년에 이러한 정책 변화를 보였다는 점은 의미심장하다.

각 국가마다 유럽 통합에 대해서 가지고 있는 입장과 정책의 차이점은 다른 장에서 다루겠지만 여기서 강조되어야 할 부분은 영국의 이러한 비협조적 또는 방관자적 태도가 반복적으로 나타난다는 점이다. 유럽석탄철강 공동체 형성기부터 시작된 영국의 회의적 시각과 소극적 정책은 유럽경제 공동체 형성 시에 다시 나타났다. 1979년 형성된 유럽통화제도(EMS)에도 영국은 불참했다가 1990년에야 가입하였고, 1992~1993년 위기가 닥치자 탈퇴하여 버렸다. 1989년의 사회헌장이나 마스트리히트 조약에 첨부된 사회분야 관련 의정서도 영국은 채택하지 않았고, 1999년 출범한 경제통화동맹(EMU)에도 영국은 참여를 유보하고 있다. 결국 관세 동맹과 자유 무역 지대의 추진에서 나타난 프랑스, 독일과 영국의 대립은 통화 통합이나 사회 통합 부문에서도 반복되었고, 이는 유럽 통합에 대한 이들의 사상적 정책적 이견을 보여 주고 있다.

공동 통상 정책(CCP: Common Commercial Policy)

유럽공동체가 출범할 당시 이 지역 통합 계획의 가장 중요한 축은 바로 공동 통상 정책(CCP)과 공동 농업 정책(CAP)이었다. 공동 통상 정책은 내부적으로 공동 시장을 형성하고 외부에 대해서는 관세 동맹을 구축하는 근간이 되었고, 공동 농업 정책은 공동체가 시장에 적극적으로 개입하여 농업을 진흥시키는 역할을 하였다. 다른 장에서 설명하겠지만 공동 농업 정책의 성과는 유럽 농업의 생산성 향상, 자급 자족의 실현, 농민들의 생활 수준 향상, 농산물 수출국으로의 부상 등으로 나타났다. 이와 마찬가지로 공동 통상 정책도 유럽 지역을 세계 최대의 무역 지대로 변모시키는데 성공하였다.

유럽경제공동체가 출범하던 1958년 유럽 6개국이 세계 무역에서 차지하던 비중은 23%에 불과했다(이 비중은 유럽 공동체의 역외 무역뿐 아니라 역내 무역도 포함한 수치이다). 그러나 유럽의 공동 통상 정책이 30여 년간 추진된 결과 단일 시장이 형성되기 직전인 1992년 이 비중은 40%까지 높아졌다. 유럽 지역은 이로써 세계에서 가장 활발하게 교역이 이루어지는 지역으로 부상하였고, 이에 따라 세계 통상 무대에서 강력한 세력으로 등장하였다.

공동 통상 정책의 법적 기초를 제공하는 부분은 로마 조약 110조에서 116조에 걸쳐 명시되어 있다. 이 조항들은 유럽경제공동체가 점진적으로 통상 정책 분야에서 회원국의 권한을 위임 받아 공동의 정책을 추진할 수 있도록 하였고, 궁극적으로는 유럽공동체가 독점적으로 회원국의 통상 정책을 포괄하여 행사할 수 있도록 하였다. 제도적으로 보면 집행위원회가 통상 정책에 관한 제안을 할 수 있는 권한을 보유하고 있고, 각료이사회는 가중 다수결로 결정을 내린다. 이를 위해 회원국 통상 담당 장관들은 빈번하게 각료이사회를 개최하지만 모든 통상 관련 문제들을 다룰 수는 없으므로 상임대표위원회나 분야별 통상 담당 관료위원회를 통해 각 회원국의 입장을 조율하고 때로는 결정을 내리기도 한다.

유럽경제공동체 통상 정책의 목표는 "세계 무역의 조화로운 발전, 국제 무역에 대한 제한 조치와 관세 장벽의 점진적인 제거"라고 로마 조약 110조에서 명기하고 있다. 이 같은 목표는 자유 무역 사상을 반영하고 있다. 유럽 내부에서 국가들 간의 장벽을 없애는 것이 공동 시장 형성의 선행 조건이기 때문에 자유 무역을 목표로 삼은 것은 어찌 보면 당연한 일이다. 그러나 대외 무역에 관련해서 유럽 공동체의 통상 정책은 일종의 양면성을 지니고 있다. 내부적으로는 자유 무역 정책을 추진하면서 외부에 대해서는 종종 보호주의적인 정책을 펴고 있기 때문이다. 유럽 통합의 근본적인 목적이 세계 무대에서 유럽 국가들의 위상을 높이고 세력을 강화하는데 있기 때문에 유럽의 산업을 지원하고 어느 정도 보호하는 것이 필요하다는 목소리가 끊이지 않는다. 이 같은 양면성을 감안해야지만 우리는 유럽의 공동 통상 정책을 이해할 수 있을 것이다.

공동 통상 정책을 수립하기 위한 전제 조건은 일단 공동 시장을 형성하는 것이다. 1958년 1월 1일 유럽경제공동체가 공식적으로 출범했다고 해서 공동 시장이 하루 아침에 이루어지는 것은 아니기 때문이다. 초창기 유럽경제공동체의 6개 회원국들은 1958년부터 1970년까지를 완벽한 관세 동맹을 형성하는 과도기로 설정하였다. 이 과도기 동안 회원국들은 각자가 가지고 있던 관세 체제를 점진적으로 조율하여 1970년 1월 1일에는 역외 무역에 대한 단일 관세 체제를 완성시키겠다는 계획이었다. 이 과정에서 제기된 문제는 다양한 관세 체제를 어떤 방식으로 하나로 통일시키는가 하는 점이었다. 전통적으로 보호 무역주의를 실천해 왔던 프랑스나 이탈리아와 같은 국가는 높은 관세를 부과하고 있었고, 반대로 자유 무역주의를 선호했던 영국이나 제2차 세계대전 이후 서독은 상대적으로 낮은 관세를 부과하고 있었다. 관세 체제의 조율과 단일화가 각 회원국 개별 산업에 미칠 영향은 중요하고 복합적인 것이었다.

유럽경제공동체 회원국들은 이렇게 복합적인 문제를 단순한 해결책을 통해 해소해 나가기로 결정했다. 그 해결책이란 각 국가가 가지고 있는 품목별 관세율의 산술적 평균치를 공동 관세율로 채택한다는 내용이었다. 이 방식의 의미는 국가별로 다르게 나타나는데, 프랑스나 이탈리아에서는 관세가 인하되는 결과를 낳았고 반대로 서독에서는 관세가 인상되는 결과를 낳았다. 따라서 프랑스와 이탈리아의 해당 산업은 값싼 외국 제품에 노출되어 경쟁력 강화의 과제를 안게 되었으며, 소비자들은 가격 인하의 혜택을 누리게 되었다. 서독에서는 이와는 반대로 소비자들이 가격 상승이라는 손해를 보고 생산자들은 높아진 관세의 혜택을 보게 되었다. 프랑스와 이탈리아 정부는 자국의 산업이 당장 어려운 지경에 처하게 되었지만 공동 농업 정책을 통해 농민들의 이익을 보장할 수 있었기 때문에 이러한 해결안을 수용하였다. 게다가 예정된 통합을 앞두고 프랑스 산업계는 효율적으로 시장 개방을 준비하였고 급기야 1960년대 초반에는 관세 철폐 스케줄을 앞당겨 달라고 요청하는 단계에 이르렀다. 그리하여 유럽공동체 회원국들은 처음 12년으로 예정했던 과도기를 1년 6개월 단축하여 1968년 7월부터는 공동 관세 체제를 완성하였다.

관세 체제의 통합과 동시에 유럽공동체 초창기의 과제는 국제 무대에서 통상 협상을 누가 주도하는가의 문제를 해결하는 것이었다. 유럽공동체는 예를 들어 관세무역일반협정(GATT)의 공식 회원국이 아니며 공동체의 회원국들이 개별적인 회원국으로 등록되어 있다. 그러나 관세 동맹을 추진하는 과정에서 공동 통상 정책을 구현하려면 반드시 하나의 목소리를 내어야만 했다. 이 같은 필요에 따라 회원국들은 각료이사회의 결정을 통해 집행위원회에 특정한 문제의 협상권을 위임하는 형식을 취하였다. 결국 가트의 각종 협상이나 위원회에 참여하여 유럽공동체 회원국을 대표하여 발언하고 협상하는 주체는 집행위원회가 되었고, 심지어 회원국 정부 대표들은 GATT에서 발언을 할 수 있지만 그 내용이 공식 회의록에 기록되지도 않게 되었다.

유럽공동체 집행위원회는 유럽 건설 초창기에 결정된 이러한 절차에 따라 1960년대 초반부터 국제 통상 무대의 중요한 행위자로 부상하였다. 전후 세계 무역의 자유화를 위해서 진행된 각종 다자간 협상에 유럽공동체의 통상 담당 집행위원은 유럽 지역의 대표로 참여하였다. 1961~1962년의 딜론 라운드, 1963~67년의 케네디 라운드, 1973~1979년의 도쿄 라운드, 1986~1994년의 우루과이 라운드, 그리고 현재 진행 중인 도하 라운드 등 다자간 협상에서 유럽은 한 목소리를 낼 수 있었고, 통상 부문에 관련된 협상에서 미국과 동등한 위상을 확보할 수 있었다. 유럽과 미국 사이에 나타나는 빈번한 '무역 전쟁'들은 다자간 협상뿐 아니라 양자 간 관계에 있어서도 유럽공동체의 협상력을 강화하였다. 따라서 유럽공동체의 집행위원회는 역외 개별 국가와의 관계에 대한 무역 분쟁의 해결이나 협상권을 거의 독점하고 있다. 유럽공동체의 개별 국가나 특정 지역에 대한 통상 정책의 내용은 뒤의 "유럽연합의 대외 관계"를 논의하는 장에서 다시 살펴보도록 한다.

역외 무역에 대한 유럽공동체의 대표성과 권한이 이처럼 강화되면서 공동체는 자신만의 무역 정책 수단들을 필요로 하게 되었다. 독자적 무역 정책 수단의 보유는 유럽공동체의 협상력을 강화하기 위해서도 필수적인 요건이었다. 다자간 라운드나 양자 간 협상에서 협상력을 강화하기 위해선 다소 보호주의적인 '무기'를 가지는 것이 유리한 측면이 있었고, 특히 1970년대 경제적인 위기 상황이 닥치면서 유럽은 특정 산업들을 보호하기 위한 조치를 필요로 했다. 이러한 전반적 요구를 반영하듯이 1970년대 후반부터는 다양한 정책 수단들이 고안 개발 되었다.

첫째, 유럽공동체는 반덤핑 및 반 보조금 조치들을 1977년부터 적용하기 시작하여 점차 빈번하게 사용하고 있다. 반덤핑 및 반 보조금 조치에 관한 제도들은 일찍부터 마련되어 있었으나, 생산과 무역이 동시에 순조롭게 성장하는 시기에는 적용되지 않고 사문화 되어 있다가 경제 위기가 닥치자 활용하기 시작한 것이다. 유럽공동체에서 처음으로 반덤핑 조치를 취한 품목은 대만산 볼 베어링으로서, 1970년대에 들어서면서 본격적으로 선진국 시장을 강타하기 시작한 일본과 신흥 공업국들의 진출에 대한 견제라고 볼 수 있다. 유럽의 반덤핑 조치들은 그 후 세계의 다양한 수출국에 적용되었으나, 그 중점적인 표적은 계속 동아시아 국가들을 향하고 있다.

둘째, 1980년대에 들어서면서 레이건 대통령의 미국이 슈퍼 301조 등 특별 조치를 통하여 세계 무역 시장에서 자국의 이익을 보호하기 위한 강력한 정책을 펴자, 유럽공동체는 이에 상응한 무역 정책 수단이 필요하다며 일명 신(新) 통상 정책 도구(NIPC: Nouvel Instrument de Politique Commerciale)를 제정하였다. 보호주의적 성향이 강한 프랑스 사회당 정부가 제안한 이 도구는 집행위원회의 판단에 따라 유럽공동체가 특정 국가에 대해 일방적인 조치를 취할 수 있는 길을 열어 놓았다. 이 조치는 그 호전성으로 말미암아 빈번하게 사용되지는 않고 있지만 반덤핑 조치와 마찬가지로 국제 환경이 전반적인 무역 전쟁의 분위기로 흐르게 되면 언제 다시 활성화 될지 모르는 일이다.

셋째, 유럽은 '민감한 산업 부문'을 보호하기 위해서 수입 제한 조치들을 취하고 있다. 예를 들어 농산물에 대한 공동체 선호의 원칙에 의해 유럽공동체의 농산물 수입은 제한적으로 이루어지고 있으며, 철강이나 자동차 또는 신발 산업은 모두 자유 무역에 반하는 조치들이 지배하고 있다. 그러나 역시 대표적인 보호 산업은 섬유 산업으로서 공동체는 다자간 섬유협정(MFA: Multi Fiver Arrangement)을 통해 1970년대부터 쇠퇴기에 있는 유럽의 섬유 산업을 보호하고 있다. 이러한 수입 제한 조치들은 공식적인 조약을 통해서 실천되기도 하고, 때로는 비공식 협약이나 생산자들의 수출 자율 규제를 통해 실현되어 왔다.

유럽경제공동체가 출범한 1958년부터 1980년대까지 종합적으로 볼 때 관세 동맹의 형성과 대외적 공동 통상 정책은 성공적으로 수행되었다. 그러나 이러한 가시적 성과에도 불구하고 유럽공동체는 1970년대부터 시작된 총체적 경제 위기에 대해 적절한 대응책을 찾지 못하고 있는 상황이었으며, 유럽 통합 운동도 이 같은 어려움 속에서 제대로 진전되지 못했었다. 유럽 단일 시장 계획은 공동 시장의 연장선에서 침체되어 있는 유럽 통합의 속도를 가속화하고 유럽 경제가 당면하고 있는 경제 위기를 극복하기 위하여 제안되었다.

단일 시장 계획의 배경

단일 시장 계획이 추진된 구조적인 원인 중 하나는 유럽 경제의 위기 상황이다. 유럽 경제는 전후 1950년대와 1960년대에 놀라운 성장기를 구가하였으나 1970년대 들어서면서 위기 국면에 돌입하게 되었다. 1973년 중동 산유국들의 집단 행동을 계기로 석유 가격이 4배로 상승함에 따라 에너지를 수입에 의존하는 유럽 국가들은 무역 수지가 심각하게 악화되면서 높은 인플레이션을 경험하게 되었다. 이에 따라 유럽 정부들은 인플레 경향에 제동을 걸기 위하여 긴축 정책을 채택할 수밖에 없었고 이러한 정책은 다시 대규모의 실업을 양산하였다. 1970년대에 대부분의 유럽 국가는 높은 인플레이션과 대규모 실업이 공존하는 일명 스태그플레이션(stagflation)을 겪었다. 그리고 1970년대 말 인플레를 어느 정도 낮추는데 성공했을 때 다시 제2의 석유 파동이 닥친 것이다.

이 같은 경제의 위기 상황에서 유럽공동체 회원국들은 국내 산업을 보호하라는 압력에 시달리게 되었고, 특히 1973년 새로 공동체에 가입한 영국, 아일랜드, 덴마크 등은 빠른 시일 내에 공동체의 자유화 조치를 시행하기보다는 다양한 예외 조항의 적용을 받으려고 노력하였다. 물론 회원국들 사이에 수입의 물량을 제한하는 조치나 관세를 부과하는 것은 이미 로마 조약을 통해 금지되어 있었으므로 회원국들은 자국의 산업을 보호하기 위하여 어려움에 처한 기업에 국가 보조금을 공식·비공식적으로 지원하거나, 안전 위생 환경 규정, 소비자 보호 규정 등을 통해 비관세 장벽을 만드는 경향을 보였다. 이러한 비협조적 정책의 결과로 나타난 문제는 유럽 공동 시장이 점차 각종 비관세 장벽(NTB: Non-Tariff Barrier)으로 분리되어 가고 있다는 점과 경쟁력 있는 기업들이 역내 다른 회원국 시장에 진출하기가 어려워졌다는 점이다. 정부의 정책도 장기적인 통합이나 경쟁력 강화보다는 단기적인 보호주의에 점차 무게를 두게 되었다. 예를 들어 세관에 복잡한 절차를 부과하거나 공공 조달에 있어 자국 기업에게만 혜택을 주는 선택을 꼽을 수 있다.

게다가 일본을 비롯한 신흥 공업국들의 경제적 부상은 유럽 경제의 어려움을 더욱 가중시켰다. 일본은 1970년대 들어 유럽의 수준과 비슷하거나 일부는 앞선 생산 기술 능력을 바탕으로 유럽 시장에 대한 수출 공세를 폈고, 이를 이어 한국, 대만, 홍콩, 싱가포르 등의 아시아 신흥 공업국들의 상품도 유럽 시장에 밀려들어 가기 시작한 것이다. 유럽 인들에게 특히 심각하게 인식된 것은 첨단 산업 분야에서 유럽이 점점 미국과 일본에게 추월 당하여 뒤지고 있으며, 이들과의 차이가 빠르게 벌어지고 있다는 사실이었다. 전자 공학과 정보 통신 산업 등 제3의 산업 혁명 핵심 산업에서 유럽은 미국과 일본의 생산력과 기술에 이미 뒤쳐져 있던 상황이었다.

1980년대 초반 유럽의 분위기는 '유럽의 쇠퇴'(Eurosclerosis)라는 표현이 명확하게 보여 주고 있듯이 정치와 경제 양면에서 모두 세계의 지배적 위치에서 돌이킬 수 없을 정도로 멀어져 가고 있었다. 그러나 위기 상황은 기존 제도 및 행태의 병폐와 단점에 대해 반성하고 개혁할 수 있는 기회이기도 하였다. 이 당시 유럽에서는 미국과 일본에 비해 산업 경쟁력이 뒤떨어질 수밖에 없는 다양한 원인에 대해 보고서들이 발표되었고, 이들 선도 국가들을 따라잡기 위해서는 비관세 장벽을 없애고 미국이나 일본과 같은 진정한 의미의 거대한 단일 시장이 형성되어야 한다는 주장이 설득력을 가지고 제시되었다. 일례로 유럽 전자 산업의 대표주자라고 할 수 있는 필립스 사의 데커 회장은 보고서를 통해 공동체의 기업이 국제 경제에서 생존하기 위해서는 1990년 이내에 역내 비관세 장벽을 모두 제거해야 한다고 강력하게 주장하였다.

하지만 단일 시장 계획이 단순히 경제적 위기 상황을 극복하는 기능을 수행하기 위해 자연스럽고 당연하게 해결책으로 부상한 것은 아니다. 특정 사회에서 하나의 기능적 요구가 정책적 결과로 나타나는 과정이 바로 정치적 과정이다. 더구나 유럽공동체와 같이 이미 12개국이 참여하는 기구에서 이러한 정치적 과정은 기능적 요구보다 더욱 중요한 역할을 할 수 있다. 예를 들어 유럽공동체 회원국 정부들은 국제적 안목을 가진 경제학자나 초국적 기업 최고 경영자들의 자유주의적 처방을 채택하지 않고, 국내에서 강한 정치적 영향력을 가진 보호주의 선호 산업 자본이나 국수주의적 시민들의 반 유럽 통합적 태도를 정책으로 추진할 수도 있었다는 의미이다.

따라서 우리는 유럽 단일 시장을 추진하게 한 정치적 배경을 살펴볼 필요가 있다. 유럽 단일 시장은 이미 지적한 것처럼 자유주의적인 사상에 기초하여 계획된 것이다. 이런 의미에서 단일 시장은 1950년대 공동 시장 계획의 연장선에 있으며, 과거의 공동 시장이 자유주의자들과 유럽주의자들의 협상의 산물이었듯이 단일 시장 역시 이들 간의 타협이 이루어 낸 결과물이다. 달라진 점이 있다면 1980년대의 유럽이 1950년대보다 훨씬 자유주의적인 분위기가 강하게 형성되어 있었다는 것이다. 1979년 영국에서 등장한 대처 수상의 보수당 정부는 세계적인 신자유주의 개혁의 신호탄을 쏘아 올렸다고 표현할 수 있을 정도로 적극적인 자유주의적 정책을 추진하였으며, 심지어는 사회주의적 성향과 민족주의 성향이 가장 강한 프랑스에서조차 사회당 정부가 국가 주도주의를 어느 정도 포기하고 신자유주의적 경제 정책을 선택한 상황이었다. 달리 말해서 1980년대 중반 유럽의 정치적 환경은 단일 시장과 같은 자유주의적 계획을 수용할 수 있는 양상을 띠고 있었다.

　미국과 경쟁할 수 있는 유럽합중국을 꿈꾸며 유럽 통합 운동을 벌이고 있던 연방주의자들은 실현 가능한 차선책으로 유럽 단일 시장을 받아들였다. 유럽의회에 집중되어 있는 연방주의자들은 1984년 의회에서 유럽연합 조약 안(European Union Draft Treaty)을 통과시켰다. 이 조약 안은 유럽 공동체의 제도들을 더욱 효율적·민주적으로 운영하기 위한 다양한 제도적 개혁을 제안하고 있으며, 정치 통합, 통화 통합과 같은 민감한 부문에서의 통합 추진을 계획하고, 역내 시장의 단일성을 완성하기 위한 비관세 장벽의 제거를 주장하고 있다. 이어서 유럽공동체 집행위원회에서는 1985년 6월 '역내 시장 완성' 백서를 발표하여 늦어도 1992년 말까지는 역내 시장의 각종 장벽을 제거하기 위한 세밀한 일정표를 제시하였다. 이 백서는 유럽 집행위원회 무역 및 산업 담당 집행위원인 영국의 커필드(J. Cockfield) 경이 준비한 것으로 커필드 백서라고도 불린다. 유럽의회와 집행위원회의 제안에 따라 공동체 회원국 정부들은 공동체 조약 개정을 위한 정부 간 회의(IGC)를 열었고, 이 회의의 협의 결과에 따라 1986년 단일유럽의정서(SEA)의 형태로 단일 시장 계획을 확정하였다. 로마 조약에 추가되는 새로운 조약인 단일유럽의정서는 원래 유럽의회가 채택했던 유럽연합 조약 안에서 역내 시장 완성에 관한 내용만을 중점적으로 반영하고 있어 연방주의자들에게는 실망을 안겨 주었지만, 이들은 단일 시장의 완성이 통합의 부분적 발전이라는 긍정적 차원을 고려하여 이를 수락하였다.

단일 시장의 내용

단일 시장 계획의 핵심적인 내용은 유럽공동체 역내에 존재하는 각종 장벽을 제거하는 것이다. 집행위원회는 물리적 재정적 기술적이라는 세 가지 종류의 장벽을 규정하고는 각종 장벽에 대한 제거 계획을 수립하였다. 첫째, 물리적 장벽이란 사람이나 물건이 역내 국경을 통과하는데 존재하는 장벽으로서 구체적으로 세관과 이민 기관을 지칭하고 있다. 이러한 세관이나 이민 기관이 지속적으로 존재하기 때문에 유럽의 시민들은 아직도 유럽이 국가별로 구분되어 있다는 인식을 갖게 된다. 게다가 화물 차량들이 국경을 통과하려면 세관에서 몇 시간 혹은 며칠 동안 행정 절차를 밟기 위해 대기해야만 하고 이는 막대한 경제적 손실을 초래해 왔다. 집행위원회의 조사에 따르면 역내 국경에서 행해지는 세관 조사의 공적 비용이 매년 8~90억 에큐에 달한다는 것이다. 단일 시장 계획의 첫째 목표는 이러한 물리적 장벽을 없애 버린다는 내용이다.

둘째, 재정적 장벽은 공동체 내 각 회원국이 보유하고 있는 간접세 제도가 다르기 때문에 나타나는 무역의 제한이나 왜곡 현상을 가리킨다. 정확히 말해서 공동체 회원국들은 상품이나 서비스의 판매에 대해 부가 가치세를 부과하고, 술이나 담배, 석유에 대해서는 특별세를 부과하고 있다. 문제는 국가별로 세율이 커다란 차이를 보여 주고 있다는 점이다. 집행위원회는 회원국의 다양한 간접세를 유럽 차원에서 통일해야 한다며, 14~20% 정도의 표준 부가 가치 세율과 4~9% 정도의 생필품에 대한 부가 가치 세율, 그리고 특별세는 관세 부문에서 적용했던 것과 같은 회원국의 산술적 평균치로 통합 체제를 구축할 것을 제안하였다. 집행위원회의 제안은 회원국들의 상당한 반발과 비판을 불러일으켰는데, 영국은 재정적 주권을 내세워 통합 간접세제 구축에 반대하였고, 다른 회원국들도 재정 정책은 유럽

보다는 회원국 차원에서 결정되어야 한다고 반발하였다. 그러나 국경 통제가 사라진 상황에서 대량의 물품이 세율이 낮은 국가에서 세율이 높은 국가로 수출되어 심각한 무역 왜곡 현상이 나타날 것이 확실시 되었고, 따라서 회원국들도 이러한 현실을 감안하여 1991년 6월 낮은 세금이 적용되는 특별 상품을 제외하고는 대부분의 상품과 서비스에 대해 15%의 최저 부가가치세를 적용하기로 합의 결정하였다.

기술적이라고 불리는 세번째 장벽은 사실 가장 중요하고 복잡하며 광범위한 장벽이라고 하겠다. 기술적 장벽은 구체적으로 각국 정부가 자국의 소비자를 보호하기 위하여 제정한 위생 안전 환경 등의 규제 체제가 다르기 때문에 생겨나는 장벽이다. 예를 들어 유럽공동체 각국은 전기 플러그와 소켓에 대해 각각 다른 규격을 가지고 있기 때문에, 벨기에에서 에스파냐로 이사간 가족이 가전 제품의 플러그를 모두 갈거나 물건들을 새로 사야 하는 번거로움이 생긴다. 이 같은 규격에 관한 규제의 차이는 유럽 기업으로 하여금 12개국 규격에 맞추어 생산을 하게끔 하며, 이러한 현실은 규모의 경제 실현을 불가능하게 한다는 것이 집행위원회의 판단이었다. 따라서 소비자의 편익뿐 아니라 유럽의 기업들이 거대한 시장을 가진 미국이나 일본의 기업과 동등한 조건에서 경쟁하기 위해서도 이 같은 기술적 장벽의 제거는 필수적인 과제로 제시되었다. 집행위원회의 조사에 따르면 유럽의 자동차 생산 업체가 12개국의 다양한 규격에 한 모델을 적응시키기 위해서 드는 비용은 연구 개발비의 가장 커다란 항목으로 책정되어 있다. 달리 말해서 유럽 자동차 산업은 미국이나 일본에 비해 훨씬 많은 비용을 소모적으로 쓰고 있는 셈이다. 결국 유럽의 산업 경쟁력 회복을 위해서도 기술적 장벽의 제거는 우선적인 목표로 지적되었다.

더구나 기술적 장벽은 상품뿐 아니라 은행이나 보험 증권과 같은 금융 산업에도 적용되는 것으로서, 각각 다른 규제 체제하에서 소비자는 제대로 금융 상품을 선택할 수 없는 상황이 발생하게 되기 때문이다. 일례로 국가에 따라 예금자를 보호하는 규정이 천차만별인 상황에서 모든 예금자가 예금 규정에 관한 모든 정보를 알 수는 없다. 그렇다면 규제가 약한 국가에 기반을 두고 있는 '무책임한 금융 기관'은 예금자 안전이라는 측면은 고려하지 않고 높은 금리를 제공하면서 공동체 내의 돈을 끌어모을 수 있지만, 이러한 전략은 경제 상황이 악화되면 금융 기관의 파산으로 연결될 수도 있는 것이다. 이처럼 기술적 장벽의 제거는 단일 시장의 형성에 있어서 가장 중요한 부분으로 등장하게 된다.

유럽공동체 집행위원회는 단일 시장 계획을 홍보하여 대중적 지지를 끌어내기 위해서 일명 체치니 보고서(Cecchini Report)를 발간하였다. 유럽공동체 내외의 경제 관련 연구소 및 컨설팅 회사의 연구 결과를 집행위원회의 고위 관료 체치니가 정리한 이 보고서는 거시 경제적인 모델링과 접근은 물론 미시 경제적인 부문별 연구까지도 겸하고 있다. 보고서의 주요 내용은 유럽 단일 시장을 완성시킴으로써 나타나는 역동적 효과를 가시적으로 보여 주는 것이다. 일례로 체치니 보고서는 단일 시장이 성공적으로 형성되면 그 이후 5년 동안 유럽공동체 전 지역의 총생산이 매년 1% 정도 추가로 성장할 것이라고 분석하고 있다. 요약해서 말하면 유럽 단일 시장의 형성을 통해 역내 기업들은 규모의 경제를 이룰 수 있어 경쟁력이 강화되면, 소비자들의 권익이 증진되고, 결국 이로써 유럽 경제의 성장이 촉진된다는 내용이다.

단일 시장의 추진

단일 시장의 주요 내용은 위에서 확인했듯이 역내 시장에 잔존하는 각종 장벽들을 제거하는 것이다. 그러나 이러한 목표는 이미 로마 조약에 명시되어 있었다. 그럼에도 불구하고 단일 시장을 완성하지 못한 이유는 두 가지를 들 수 있는데, 첫째는 단일 시장을 형성하는 일정표가 없었다는 점이다. 예를 들어 관세 동맹을 형성하는 일정표는 1970년으로 12년의 과도기를 설정해 놓았던데 반해 역내 장벽 제거에 대해서는 마감 시한이 정해져 있지 않았다. 공동체 집행위원회는 이러한 단점을 보완하기 위하여 단일 시장의 완성 시한을 1992년 말로 정하고 1986년부터 6년간의 과도기를 두었다. 게다가 단일 시장 완성을 위해 필요한 300여 개의 다양한 조치를 상세하게 정해 놓음으로써 점진적이면서 확실한 계획 추진의 청사진을 제시하였다. 물론 1992년 말이라는 시한이 조약에 의해서 법적인 효력을 가진 규정은 아니었지만, 회원국 정부와 사회의 에너지를 동원하는 데는 효과적으로 작용하였다.

단일 시장의 형성이 미루어진 또 다른 이유는 장벽 제거를 위한 조치가 다수결이 아니라 만장일치제로 결정되었기 때문이다. 특히 1966년 룩셈부르크 타협 이후 유럽공동체의 주요 사안에 대한 결정 방식은 실질적인 만장일치제로 운영되었기에 역내 장벽 제거는 매우 더디게 진행될 수밖에 없었다. 따라서 이번 '1993년 단일 시장' 계획을 성공적으로 추진하기 위해서는 신속한 정책 결정 제도가 필요했고, 이를 위해 단일유럽의정서는 단일 시장 추진과 관련된 대부분의 정책 분야에서 다수결 제도를 도입하였다. 특히 국가 간 규제의 조율에 있어서 다수결을 도입한 것은 계획을 빠르게 추진하는데 결정적으로 기여한 변화였다. 다만 세금과 관련된 영역에서는 회원국들이 재정 주권을 감안하여 만장일치제를 유지하였다.

다른 한편 단일유럽의정서는 정책 결정 제도를 보완하는 과정에서 유럽의회의 권한을 상당히 강화하였다. 이는 단일 시장이 자본가들을 위한 계획이라는 비판에 대응하기 위한 제도적 변화로서 유럽의회의 권한 강화를 통해 공동체 정책 결정 과정의 민주적 정통성을 확보하려 한 시도이다. 유럽의회는 1986년부터 단일 시장과 관련된 입법 과정에서 점차 자신의 목소리를 강화해 왔으며, 그동안 관료주의적 결정 방식이 지배하던 유럽공동체 정책 결정은 보다 정치적인 성격을 띠게 되었다. 이에 따라 회원국 정부와 유럽 집행위원회의 관료를 대상으로 진행되던 로비 활동이 유럽의회 의원들까지도 포함하게 되었고, 단일 시장 계획을 추진하는 동안 다양한 이익 집단들이 브뤼셀에 상주 사무소를 열어 자신의 입장과 이익을 대변함으로써 유럽공동체로의 권력 이동을 실감하게 하였다.

'자본가들의 유럽'이라는 비난에 대한 또 다른 대응은 1989년의 유럽 사회 헌장에서도 나타났다. 이와 같은 차원에서 유럽 단일 시장이 형성되면 강력한 경쟁력을 보유한 독일이나 프랑스와 같은 국가의 기업들이 시장을 독점하여 상대적으로 경제 수준이 뒤쳐진 회원국들이 피해를 입을 것이라는 우려에 대해서 지역 간 회원국 간 재분배 정책을 대폭 강화하였다. 물론 이러한 정책 예산의 규모가 미국과 같은 연방 국가에 비해서는 미미한 정도이지만, 그럼에도 불구하고 유럽공동체는 단일 시장을 추진하는 과정에서 일명 '구조 기금'(structural funds)을 두배로 증액하여 에스파냐, 포르투갈, 그리스, 아일랜드 등 상대적으로 낙후된 국가들이 단일 시장의 등장에 대비할 수 있도록 하였다.

단일 시장이 목표로 삼은 3대 장벽의 제거는 여러 회원국과 이익 집단들이 각자의 이해를 반영시키려고 했기 때문에 많은 어려움을 겪었지만 1992년까지 성공적으로 수행되었다. 우선 물리적 장벽의 제거에 있어서 공동체 회원국들은 세관과 이민 기관의 통제를 제거하기로 합의하였다. 특히 상품의 수송에 있어서는 공동체 내에서 사용하던 모든 통관 서류를 폐지시켰고 물건을 실은 트럭이 국경을 자유롭게 통과할 수 있게 되었다. 다른 한편 사람의 국경 통과에 대해서는 물품보다는 어려운 문제점들이 제기되었다. 범죄자나 불법 이민자들이 다른 회원국을 통해 자국에 밀입국할 것을 우려하는 유럽 국가들은 우선 유로폴(Europol)이라는 경찰 협력 기구를 프랑스 스트라스부르에 설립하여 상호 정보 교환을 통한 협력 체제를 강화하였다.

사람들의 자유로운 이동에 관한 협상이 빠른 속도로 진전을 보이지 못하자 유럽공동체 내의 일부 국가들은 솅겐 협정(Schengen Agreement)이라는 별도의 협정을 통해 원하는 국가들만이라도 자유로운 이동을 실천하도록 하였다. 독일, 프랑스, 이탈리아, 에스파냐, 포르투갈 및 베네룩스 3국이 맺은 솅겐 협정은 각국이 역외 국민에 대해 발부한 비자를 상호 인정키로 하고 경찰 사법부 세관 간의 협력을 강화하기로 하였다. 그리고 역내 국경을 없애는 대신 역외 국경에 대한 통제를 강화하며 필요에 따라서는 다른 조약 체결국 영토에까지 경찰이 개입할 수 있는 가능성을 열어 놓았다. 예를 들어 이탈리아 마피아 단원이 국경을 넘어 프랑스로 가더라도 이탈리아 경찰이 국경을 넘어가서 체포할 수 있다는 내용이다. 이는 그동안 주권 국가 영토의 불가침성이라는 원칙을 전면 수정하는 혁신적인 변화이다.

세금과 관련된 장벽의 제거는 위에서 지적했듯이 회원국의 재정 주권을 건드린다는 점에서 가장 어렵게 진행된 부분이다. 일단 간접세 중에서 부가 가치세에 관해서는 최저 15%의 표준율과 특정 생필품에 대한 낮은 과세율을 인정하였고, 국경에서의 통관 절차가 없어진 대신 업자들이 자국 당국에 수출입을 신고하도록 하였다. 주류나 담배에 대한 특별세는 소비자가 구입하는 과정에서 세금을 내도록 합의하였다. 이 분야에서 세금의 조정은 거의 불가능한 일이었다. 왜냐하면 국가 간 세제의 차이가 너무 컸기 때문이다. 또한 단일 시장이 형성되면 각 국가 정부가 기업에 부과하는 법인세나 저축의 이자 소득에 대한 세금의 형평성 문제도 제기되었다. 이 분야에서 공동체는 세금을 하나의 체제로 조율하는 데는 실패하였고 단지 이중 과세를 방지할 수 있는 합의만을 도출하였다. 실제로 세금의 조율 문제는 각 회원국 정부의 세수와 직접 관련돼 있기 때문에 보다 장기적인 시각에서 접근할 수밖에 없을 것이다.

마지막으로 기술적 장벽의 제거 문제는 예상보다 빠른 속도로 진전되었다. 유럽공동체는 초창기에 회원국의 다양한 규격에 관한 규제를 하나로 통일시키는 작업을 추진하였으나 이는 회원국들의 반발과 비협조적 태도로 느리게 진행되었다. 단일 시장을 추진하는 과정에서 공동체는 1979년의 '디종의 카시스 사건' 판례에 따라 규격의 통일보다는 상호 인정이라는 형태로 조율해 나갔다. 예를 들어 금융 산업과 관련하여 공동체는 최소한의 규정을 정해 놓고 금융 기관이 설립되어 있는 회원국에서 일차적인 통제를 하고 영업 활동에 관해서는 기관이 활동하는 국가에서 감독권을 행사하도록 하였다. 공동체의 규정은 금융 안정과 지급 능력에 관한 내용들을 명시하고 있다. 이 같은 원칙은 은행, 보험, 교통 등의 전통적 산업 부문뿐 아니라 정보 산업이나 마케팅, 방송 등에도 그대로 적용된다. 공동체는 다른 한편 유럽 기업의 범유럽적 활동을 보장하고 다른 회원국에 있는 기업들이 공동의 사업을 추진할 수 있도록 유럽경제이익단체와 유럽주식회사라는 법인체를 규정하였다.

결국 1993년 1월 1일 아침이 밝아 왔을 때 유럽의 단일 시장이 구체적인 형태로 존재하지는 않았지만 1980년대 중반 단일 시장 형성을 위해 필요하다고 판단되었던 300여 개의 조치는 일부 예외적인 사항을 제외하고는 대부분 정책으로 결정되었다. 그 중 상당수는 이미 효력을 가지고 적용되고 있었으며 다른 일부는 1993년 초부터 적용되거나 일정 기간의 과도기를 거쳐 적용되기로 협의되어 있었다. 단일 시장의 형성이라는 방대한 계획은 현재까지도 진행중인 대역사(大役事)이다. 그리고 그 내용은 상황에 따라 항시 유동적으로 변할 수 있는 성격을 지니고 있다.

경쟁 정책의 강화

유럽 단일 시장이 형성되면서 그 중요성이 크게 강화된 정책은 바로 공동체 차원의 경쟁 정책이다. 왜냐하면 단일 시장이 제대로 기능하기 위해서는 시장 내의 기업들이 동등하고 공평한 조건 아래서 활동하면서 공정한 경쟁을 할 수 있어야 하기 때문이다. 이미 로마 조약에서부터 경쟁 정책은 집행위원회의 강력한 권한을 인정하고 있다. 집행위원회는 경쟁 정책의 부문에서 회원국 정부나 사법부와 권한을 공유하고 있지만, 이들보다 우선권을 가지고 있다. 예를 들어 회원국의 정부나 사법부는 유럽법이 규정한 경쟁의 원칙에 반하는 행위를 금지하고 처벌할 수 있는 권한을 가지고 있지만, 집행위원회가 공동체 차원에서 공식적으로 개입하게 되면 집행위원회의 결정이 우선한다. 게다가 경쟁 정책의 범위에서 특정 행위나 기업을 제외시킬 수 있는 권한은 집행위가 독점하고 있다. 경쟁 정책의 범위는 크게 세 분야로 나누어 볼 수 있다.

첫째, 로마 조약은 85조를 통해 기업들 간의 담합을 금지하고 있다. 일부 국가의 경쟁 정책은 담합을 남용하는 경우만을 규제의 대상으로 삼고 있는데 비해 유럽공동체는 담합 자체를 금지시키고 있다는 점에서 매우 강력한 정책적 의지를 반영하고 있다고 볼 수 있다. 유럽법은 생산자들 간에 이루어지는 가격 담합과 시장 배분 담합을 모두 금지한다. 공동체는 이러한 규정에 따라 1969년 키니네 생산자들의 담합, 1973년 설탕 생산자들의 담합, 그리고 1984년 아연 생산자들의 담합을 막는 조치를 취한 바 있다. 1986년에는 1977년부터 폴리프로필렌 시장을 배분하고 가격을 담합해 온 15개 다국적 석유 제품 생산 기업에 총 5,780만 에큐의 벌금을 부과하였다. 공동체는 생산자들의 횡적 담합뿐 아니라 생산자와 유통업자 간의 종적 담합도 규제하고 있으며, 외국 기업들도 적용 대상에서 예외는 아니다. 1985년 공동체는 역내에서 소비되는 펄프의 60%를 제공하고 있는 미국, 캐나다, 핀란드 등 역외 국가의 기업들이 가격 담합을 했다는 이유로 400만 에큐의 벌금을 부과하였다.

담합 금지 원칙에 예외는 유럽의 과학 기술 연구 개발과 관련된 분야와 중소기업의 협력 분야에 적용된다. 연구 개발을 진행하는 과정에서 나타나는 기업들 간의 담합은 오히려 촉진되어야 할 대상으로 인식되고 있으며, 그 밖에 주유소에 대한 석유 공급, 자동차 딜러망, 항공 분야, 유통업계의 대리점 체제 등은 기업 담합 규정에서 예외를 인정받고 있다. 이러한 예외 분야에 대한 허가권 역시 집행위원회가 독점한다. 다른 한편 유럽 중소기업들의 협력을 장려하기 위해서 해당 기업들의 시장 점유율이 5%를 초과하지 않거나 총 매출액이 2억 에큐를 넘지 않는 한도 내에서의 담합은 예외로 인정하고 있으며, 하청 관계나 상호 영업망 이용 등에 관해서도 예외를 인정하고 있다.

경쟁 정책이 적용되는 두 번째 분야는 특정 기업의 독점적 지위에 관한 것이다. 1990년까지 유럽의 독점적 지위에 대한 규제는 미국에 비해서 훨씬 느슨한 것이었다. 미국의 반독점법은 독점적 지위 자체를 금지 대상으로 하고 있는 데 비해 유럽공동체는 독점적 지위를 이용한 남용만을 규제의 대상으로 삼고 있었기 때문이다. 그러나 공동체는 단일 시장을 추진해 가는 과정에서 이 분야의 규제를 강화해야 한다는 필요성을 절감하고 1990년 새로운 규칙을 정하여 기업들 간의 합병 등으로 인한 집중 현상이 독점적 지위로 나타나는 것 자체를 규제의 대상으로 삼게 되었다. 집행위원회는 로마 조약 제86조에 의거하여 독점적 지위에 있는 기업이 판매를 거부하거나 부당한 가격을 제시하고, 상품 제공에 차별적 전략을 쓰는 등의 반경쟁적 행위를 할 때에는 처벌을 할 수 있는 권한을 보유하고 있다. 예를 들어 1990년대 초반 집행위원회는 식품 포장 분야에서 독점적 지위를 남용한 테트라팩(Tetra Pack)사에 대하여 7,500만 에큐의 벌금을 부과하였다. 다른 한편 역외 기업인 미국이나 스위스의 Commercial Solvents Corporation, United Brands, Hoffmann-Laroche 등도 이러한 조항을 통해 제제를 받았다. 독점적 지위의 남용에 대한 규제는 기업 담합의 경우와는 달리 예외 조항이 존재하지 않으며 모든 남용 행위가 처벌의 대상이 된다.

1990년부터 유럽공동체는 독점적 지위의 남용뿐 아니라 독점적 지위의

유럽연합, 세계를 규제하다?　　　　　　　　　　BOX 11

2007년 9월 유럽연합의 1심법원은 마이크로소프트사가 2001년 유럽 집행위원회가 자사에 부과한 벌금이 부당하다며 제기한 소송을 기각하였다. 유럽 집행위는 세계적 소프트웨어 기업 마이크로소프트가 독점적 지위를 남용했다고 판단하여 2004년 4억9,700만 유로의 천문학적 벌금을 부과했었다. 이 같은 집행위의 결정은 1995년 선 마이크로시스템스 사가 제기한 마이크로소프트의 독점적 지위 남용에 대한 항의에서 비롯된 것이었다.

단일 시장을 형성한 뒤 지속적으로 새로운 회원국들이 가입함으로써 유럽연합은 이제 인구 5억에 가까운 시장 규모를 갖게 되었다. 유럽연합은 세계 최대 시장을 관리하는 세력으로서 국제적 차원에서 엄청난 영향력을 보유하게 되었다. 특히 미국은 거대한 규모의 시장을 가지고 있지만 실제로 시장 개입이나 규제에 소극적이기에 유럽의 역할이 상대적으로 더욱 부각되는 것이다.

미국의 규제는 기본적으로 친 기업적 또는 친 생산자적이기 때문에 문제가 발생하면 사후에 해당 기업이나 생산자를 처벌하는 형식이다. 반면 유럽은 소비자 보호에 더욱 적극적이며 '사전 예방의 원칙'에 따라 기업이나 생산자가 특정 제품이 해롭지 않다는 사실을 증명해야 한다. 그만큼 유럽연합은 경쟁, 소비자 보호, 위생, 환경 등 다양한 분야에서 많은 규제를 생산해 내고 있다.

흥미로운 사실은 외부의 기업들이 유럽 시장에 진출하기 위해서는 이 유럽연합의 규제를 수용해야 한다는 것이며 따라서 유럽의 기준이 세계화되는 경향을 갖는다는 점이다. 또한 미국의 대기업들도 유럽에 수출하기 위해서는 비용이 드는 유럽 기준을 충족시켜야 하는데, 이들은 내수만 지향하는 다른 기업과 경쟁하기 위해 자국에서도 같은 기준이 입법화되도록 노력하는 경향이 있다는 것이다. 이처럼 다양한 분야에서 유럽의 기준이 세계의 기준으로 등장하는 현상이 나타나고 있다. 특히 환경이나 소비자 보호, 위생 등의 분야에서 자유주의적인 미국의 원칙과 규제주의적인 유럽연합의 원칙은 향후 세계 무대에서 서로 경쟁하고 충돌할 것으로 예상된다.

형성 자체를 규제하기 시작하였다. 공동체는 1950년대 유럽석탄철강공동체가 설립될 당시부터 석탄 및 철강 산업 부문에서는 모든 기업의 집중 현상을 규제해 왔다. 제2차 세계대전 이후 나치스 독일 정권에 적극적으로 협력한 콘체른(Konzern)들을 해체하는 것이 석탄철강공동체의 주요 목표였고 일단 해체된 기업들이 다시 결합하는 것을 막아야 했기 때문이다. 이처럼 특정 분야에서 실시해 오던 규제는 이제 전 산업으로 확대되었다. 새로운 규정에 의하면 유럽공동체 내에서 2억 5,000만 에큐나 세계 시장에서 50억 에큐 이상의 매출액을 가진 규모의 기업들이 인수 합병 공동 회사 설립 등을 추진하기 위해서는 집행위원회의 허가를 얻어야 한다. 집행위원회는 기업들의 집중을 통해서 독점적 지위 형성의 위험이 있는지를 판단하는데, 이 과정에서 실질적 경쟁의 존재 여부, 사용자나 공급자의 선택 가능성, 수급의 변화, 기술적 발전 등 매우 다양한 각도에서 평가를 진행한다. 집행위원회의 평가 기간은 3주에서 5개월까지이며 무조건 허가, 조건부 허가, 금지 등의 명령을 내릴 수 있다. 만일 기업의 규모가 규제의 대상이 되는데도 집행위원회의 허가를 받지 않고 인수 합병을 강행했을 경우 공동체는 이를 무효화할 수 있을 뿐 아니라 매출액의 10%를 벌금으로 부과할 수 있다. 실로 이 같은 공동체의 경쟁 정책에 대한 권한 강화는 유럽 내부의 기업은 물론 유럽 시장에 진출해 있는 세계적 규모의 기업들조차 규제의 대상으로 삼고 있다는 점에서 획기적인 변화라고 할 수 있다.

마지막으로 유럽의 경쟁 정책은 국가 보조금을 규제의 대상으로 하고 있다. 로마 조약 92조는 중앙 정부, 지방 자치 단체, 공공 기관이나 공기업에서 제공하는 모든 보조금을 국가 보조금으로 규정하면서, 이러한 보조금이 조약에서 명시한 예외 조항에 속하지 않으면 이를 금지하고 있다. 물론 자금이 국가와 그 주변 기관으로부터 나온다고 해서 모두 국가 보조금이 되는 것은 아니며, 보조금이 특정 기업이나 특정 지역을 대상으로 한 것이 아니라 전국에 무차별적으로 적용되는 것이면 별 문제가 없다. 그러나 대부분의 국가 보조금은 특정한 정책적 목표를 달성하기 위하여 제공되는 것이기 때문에 이 규정은 사실상 회원국의 국내 정책에 대한 공동체의 통제를 의미할 수도 있다.

공동체가 인정하고 있는 예외 조항들은 다음과 같다. 우선 최종 소비자를 위한 사회적 성격을 가진 무차별적 보조금들은 제외된다. 예를 들어 정부에서 국가 경제를 활성화하기 위하여 국민들에게 상품권을 나누어 준다고 했을 때, 이 상품권으로 특정 기업의 상품만을 구입할 수 있다면 이는 명백한 국가 보조금이다. 그러나 상품권으로 구입할 수 있는 상품이 기업들 간의 공정한 경쟁에 방해가 되지 않는다면 예외 조항으로 인정받을 수 있다는 것이다. 다른 한편 자연 재해가 일어났을 경우 회원국은 해당 지역이나 그 지역의 기업에게 국가 보조금을 제공할 수 있다. 이탈리아는 1982년 남부에서 발생한 지진 사태 이후 이러한 예외를 인정받아 국가 보조금을 제공하였다. 독일은 1990년대 초반 통일을 진행하는 과정에서 동독 경제를 재건해야 한다는 필요성을 인정받아 한시적인 국가 보조금의 제공을 허락 받았다.

위와 같이 아주 특수한 경우를 제외하고 보다 일반적으로 적용되는 예외 조항은 주로 지역 정책과 산업 구조 조정 정책과 관련된 것이다. 공동체는 전 지역의 고른 발전을 위해 저개발 지역에 대한 보조금을 허락하고 있는데 저개발 지역의 범위는 공동체가 결정한다. 아일랜드와 그리스, 포르투갈 전역, 에스파냐의 빈곤 지역, 북아일랜드, 프랑스의 해외 지역 등은 상대적인 저개발 지역으로 인정받아 국가 보조금을 얻을 수 있었다. 또한 공동체는 지역 간의 불균형이 매우 심각한 상황이거나 국제 경제 상황에 따라 특정 산업이 구조 조정 과정에 돌입하면 예외를 인정하고 있다. 예를 들어 자동차 산업, 조선 산업, 섬유 산업 등은 모두 이러한 조항에 근거하여 예외를 인정받고 국가 보조금의 혜택을 누려 왔다. 물론 이러한 경우에도 국가 보조금은 특정 기업이나 산업 또는 지역이 입은 피해에 비례해야 하며 공정한 경쟁에 대한 왜곡이 최소화되어야 하고, 산업 문제나 실업을 다른 회원국으로 전가시켜서는 안 된다.

따라서 유럽연합 내의 모든 정부와 지방 자치 단체, 공공 기관들은 국가 보조금의 범주에 속하는 지원을 할 때 항상 집행위원회의 사전 허가를 받아야 한다. 국가 보조금이 그 내용에 있어 로마 조약이 규정한 예외 조항에 속한다고 할지라도 사전 허가를 받지 못하면 불법적인 국가 보조금이 되며 집행위원회는 이의 지급을 즉시 중단시킬 수 있다. 게다가 집행위원회의 조사 결과 국가 보조금이 공정 경쟁을 저해하는 성격의 것이라고 판단되면 이미 지급된 보조금은 국가로 반환되어야 한다.

단일 시장의 형성으로 대폭 강화된 유럽연합의 경쟁 정책은 실제로 지역 내 경제 활동에 대해서 집행위원회가 경제 경찰의 역할을 수행하도록 하였다. 이러한 정책 권한이 획기적인 이유는 각료이사회의 결정에 따르는 것이 아니라 집행위원회의 독자적인 평가와 판단에 의해서 실행되기 때문이다. 게다가 집행위원회의 결정은 유럽 기업들만이 아니라 미국이나 일본 등의 역외 기업에 대해서도 적용된다. 유럽 단일 시장이 규모 면에서 세계 최대의 시장이라는 점을 감안한다면, 집행위원회가 가지고 있는 권한은 실로 전세계에 영향을 미칠 수 있다고 해도 과언이 아니다. 최근의 사례로 미국의 보잉사와 맥도넬더글라스사가 합병을 통해 세계 항공기 시장에서 독점적 지위를 형성하게 되자 집행위원회가 제동을 걸고 나선 것도 바로 경쟁 정책의 권한을 이용한 것이다. 경우에 따라서는 메모리 반도체 시장을 지배하고 있는 한국의 삼성과 엘지의 합병에 대해 이 합병이 유럽 시장의 메모리 반도체 분야에서 공급자의 독점적 지위를 형성한다고 판단된다면 집행위원회가 제동을 걸 수도 있다. 따라서 한국의 정부와 기업들도 이제 반덤핑 정책과 같은 유럽의 통상 정책뿐 아니라 경쟁 정책에 대해서도 관심을 가지고 세밀한 준비를 해야 할 것이다.

소비자 보호 및 환경 정책

1970년대 초 유럽공동체의 정상들은 "경제 성장은 그 자체로서 목적이 될 수 없으며 삶의 질을 향상시키는 방향으로 나아가야 한다"라고 합의하였다. 이러한 최고 지도자들의 의지에 따라 유럽공동체는 1972년부터 환경과 소비자 보호 조치들을 취해 왔다. 한 가지 흥미로운 사실은 이러한 환경 및 소비자 보호 정책이 법적인 근거가 전혀 없는 상황에서 이루어졌다는 점이다. 1970년대 초부터 1980년대 중반까지 유럽공동체는 200여 개에 달하는 다양한 환경 관련 지침을 채택하였다. 물론 이러한 규정들이 모든 회원국에 의해서 실천 적용되고 있는 것은 아니지만 원칙적으로 공동체의 규정이 지켜지지 않았을 경우 회원국들은 제재를 받게 되어 있다.

공동체는 식수의 질을 개선하기 위하여 기준치를 설정하는 한편 강과 바다를 오염시키는 물질에 대한 규제를 강화하였다. 또 지중해의 아름다운 자연환경을 보호하기 위해서 지중해특별프로그램행동계획(MEDSPA)과 같은 특별 프로그램을 운영하고 있다. 유럽공동체는 1980년대 초 산성비가 유럽의 숲을 파괴하는 현상이 나타나자 대기 오염에 대해서도 강력하게 개입하기 시작하였다. 대기 오염의 주범이 자동차 배기가스인 만큼 공동체는 일산화탄소나 산화질소의 배출량을 60~70% 정도 줄이고, 모든 회원국에 납을 제거한 휘발유 사용을 의무화하는 등의 조치를 취했다. 동시에 오존층 파괴의 주범으로 지목된 프레온 가스(CFC)에 대해서는 생산과 수입을 관리 제한하는 정책을 펴고 있다. 유럽공동체는 또 쓰레기의 재활용이나 화학 성분들의 통제 등 환경 보호를 위한 예방 조치들을 마련해 왔다. 소음에 대해서는 시민과 노동자들의 권리라는 차원에서 자동차, 비행기, 건설용 중장비, 가전 제품 등 다양한 기계의 허용 소음 기준을 정하는 정책을 취했다.

유럽 차원의 환경 정책이 법제화된 것은 단일유럽의정서와 마스트리히트 조약을 통해서이다. 단일유럽의정서는 환경 분야에 보완성의 원칙을 적용하여 공동체가 회원국이나 지방 자치 단체들보다 훨씬 효율적인 정책을 펼 수 있다고 판단되는 경우에만 정책을 수립하도록 하였으나, 환경에 관

유럽연합, 지구 온난화와 전쟁을 선포하다   BOX 12

유럽연합 집행위원회는 2008년 1월 온난화 방지를 위한 정책안을 발표하였다. 유럽은 환경 보호 특히 온난화 문제에 있어 주도적인 역할을 해 왔다. 유럽연합은 2020년까지 온난화 가스 배출을 적어도 20% 정도 줄이는 한편 재생 가능한 에너지의 비중을 두 배로 늘리겠다는 야심찬 계획을 선포한 바 있다. 이번에 발표된 정책안은 이를 실현하기 위한 구체적 방안을 국가별로 세부적인 계획으로 확정한 것이었다.

유럽연합은 환경 보호 정책이 오랜 전통을 가지고 있는 부유한 회원국에게는 강력한 조치를 강요하였고, 반면 구 공산권 신입 회원국에게는 다소 느슨한 기준을 적용하였다. 예를 들어 온난화 가스 배출에 있어 덴마크는 2005년을 기준으로 2020년에는 배출량을 20% 줄이도록 하였지만, 신규 가입한 루마니아와 불가리아는 20%까지 늘릴 수 있도록 배정하였다. 또 재생 가능 에너지에 있어서도 스웨덴은 2020년 그 비중을 49%까지 늘리도록 하였지만 몰타의 경우 10%만을 안배하였다. 이러한 환경 보호 조치는 모두 600억 유로의 비용을 초래하는 것으로 계산되었는데 이는 유럽연합 연간 국내총생산의 0.5%에 해당하는 액수이다.

유럽연합은 또한 기업들 간에 온난화 가스 배출량을 교환하는 배출거래제도(ETS: Emission Trading Scheme)를 수립하였다. 아직 이 제도에서 가스 배출량 허가의 90%는 무료로 제공되고 있지만 향후 2013년부터는 허가의 60%를 시장에서 거래하도록 하며 그 비중을 점차 늘릴 예정이다. 물론 일부 기업이 오염 공장을 역외로 이전시키는 일명 '탄소 배출' 전략을 택할 수 있다. 유럽은 이를 방지하기 위해 만일 2011년까지 미국과 중국이 온난화 가스 배출을 제한하는 국제 조약에 가입하지 않는다면 유럽 기업에게도 자유롭게 가스 배출을 허용하거나, 역외 기업이 유럽에 수출하기 위해서는 배출거래제도에 가입하도록 하는 두 가지 방안을 고려하고 있다.

련된 결정을 이사회에서 다수결에 의해서 내릴 수 있도록 하여 수월한 정책 결정 체제를 마련해 주었다. 따라서 공동 결정 절차가 적용되는 환경 정책 분야에는 유럽의회도 적극적으로 개입할 수 있게 되었다. 마스트리히트 조약은 단일유럽의정서보다 더욱 강력한 권한을 유럽연합에 부여하고 있다. 이 조약을 통해 환경 정책 분야에는 사전 예방(precaution)의 원칙이 적용되는데, 그것은 환경에 대한 위협이 과학적으로 증명되기 이전이라도 그 가능성과 개연성이 존재한다면 유럽연합이 개입할 수 있다는 원칙이다. 사전 예방의 원칙은 이미 환경이 파괴된 이후 개입하게 되는 과거의 불상사를 막기 위해서 결정되었다.

사전 예방의 원칙에 덧붙여 유럽의 환경 정책은 다른 몇 가지 원칙에 기반하고 있다. 우선 계획의 원칙에 따라 고속 도로나 화력 발전소, 정유소 등은 설계 단계에서부터 환경에 미치는 영향에 대한 조사를 받아야 한다. 다음은 오염자 책임의 원칙으로 오염자가 예방이나 피해를 복구하는데 드는 비용을 부담한다는 것이다. 마지막은 환경을 오염시키는 요인들을 원인부터 수정해 나간다는 원칙이다. 이는 단지 증상만을 치유하는 것이 아니라 공해의 근원부터 뿌리 뽑아야 한다는 의지를 천명하고 있다. 1990년에 설립된 유럽환경기구(EEA: European Emvironment Agency)는 이러한 다양한 원칙과 정책을 실천 추진하고 있다.

그러나 좋은 의도에서 시작된 유럽의 환경 정책에 대해서 유럽 인들이 모두 찬성의 박수를 보내는 것은 아니다. 유럽 산업계에서는 너무 강력한 유럽의 환경 기준들로 인해 생산 비용이 높아지게 되고 따라서 유럽 산업의 경쟁력이 떨어진다고 하소연하고 있다. 또 다른 차원에서 프랑스 남서부 지방의 주민들은 유럽의 환경 정책이 수백 년 동안 내려온 지역 고유의 전통을 파괴하고 있다고 저항하고 있다. 유럽연합은 동물의 종을 보호하기 위해 사냥을 제한하는 정책을 펴고 있는데, 프랑스 남서부에서 철새 사냥은 매우 중요한 연중 행사로 역사적 의미를 가지고 있다. 남서부 프랑스 인들은 유럽 차원에서 내려진 사냥 제한 조치에 대해서 강력하게 반발하고 있다. 현재 프랑스 정부는 단속을 하는 척하지만 전통적인 행사를 강력하게 막는 것은 엄두도 내지 못하고 있다. 프랑스 남서부인들은 유럽연합이나 프랑스 정부 모두 이상적인 환경주의자들의 목소리에만 귀를 기울이고 진정한 전통을 가진 유럽 인 다수의 삶의 질을 무시한다는 비난도 서슴지 않는다.

실제로 환경주의자들의 이상적인 주장과 규제 강화를 통해 자신의 권한을 확보하려는 유럽 관료들의 의도가 결합하여 만들어진 재미있는 조치들도 꽤 있다. 예를 들어 유럽의 양계업자들은 닭을 사육하는 과정에서 각각의 닭에게 일정 공간을 확보해 주어야 한다. 환경론자들의 주장에 따르면 닭을 움직이지 못하게 해 놓고 살찌우는 행동은 용납할 수 없는 행위라는 것이었고, 유럽의회 의원과 관료들은 이러한 주장을 받아들여 '닭의 생존 공간'을 확보해 주는 규제를 만들었다. 최근에는 에스파냐의 전통인 투우에 대해서도 규제를 하려는 움직임이 보이고 있다. 공개적으로 황소를 죽이는 것은 역시 비인도적인 행위라는 논리이다. 여기서 더 나아가 유럽연합은 의약계에서 사용하는 실험 동물에 대해서도 규제를 가하려고 준비하고 있는 것으로 알려졌다. 이 모든 움직임은 갈수록 목소리를 높이고 있는 환경주의자들과 일반 시민들 사이에 상당한 갈등이 일어날 수 있다는 가능성을 암시하고 있다.

유럽 인들의 삶의 질을 논하는 데 있어서 빼놓을 수 없는 분야가 소비자 보호 분야이다. 마스트리히트 조약은 단일 시장을 추진하는 과정에서 공급자 중심의 구조를 바꾸어 소비자도 정당한 권리를 주장할 수 있어야 한다고 판단하고, 회원국 간 소비자 보호 규정의 조화와 유럽 차원의 기준들이 제공되어야 한다고 명시하고 있다. 이는 그동안 소비자 보호보다는 시장의 논리가 우선시되어 왔던 과거의 정책을 반전시키는 시발점이라고 하겠다. 1979년 일명 '디종의 카시스 사건'이 일어났는데, 이는 앞서 언급하였듯이 독일과 프랑스 사이에 벌어졌던 통상 분쟁을 지칭한다(4장 참조). 이 때 내려진 판결의 내용은 한 국가에서 허용된 모든 상품은 다른 회원국에서도 자유롭게 유통되어야 한다는 것이었다. 이 판결은 법례로 사용되어 다른 모든 상품에도 적용되면서 무역 자유화의 중요한 근거가 되었는데, 전문가들조차 간과한 부분은 공공 보건이나 소비자 보호를 위해 필요할 경우에는 자유로운 유통에 제한을 둘 수 있다는 부분이다. 유럽법원은 단지 프랑스의 카시스를 독일인이 마신다고 해서 공공 보건을 해치거나 소비자에게 피해가 가지 않는다고 판단했던 것이다.

단일유럽의정서에 의해서 만장일치가 아닌 다수결로 정책 결정을 할 수 있게 된 후 소비자 보호 정책은 획기적인 변화를 맞이하게 되었다. 그동안 채택된 몇가지 정책을 살펴보면 매우 다양한 범위의 내용을 포함하고 있음을 알 수 있다. 유럽연합은 식품에 사용하는 색소와 방부제에 대해서 기준을 정하였으며, 과일과 채소에 남아 있는 농약 성분의 허용 기준도 규정했다. 또 유럽연합은 미국과는 달리 식용 가축을 사육하는데 호르몬을 사용하지 못하도록 하였으며, 화장품의 내용물과 약품의 실험 과정에 대해서도 상세한 법규를 제정하였다. 다른 한편 자동차의 안정 장치에 대한 최소 기준을 정하였고, 어린이들의 안전을 위하여 장난감의 안전 기준도 강화하였다. 의류에도 특정 색소나 소재를 사용하지 못하게 하였다.

유럽연합은 공공 보건 정책에 있어서도 시민들의 건강을 위해 다음과 같은 조치들을 실천하고 있다. 첫째, 유럽연합의 의사들은 자유롭게 다른 회원국에 가서 의료 행위를 할 수 있다. 둘째, 유럽연합의 시민들은 어느 회원국에 가더라도 자국과 동등한 사회보장제도 및 의료 혜택을 받을 수 있다. 셋째, 주요 질병에 대해서 유럽 차원의 공동 연구를 촉진시킨다. 예를 들어 유럽연합은 암이나 마약, 에이즈 등에 대해서 1990년대 초부터 연구 지원을 하고 있다.

유럽연합은 단순히 정치인들이나 관료, 또는 산업 금융 자본의 지루한 회의를 연상시키지만 실제로는 시민들의 일상 생활에 지대한 영향을 미치는 실체이다. 그동안 유럽 내에서조차 유럽 통합은 너무 전문관료(technocrat)를 중심으로 진행된다는 비판이 있었고 이는 어느 정도까지는 사실이었다. 하지만 유럽연합의 정책적 권한이 확대됨과 동시에 유럽의회의 역할이 강화되었고, 이에 따라 시민 단체들도 유럽연합의 정책 결정 과정에 능동적으로 참여하기 위하여 조직력과 동원력을 확대해 가고 있다. 특히 환경주의자들이나 환경 단체를 보면 소수의 활동적인 압력 집단이 유럽연합의 정책 결정 과정에 얼마나 큰 영향력을 미칠 수 있는가를 알 수 있다.

단일 시장의 효과와 문제점

단일 시장이 공식적으로 출범하였던 1993년 초 유럽은 처음 계획하였던 279개의 조치 중에서 95% 정도에 대해서는 합의를 도출한 상황이었다. 문제는 이러한 합의를 어떻게 각 회원국들로 하여금 실질적으로 실현하고 추진하도록 하는가였다. 유럽의 회원국들은 단일 시장 출범 이후 10여 년간 지속적으로 합의된 내용을 실질적으로 적용하기 위해 국내 법과 규정을 고치고 변환하는 노력을 하였다. 하지만 회원국에 따라 그 실천 정도에서는 차이가 났다. 영국, 덴마크, 에스파냐, 핀란드 등은 합의의 실천에 있어 가장 모범적인 국가였던 반면 프랑스, 독일, 이탈리아, 그리스, 룩셈부르크 등은 뒤쳐지는 모습을 보였다. 집행위원회는 매년 회원국의 합의 사항 이행 여부를 조사하여 발표하였는데, 일부 국가들의 느린 집행이 단일 시장의 효율적인 운영에 심각한 문제를 제기하고 있다는 사실을 깨닫고 2003년에는 '내부 시장 전략'(Internal Market Strategy)이라는 새로운 합의를 도출해 냈다. 이에 따르면 회원국들은 약속하였지만 실행하지 못하고 있는 '집행 적자'(Implementation Deficit)를 1.5% 이하로 유지하기로 하였다. 이러한 새로운 압력 덕분에 아일랜드는 자국의 집행 적자를 급속하게 절반으로 줄이는데 성공하였다. 그러나 위에서 지적한 일부 국가들은 여전히 약속 실행에 게으른 모습을 보여 주고 있다.

여기서 나아가 법이나 규정을 원칙적으로 수정하였다고 하더라도 실질적으로 이를 지키는가는 또 다른 문제이다. 예를 들어 단일 시장을 추진하면서 유럽의 회원국들은 많은 분야에서 다른 회원국의 기술적 기준과 규격을 인정하기로 약속하였다. 하지만 이러한 합의와 약속에도 불구하고 구체적인 사례에서 프랑스와 독일과 같은 일부 국가들은 여전히 자국의 독특한 기준과 규격을 강요하는 모습을 보였다. 그로 인해 회원국 간의 갈등이 빈번하게 발생하자 1997년에는 이를 원만하게 해결하기 위해 SOLVIT이라는 네트워크가 출범하였다. 새로운 네트워크의 역할은 회원국 간의 갈등이 분쟁으로 확산되어 집행위원회나 법원의 판결로 가기 보다는 당사자와 해당 정부 간의 협상으로 해결되도록 유도하는 장치인 셈이다.

다른 한편 공공 조달 분야에서도 회원국들은 자국의 시장을 배타적으로 운영하는 모습을 보여 주었다. 유럽 차원에서 각 회원국은 5백만 에큐 이상 규모의 공공 조달 건은 유럽의 관보에 공개하고 경쟁에 개방하기로 합의하였었다. 그러나 단일 시장 출범 10년 이상이 지난 2004년까지도 대부분의 조달 시장은 자국 기업에 배타적으로 할당되었다. 유럽 집행위의 한 조사에 따르면 유럽의 합의대로 경쟁이 제대로 이루어 진다면 공공 조달에서 최대 34% 정도의 비용 절감을 가져올 수 있을 것이라고 예측되었다.

단일 시장 출범 때까지 합의되지 못한 5%에 해당하는 분야는 그야말로 회원국 간의 입장 차이가 강한 분야였다. 그 중 대표적인 사안이 세제 조율과 회사법이었다. 특히 주류에 대한 세금은 각 국가별로 서로 다른 전통과 도덕관을 가지고 있어 차이가 심한 편이었다. 단일 시장이 형성되고 국가 간의 교역이 자유로워졌는데 국가별로 세제의 차이는 지속되자 상당한 가격 차이로 인한 월경 쇼핑 현상이 발생하였다. 예를 들어 덴마크 인들은 술값이 훨씬 싼 독일에 가서 구매를 하였고, 영국인들은 프랑스에 와서 맥주를 사갔다. 이에 영국 주류 소매상들은 세금의 인하를 강력하게 정부에 요청하였다.

회사법에서 문제의 고리는 독일이 강력하게 주장하였던 직원의 회사 경영 참여권이었다. 독일은 전통적으로 노동자 대표가 회사 이사회에 참여하여 경영에 개입할 수 있는 사회적 권리를 확보하고 있었고, 유럽 회사법이 이러한 조항을 포함하지 않을 경우 독일의 기업들이 노동의 경영 참여권을 거부하는 한 방편으로 이를 악용하는 것을 피하려 하였다. 물론 영국과 같은 자유주의 전통의 국가들은 이러한 독일의 요구를 절대 수용할 수 없다고 반대하였다. 회원국들은 2001년에 와서야 일종의 복잡한 타협안을 도출해 내는데 성공하였다. 타협 규정에 따르면 유럽회사(SE: Societas Europaea)를 설립하기에 앞서 회사와 직원대표 간에 협상을 하여 노동의 경영 참여에 대한 합의를 도출해 내도록 하였다. 합의가 이뤄지지 않을 경우 상황은 더욱 복잡해 지는데, 중요한 점은 회원국이 노동의 경영 참여권을 자국 법에 반영하지 않을 권리를 가진다는 점이다. 따라서 유럽 차원의 타협안 도출에는 성공하였지만 원래 목표였던 유럽 단일 시장에서 동등하게 경쟁할 수 있는 효율적인 유럽 회사의 모델을 만들어 내는 데는 실패하였다고 보는 것이 정확하다.

1986년 단일 시장 계획에서 제외된 분야 중 나중에 시장 통합과 개방이 결정된 분야로는 통신과 에너지를 들 수 있다. 이 두 분야는 전통적으로 국가의 독점적 사업 분야로서 국가 또는 공공 기관이 시장 통합과 개방에 반대 의사를 강력하게 표명하였었다. 하지만 유럽의 기업들은 이 두 분야의 비용이 높아 유럽의 경쟁력에 제약을 가한다는 논리를 내세워 개방을 요구하였고, 집행위원회는 단일 시장을 추진하면서 동시에 처음에는 제외되었던 이 두 분야를 포함시키는 전략을 추진하였다. 집행위는 1987년 '통신 서비스와 설비 공동 시장의 발전 녹서'를 발표함으로서 통신 분야의 시장 단일화의 논리를 제공하였다. 특히 개방 네트워크 제공(ONP: Open Network Provision)이라는 제도를 통해 공동의 네트워크를 여러 회사가 사용하면서 경쟁하는 체제를 제안하였다. 또한 그 이듬해인 1988년에는 통신 터미널 설비의 시장 자유화를 발표하였다. 에너지 분야에서도 집행위는 1989년 전기와 가스 분야의 공급 네트워크에 대한 국가의 공공 독점 체제를 점진적으로 철폐하는 계획을 발표하였다. 이러한 논의에서 프랑스는 특히 반대의 입장을 견지하였는데 그 이유는 소외된 지역의 소비자도 다른 지역과 같은 가격으로 전기와 가스를 사용할 수 있어야 한다는 일명 '공공 서비스 논리'에 기초하였다. 결국 1996년에는 전기 공급을 6년에 걸쳐 점진적으로 자유화한다는 합의가 도출되었는데 이는 대규모 산업에만 적용되도록 하였다. 이어서 1997년에는 비슷한 합의가 가스 분야에서 이뤄졌다. 이와 같이 세제나 회사법처럼 처음부터 합의되었지만 실질적인 개방과 통합이 발전하지 못한 분야가 있는가 하면 통신이나 에너지처럼 처음에는 제외되었지만 나중에 성공적으로 통합이 진행되는 분야가 대조적으로 나타났다.

통신이나 에너지 공급은 실제로 서비스 산업이라는 보다 포괄적인 부문의 산업이다. 단일 시장을 실현하고 완성하는 과정에서 서비스 부문의 통합은 가장 어려운 것으로 드러났다. 유럽이사회는 2000년 리스본 아젠다

2007년 9월 유럽 집행위는 자유화와 개방을 통해 유럽에 통합된 에너지 시장을 창출하기 위해 새로운 계획을 발표하였다. 이 계획에 따르면 소규모의 에너지 회사들이 전기나 가스를 유럽 시장 내에서 자유롭게 사고 팔게 함으로써 에너지 가격의 인하를 유도한다는 것이었다. 독일의 E.ON 이나 RWE, 또 프랑스의 EDF나 GDF 같은 대규모 회사들은 이런 소규모 회사들이 난립하게 되면 러시아나 알제리와 같은 에너지 공급 국가와 대등하게 협상을 할 수 없을 것이라며 자신의 기득권과 지위를 보호하려 하고 있다.

정치적인 차원에서도 유럽연합의 다양한 회원국들의 입장은 서로 대립되었다. 자유화에 반대하는 프랑스와 독일의 입장은 오스트리아나 라트비아와 같은 7개 소규모 회원국이 지원하고 있다. 그 반대편에서 자유화를 강력히 희망하는 세력으로는 영국과 네덜란드가 주도하는 8개국이 있다. 연합의 27개국 가운데 나머지 국가들은 명확한 입장 표명을 하지 않고 있는 상황이다.

자유화에 대한 정책적 논의와는 별개로 유럽 에너지 시장에서 대기업들은 이미 상당한 집중화 과정에 있다. 예를 들어 프랑스·벨기에 합작 회사인 수에즈는 프랑스 GDF와 합병하기로 결정하였다. 또 이탈리아의 Enel 사는 에스파냐의 에너지 거인 Endesa를 인수한데 이어 2007년 11월에는 프랑스 EDF 사의 발전 사업에 참여하기로 결정하였다. 프랑스 정부는 전기 부문의 EDF 사의 주식을 아직 85% 정도 소유하고 있어 이 회사는 실제로 국영기업이다.

결국 유럽 집행위가 계획하는 유럽 에너지 시장은 발전과 에너지 공급에 있어 독점권을 철폐함으로써 자유로운 경쟁을 유도하는 것이라면, 프랑스나 독일의 구상은 자국 대기업들이 유럽 에너지 시장의 강력한 핵심 기관으로 부상하도록 하는 것이다.

를 통해 서비스 자유화를 보다 본격적으로 시행해야 한다고 결정하였고, 2002년 집행위는 '서비스 내부 시장 상황 보고서'를 통해 목표와 수단을 제시하였으며 2004년 1월에는 서비스 지침(Services Directive)가 채택되었다. 이 지침은 과거 '디종의 카시스' 판례를 통해 상품에 적용되었던 원산국 원칙을 서비스 전 분야에 적용하는 내용이었다. 이런 지침이 실행되면 예를 들어 영국의 건설 회사가 독일에서 건물을 지을 수 있게 되는 것은 물론, 회계나 안전, 노동 관리 등 모든 사안에서 영국의 법률만을 적용하여 일을 할 수 있게 되는 것이다. 달리 말해서 독일에서 사업을 하면서도 독일 법을 무시해도 된다는 의미이다. 당연히 높은 규제 수준을 가지고 있는 유

럽 국가들은 이러한 조치에 반대하였는데 프랑스와 독일, 그리고 스웨덴이 그 대표주자였다. 반면 2004년 새로 가입한 회원국들은 임금이나 법적인 규제 수준이 낮기 때문에 이러한 시장 개방에 적극 찬성하는 입장이었다. 이 서비스 지침은 노동 계급과 좌파 세력에 위기감을 불러 일으킴으로써 프랑스와 네덜란드에서 유럽 헌법에 관한 국민투표가 부결되는데 기여하였다. 그만큼 분쟁적인 서비스 분야의 단일 시장 통합은 따라서 다양한 수정안이 제기되었다.

50여 년간 지속된 유럽의 하나의 시장 만들기는 많은 우여곡절을 겪었지만 지금은 거의 마지막 부분에 도달하였다. 아직까지 국경을 넘어가면 제도적인 차이점이 존재하고 다양한 소비 문화가 있지만 유럽 단일 시장은 높은 수준의 통합 정도를 보여 주고 있다. 이번 장을 통해 공동 시장에서 시작하여 단일 시장까지의 진행과정을 살펴보면서 우리가 발견할 수 있는 특징은 시장의 형성과 통합이라는 것이 자연적으로 이뤄지는 것이 아니라 수많고 다양한 정치적 판단과 합의의 결과라는 사실이다. 단일 시장 형성의 또 다른 교훈은 시장 통합이란 장기간에 걸쳐서 이뤄져야 하는 과정이라는 점이다. 세계화, 국제화, 지역화는 모두 기존의 장벽을 허물고 개방을 실현하는 운동이다. 어떤 의미에서 자본주의가 발전하는 과정에서 장기적인 경향이라고 할 수도 있다. 하지만 이를 성공적으로 수행하려면 성급하게 서두르지 말고 그 속도를 경제의 발전과 균형 있게 조절해야 한다는 말이다. 끝으로 세계 선진 제국들이 모여 있는 유럽이지만 단일 시장의 형성은 자유주의나 시장주의에 대한 맹목적이고 이데올로기적인 믿음보다는 치밀한 국익의 계산과 유럽이라는 세력의 성장을 염두에 두고 진행되어 왔다는 경험에서 우리는 많은 시사점을 얻어야 한다.

참고문헌

김세원, 2004, 『EU경제학: 유럽경제통합의 이론과 현실』 서울: 박영사.

A. Sbragia(ed), 1992, *Euro-Politics: Institutions and Policymaking in the 'New' European Community*. Washington, DC: Brookings Institution.

A. Young, 2002, *Extending European Cooperation: The European Union and the 'New' International Trade Agenda*. Manchester: Manchester University Press.

G. Ross, 1995, *Jacques Delors and European Integration*. Cambridge: Polity Press.

R. O. Keohane and S. Hoffmann(eds), 1991, *The New European Community: Decision-Making and Institutional Change*. Boulder: Westview Press.

S. Meunier, 2005, *Trading Voices: The European Union in International Commercial Negotiations*. Princeton: Princeton University Press.

W. Sandholtz, 1992, *High-Tech Europe*. Berkeley: University of California Press.

유럽의 단일 화폐

"단일 화폐권의 형성은 단순히 과거의 장벽을 없앤다는 의미의 부정적인 통합이 아니라 새로운 정책을 만들어 낸다는 긍정적인 통합을 실천한 대표적인 사례이다."

유럽은 1999년부터 유로(Euro)라는 이름을 가진 하나의 화폐를 사용하고 있다. 국제적으로 널리 알려졌던 독일의 마르크나 프랑스의 프랑, 이탈리아의 리라 등의 화폐 명칭은 이제 역사의 뒤안길로 사라졌다. 과거에는 유럽의 몇 나라를 여행하려면 달러를 가지고 가서 국경을 넘을 때마다 환전하여 사용하곤 하였다. 유럽에서조차 달러가 일종의 공동 화폐의 역할을 담당했던 것이다. 아직도 아시아에서는 달러의 이러한 역할이 지속되고 있다. 한국인이 중국과 베트남과 태국을 여행할 때 가지고 나가는 돈은 달러이다. 그러나 이제는 유로가 유럽은 물론 그 이외의 지역에서도 달러와 경쟁하는 모습을 발견할 수 있다. 10여 년간 유로가 강력한 국제 화폐로 성장해 온 결과이다.

　물론 유로권이 유럽연합과 반드시 일치하는 것은 아니다. 유럽연합 회원국 중에서 기존의 자국 화폐를 포기하고 유로를 공식 화폐로 채택한 국가들은 일명 유로권(Euro Area)를 형성하고 있다. 2009년 현재 27개국의 유럽연합 회원국 중 16개국은 유로권에 참여하고 있는 반면 11개국은 아직 유로권에 동참하지 않고 자국의 화폐를 사용하고 있다. 화폐는 예로부터 외교 군사 분야와 함께 국가의 가장 기본적인 기능과 권한에 해당한다. 그 때문에 자국의 화폐를 포기하는 것은 국가의 주권과 관련된 중대한 사안이다. 영국이나 덴마크, 스웨덴과 같이 높은 경제 발전 수준으로 유로권 참여 조건을 충족시키고 있는 국가들조차 아직까지 선뜻 동참하기를 주저하고 있는 이유도 이 때문이다. 여기서는 왜 유럽 국가들이 통화 통합을 추진하여 왔는지, 이를 위해서 어떤 과정을 거쳤는지, 앞으로 단일 화폐권은 어떻게 운영되어 나갈 것인지, 그리고 국제 무대에서 유로의 역할은 어떤 방향으로 규정될 것인지 살펴보도록 한다.

유럽 통화 제도(EMS)

유럽 단일 시장의 형성이 1980년대 중반부터 1990년대 초반까지 세계의 관심을 집중시켰다면 1999년부터 2002년 사이의 시기에 다시 세계의 관심을 끌어 모은 것은 흔히 유로권이라고 일컬어지는 유럽 단일 화폐권의 형성이었다. 거시적인 차원에서 본다면 단일 시장의 형성에 이어 단일 화폐권이 출범하는 것은 당연한 순서로 보일 수도 있다. 실제로 27개 회원국이 각각의 화폐를 사용하면서 단일 시장을 형성한다는 것은 어불성설(語不成說)이다. 하지만 이 문제를 조금 더 자세히 들여다 보면 왜 단일 시장이 단일 화폐권보다 먼저 형성되었는지, 과연 단일 시장은 단일 화폐 없이 제대로 기능할 수 없는 것인지, 왜 일부 국가는 단일 화폐에 불참하고 다른 국가들은 참여했는지 등의 다양한 의문이 제기된다. 보다 심층적으로 이해하기 위해 우선 단일 화폐권이 형성되어 온 과정을 살펴보도록 한다.

유럽에서 통화 통합의 역사는 수십 년 전에 시작되었다. 유럽경제공동체

(EEC)는 1958년 유럽 통화 협정(EMA: European Monetary Agreemet)을 통해 회원국 통화 간의 환율 변동폭을 ±3%로 제한함으로써 브레튼 우즈 체제의 고정 환율 제도를 강화하였다. 그리고 그 이듬해 유럽의회는 미국의 연방준비제도와 같은 제도를 유럽에서도 실시해야 한다고 제안하였다. 이 제안은 실천되지는 못했지만 통화 통합의 개념이 이미 1950년대부터 구체적이고 공식적으로 등장했다는 점을 명확히 보여 준다. 1960년대 유럽의 통합이 진전되면서 공동 통상 정책과 공동 농업 정책은 유럽공동체 내 화폐들 간의 안정적인 환율의 중요성을 부각시켰는데, 이 같은 높은 상호 의존성은 1960년대 말에 본격적으로 나타나기 시작한 브레튼 우즈 체제의 위기로 인해 새로운 제도적 대처를 요구했고, 따라서 유럽공동체 정상들은 1969년 헤이그 회담에서 통화 통합은 유럽공동체의 장기적인 목적이라고 선언하였다. 이러한 목표 추진을 위해 마련된 베르너 보고서(Werner Report)는 통화 통합을 3단계로 나누어 1단계에서는 정책 조율과 협의를 강화하고, 2단계에서는 환율 변동을 국가의 합의를 통해 조정하도록 하며, 마지막 3단계에서는 미국의 연방준비제도와 같은 유럽의 중앙은행을 창설한다는 계획을 제안했다. 그 결과 변동 환율 시대를 맞아 1972년에는 유럽 최초의 공동 변동 환율제가 실시되었고, 1973년에는 유럽통화협력기금(EMCF)이 설립되었다. 하지만 환율이 일정한 한도 내에서 함께 움직여야 한다는 뜻에서 '터널 속의 뱀'(snake in the tunnel)이라 불렸던 이 첫 번째 시도는 국가 간 경제 정책의 차이와 1970년대의 심각한 경제 위기, 회원국들의 잦은 비협력적 태도 등으로 인해 실패하고 말았다. 근본적으로 독일의 경제 정책 최대 목표는 물가 안정이었던데 반해 프랑스나 이탈리아는 인플레가 조금 나타나더라도 성장을 중시하는 선호를 가지고 있었다. 따라서 이들 국가의 환율은 함께 터널 속을 헤쳐나가기 보다는 서로 다른 방향으로 이탈하는 성향이 너무 강했던 것이다.

유럽 통화 제도는 1979년부터 유로가 출범하는 1999년까지 20여 년간 성공적으로 운영되어 유럽 통화 안정에 기여하였으며, 유럽의 통화 통합을 달성하는데 기초가 되었던 제도이다. EMS를 만드는 계기를 제공한 것은 당시 유럽공동체 집행위원장인 젠킨스로서 그는 1977년 피렌체 연설에서 통화 통합은 점진적인 방식보다는 단숨에 이루어지는 결정적 전진을 통해서만 달성할 수 있다고 강조했다. 1978년 프랑스의 지스카르 데스탱 대통령과 서독의 슈미트 수상은 정치적 협상을 통해 유럽 통화 제도를 마련하기로 결정하고 그 이듬해부터 EMS를 출범시켰다. 프랑스와 독일의 합의가 가능했던 이유는 다음과 같다. 프랑스는 1970년대 스태그플레이션을 경험하면서 인플레가 반드시 성장을 가져오는 것은 아니라는 교훈을 얻었다. 따라서 독일과 마찬가지의 긴축 경제 정책이 필요하다는 인식을 갖게 되었던 것이다. 다른 한편 독일은 자국의 마르크가 세계 경제에서 신용 받는 화폐로 등장하면서 많은 자금이 마르크로 몰리는 현상을 겪게 되었다. 이는 마르크의 가치를 높여 독일의 국제 경쟁력에 악영향을 미쳤고 국내에 인플레 경향을 초래하였다. 따라서 독일도 새로운 유럽 차원의 화폐 단위가 필요하다는 인식을 갖게 되었다.

유럽 통화 제도는 공동 변동 환율제의 실패에서 얻은 교훈에 기초해서 만들어졌으며 4개의 요소로 구성되어 있다. 첫 번째 중요한 혁신은 유럽통화단위(ECU)라고 하는 바스켓 통화를 만들었다는 점이다. ECU는 각국의 경제적 비중에 따라 구성되어 있으며 중앙은행 간의 결제 통화로 사용된다. 또한 국가 간의 균형을 유지시키기 위하여 통화 가치가 높아지는 화폐의 비중은 줄이고, 반대로 가치가 낮아지는 화폐의 비중은 늘리는 조정 기제를 두었다. 둘째 요소는 환율조절장치(ERM)으로 EMS의 핵심 요소이며 환율의 변동폭을 ±2.25%로 제한하는 것이다. ERM의 혁신은 ECU에 대한 각 통화의 이탈 지수(indicator of divergence)를 만들어 환율이 변동폭을 넘어서게 되면 해당 국가의 중앙은행이 책임을 지고 시장에 개입하도록 하는 것이다. 셋째는 중앙은행들 간에 환율 방어를 위한 협조 융자 제도를 만들었다는 점이다. 환율이 변동폭의 상한선이나 하한선에 가까워지면 각국의 중앙은행들은 시장에서보다 낮은 금리로 해당국의 중앙은행을 지원하여 환율을 방어해야 한다는 것이다. 이를 보완하기 위해 넷째 요소가 등장하는데, 그것은 회원국 중앙은행의 외환 보유고 중 일부를 출자하여 유럽 통화협력기금(EMCF)을 만들어 어려움에 처한 국가의 통화를 지원하기 위해 초단기 융자를 제공한다는 것이다.

유럽 통화 제도가 출범할 당시 많은 전문가들은 독일이나 네덜란드와 같은 강한 통화를 가진 저 인플레 국가와 프랑스나 이탈리아와 같이 약한 통화를 가진 고 인플레 국가가 같은 통화 체제 내에서 조화를 이룰 수 없을 것이라고 예측했다. 하지만 유럽 통화제도는 출범 초창기인 1980년대 초반과 중반까지는 잦은 환율 조정을 거쳤지만 그 이후에는 매우 안정된 모습을 보여 주었다. EMS는 1979년부터 1987년까지 11차례의 환율 조정을 시행하였으나, 1987~1992년에는 단 한 차례의 환율 조정만이 필요했고, 그것도 이탈리아 리라화만 해당하는 작은 폭(−3.7%)의 조정이었다.

결국 유럽 통화 제도의 가장 중요한 목적이 유럽 내에 통화 안정 지역을 설립하는 것이라면 EMS는 회원국 간의 환율 변동을 안정시키는데 일단 성공했다고 판단된다. 하지만 이러한 환율 안정을 유지하기 위해서는 회원국의 통화 및 경제 정책의 자율성이 심각하게 제한된다는 사실도 깨닫게 되었다. 프랑스의 사회당 정부는 1981~1982년의 경기 활성화 정책을 적극적으로 추진하였으나, 그 결과로 재정 및 경상 수지 적자의 심화와 인플레가 나타나게 되었고, 이는 곧바로 프랑화의 평가 절하로 연결되었다. 프랑스는 1981년, 1982년, 1983년 세 차례에 걸쳐 프랑화의 평가 절하를 단행할 수 밖에 없었고, 이에 미테랑 정부는 1983년 경기 활성화 정책을 포기하고 EMS에 남기 위해 반인플레 정책으로 경제 정책의 기조를 전환하게 된다. 즉 프랑스와 이탈리아와 같은 전통적인 고인플레 국가들은 EMS 체제에서 마르크화와의 환율을 유지하기 위해 저인플레 정책으로 전환할 수밖에 없었고, 실제로 이들 국가의 물가 상승률은 1980년대 후반에는 독일과 비슷한 수준으로 낮아졌다.

출범한 지 불과 몇 년 뒤 프랑스의 탈퇴 위기를 맞던 EMS는 1980년대 중반 유럽 단일 시장 계획이 결정되면서 본격적으로 발전할 수 있는 기회를 갖게 되었다. 1986년 채택된 유럽단일의정서에 의하면 유럽공동체 회원국들은 1993년까지 물품과 용역, 그리고 노동과 자본의 자유로운 이동을 보장하기 위하여 모든 장벽들을 제거하고 국가 규제들을 조화시켜야 했다. 경제적 통합이 빠른 속도로 진전됨에 따라 통화 통합의 심화 문제도 자연스럽게 부상하였다. 당시 유럽공동체 집행위원장 들로르는 회원국 중앙은행 총재들과 함께 일명 들로르 보고서(Delors Report)를 작성하여 제출하였고 유럽이사회는 1989년에 보고서를 공식 채택하였다. 들로르 보고서는 베르너 보고서와 마찬가지로 3단계의 통화 통합안을 제안하고 있으며, 단일 시장을 형성하기 위한 경제 통합과 통화 통합은 동시에 진행되어야 한다는 점을 강조하고 있다.

들로르 보고서에 의해 통화 통합 논의가 크게 진전된 상황에서 프랑스의 미테랑 대통령과 독일의 콜 수상 사이에 마스트리히트 조약의 근간이 되는 물밑 협상이 성사된다. EMS로 인한 제약 때문에 통화 정책의 자율성을 상실했던 프랑스는 통화 통합을 성사시켜 유럽 차원에서 정책의 자율성을 부분적으로나마 확보하려 하였고, 독일은 조속한 통일을 이룩하는데 프랑스 정부의 지지가 필요했다. 다른 유럽 국가들도 통일된 독일의 세력 강화를 우려하여 통화 통합과 정치 통합을 통해 독일을 유럽공동체 내에 확실하게 묶어 두는 것이 중요하다고 인식하였다. 콜 수상은 독일의 통일을 추진하는 과정에서 통일된 독일은 유럽의 일원이라는 점을 수 차례 강조하였다. 독일은 프랑스와의 일괄거래(package deals)를 통해 1990년 통일을 달성할 수 있었고, 유럽 국가들은 1991년부터 경제통화동맹과 정치연합을 위한 정부 간 회의(IGC)를 개최하게 되었다. 그리고 유럽공동체 회원국 정부들은 1992년 2월 마스트리히트에서 정부 간 회의가 준비한 조약을 채택함으로써 유로 출범의 신호탄을 올리게 된다.

단일 화폐권을 향한 과정

마스트리히트 조약은 통화 통합을 다음과 같은 세 단계로 나누어서 추진하도록 하고 있다. 1990년부터 1993년 말까지의 1단계에서는 자본의 자유로운 이동을 완벽하게 보장하고, 모든 EC 회원국 통화들이 ERM에 참여토록 하며, 회원국 간 거시 경제 정책의 조정을 강화한다. 2단계는 1994년부터 1996년 또는 1998년 말까지인데, 이 기간에는 유럽중앙은행(ECB)의 전신으로서 유럽통화기구(EMI)를 설립, 통화 정책을 통한 정부 재정 적자 지원 금지, 각국 중앙은행의 독립성 확보, ECU를 구성하는 각 통화의 비중 확정 등이 이루어지며, 유럽 경제재정이사회는 1996년 말 과반수 이상의 회원들이 수렴 조건을 충족시켰을 경우 3단계로의 진입을 결정하거나 최소한 2개국 이상이 수렴 조건을 충족시켰을 경우 1999년부터 3단계로 진입하도록 하고, 1998년 7월에는 유럽중앙은행 설립 등의 조치가 취해져야 한다. 3단계에서는 유럽중앙은행제도(ESCB)를 창설하고, 환율을 완전히 고정시키며, ECU를 실질적으로 사용하고, 회원국 간 재정 경제 정책의 방향을 공동 결정한다.

마스트리히트 조약의 체결은 들로르로 대표되는 초국가기구 집행위원장

BOX 14

마스트리히트 조약은 유럽연합의 회원국이 단일 화폐권에 진입하기 위해 충족해야 하는 조건을 다음과 같이 결정하였다.

1. 재정적자가 국내총생산의 3% 이하
2. 공공부채가 국내총생산의 60% 이하
3. 물가 상승률은 그것이 가장 낮은 3개국 평균 물가 상승률과의 차이가 1.5% 포인트 이하
4. 이자율은 그것이 가장 낮은 3개국 평균 이자율과의 차이가 2% 포인트가 이하
5. 최소 2년간 환율제도(ERM)가 허용하는 변동 제한을 초과하지 않은 기록

이처럼 유로권에 동참하기 위해서는 안정적인 경제 운영을 기본 조건으로 하고 있다. 건전한 재정 및 통화 정책의 운영이 뒷받침되지 않는다면 유로를 도입할 수 없다는 의미이다. 이 때문에 유럽 국가들은 때로는 국내 정치적인 반발에도 불구하고 강력하게 긴축 정책을 추진하였고, 예를 들어 프랑스는 1995년 말 노동세력의 반발로 엄청난 사회적 시위와 혼란을 겪어야만 했다. 물론 막판에 유로권에 참여하는 국가를 결정하는 과정에서는 일부 정치적인 판단이 상기 기준보다 우선하기도 하였다. 예를 들어 이탈리아와 벨기에의 공공 부채는 마스트리히트 기준의 두 배가 넘었는데, 유럽의 정상들은 현격하게 축소하는 경향이 중요하다며 이들을 유로권 초기 회원국으로 받아들였다. 21세기 들어서 유럽연합에 가입한 중·동구 국가들도 유로권에 동참하기 위해서 성장보다는 안정을 중시하는 정책을 택할 필요가 있다. 하지만 공산주의 체제로부터 시장 경제로 이행하는데 이미 심각한 사회적 부담을 강요한 이들 국가의 입장에서 쉽게 성장을 포기하고 안정을 선택하기는 어려운 것으로 보인다.

의 제안에 대해 강대국들인 프랑스와 독일이 협상을 통해 통화 통합을 추진하기로 합의한 결정의 결과이다. 영국과 덴마크는 마스트리히트 조약의 일부 조항에 대해 동참하지 않을 수 있는 선택권을 인정받았지만, 이 조약은 나머지 국가들에 대해서는 늦어도 1999년부터는 조건을 충족시킬 경우 참여 국가의 수가 적더라도 3단계로 강제적으로 돌입해야 한다는 강력한 내용의 것이었다. 그만큼 유럽 통화 통합의 추진 배경에는 정치적인 의지와 법적인 구속력이 강하게 작용하고 있다는 것을 보여 준다.

마스트리히트 조약은 발효되기 이전부터 각 회원국의 비준 과정에서 어려움을 겪게 된다. 1992년 6월 덴마크 국민들은 마스트리히트 조약에 대한

국민투표에서 근소한 차이로 반대 의사를 표명함으로써 순조로운 통합의 진행에 대한 위기 의식을 고조시켰으며, 이어서 같은 해 9월에 실시될 예정인 프랑스의 국민투표에서도 반대파의 승리 가능성이 제기되는 상황이었다. 이 같은 정세에 대한 불안감은 국제 금융 시장에 확대 전파되어 국제 투기 자본이 ERM의 환율 변동폭을 공격하는 현상으로 나타났고, 결국은 이 과정에서 1992년 9월 영국과 이탈리아가 ERM에서 탈퇴하고, 1993년 8월 ERM의 환율 변동폭을 ±15%로 확대함으로써 사실상 ERM의 환율 안정 기능을 포기하는 결과가 초래되었다.

ERM 위기의 발생 원인으로는 여러 가지 요인들이 복합적으로 작용했다고 볼 수 있다. 우선 유럽 통화 제도가 1980년대 후반부터 실질적인 고정 환율 체제로 변하면서 경직성이 강화되었고, 그 결과 환율이 더 이상 각국의 경제 지표를 반영하지 못하게 되었다. 둘째 세계 금융의 등장으로 국경을 넘어 이동하는 자본의 양은 크게 증가한 반면 주요 국가들의 외환 보유고는 상대적으로 적게 증가하여 불균형이 심화되었으며, 특히 유럽은 단일 시장 계획을 추진하는 과정에서 자본의 이동에 대한 통제를 완벽하게 제거하여 이러한 불균형에 노출되어 있었던 것이다. 셋째 독일이 통일을 진행시키는 과정에서 막대한 재정 적자가 발생하자 물가 상승을 막기 위해 긴축 통화 정책을 폄으로써 이율의 상승을 초래했고, 이는 결국 통일 비용의 상당 부분을 해외에서 조달하는 결과를 낳았다. 그리하여 독일의 마르크화는 국제 금융 시장에서 더욱 강세를 보이게 되었던 것이다.

유럽 환율 조절 장치의 실질적 붕괴에 따라 경제통화동맹의 실현 가능성은 어느 때보다 낮아 보였다. 미국의 학자들은 대부분 경제통화동맹의 성공에 대해서 비관적이고 회의적인 시각을 나타냈다. 펠드스타인(M. Feldstein)은 환율 변동의 유연성을 잃은 유럽 국가들은 경제적 충격이 가해질 경우 실업 문제를 해결할 수 없는 국면에 봉착하게 된다고 주장했다.

유럽 통합의 축적된 경험에 대해서 비교적 긍정적인 시각을 가지고 있는 카메론(D. Cameron) 조차도 ERM 위기로 인해 "매우 '강한' 통화를 가진 아주 제한된 수의 국가들만이 유럽경제 통화 동맹의 3단계로 돌입할 수 있을 것"이라는 예측을 내놓았다. 이와는 대조적으로 유럽의 통화 문제 전문가 티게슨(N. Thygesson)은 "1993년 8월 초의 환율 변동폭 확대 결정은 중요한 퇴보를 의미하는 것이지만 유럽 통화 제도의 완전한 해체보다는 훨씬 긍정적인 것이었다"라고 평가하면서 "실현 가능성이 높은 시나리오는 각국 정부들이 하나 둘씩 과거의 좁은 변동폭으로 돌아오는 것"이라며, 이미 네덜란드가 이 같은 방향을 선택했고 1994년 내에 이러한 경향이 강화될 것이라고 예상했다.

실제로 1993년부터 1998년까지 유럽 국가들이 ERM 위기를 극복하고 유럽경제통화동맹의 마지막 단계에 동참하기 위하여 기울인 노력은 놀라운 것이었다. 1995년 기준으로 마스트리히트 조약의 재정 적자 수렴 조건을 충족시키는 국가는 15개국 중 덴마크와 아일랜드뿐이었고 EU 평균 재정 적자 수준은 국내 총생산의 5.2%였다. 그러나 1997년 경제 지표를 보면 그리스를 제외하고는 모든 국가가 재정 적자 수준을 3% 내외로 줄이는 데 성공한 것이다. 1995년 당시 국내총생산 대 재정 적자의 비율이 5%를 넘는 국가가 9개국이나 되었다. 프랑스, 오스트리아, 핀란드, 포르투갈, 영국 등이 모두 5%선이었고, 에스파냐 6.6%, 이탈리아 7%, 스웨덴 7.7%, 그리스 9.2% 등이었던 것이다. 물론 이 과정에서 각국 정부들이 각종 회계상의 편법을 사용했거나 사용하려고 시도했던 것도 사실이지만 이는 오히려 유로권에 동참하려고 하는 정치적 의지의 표현이라고 보아도 좋을 것이다.

ERM 위기와 같은 어려움 속에서도 각국 정부들이 경제통화동맹의 계획을 성공적으로 실천한 원인을 정리해 보면 다음과 같다. 첫째 유럽공동체 회원국 정부들은 1980년대 초부터 EMS와 그후 1990년대 EMU의 실현을 위해서는 정부의 재정 적자를 축소하고 물가 상승률을 억제해야 한다는 주장을 반복해 왔다. 이러한 반 인플레 정책의 결과는 낮은 경제 성장과 높은 실업률로 표출되었고, 이에 대한 국민의 불만을 무마하기 위해서는 자국만이 유럽 통합에서 떨어져 나올 경우 유럽의 외톨이가 될 것이라는 불안 심리를 자극할 필요가 있었다. 이처럼 집권 세력의 정치 전략의 일환으로 사용된 유럽 통합의 필요성은 시간이 지남에 따라 실제로 집권 세력으로 하여금 통화 통합에서 이탈할 수 없는 '자승자박'의 결과를 낳은 것이다. 프랑스의 사회당 정부나 독일의 기민당–자민당 연립 정부의 경우가 바로 이러한 경우에 해당하고, 이 같은 전략을 전혀 사용하지 않은 영국은 결국 EMU에 불참하였다. 둘째, ERM 위기는 보기에 따라서는 EMU 실천의 어려움을 보여 주는 사건이었지만 동시에 EMU의 필요성을 부각시킨 사건이기도 했다. 달리 말해서 ERM 위기를 통해 각국 정부들은 국가 간의 긴밀한 협력에도 불구하고 국제 투기 자본의 공세를 저지할 수 없다는 교훈을 얻게 되었고, 이는 단일 화폐권 형성을 통한 안정적 경제 환경의 필요성을 더욱 강화하였다. 셋째 유럽연합 국가들은 1997년부터 예상 밖의 경제적 호황을 맞아 수렴 조건을 충족시키는데 도움을 받았다. 프랑스는 1997년 0.8%의 물가 상승률과 3% 경제 성장률, 그리고 이탈리아와 에스파냐도 각각 2% 미만의 물가 상승률과 2.8%, 3.6%의 경제 성장률을 달성하였다. 독일 역시 1.1% 물가 상승률과 2.4%의 경제 성장률을 기록했다.

결국 유럽 정상들의 모임인 유럽 이사회는 1998년 5월 1, 2일 브뤼셀 회담에서 독일, 프랑스, 베네룩스 3국, 오스트리아, 이탈리아, 에스파냐, 포르투갈, 아일랜드, 핀란드 등 총 11개국이 1999년 1월부터 경제통화동맹의 최종 단계에 돌입할 것이라고 결정하고, 2002년 1월에는 유로화의 지폐와 동전을 도입하여 그해 7월까지 유로화가 기존의 10개 통화(벨기에와 룩셈부르크는 같은 벨기에 프랑을 사용하고 있었다)를 완전히 대체할 것이라고 선언했다. 1999년부터 2002까지의 이행기간 동안에는 은행 간의 결제, 정부 예산이나 기업의 회계, 상품과 용역의 매매 등 모든 분야에서 유로화와 기존의 통화를 병행해서 사용할 수 있었다. 이 같은 유로권의 출범은 향후 국제 통화 질서에 구조적인 변화를 초래하고 전세계에 거대한 영향력을 미칠 획기적인 변화였다.

통화 통합의 논리

제한된 영토 내에서 통화를 독점적으로 발행하고 그 수급을 조정하는 것은 근대 국가의 중요한 주권 요소 중에 하나라고 할 수 있다. 이런 관점에서 본다면 유럽의 통화 통합은 이에 참여하는 국가들이 주권의 상징적인 요소인 통화 정책을 포기한다는 의미이며 통화 정책의 포기는 재정 정책에 강력한 제약 요인으로 작용하기 때문에 결국은 대부분의 경제 정책 부문에서 독립적이고 자율적인 정책 권한을 포기하는 것으로 이해할 수 있다. 그렇다면 유럽연합 국가들은 어떤 논리에 따라 자신의 주권이 관련된 통화 정책을 포기하고 단일 화폐권을 형성하고 있는가. 우선 경제적인 논리의 차원에서는 효율적인 자원의 배분을 통한 경제 성장과 고용 창출에 있어 유럽 단일 화폐권 형성의 득과 실을 비교하는 것이 그 유용성을 판단하는 기준이 된다. 둘째는 정치적인 논리에 따라 단일 화폐권의 형성이 가져오는 권력 배분의 변화라는 기준을 중심으로 유로 출범을 분석해 본다. 마지막으로 경제적 논리와 정치적인 논리가 어떤 상호 관계 속에서 화폐 통합이라는 결과로 나타나게 되었는지 복합적으로 조명해 본다.

각자 자신의 화폐를 가지고 있던 여러 국가들이 하나의 단일 화폐로 통합함으로써 발생하는 경제적 이득은 미시적인 차원과 거시적인 차원에서 나누어 볼 수 있다. 우선 미시적인 차원에서 단일 화폐권이 가져오는 중요한 이득은 환율의 변동에서 초래되는 불확실성을 축소시켜 준다는 것이다. 유로권이 출범함으로써 유럽 시장 내에서 가격은 보다 투명해지고 기업 간의 경쟁은 강화되며, 모든 경제 행위자들은 보다 정확한 정보를 얻을 수 있을 것이다. 게다가 유럽은 1993년 단일 시장의 형성을 통하여 물품과 용역, 그리고 노동과 자본의 자유로운 이동을 보장하였기 때문에 이러한 단일 시장의 혜택을 완벽하게 누리기 위해서는 단일 화폐권의 형성이 '당연한' 결과라는 논리이다. 결국 미시 경제적인 차원에서의 이득은 불확실성의 축소라는 직접적 요인과 시장 통합 효과의 극대화라는 간접적 요인으로 구성되어 있다고 볼 수 있다.

단일 화폐권 형성의 거시적 이득은 우선 환율을 방어하기 위해서 막대한 외환 보유고를 유지할 필요가 없기 때문에 자원을 보다 효율적으로 이용할 수 있다는 점이다. 유럽이 기존에 운영해 온 유럽 통화 제도는 환율의 변동을 억제함으로써 환율의 안정을 가져오는 데 어느 정도 기여했지만, 각국이 자신의 화폐를 유지하는 한 급격한 환율 변동의 위험은 항상 존재하는 것이고 따라서 외환 시장에 개입하기 위해 외환 보유고를 늘릴 필요가 있었던 것이다. 하지만 단일 화폐권이 형성되면 각국의 정부는 환율 방어와 같은 단기적 정책보다는 구조적인 경제 정책에 집중할 수 있게 된다. 또 다른 거시적 이득으로는 유로권에 참여하는 국가들이 물가 안정 정책에 대한 국제적 신용을 얻을 수 있다는 점이다. 이는 과거 EMS 체제 아래 프랑스나 이탈리아와 같은 고 인플레 국가들이 독일 마르크화와의 준 고정 환율 제도를 통해 자국의 환율을 방어하는데 성공한 것과 마찬가지의 경우이다.

그러나 단일 화폐권의 형성이 가져오는 부정적 효과도 무시할 수 없다. 가장 대표적으로 들 수 있는 부정적 효과는 각국의 정부가 환율을 단기적인 경기 조정의 정책 도구로 사용하지 못함으로써 비대칭적 충격이 가해질 경우 성장과 고용을 유지하기 위한 정책 수단을 상실한 것이다. 경제학에서 개발된 최적 통화 지역(OCA: Optimal Currency Area) 이론은 바로 이러한 비대칭적 충격에 대한 대응을 논의 하고 있다. 충격의 비용은 물가와 임금의 유연성, 자본과 노동의 이동성, 그리고 지역 간의(또는 국가 간의) 재정적 재분배 기능이 발달되었을수록 낮아진다는 것이다. 따라서 최적 통화 지역 이론에 의하면 유럽은 노조의 역할이 전통적으로 강하기 때문에 임금의 유연성도 낮은 편이고, 미국과 비교해 보았을 때 자본이나 특히 노동의 이동성 역시 낮으며, 유럽연합은 미국의 연방 정부와 같은 재정적 재분배 기능을 행사하지 못하고 있기 때문에 최적 통화 지역이라고 할 수 없다. 결국 경제적인 논리의 시각에서 볼 때 유로권의 출범은 명확한 필요성과 이득을 확실하게 가져다 준다는 이론적 기초를 결여한 채 이루어졌다. 따라서 유럽 경제통화동맹은 경제적으로 불확실한 모험을 가능하게 한 정치적 논리를 통해 설명되어야 할 것이다.

유럽연합의 국가들이 확실한 경제적 논리에 의해서 EMU를 추진한 것이 아니고 정치적인 동인이 더욱 중요했다고 한다면 통화 주권의 포기는 그만큼 이해하기 어려운 퍼즐로 우리에게 다가온다. 정치학의 관점에서 본다면 유럽의 통화 통합을 다음과 같이 분석해 볼 수 있다. 첫째는 국제 정치학의 현실주의 학파를 대표하는 정부 간 협상주의(intergovernmentalism)의 시각으로, 회원국 정부 간의 협상을 통해서 강대국의 이해가 반영되는 편으로 통합의 방향이 결정된다는 것이다. 그러나 정부 간 협상론이 중요시하는 강대국들의 권력이나 강제력의 행사를 실제로 검증할 방법이 마땅치 못한 형편이다. 게다가 영국, 덴마크, 스웨덴은 통합에 참여할 자격을 갖추었는데도 불구하고 참여하지 않았는데, 이는 현실주의 학파에서 주장하는 구조적 권력이나 강제력에 의해 EMU가 진행되지는 않았다는 점을 보여 준다.

둘째 연계 정치(linkage politics)의 차원에서 통화 통합을 분석할 수 있는데, 대표적으로 독일과 프랑스 사이에 나타난 통화 통합과 독일의 통일에 관한 연계를 들고 있다. 독일의 경우 통일을 조속히 실현하기 위해서는 전승국인 프랑스의 지지가 필요했고, 프랑스는 통화 통합을 적극적으로 추진하기 위해서는 유럽 경제의 중심 국가인 독일의 지지가 필요했던 것이다. 이들 사이에 이루어진 타협은 독일의 조속한 통일과 유럽 경제 통화 통합의 결정이었던 것이다. 연계 정치를 통한 분석은 상당한 설득력을 가지고 있음에도 불구하고 실질적인 상관관계를 증명하기 위해서는 구체적인 정책 간의 거래(deal) 관계를 제시해야 하는 어려움이 따른다.

셋째, 국내에서 나타나는 분배의 정치(domestic distributional politics)라는 시각에서 통화 통합의 설명을 시도할 수 있다. 이 경우 변동 환율 제도에서 상대적으로 안정된 고정 환율 제도로, 그리고 더 나아가 단일 화폐권의 형성으로 변해 가는 과정에서 득을 보는 집단과 피해를 보는 집단 간에 나타나는 정치적 움직임을 통해 통화 통합을 설명하는 것이다. 그러나 분배의 정치를 통한 접근은 단일 화폐권의 형성에 따른 분배적 효과를 충분히 예상할 수 있는 상황에서 가능한 것이고, 단순히 환율의 불확실성 축소에 따른 득실에 따라 경제 행위자들이 움직이게 될 것이라고 보기도 어렵다. 그리고 영국과 같이 세계에서도 손꼽히는 금융 시장을 보유하고 있는 국가가 단일 화폐권에 동참하지 않았다는 사실은 분배의 정치를 통한 설명이 통화 통합의 근본적인 동력을 제시해 주지는 못한다는 점을 보여 준다.

위에서 살펴본 바와 같이 경제적 논리에서 볼 때 유럽의 통화 통합은 미시 거시 경제적 득을 가져오지만 이에 따르는 비용 역시 만만치 않으므로 유로권의 출범은 하나의 모험이라고 해도 과언이 아니다. 마찬가지로 정치적인 논리에서 볼 때 유럽의 통화 통합은 국제 정치의 권력 게임이나 연계 정치, 또는 국내 정치의 배분의 정치라는 차원을 내포하고 있지만, 이러한 논리로 통합의 퍼즐을 풀기는 어려운 것으로 보인다. 따라서 유럽의 통화 통합을 이해하기 위해서는 기존의 순수한 경제적 또는 정치적 논리와는 차원이 다른 설명의 틀이 필요하다.

유럽 통화 통합의 정치·경제적 의미를 이해하기 위해서는 첫째 단기적인 결정의 함정에서 벗어나 보다 장기적이고 역사적·거시적인 시각을 가져야 한다. 기존의 연구들은 대부분 왜 1980년대 중반에서 1990년대 초반에 이르는 기간에 독일, 프랑스, 이탈리아 등의 유럽 내 강대국들이 단일시장의 형성을 결정하는 단일유럽의정서(SEA)와 경제통화동맹(EMU) 구성을 목표로 하는 마스트리히트 조약을 체결했는가에 집중되어 있었다. 그러나 SEA나 EMU는 1980년대 갑자기 부상한 통합 계획이 아니다. 이 같은 통합안들은 제2차 세계대전 이후부터 시작된 유럽 통합의 역사적 과정의 산물이다. 따라서 유럽의 경제통화동맹 역시 유럽 국가와 민족들의 반세기가량 지속되어 온 '운명 공동체' 형성의 한 단계로 보는 것이 합당할 것이다. 특히 단기적인 국익의 편협한 정의에서 벗어나 역사적으로 형성된 통합의 제도적 기반을 감안해야지만 단일 화폐권의 형성과 같은 획기적인 주권의 포기를 이해할 수 있을 것이다.

둘째, 유럽 통합 운동을 바라보는데 있어서 국가 중심적인 시각에서 벗어나 초국가적 기구와 행위자들의 역할을 인정해야 할 것이다. 유럽공동체는 1980년대에 이미 자신의 정책적 권한과 개입 영역을 상당히 확대해 왔기 때문에 통합에 중요한 역할을 담당하여 왔다. 따라서 회원국들만의 입장을 중심으로 통화 통합을 설명하는 것은 적절하지 못한 접근법이며, 유럽 집행위원회나 유럽의회의 '정책 사업가'(policy entrepreneur)적인 역할이 핵심적인 동력을 제공했다는 사실을 인식해야 할 것이다. 이와 동시에 초국적 자본이 유럽 차원에서 연합하여 통화 통합을 요구하는 초국가적 세력으로 등장한 것도 국가 중심적인 시각에서는 상대적으로 무시하던 요인이었다. 결국 유럽의 통화 통합은 회원국 정부와 초국가적 기구 및 초국적 자본의 상호 관계 속에서 이루어졌다고 보는 것이 적합하며, 이러한 시각은 다층 정치 구조론(multi-level governance)이나 정치체로서의 레짐론(regime-as-polity)이라고 불린다.

셋째, 유럽의 단일 화폐권 형성을 거시 역사적으로 구성된 정치체의 계획으로 본다면, 유럽의 정체성이라는 문화적 차원을 고려해야 할 것이다. 달리 표현하자면 유럽의 국가들이 통화 통합을 추진하는 근본적인 원인은 세계 금융의 등장으로 인해 이미 잃어버린 정책적 자율성을 회복하자는 의지에 있는 것이고, 이러한 의지를 실현하는 방법으로는 반세기의 통합으로 형성된 유럽 차원의 정체성에 바탕을 두고 미국의 달러와 같은 국제 통화를 발행하겠다는 것이다. 따라서 한 정치 단위의 정체성이 다른 정치 단위와의 상호 관계에서 강화되듯이, 유럽의 통화 통합도 미국 달러의 독주에 대한 유럽 국가들의 반발에 의해 촉진되었다고 볼 수 있다. 이 같은 사실은 마스트리히트 조약이 경제통화연합과 함께 정치 연합의 차원도 동시에 포함하고 있다는 사실에서 자명하게 드러난다.

유로권의 출범을 뒷받침하는 논리는 단순한 경제적 계산이나 국가 중심적인 정치학적 접근법으로는 설명하기 어렵다. 통화 통합의 정치 경제는 장기적으로 형성된 제도적 기반과 초국가적 기구 및 자본이 능동적인 역할을 수행하는 정치체, 그리고 국제 무대에서 미국 및 동아시아의 부상에 대응하기 위한 유럽 정체성의 형성과 같은 요인들을 통해서 설명이 가능한 것이다.

유로권에 대한 평가

유로권은 2009년 현재 회원국 16개국(1999년 출범 이후 그리스가 2000년부터, 슬로베니아가 2007년부터, 그리고 키프로스와 몰타가 2008년, 슬로바키아가 2009년부터 동참하였다) 인구 3억 2천여 만 명에 국내총생산 규모가 미국과 비슷한 수준의 거대한 경제 세력으로 세계 총생산의 1/6 정도를 차지하고 있으며, 21세기 국제 정치 경제 질서에 결정적인 변화요인으로 등장하였다. 따라서 앞으로 유로권에 대한 평가와 전망은 세계 경제 질서 재편을 이해하는데 필수적인 요소이며, 역외 국가에 미치는 영향을 분석하는데도 하나의 전제 조건으로 떠오른다. 여기서는 우선 유로권의 운영 방식을 검토함으로써 지난 10여 년간의 유럽 경제통화연합의 통화 정책 방향을 평가해 본다.

유로권은 1999년 1월부터 역내 국가들의 통화 정책 권한을 독점적으로 행사해 왔다. 유로권의 통화 정책 결정권은 유럽중앙은행 관리위원회에 있다. 유럽중앙은행은 1998년 7월 프랑크푸르트에 유럽통화기구를 대체하면서 설립되었고 6인의 이사진을 두고 있다. 관리위원회는 유럽중앙은행의 이사 6인과 유로권 16개 회원국 중앙은행 총재로 구성되며 이들은 독립적으로 통화 정책을 결정한다. 유럽중앙은행의 임무와 유럽 통화 정책의 가장 중요한 목표는 유로권 내의 물가 안정을 추구한다는 것인데, 이는 독일 연방은행의 독립적이고 물가 안정을 지향하는 통화 정책의 전통을 그대로 답습한 것이다.

유럽중앙은행 및 관리위원회의 인적 구성을 볼 때 유로권의 통화 정책은 과거 독일의 통화 정책과 마찬가지로 안정 정책을 지향하고 있다. 초창기 유로권 회원국 중앙은행 총재들은 모두 1990년대 마스트리히트 수렴 조건을 충족시키기 위해서 물가 안정 정책을 적극적으로 추진해 온 인사들이고, 새로 임명된 유럽중앙은행 이사진도 대부분 이러한 성향을 가진 회원국 중앙은행 출신들이다. 따라서 유럽중앙은행의 통화정책은 유로권의 평균 물가 상승률을 억제하는 방향으로 금리 정책을 전개해 온 것으로 보인다. 1998년 12월 유럽중앙은행을 물가 안정을 위해 공통 기준 금리 3%를 철저하게 고수한다는 방침을 밝혔지만, 고용과 성장을 중시하는 독일의 슈뢰더 정부 등 각국의 좌파 정부들은 경기 부양을 위한 금리 인하를 주장하여 갈등을 빚은 바 있다.

유로를 출범시키면서 내세운 목표 중에서 가장 효율적으로 달성된 목표라고 한다면 안정적 경제 환경의 제공을 들 수 있을 것이다. 실제로 유로권은 물가 안정을 가져오는 데 크게 기여하였고 유로권 내부의 국가들 사이에도 상당한 수렴 현상이 나타났다. 또한 거시 경제적 목표인 물가 안정을 낮은 이자율이라는 경제 활동에 기여할 수 있는 조건아래 성사시켰다는 점에서 높이 평가 받을 수 있을 것이다. 유로권의 단기 이자율은 이 지역의 50여 년 역사상 가장 낮은 수준이고, 장기 이자율 역시 지난 1970년대 이후 가장 낮은 수준이다. 유로 초창기에 불어온 여러 가지 충격의 바람에도 불구하고 이같이 안정적인 경제 환경을구현할 수 있었던 점도 긍정적인 평가를 받을 수 있다. 유로 출범과 동시에 그 여파가 영향을 미쳤던 1998년 아시아 경제 위기, 2000년 유가 폭등, 2001년 주가 폭락 및 세계 무역 성장 둔화 등의 충격에도 불구하고 유럽중앙은행은 유로권을 안정적으로 운영하는데 성공하였다.

유로권의 통화 정책이 안정 지향적일 수밖에 없었던 또 다른 근거는 유럽의 안정 성장 협약(SGP: Stability Growth Pact)이다. 독일은 유럽 경제 통화동맹에 참여하는 국가들이 유로권 출범 이전까지만 수렴 조건을 충족하여 일단 유로권에 동참한 다음에, 다시 재정 적자를 통한 경기 활성화 정책을 채택할 것을 우려하여 안정 성장 협약을 강요하였다. 안정 성장 협약

BOX 15

몰타는 인구 40여 만 명에 불과하지만 엄연한 유럽연합의 회원국이다. 2004년 5월 다른 중동유럽 국가들과 함께 연합에 가입하였고, 2008년 1월부터는 유로화를 도입하여 유로권 회원국이기도 하다. 과거 1970년대까지 몰타는 영국군의 기지가 경제의 중요한 축을 형성하고 있었으나 기지 철수 이후 어려움을 겪어 왔다. 하지만 유럽연합 가입과 유로권 진출로 21세기 새로운 경제 호황을 누리고 있다.

몰타의 유럽연합 가입으로 나타난 가장 두드러진 효과는 엄청난 투자의 유입이다. 몰타는 다른 회원국에 비해 매우 낮은 세제를 가지고 있고 비슷한 조건의 룩셈부르크나 더블린에 비교했을 때는 경쟁력 있는 임금 수준을 보여 주고 있다. 따라서 유럽의 자본이 몰타로 대거 몰려오는 것이다. 이들은 주로 금융 서비스의 한 틈새 시장에 집중되고 있는데 바로 회사 자체 보험 서비스이다. BMW, 르노, 푸조, 폭스바겐, RWE, 보다폰 등 대기업들은 자회사의 보험 금융 서비스를 모두 몰타에서 운영하고 있다. 또한 250여 개의 헤지 펀드가 몰타에서 근거를 두고 활동하고 있으며 이들이 관리하는 자금의 규모는 75억 유로로 유럽가입 3년 만에 7배나 늘었다.

다른 한편 루프트한자(Lufthansa)와 같은 항공회사는 몰타에 항공 정비 기지를 설립하였으며, 제약산업도 몰타에 관심을 가지고 투자를 늘리고 있다. 또한 자국 두바이 교외에 인터넷 시티를 건설한 바 있는 UAE는 유럽연합에 전진 기지로 몰타에 유사한 시설을 만들 계획을 추진하고 있다. 그 결과 몰타에는 3,500여 정보 산업 고용 효과가 발생할 것으로 예상되고 있다. 유럽연합 가입은 몰타에게 황금과 같은 기회를 안겨준 셈이다.

이란 1997년 이후에도 마스트리히트 수렴 조건을 계속 지키게 하기 위하여 재정 적자가 적정 수준을 넘고 공공 부채가 증가하는 국가에 대해서는 벌금을 부과하는 제도이며, 1997년 6월 암스테르담에서 열린 유럽이사회에서 결정된 것이다.

안정 성장 협약의 아이러니는 원래 독일이 다른 국가들의 거시 경제 정책을 믿지 못해 엄격한 규정을 지키도록 도입하였으나, 실제로 그 적용 과정을 보면 독일, 프랑스와 같은 대국들이 협약을 위반하였고 대부분의 다른 국가들은 협약을 준수했다는 점이다. 결국 독일은 자신이 만들어 놓은 규칙을 자신이 제일 먼저 위반한 셈인데, 유럽 내 강대국이기 때문에 스스로에 대해서 느슨한 규칙을 적용한다는 비판에 직면하게 되었다. 더구나

2003년 11월 유럽집행위원회는 안정 성장 협약의 재정 적자 기준을 지키지 못한 독일과 프랑스 정부를 일명 과잉 적자 절차(Excessive Deficit Procedure)를 통해 제제하려고 하였으나, 이들 강대국이 커다란 영향력을 가지고 있는 재무분야 각료이사회(ECOFIN)는 이를 거부하였다.

경제 성장 협약과 관련하여 유럽연합은 2005년 3월 기존의 기준을 상당히 유연하게 운영하도록 완화하였다. 경제 위기나 장기적인 경기 불황의 경우 재정 적자의 국내총생산 3% 이내 기준과 국내총생산 대비 공공 부채 60%의 기준을 유연하게 적용토록 하였다. 원칙적으로 이러한 기준을 위반할 경우 벌금을 부과할 수 있도록 하였으며, 이러한 재정 정책을 감독하는 권한은 유럽 집행위원회가, 그리고 최종적으로 분쟁이나 이견을 조정할 수 있는 권한은 유럽법원에 있는 것으로 결정하였다. 또한 매년 유로권 국가들은 '안정 프로그램'에 따라 자국 재정 상황에 관한 보고서를, 그리고 유로권 이외 국가들은 '수렴 프로그램'에 따른 보고서를 제출하도록 규정하였다.

적어도 단기적으로 본다면 2005년 안정 성장 협약의 조정은 유로권 회원국들의 재정 상황을 건전하게 변환시키는데 상당히 성공한 것으로 보인다. 2006년도 유로권 국가들의 평균 재정 적자는 국내총생산 대비 2%대로 안정적 수준에 도달해 있으며, 문제를 일으켰던 프랑스의 경우도 2005년 2.9%, 2006년 2.7% 등으로 점진적인 적자 축소에 성공하고 있다. 독일 역시 프랑스와 마찬가지로 3% 이내에서 재정 적자를 조정하고 있다. 다만 이탈리아와 포르투갈이 과잉 재정 적자 상태로 돌입했다는 점을 지적해야 할 것이다.

이처럼 유로권은 강한 유로화를 지향하는 정책을 추진해 왔다. 재정 적자와 공공 부채의 지속적인 감축을 필요로 하는 강한 유로화 정책은 그 일차적인 목표인 물가 안정을 지속 시키는 데는 성공한 것으로 보인다. 일례로 유로 출범 이후 유로권의 물가 상승률은 1~2.5% 수준을 유지하였다(도표 2). 다만 2007년 후반기 11월의 경우 석유 가격의 폭등에 영향을 받아 처음으로 3.1%정도로 상승하는 모습을 보이고 있다. 불행히도 유로권의 출범은 10%대를 오르내리고 있는 유럽의 실업률을 해결하는 데는 기여하지 못했다. 2006년 현재 유로권의 평균 실업률은 8%로 경기의 향상으로 인해 과거 보다는 낮은 수준이며 조금씩 줄어들고 있는 상황이다. 하지만 독일(10.4%)이나 벨기에(13%)와 같이 높은 실업률을 가지고 있는 지역과 아일랜드(4.4%)나 오스트리아(4.8%)와 같은 매우 낮은 실업률을 보이고 있는 지역 간의 차이는 여전하다.

이처럼 유로권 내부에서 나타나는 비대칭적 충격에 대해서 유로권은 어떻게 대응해 왔는가? 이 문제는 이미 최적 통화 지역 이론에서 지적한 바와 같이 임금의 유연성, 노동의 이동성 또는 재정적 재분배에 의해서 해결될 수 있다. 그러나 임금의 유연성이나 노동의 이동성은 단기적으로 변화시키기 어려운 변수들이라고 할 수 있다. 따라서 유로권 내의 비대칭적 충격 문제를 해결하기 위해서는 재정적 재분배의 기능을 강화하는 방법밖에는 없다는 결론이 도출된다. 미국이나 캐나다와 같은 연방 국가에서는 지

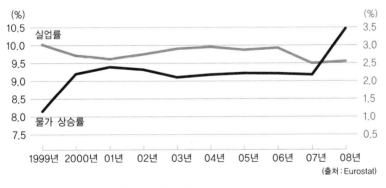

도표 2. 유로권의 실업률과 물가상승률

역적으로 나타나는 비대칭적 충격에 대해 연방 예산을 통한 재정적 재분배를 실시함으로써 해결책을 찾고 있다. 그러나 유럽은 이 같은 재정 연방주의를 실시할 수 없는 상황에 놓여 있다고 평가된다. 마스트리히트 조약은 이러한 가능성에 대해서 언급하고 있지 않기 때문이다.

프랑스는 유로 도입 초기에 재정 정책 조정의 문제를 논의하기 위해서 유로 11이라고 하는 기구를 제안하여 채택되도록 하였다. 뒤에 유로그룹이라고 불리게 되는 이 모임은 유로권에 참여하는 국가의 경제 재정 담당 장관들의 모임으로 재정 정책 조정 기능을 가지고 있다. 이러한 기구를 제안한 프랑스의 의도는 두 가지였던 것으로 판단되는데, 첫째는 영국이나 스웨덴과 같은 유로에 동참하지 않은 국가들이 유로권 통화 정책에 개입하는 것을 방지하자는 것이다. 이 공식적인 이유 뒤에는 비공식적이면서 더욱 중요한 요인이 있다. 그것은 유로권 장관들로 구성된 정치 기구가 유럽 중앙은행에 대한 감시와 통제의 역할을 할 수 있다는 것이다. 프랑스는 전통적으로 통화 정책은 경제 상황을 감안한 정치적인 판단에 따라 유연하게 운영될 수 있어야 한다고 주장해 왔다. 따라서 완전히 독립적인 유럽중앙은행이 통화 정책권을 독점한다는 점에 대해서 불만이었던 것이다. 이는 정책 자율성 회복을 위한 통화 통합 전략의 목적에도 부응하는 점이다.

그러나 유로권 출범 이후 10여 년간의 경험을 토대로 판단할 때 프랑스의 계산은 소수의 의견으로 밖에는 보이지 않는다. 실제로 유로화의 운영에 있어 유로그룹이 영향력을 행사하지는 못한 것으로 보이며, 유로 통화 정책은 거의 전적으로 유럽중앙은행의 보수적이고 전통적인 안정 지향 정책에 의존하였던 것이다. 프랑스가 유로권 운영에 있어 그나마 자신의 위상을 강화하는데 성공한 부분이 있다면 2003년 11월 프랑스 중앙은행의 총재 트리셰를 유럽중앙은행의 총재로 임명되도록 하였다는 점이다. 1999년 유럽중앙은행의 출범 당시 초대 총재는 네덜란드의 도이센베르흐(W.

Duisenberg)가 맡았고 원래 총재의 임기는 8년이었다. 프랑스는 비공식으로 초대 총재는 임기를 다 채우지 않고 도중에 하차할 것이며, 그 후임으로는 프랑스 인을 임명하기로 합의했다고 주장하였다. 물론 도이센베르흐나, 네덜란드 또는 다른 회원국들은 이러한 합의에 대해 긍정도 부정도 하지 않았다. 하지만 실제로 도이센베르흐는 절반의 임기만을 채우고 중도 하차하였고, 프랑스의 트리셰(J. Trichet)가 8년의 임기를 시작하면서 그의 뒤를 이었다. 그러나 이 같은 총재의 변화는 실제 통화 정책의 차원에서는 반영되지 않았고 오히려 안정 기조의 지속성이 돋보였다.

유럽연합은 이미 부분적으로 재분배 정책을 실시하고 있다. 공동 농업 정책이나 특히 구조 정책은 바로 유럽연합 내부 선진국의 재원을 가지고 후발 국가들을 지원하는 제도이다. 현재 유럽연합 전체 예산 중에서 2/3 이상이 공동 농업 정책과 구조 정책에 쓰인다. 그러나 유럽연합의 전체 예산은 제한되어 있다. 따라서 일부 지역이나 국가를 강타하는 심각한 경제 위기에 대처하기에는 부족한 규모인 것이다. 결국 유로권이 앞으로 유럽연합 차원의 재분배적 기능을 제대로 수행하지 못한다면 유럽 국가들 간의 갈등이 심각해질 가능성도 있다. 하지만 이러한 갈등의 가능성 자체가 유럽연합의 재정 기능을 강화시키는 압력으로 작용하는 것도 부정할 수 없는 현실이다.

다른 한편 일부에서는 유로의 통화 정책이 실제 성장률에는 커다란 영향을 미치지 못한다는 의견도 제기되었다. 2001~2005년의 시기를 놓고 비교했을 때 유로권 밖의 영국은 연평균 2.6%의 성장률을 보였다. 다른 한편 유로권 내부의 독일, 프랑스, 이탈리아는 0.9%의 낮은 성장률을 나타냈다. 이 같은 수치만을 가지고 본다면 유로화가 마치 성장을 저해하는 것으로 보일 수도 있다. 하지만 문제는 같은 유로권에 속해 있는 에스파냐의 경우 영국과 마찬가지로 2.6%의 높은 평균 성장률을 보여 주었다는 점이다. 달리 말해서 특정 국가의 경제 성장률은 유로화에 어느 정도 영향을 받기는 하지만 이것이 성장을 촉진시키거나 저해할 만큼 중대한 요인으로 고려하기는 어렵다는 점이다. 같은 차원에서 아일랜드나 핀란드도 유로권 내에서 높은 성장률을 보여 주는 국가들이라고 할 수 있다. 결국 유로 도입은 그 자체로 성장의 촉진이나 저해를 가져오기 보다는 안정적 경제 환경의 조성이라는 측면이 더욱 강조되어야 할 것이다.

2008년 9월 미국의 금융사 리먼 브라더스의 파산과 함께 전 세계를 뒤흔든 경제 위기는 유럽연합 역시 강타하였다. 유럽의 금융 기관들은 세계화의 바람을 타고 미국에 대거 진출했었고 따라서 미국 발 금융 위기에 크게 노출되어 있었다. 유럽연합 경제는 미국만큼은 아니지만 대단히 심각한 충격을 경험하게 되었고, 이는 유로권의 운영에도 새로운 도전을 제기하였다. 유럽연합 국가들은 경기를 부양하기 위해 일시적으로 안정 성장 협약의 적용을 유보하고 3%의 기준을 초과하는 재정 적자를 인정할 수밖에 없었다. 유럽중앙은행 역시 기존의 물가 안정 기조에서 신속한 이자율 인하 정책으로 2008년 3.5% 수준을 2009년 2월 2% 수준까지 끌어내렸다. 물론 0%에 가까운 이자율을 채택한 미국이나 일본보다는 여전히 높은 수준이지만, 경기가 악화될 경우 사용할 수 있는 정책 수단을 보유하는 것이 필요하다는 유럽중앙은행의 논지도 가치가 없는 것은 아니다. 1929년 대공황 이후 최대의 경제 위기라고 할 수 있는 2008년의 세계적 위기는 10년을 맞이하는 유로화에도 커다란 위협 요소임에 틀림없다.

세계 최대 경제 세력의 등장

유로권의 출범은 역내에 미치는 영향 못지 않게 외부적으로 영향을 미칠 것으로 예상되었다. 첫째 유럽연합 회원국이지만 유로권의 첫차에는 동승하지 않은 영국, 스웨덴, 덴마크, 그리스는 주로 경제적인 이유보다는 정치적인 이유로 참가하지 않았다고 볼 수 있다. 세계 최대의 금융 시장인 런던의 시티를 보유한 영국이 유로권에 참여하지 않는 것은 정치적으로 통화주권을 유지해야 한다는 국내 반대파의 입장에서 비롯된다. 단일 화폐와 관련하여 1997년 블레어 노동당 정권의 등장은 많은 영국 내 친 유럽주의자들에게 희망을 가져다 주었다. 영국이 유럽 통합과의 불편한 관계를 극복할 수 있는 기회가 왔다고 여겼던 것이다. 실제로 블레어(T. Blair) 정부는 영국이 경제적 조건을 충족시킨다면 국민투표를 통해 유로 참여 여부를 결정하게 될 것이라고 약속하였다.

영국이 제시한 경제적 조건은 다음과 같다. 유로권 경제와 영국 경제 간의 지속적인 수렴, 경제적 변화를 관리할 수 있는 충분한 유연성, 투자에 대한 효과, 영국 금융 서비스 산업에 대한 효과, 그리고 고용에 대한 효과 등이다. 달리 말해서 유로권과 영국의 경기 주기가 같아지고, 투자 금융 고용 부문에서 긍정적인 효과가 예상되며, 영국이 경기가 좋은 상황, 즉 유연한 정책적 대응을 할 수 있는 상황에서 국민투표를 시도해 보겠다는 입장이었다. 그러나 집권 10여 년이 지난 현재까지 영국은 이러한 조건이 충족되지 않았다고 판단하는지 아직 구체적으로 유로 가입을 고려하지 않고 있다. 무엇보다 중요한 요인은 영국의 경제 성장률이 유로권보다 지속적으로 높았다는 사실을 들 수 있다. 또한 정치적으로 유로에 대한 반대 의견이 여전히 다수를 차지하고 있으며, 특히 2005년 프랑스와 네덜란드에서조차 유럽헌법에 대한 국민투표가 실패한 뒤 국민투표라는 형식에 대한 부담이 더욱 커졌다는 이유를 들 수 있을 것이다.

스웨덴은 2003년 9월 13일 유로 가입에 대한 국민투표를 실시하였으나 56%가 반대하였고 42%만이 찬성하였다. 사민당 페르손(G. Persson) 총리

1999년: 프랑스, 독일, 이탈리아, 에스파냐, 벨기에, 네덜란드, 룩셈부르크, 포르투갈, 오스트리
　　　아, 핀란드, 아일랜드
2001년: 그리스
2007년: 슬로베니아
2008년: 몰타, 키프로스
2009년: 슬로바키아
2010년 예정: 리투아니아
2011년 예정: 에스토니아
미정: 폴란드, 루마니아, 라트비아, 불가리아, 체코, 헝가리, 영국, 덴마크, 스웨덴

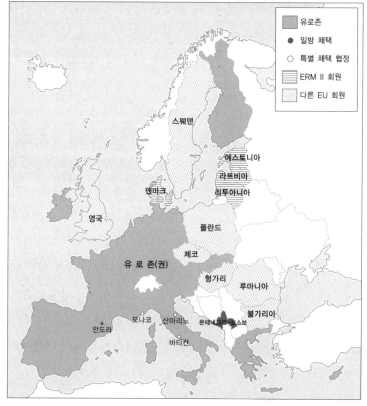

출처: http://en.wikipedia.org/wiki/Euro

가 이끄는 정부는 유로권에 참여함으로써 많은 외국 자본을 도입할 수 있으며, 장기적으로는 유럽 내에서 영향력을 행사할 수 있는 길이라고 주장하였다. 또한 유럽의 평화와 안정을 위해서도 유로권 참여는 필요하다는 논리를 폈다. 실제로 스웨덴의 스톡홀름과 같은 대도시의 부촌에서 유로권 참여 찬성은 75% 정도의 높은 지지를 얻은 것으로 나타났다. 하지만 일반인들에게 투표에서 가장 중요하게 작용한 것은 주권과 민주주의였다. 특히 18~30세 사이의 젊은 층에서 반대 투표가 가장 많았는데 이들은 유로권 가입이 스웨덴 고유의 민주주의와 주권을 침해하는 것을 우려했던 것이다. 덴마크 역시 2000년 9월 유로 참여에 관한 국민투표를 실시하였으나 52%가 반대함으로써 당분간 유로권 밖에 머물게 되었다.

둘째, 이와 더불어 유럽연합 중·동유럽의 신입 회원국들도 유로권에 동참하게 되었다. 이미 2004년 신입 회원국 중에서 슬로베니아는 2007년 1월 1일부터 유로를 채택하여 13번째 유로권 국가가 되었다. 몰타와 키프로스는 2008년 1월 1일부터 유로권에 동참하였다. 또 슬로바키아는 2009년 1월 1일부터 유로를 도입하였다. 이로써 적어도 산술적으로는 유럽연합 27개국 중 유로를 채택한 국가가 16개국으로 다수가 된다. 신입 회원국들은 모두 환율 제도 ERM II에 참여함으로서 환율 안정을 꾀하면서 유로 참여 조건을 충족하려 노력하고 있다. 이들 신입 회원국들은 영국이나 덴마크와 같은 선택권(Opt-out)을 가지고 있지 않으며, 마스트리히트 조약에서 규정된 경제 재정적 조건을 충족할 경우 자동적으로 유로를 도입하도록 예정되어 있다. 현재 예정된 목표 일정으로는 2010년에는 리투아니아가, 그리고 2011년에는 에스토니아가 유로화를 도입하기로 되어 있다. 폴란드나 루마니아는 2013년 이후에나 가능할 것으로 예상하고 있다.

중·동유럽의 신입 회원국의 경우 유로의 도입은 우선 안정적인 통화권에 동참함으로써 국제적 신용을 얻을 수 있다는 장점을 가지고 있다. 특히 공산주의 계획 경제에서 시장 경제로 탈바꿈한 이들의 경우 통화 및 재정 정책에 대한 국제 투자가들의 불안을 단숨에 잠재울 수 있는 방법이 바로 유로 가입이라고 하겠다. 이처럼 일단 유로 가입은 외국 투자의 유치와 고용 창출에 크게 기여할 것으로 보이지만, 반면 자국의 경제 정책 자율성을 포기하는 단점도 포함하고 있다. 이런 관점에서 볼 때 신입 회원국 중에서 국가 규모가 상대적으로 큰 폴란드, 체코, 헝가리 등이 일단은 정책적 자율성을 유지하면서 가입의 시기를 저울질 하고 있는 것은 당연한 일로 보인다. 그리고 상대적 소규모 국가들은 빨리 가입하려고 하는 움직임을 보이고 있다.

셋째, 유로화를 주요 국제 통화로 사용하는 국가들은 유럽연합 회원국이 아니더라도 유로권의 일부를 형성할 것으로 전망된다. 우선 아프리카 지역의 14개국은 이미 프랑스 프랑과의 고정 환율제를 운영하고 있어 1999년부터 자동적으로 유로권에 편입이 되었다. 이 국가들은 서부 아프리카와 중부 아프리카 지역의 국가로서 과거 프랑스의 식민지들이며, 1960년대 초반에 독립한 이후에도 계속 프랑권에 속해 있었던 것이다. 또한 유로권에 동참하지는 않았지만 모나코, 바티칸, 산마리노와 같은 소규모 국가들도 유로화를 공식 화폐로 결정하였으며 안도라, 코소보 및 몬테네그로 등지에서도 실질적으로 유로화가 사용되고 있다. 또한 유럽에서 마케도니아와 세르비아, 그리고 북아프리카의 튀니지는 유로화를 기준 통화(reference currency)로 자국 화폐 정책을 펴고 있다. 통화 바스켓을 중심으로 자국 통화를 운영하는 국가 중에서 유로화가 중요한 역할을 하는 국가들을 보면 러시아, 모로코, 요르단, 시리아 등을 들 수 있다.

넷째 유로화는 국제 통화로서 미국의 달러화나 일본의 엔화와 경쟁을 벌일 것이다. 그러나 일본의 경제적 비중이나 국제적 역할이라는 기준에서 볼 때 실제 경쟁은 미국의 달러화와의 관계에서 나타날 것이라고 보는 것이 정확하다. 일부 영국과 미국 학자들은 유로권이 성공적으로 출범하였지만 아직 유로화가 국제 통화로 신용을 얻은 것은 아니기 때문에, 그리고 국제 시장의 관성은 생각보다 강력하기 때문에 달러의 위상은 크게 위협받지 않을 것이라고 장담하면서 유로권의 문제점들을 조목조목 지적하였다. 하지만 정치경제학자들은 유로권의 출범이 미국의 기축 통화국으로서의 위상을 심각하게 위협할 것이고, 세계는 이행 과정을 거쳐 상당히 빠른 속도로 달러·유로 양대 축을 중심으로 한 금융 질서를 구축해 나갈 것이라고 본다.

유로화는 출범 이후 다양한 국제 금융 시장에서 비중을 높여 가고 있다. 예를 들어 2006년 말 현재 국제 공공 및 민간 채무 시장에서 유로의 비중은 1/3 정도였으며 달러는 44%를 차지하고 있었다. 또한 은행 간 거래에서도 유로의 비중은 점증하고 있으며 외환거래에서 유로가 교환되는 비중이 40% 정도를 차지하게 되었다. 다른 한편 무역 거래에 있어서도 유로화의 사용은 점진적으로 증가하고 있는 추세를 보이고 있다. 마지막으로 국가들이 보유하고 있는 외환 보유고에서 유로의 비중은 2006년 말 25% 이상으로 상당한 수준에 도달하였다. 이상과 같은 통계를 바탕으로 평가할 때 유로는 일단 안정적인 국제 화폐로 자리를 잡은 것으로 보인다. 달러는 여전히 최고의 위치를 차지하고 있지만, 그 뒤를 따르고 있는 유로의 성장 역시 꾸준하다는 점에서 두 화폐 간의 물밑 경쟁은 치열할 것으로 보인다.

유로화는 1999년 출범할 당시 달러와의 환율이 1.2대에서 출발하였다. 그러나 그 이후 유로화의 가치는 달러에 대해 지속적인 하락세를 보였고 2000년 5월에는 0.8대까지 환율이 떨어졌다. 이 환율은 한동안 비슷한 수준에서 유지되다가 다시 2002년부터 상승하기 시작하여 2008년 1월에는 출범 당시에 비해 가치가 20% 이상 상승한 유로당 1.44달러 정도를 기록하였다. 결국 유로와 달러의 환율은 단기간에 상당히 큰 폭으로 변동하는

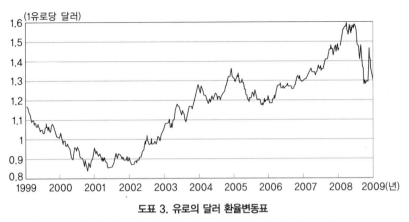

도표 3. 유로의 달러 환율변동표

http://www.ecb.int/stats/exchange/eurofxref/html/eurofxref-graph-usd.en.html

모습을 보여 주고 있다고 평가할 수 있으며 이는 세계 경제의 불안 요소 중 하나라고 하겠다.

유로권이 자리잡게 되면서 미국과 유럽연합의 자율적인 통화 정책이 서로 다른 방향으로 전개될 경우 세계 금융 시장은 상당한 혼란에 빠질 가능성이 있다. 또 정치적으로도 유럽의 연방화 정도가 강화되면서 미국과 세계 주도권을 놓고 경쟁과 협력을 추진해 나갈 것으로 보인다. 이처럼 유럽연합과 미국의 상호 관계는 펠드스타인이 말하듯이 세계 평화를 위협할 정도는 아니겠지만, 21세기 세계 질서를 규정하는 핵심적인 변수가 될 것으로 전망된다.

유럽은 산업 혁명과 자본주의 발전이라는 기초 위에서 근대적 민족 국가를 형성하여 19세기 세계를 지배하였다. 그러나 20세기에 들어서 유럽의 국가들은 제1차 세계대전이라는 서로를 파괴하는 전쟁을 통해 세계의 주도권을 상실하기 시작했다. 그리고 제2차 세계대전에서는 더욱 파괴적인 전쟁을 통해 몰락하고 그 결과 미국과 소련의 영향력 아래 놓이게 되었다. 그 이후 반세기 동안 유럽 국가들은 과거의 영광과 세계의 주도권을 다시 찾기 위해 서로 협력하고 통합하여 운명 공동체를 만들어 왔다. 이제 단일 시장과 단일 화폐권의 형성으로 유럽은 다시 부활하여 세계 무대에 새로운 모습으로 등장하고 있는 것이다.

특히 단일 화폐권의 형성은 단순히 과거의 장벽을 없앤다는 의미의 부정적인 통합(negative integration)뿐 아니라 새로운 정책을 만들어 낸다는 긍정적인 통합(positive integration)을 실천한 대표적인 사례이다. 기존의 다양한 화폐를 폐기하고 새로운 공동의 화폐를 창출해 내는 과정은 길고 어려운 길이었다. 기존의 국가나 계급에 기초한 경제 이론이나 정치적 경쟁의 차원에서 볼 때 단일 화폐의 생성은 불가능하거나 위험한 일로 여겨지기도 했다. 그러나 유럽의 회원국들이 이를 성공적으로 추진한 것은 그만큼 함께 하려는 의지가 강했다고 해석할 수 있다.

유로를 사용하는 사람들은 3억 2천 만 명에 달한다. 유로는 국제무대에서 달러와 경쟁하는 기축 통화로 등장하였고 상대적으로 건전한 재정 상태, 무역 수지의 상황에 힘입어 지난 몇 년간은 달러에 비해서도 상당한 강세를 보여 주고 있다. 양대 기축 통화의 환율은 시간과 함께 상승과 하락이 교차하는 변동을 보여 주겠지만 그보다 중요한 사실은 유로가 출범하여 위상을 공고하게 하면서 외부에서 유럽을 바라보는 시각도 프랑크푸르트의 유럽중앙은행 하나로 집중되었다는 점이다. 그리고, 유럽 역시 무역에 이어 통화에서도 하나의 목소리를 내게 되었다는 점일 것이다.

마지막으로 2008년에 유럽에 상륙한 세계 경제 위기는 단일 화폐권에도 지대한 영향을 미칠 것이다. 위기의 결과를 살펴보면 회원국 중에서 가장 심각한 타격을 입은 국가는 상대적으로 거품이 많이 누적되었다고 평가되는 영국, 아일랜드, 에스파냐 등이었고, 뒤이어 중·동유럽 지역에 자금을 대거 공급하였던 오스트리아 등이었다. 이로써 일부에서는 유로권이 붕괴되는 것이 아니냐는 우려가 제기되기도 하였지만 실제로 유로권 참여는 일종의 방파제 역할을 하였다. 유로권 밖에 머물던 영국은 금융 위기로 인해 급격한 화폐가치의 하락을 경험하였던데 반해 아일랜드나 에스파냐, 오스트리아 등은 그나마 유로의 안정적 가치를 누릴 수 있었다. 마찬가지로 헝가리가 경제 위기로 국제통화기금의 구제 금융을 신청하였지만 이웃 슬로바키아는 유로권의 안정적 환경을 누릴 수 있었다. 중·동유럽 신생 회원국의 경제 상황이 심각한 수준으로 악화되자 유럽 내에서는 기존의 기준을 조금 낮추더라도 신속하게 이들을 유로권으로 흡수해야 하는 것이 아니냐는 논의가 2009년 초 제기되고 있다. 따라서 적어도 현재까지 세계 경제 위기의 위협에 대한 유럽과 단일 화폐권의 대응은 분열과 해체보다는 협력과 응집이 우세한 것으로 보인다.

참고문헌

대외경제정책연구원, 2004, 『EMU 협상의 정치경제학과 동아시아 통합에 대한 시사점』 서울: 대외경제정책연구원.

A. Moravcsik, 1998, *The Choice for Europe: Social Purpose and State Power from Messina to Maastricht*. London: UCL Press.

K. MacNamara, 1998, *The Currency of Ideas: Monetary Politics in the European Union*. Ithaca: Cornell University Press.

K. Dyson and K. Featherstone, 1999, *The Road to Maastricht: Negotiating Economic and Monetary Union*. Oxford: Oxford University Press.

M. Levitt and C. Lord, 2000, *The Political Economy of Monetary Union*. London: Macmillan.

T. Padoa-Schioppa, 2004, *The Euro and Its Central Bank: Getting United after the Union*. Cambridge: MIT Press.

유럽연합의 정책 I:
농업, 사회, 환경 정책

"단일 시장과 화폐가 아무리 중요해도 유럽에게 영혼을 불어넣어 주는 것은 하나가 되고자 하는 공동체 의식일 것이다."

단일 시장과 단일 화폐의 출범은 유럽을 국제 무대에서 가시적인 행위자로 등장하게끔 하였다. 시간이 흐름에 따라 이제 프랑스, 독일, 영국에 대해서 말하는 것만큼이나 유럽이라는 행위자에 대해 언급하는 것이 자연스러워졌다. 과거의 유럽은 행동하는 주체라기 보다는 아프리카나 아시아처럼 지리 시간에 배우는 수동적 지역의 개념이었다. 하지만 이제 단일 시장을 대표하는 유럽의 관료들은 미국과 세계 무역을 논의하게 되었고, 한국과 자유무역협정 체결을 위한 협상을 벌이게 되었다. 유럽중앙은행이 결정하는 금리는 세계적인 영향력을 가지고 있기 때문에 각지의 투자가들은 프랑크푸르트의 동향에 촉각을 곤두세우게 되었다. 따라서 "유럽이 양보를 했다"든가, "유럽이 금리를 유지했다"라는 능동형 인식이 가능하게 되었다.

　　외부에서 바라보는 입장에서 단일 시장과 단일 화폐가 가장 눈에 띄는 것은 당연하다. 하지만 보이지 않는 다양하고 광범위한 부분에서도 유럽은 막강한 영향력을 행사하고 있다. 특히 유럽 내부에서 살아가고 있는 사람들의 삶에 유럽연합의 다양한 정책은 막중한 영향을 미치고 있다. 유럽의 정책에 관한 두 장에서는 'I. 농업, 사회, 환경 정책'과 'II. 사법, 안보, 외교 정책'이라는 두 분야로 나누어 각각 유럽연합의 정책들을 살펴보도록 한다. 경제 · 사회와 정치 · 사법 · 외교안보를 이처럼 확실하게 구분하는 것은 경제와 정치라는 양분법적 시각의 결과이기도 하지만 보다 실질적으로 정책 결정과정이 커다란 차이를 보여 주기 때문이다. 전자는 집행위나 의회와 같은 유럽의 초국적 기구들이 적극적으로 개입하고 회원국을 대표하는 이사회의 결정도 대부분 다수결에 의존하는 결정 방식이 적용된다. 반면 후자는 회원국 정부들이 핵심적인 역할을 하는 정부간주의에 바탕한 결정 방식을 따르며 만장일치가 여전히 중시되고 있다고 하겠다. (제도와 관련된 4장을 참고할 것)

유럽 통합사에 커다란 획을 그은 들로르는 사람들이 시장과 사랑에 빠지지는 않는다고 하였다. 단일 시장과 화폐가 아무리 중요해도 유럽에게 영혼을 불어넣어 주는 것은 하나가 되고자 하는 공동체 의식일 것이다. 이 장에서 다루는 경제 및 사회 분야의 공동 정책들은 유럽이 단순히 교역과 풍요를 위한 시장이나 장치일 뿐 아니라 약자를 보호하고 균형적인 사회를 만들기 위한 수단이 되기도 한다는 점을 보여 준다. 유럽은 경쟁력이 떨어지는 농민에게 생존의 기반을 제공하였고, 빈곤한 지역의 개발을 위한 재정 지원을 하고 있으며, 사회적 약자가 차별 받지 않도록 규제를 강화하고 있는 것이다. 이러한 경제 및 사회 정책은 자유화와 개방만을 강조하는 단일 시장의 다양한 정책에 균형감을 보태주고 있다고 할 수 있다.

공동 농업 정책

1950년대에 유럽은 제2차 세계대전으로 황폐화된 국토와 산업을 간신히 복구하여 재건하고 있었다. 당시 유럽 국가들은 미국으로부터 농산물을 대량 구입해 가는 귀중한 단골 손님이었다. 유럽은 미국에 비해 절대적인 농민의 수도 많았고 산업 인구에서 농업 종사 인구가 차지하는 비중도 상대적으로 높았지만, 생산성이 현저히 뒤떨어졌기 때문에 식량을 수입할 수밖에 없는 입장이었다. 그러나 반 세기 이상이 지난 오늘날 유럽은 식량을 자급 자족할 수 있는 지역으로 변했고, 심지어 일부 품목에서는 다른 지역의 미국 수출 시장까지도 잠식해 가는 경쟁 세력으로 성장하였다. 이처럼 유럽이 농업 부문에서 국제적 경쟁력을 확보하게 된 데는 유럽공동체 차원에서 추진한 공동 농업 정책(CAP)이 중요한 동력을 제공하였다.

유럽에서 농업 분야는 전통적으로 국가가 농산물의 높은 가격을 유지할 수 있도록 지원하여 농민들의 소득을 보장해 주는 분야였다. 이 같은 농업 지원 정책은 19세기와 20세기에 걸쳐 정치적 민주화가 실현되면서 농민들의 지지를 필요로 했던 정치 세력과 집권 정당의 전략적 대응의 결과였다. 게다가 대부분의 민주 국가에서와 마찬가지로 유럽에서도 규모가 작은 선거구들이 농촌에 집중되어 있어 농민들이 과대 대표되는 경향이 있었고, 따라서 농민들의 정치적 영향력은 그들이 전체 인구에서 차지하는 비중보다 훨씬 강했다. 이러한 이유로 실시된 유럽 국가들의 농업 지원 정책은 나라마다 매우 커다란 차이점을 지니고 있으며, 그 다양성에 못지 않게 복잡한 모습을 보여 주고 있었다.

유럽공동체의 출범을 준비하는 과정에서 국가 간 농업 지원 정책의 차이점과 다양성은 중요한 갈등 요인으로 부각되었다. 예를 들어 영국과 같이 국가의 개입이 상대적으로 적은 국가는 협상 과정에서 농업을 무역 자유화의 대상에서 제외할 것을 제안했다. 그러나 영국이 유럽공동체의 출범에 불참하려는 모습을 보이자 문제는 프랑스와 독일 사이에서 나타났다. 독일은 일반적으로 프랑스보다 공업 경쟁력이 강한 편이었고, 반면 농업 부문의 경쟁력은 프랑스가 더 높은 상황이었으며, 프랑스의 농업 인구 비중은 23%로 독일의 15%보다 훨씬 높았다. 결국 유럽 차원의 공동 시장을 형성하면서 공업 경쟁력이 강한 독일과 경쟁하게 된 프랑스는 자국 농민들의 이익을 보장하는 방식으로 독일과 협상을 전개해 나갔다. 가격 지원 정책은 프랑스 농민에게 높은 소득을 보장해 주었고, 경쟁력이 약한 독일 농민에게는 다른 회원국의 농산품과 경쟁할 수 있는 조건을 보장해 주었다. 이같은 프랑스와 독일의 합의는 네덜란드와 같은 농업이 강한 국가의 지지를 획득하면서 전체적인 지지를 얻을 수 있었다. 유럽 통합의 과정에서 자주 등장하는 이러한 협상 방식을 일괄거래(package deal)이라고 부른다.

유럽 국가들은 공동 시장을 형성하는 과정에서 농산물을 포함시키기로 결정하고, 이러한 농산물의 자유로운 유통을 뒷받침하고 보완하기 위한 공동 농업 정책을 수립해야 한다는 사실을 유럽경제공동체의 기본 틀이라고 할 수 있는 로마 조약 제38조에 명시하였다. 공동 농업 정책의 목표는 모두 다섯 가지로 정하고 있는데 그 내용은, 1) 농업의 생산성 향상, 2) 농민들의 생활수준 보장, 3) 농산물 시장의 안정화, 4) 식량 안보의 보장, 5) 적절한 가격 유지이다. 생산성을 높여야 한다는 점과 시장의 안정화가 경제적인 논리의 산물이라면, 생활 수준 보장은 사회적 논리를 대변하고 있으며, 식량 안보는 정치적인 논리, 그리고 적절한 가격 유지는 소비자 보호라는 차원을 대변하고 있다.

보나 구체적으로 공동 농업 정책의 원칙을 살펴보면서 그 의미를 평가해볼 수 있다. 첫째 유럽 차원에서 단일 농산물 시장이 형성됨으로써 한 회원국에서 생산된 농산물이 자유롭게 다른 회원국으로 유통되며 유럽공동체의 이사회는 유럽 전역에 적용되는 단일 가격을 결정한다. 둘째 '공동체 선호의 원칙'에 따라 역외 국가로부터 수입되는 농산물보다는 역내에서 생산된 농산물을 구입하도록 제도적 정책적 유인책을 마련한다. 예를 들어 벨기에가 오렌지를 수입한다면, 미국의 오렌지가 이탈리아의 오렌지보다 저렴하다고 하더라도 공동체의 재정적 지원으로 이탈리아 오렌지를 구입할 수 있도록 하는 정책을 추진한다는 의미이다. 셋째 '재정적 연대의 원칙'은 공동 농업 정책에 소요되는 비용을 공동체의 회원국들이 공동으로 부담한다는 원칙이다.

이와 같이 유럽 차원에서 농산물 단일 시장을 형성하고 외부의 경쟁으로부터 보호함으로써 유럽의 농업은 획기적인 발전을 이룩하였다. 위에서 명시한 다섯 가지 목표는 대부분 달성되었고, 유럽공동체는 식량의 자급자족과 잉여 농산물의 수출국으로 부상하였다. 공동 농업 정책의 결과로 1950년대에는 평균 14%에 불과했던 회원국의 역내 농산물 무역은 50%가 넘는 상황으로 전환되어 공동체 내부의 농산물 무역이 크게 확대되었음을 보여주고 있다.

하지만 1970년대에 들어서면서부터 유럽의 농업 정책은 다양한 문제점에 부딪치게 되었는데, 우선 역내·외 시장이 모두 포화 상태에 도달했다. 유럽공동체는 자급자족의 수준을 넘어서 잉여 농산물을 축적할 수밖에 없는 상황에 놓였다. 일부에서는 공동 농업 정책으로 '식량의 산'과 '포도주의 호수'가 만들어졌다고 비아냥거렸다. 축적된 잉여 농산물의 관리는 공동체의 지출을 증가시켰다. 그리고 국제 시장에서도 1970년대부터 아시아의 식량 자급률이 상승하면서 농산물 무역이 정체되는 현상이 나타났고, 이에 따라 농산물 수출국 간의 경쟁도 치열해졌다.

다른 한편 공동 농업 정책은 유럽공동체의 지원을 통해 인위적으로 높은 가격을 지탱해 주는 정책인 만큼 유럽의 농산물 생산량이 늘어날수록 소요되는 예산 역시 빠르게 증가하였다. 결국 유럽공동체는 전체 인구의 8% 정도에 불과한 농민들을 위해서 공동체 예산의 반 정도를 지출하는 상황이 되었다. 유럽농업지도보장기금(EAGGF)의 규모는 1975년 45억 에큐에서 유럽에서 농민은 정치적으로 무척 중요한 세력을 형성하고 있다. 특히 중도 우파 정당에게 있어 농민들은 중요한 지지세력으로 공동 농업 정책을 처음 만드는데도 프랑스와 독일을 각각 집권하고 있던 드골파-중도우파 연정과 기민당은 이 점을 각별히 염두에 두었었다. 이후 회원국 정부들은 유럽 차원에서 농업 정책을 수립할 때 항상 자국 농민일뿐 아니라 자신의 정부 지지세력인 이들을 고려하지 않을 수 없었던 것이다. 그만큼 희생이나 변화를 요구하는 개혁도 어려울 수밖에 없다.

유럽 집행위원회가 처음 종합적인 농업 정책 개혁안을 내세운 것은 1968년의 '농업 1980'이라는 제목의 만스홀트 계획을 통해서이다. 농업담당 집행위원인 만스홀트의 이름을 딴 이 계획의 핵심은 유럽 농업을 구조 조정하는 것이었는데 소규모 농민들로 하여금 농업을 포기하도록 하고 농지의 합병을 통해 생산 단위의 규모를 확대하는 내용을 담고 있었다. 특히 가격을 인하함으로써 비효율적인 농민의 이농을 유도하는 조치는 농민 세력을 자극하였다. 유럽의 농민 압력집 단인 유럽연합 농업직능조직 위원회(COPA)는 이에 대해 '심리적 대실수'라고 반발하였다.

1971년 3월 브뤼셀에서 농업장관 이사회가 만스홀트 계획에 대한 심의를 시작하자 8만여 명의 농민이 집결하여 반대 시위를 극렬하게 펼쳤다. 그들은 만스홀트의 초상을 불태웠으며 자동차를 불지르고 상점의 창을 부쉈으며 동원된 3천여 명의 경찰과의 충돌로 경찰 140여 명이 다치고 한 명이 숨지는 사고가 발생하였다. 이 같은 시위에 덧붙여 프랑스 정부의 강력한 반대로 원래 계획은 대폭 완화되어 이사회에서 채택되었지만 그마저도 1970년대 경제 위기 때문에 시행되지 못했다.

1990년대 우루과이 라운드 협상의 막판에도 농업 정책의 개혁은 유럽 무대에 커다란 풍파를 일으켰다. 1992년 맥샤리 개혁을 유도해 낸 맥샤리(R. Macsharry) 농업담당 집행위원은 같은 해 미국과 협상을 하여 시카고에 있는 블레어 하우스에서 그 이름을 딴 합의를 도출해 냈다. 하지만 들로르 당시 집행위원장은 합의 내용이 유럽에서 결정된 맥샤리 개혁의 범위를 넘어선다며 이를 인정할 수 없다고 통보하였다. 맥샤리는 브뤼셀로 돌아와 더 이상 협상 대표 임무를 수행할 수 없다며 대표직에서 사임하였다. 그러나 들로르는 자신이 주관하는 집행위원회에서 소수로 밀렸고 맥샤리는 다시 대표직을 맡아 블레어 하우스 합의를 바탕으로 우루과이 라운드를 성사시켰다.

그후 1999년 2월 브뤼셀에서 새로운 농업 정책 개혁안인 아젠다 2000이 논의되는 상황에서도 다시 한번 프랑스 독일 벨기에 등지에서 몰려온 3만 여명의 농민들이 대규모 집회를 개최하였다. 과거 만스홀트 개혁안 때와 마찬가지로 당시 프랑스 정부는 자국 농민들을 보호하기 위해 개혁의 범위를 줄여야 한다고 주장하고 있었다. 이처럼 유럽의 농업 정책은 유럽화라는 측면에서 가장 성공적인 정책이라고 평가 받는 부분이 있지만 워낙 강한 기득권을 제공하였기 때문에 개혁하기가 제일 어려운 차원도 있다. 유럽화의 한 그늘이라고 할 수 있는 것이다.

1991년 315억 에큐로 급격한 팽창을 보였다. 예산 지출의 증가로 영국과 독일은 무거운 재정 부담을 안게 되었고 특히 농업의 비중이 작아 혜택이 적었던 영국은 불만이 많았다.

게다가 더욱 심각한 문제는 이렇게 막대한 비용을 들이는데도 불구하고 유럽 농민들의 소득은 1970년대부터 줄어들었다는 점이다. 1960년에서 1973년 사이 농민들의 실질 소득 성장률은 연평균 5%에 달했으나 1973~ 1987년 사이에는 오히려 연평균 1.7%씩 감소하였다. 따라서 통합 초창기 의 성공적인 대표사례였던 공동 농업 정책은 1970년대에 들어서면서 대표 적인 비효율적 정책으로 인식되었다.

이러한 문제점들을 해결하기 위한 계기를 마련해 준 것은 우리에게도 엄 청난 영향을 미친 우루과이 라운드(Uruguay Round)이다. 미국과 유럽 사 이의 농산물 무역을 둘러싼 갈등은 이미 1970년대부터 양 대륙 사이의 가 장 중요한 무역 쟁점이었고, 이것이 세계적 차원에서 진행된 다자간 협상 의 핵심적 사안으로 등장했던 것이다. 미국은 자국 농업의 경쟁력을 바탕 으로, 유럽이 보호주의적 농업 지원 정책을 포기해야 한다고 주장했고, 유 럽은 농업은 보통 산업과는 달리 전략적인 의미를 가지고 있는 특수한 산 업인 만큼 지원 정책을 완전하게 포기할 수는 없다는 입장을 내세웠다. 특 히 프랑스는 농업 정책의 성격이 단순히 생산성의 향상이나 효율적인 자원 배분과 같은 경제적인 목적만을 추구해서는 안 되며, 이와 동시에 농촌 사 회를 보존하는 사회적 기능을 수행해야 한다는 입장이었다.

1992년 채택된 일명 '맥샤리 개혁'(MacSharry Reform)은 가격 지원 중 심의 공동 농업 정책을 보조금 중심의 지원 정책으로 전환시켰다. 이는 일 정한 가격으로 공동체 내에서 생산되는 농산물을 구입하는 기존의 정책은 농민들로 하여금 지속적으로 생산량의 증대를 추구하게 하고, 그 때문에 결국 과잉 생산이 나타난다는 판단에 기초한 것이었다. 이 개혁은 곡식의 가격을 점진적으로 29%나 낮추고, 버터나 쇠고기의 가격도 15~25% 가량 낮추는 한편, 농지의 15%를 축소한다는 획기적인 내용을 담고 있었다. 가격 인하로 인한 농민들의 소득 저하는 해당 농민들에게 지급되는 직접 보조금을 통해 보상하도록 하였다.

맥샤리 개혁으로 공동 농업 정책에 의해 누적되었던 문제점들은 일단 해결되었다. 하지만 중부 및 동부 유럽 국가들이 유럽연합에 가입하게 되면 또 다른 문제가 제기될 것으로 예상되었다. 중·동유럽 국가들은 농업에 종사하는 인구 비율이 서유럽보다 매우 높기 때문에 현행 공동 농업 정책의 틀을 그대로 유지한다면 이들 국가의 가입은 유럽연합에 심각한 재정적 부담을 안겨 줄 것이기 때문이다. 일례로 농민의 수는 유럽연합의 15개국이 7백만이었는데 2004년 중·동유럽 가입국들은 4백만이나 되었다. 또한 우루과이 라운드가 타결되고 1999년부터 새로운 다자간 협상 라운드가 예정되어 있었으며 이를 준비하는 과정에서 미국 및 농산물 수출국들의 유럽에 대한 압력이 강할 것으로 예상할 수 있었다.

이처럼 유럽의 확산과 세계 무역 자유화를 대비하여 유럽연합의 농업 담당 집행위원 피슐러는 1995년 새로운 개혁안을 마련하였고 이는 다시 1999년의 '아젠다 2000: 더 강하고 넓은 유럽을 위하여'라는 제목의 보고서로 통합되었다. 아젠다 2000은 중·동유럽으로의 확산을 앞두고 2000~2006년 시기에 대해 농업 정책과 지역구조 정책을 계획하는 종합안이었던 것이다. 농업 정책과 관련하여 가장 핵심적인 내용은 가격 지원 정책을 대폭 축소하는 한편 농민에게 직접 소득 지원을 늘리는 것이었으며, 다만 농민 개인에 대한 지원의 한도를 지정하는 것이었다.

프랑스는 가장 강력하게 이 계획에 반대하였지만 회원국 간의 협상과 줄다리기 끝에 2003년 농업장관 이사회는 결국 피슐러안의 대부분을 그대로 받아들이기로 합의하였다. 이로서 2002~2003년에 직접 소득 지원은 예산의 65%를 차지하였는데 2007년에는 전액을 직접 지원으로 전환하게 되었다. 실제로 OECD의 조사에 따르면 2003년 공동 농업 정책 지원액의 70%를 가장 부유한 농민 25%가 받고 있다는 불공평한 사실이 밝혀졌다. 가격 지원 정책에서 가장 많은 농지와 생산량을 보유하고 있는 부농들이 집중적으로 혜택을 보아 왔던 것이다. 유럽은 아젠다 2000에서 결정한 부농에서 빈농으로의 소득 이전이라는 정치적으로 '뜨거운 감자'를 자신이 시행하기 보다는 회원국 정부에 농업 정책 관련 예산 집행권을 되돌려 줌으로서 피해갔다. 농업 정책과 관련해서는 정책의 점진적인 유럽화가 개혁 과정을 거치면서 부분적으로 다시 회원국으로의 국가화라는 변화를 보여 주고 있는 셈이다.

종합적으로 공동 농업 정책은 공동 통상 정책과 함께 가장 강력한 유럽의 권한으로 부상하였지만 1970년대부터 과다한 예산 지출, 잉여 농산물의 축적, 영국과 같은 신입 회원국의 반발, 수출 지원금에 불만을 가진 미국의 압력 등 다양한 문제를 드러냈다. 유럽은 이에 정책의 개혁을 추진하였지만 일부 회원국과 농민들의 저항에 직면하여 실패하였다. 하지만 단일시장을 완성하고 우루과이 라운드라는 세계적 협상을 성공해야 한다는 압력으로 처음 맥샤리 개혁이 시작되었고, 이어서 중·동유럽으로의 확산이라는 대명제 앞에서 기존의 가격 지원을 포기하고 소득 지원이라는 새로운 정책으로 전환하는데 성공하였다.

공동 어업 정책

유럽연합의 어업은 연간 700만 톤의 어획고를 올리는 거대한 규모의 산업으로서 일본, 러시아, 중국에 이어 세계 4위 규모이다. 공동 농업 정책과 마찬가지로 어업 부문에서도 유럽공동체는 로마 조약에 의해 그 권한을 인정 받고 있다. 그러나 이 조항들은 상당히 오랫동안 사문화 되어 있었고, 1970년대 들어서야 유럽 차원의 어업 정책이 첫걸음을 내딛게 된다. 1970년 유럽공동체 이사회는 회원국들이 서로의 영해에 자유롭게 출입할 수 있다는 원칙을 결정하는 한편, 공동 수산물 시장을 만들고 구조적 수산 정책을 추진하기로 결정하였다. 다시 말해 이제 이탈리아의 배들은 자유롭게 프랑스 영해로 들어가서 조업을 할 수 있게 된 것이다. 그러나 이러한 자유로운 영해 출입의 원칙은 일부 유럽 국가가 유럽연합에 가입하기를 주저하게 만드는 원인이 되기도 하였다. 어업이 국가 경제의 근간인 아이슬란드는 자국의 어장 보호를 위해 유럽연합에 가입하지 않고 있으며, 노르웨이에서도 어민들이 EU 가입에 대해 강하게 반대한 바 있다.

한편 남미 국가들을 중심으로 경제 수역을 선포하는 국가들이 늘어나자, 1976년에는 유럽공동체 역시 200해리 경제 수역을 선포하였다. 이러한 결정에 따라 유럽공동체는 회원국 어민들에게 독점적으로 제공되는 경제 수역 내의 출입을 통제하고, 자원을 보존하고 관리하는 새로운 기능을 수행하게 되었다. 하지만 기존에 여러 가지 기득권을 가지고 있던 회원국들과 새로운 기회를 통해 어업을 발전시키려는 회원국들 간의 갈등이 증폭되어 잦은 분쟁이 일어났다.

예를 들면 1978년에는 프랑스와 영국 사이에 일명 '바다가재 전쟁'이 일어났다. 영국 해안은 전통적으로 많은 수산물이 생산되는 지역인데, 영국 정부는 1973년 유럽공동체에 가입하면서 상호 영해에 대한 타국 조업선의 자유로운 출입 원칙을 10년간 유예한다는 조항을 인정받았다. 이 조항에 따르면 6해리 해역 안에서는 영국 배만이 조업을 할 수 있고, 6~12해리 해역에서는 이미 조업권을 인정받은 제한된 타국 배들이 조업을 할 수 있다는 내용이었다. 그러나 1978년 영국 정부는 돌연 영국 배만이 조업할 수 있는 독점적 해역을 12해리로 확장하고, 50해리의 해역에서는 영국 배들이 우선적으로 조업할 수 있다고 발표한 것이다. 이에 오랫동안 영국 근해에서 바다가재를 잡아오던 프랑스 선박들이 해상 시위를 벌이면서 이러한 일방적인 조치에 저항했다.

영국과 프랑스의 분쟁에 이어 1980년대 초 덴마크는 자국의 막강한 어업 기반을 바탕으로 기존의 어획량을 일방적으로 대폭 늘려서 생선 분말과 같은 수산물 가공 산업을 활성화하는 독단적인 정책을 추진하여 다른 국가들의 강력한 반발을 초래하기도 하였다. 이처럼 유럽공동체 내에서 회원국 간의 갈등과 분쟁이 잦아지자 유럽 차원의 조정 기능이 강화되어야 한다는 인식이 확산되었고, 결국 1983년의 조약을 통해 회원국들은 공동의 어업 정책을 공동체 차원에서 수립하는데 합의하였다. 이 조약은 조업 지역에 대한 출입권, 포획량의 쿼터 결정, 종(種)의 보존을 위한 기술적 조치 등을 포함하는 공동 어업 정책의 틀을 제공하고 있다. 이 조약에 따르면 유럽공동체 회원국들은 12해리 해역에서 해당 국가의 우선적 조업권을 인정하지만 역사적으로 조업을 해오던 타국 선박들의 권리도 보장해야 한다는 내용으로, 12~200해리의 해역에서는 국적에 관계 없이 회원국 선박이면 자유롭게 조업을 할 수 있도록 규정하고 있다.

2003년에는 공동 어업 정책을 근본적으로 재조정하는 변화가 일어났다. 우선 국가별 조업권이 보장된 지역이 없어지고 완벽한 자유 조업권이 보장되었다. 다른 한편 유럽연합의 각 국가는 수산업 종사 인구나 수산업의 중요성, 그리고 다른 국가에 미치는 영향 등을 종합적으로 고려하여 매년 일정한 어획량 쿼터를 배정받으며, 유럽연합은 이러한 어획량이 제대로 지켜졌는지 정기적으로 확인한다. 21세기 들어 어업 분야에서 가장 핵심적인 문제는 어업의 근대화가 아니라 수자원을 장기적으로 보존하는 것이었기 때문이다. 따라서 과거처럼 유럽의 재정 지원은 선박의 근대화나 첨단화를 피하는 대신 안전과 편의를 향상하는 부분으로 제한되었다. 어업계는 유럽 연합이 포획량을 결정하는 쿼터 제도에 대해 강한 불만을 가지고 있지만, 이런 제약이 없을 경우 유럽의 바다는 마구잡이로 고기를 낚아 올리는 '공유지의 비극'의 무대가 될 가능성이 높다.

결국 농업 분야에 이어 수산업 역시 각 국가 간에 존재하던 제도적 차이점들이 유럽 차원에서 통일되어 가는 과정을 거치며 최종적으로는 하나로 통합되어 가고 있다. 특히 1970년대에 이미 선박의 자유로운 출입과 조업권의 원칙을 천명했다는 사실은 바다 위에서의 국경선이 육지에서의 국경선보다 빨리 무너지기 시작했다는 의미를 갖는다. 완전한 자유조업이 시행되면서 2003년에는 명실상부하게 바다의 국경선은 사라졌다.

공동 교통 정책

2000여 년 전 유럽을 지배했던 로마 제국의 힘은 표면적으로 강력한 군사력에 기초하고 있는 듯이 보이지만 당시로서는 매우 발달된 도로망도 중요한 역할을 했다. '모든 길은 로마로 통한다'라는 표현이 보여 주듯이 로마 제국의 지배는 효율적인 교통망을 통해서 유지될 수 있었던 것이다. 현재 진행되고 있는 유럽의 통합을 로마 제국과 단순 비교할 수 있는 것은 아니지만 대륙 차원의 정치 경제 통합이 원만하게 진행되기 위해서는 발달된 교통 통신망이 필요하다는 점은 고금을 막론하고 명백한 사실일 것이다.

사람과 상품의 자유로운 이동을 보장하기 위해선 잘 발달된 교통 시설과 적절한 교통 수단이 필요하다는 점은 유럽경제공동체 성립 당시의 정책 결정자들도 분명하게 인식하고 있었다. 실제로 유럽경제공동체를 출범시킨 로마 조약을 보면 공동 교통 정책에 많은 부분이 할애되어 있다. 하지만 공동체를 구성하는 회원국들은 각자 독특한 교통 체계와 교통 정책을 실시하고 있었기 때문에 빠른 시일 내에 공동 교통 정책을 수립하기 위한 협상과 합의를 도출해 내기는 매우 어려웠다. 심지어 일부 국가의 교통망은 자국 영토 내에서는 수월하게 연결되었지만, 전략적인 이유로 타국과의 연결성은 고의적으로 제한하는 구조로 되어 있었기 때문에 유럽 대륙 차원의 공동 교통망 형성은 그만큼 힘들었다. 게다가 유럽 국가들은 전통적으로 교통 부문에서 다양하고 복잡한 규제들을 시행하고 있었기 때문에 공동 교통망의 형성을 더욱 어렵게 하였다.

그럼에도 불구하고 유럽의 공동 교통 정책은 가능한 부분부터 점진적으로 추진되었다. 1961년 유럽경제공동체 집행위원회는 교통을 공동체 차원에서 조직하기 위한 방안을 담은 보고서를 제출하였다. 이 보고서는 세 가지 중요한 원칙을 규정하고 있는데 그것은 단일 교통 시장을 만들기 위해 1) 교통 수단 간의 자유로운 경쟁을 유도하고, 2) 국경을 통과하는데 방해가 되는 장애물들을 제거하며, 3) 교통 산업 분야의 기업들이 공동체 내에서 자유롭게 타국에 진출하고 활동할 수 있도록 규정을 정비한다는 내용이다. 이러한 원칙에 따라 집행위원회는 1963년 실천 계획(action program)을 채택하여 10여 년 내에 이를 달성한다는 목표를 내세웠다.

1960년대 말 유럽공동체는 제한적이지만 가능한 협력 방안들을 마련하였다. 교통망을 건설하는 과정에서 회원국 정부 간의 상호 협조 체제를 구성토록 하였으며, 도로를 통한 상품의 운송 가격을 공동체에서 결정하도록 하였다. 이 조치는 유럽 내의 물류 비용을 단일화 함으로써 공정한 경쟁을 유도하려는 목적을 달성하기 위해 취해진 것이었다. 이어서 회원국 철도 기관들 사이에 회계 체제를 조화시킴으로써 철도 운송 부문의 가격 단일화를 유도하였고, 교통 산업에 제공되는 국가 보조금을 제한토록 하였다.

주로 철도나 도로와 같은 육송 부문에 한정되었던 유럽공동체의 교통 정책은 1973년 영국, 아일랜드, 덴마크 3국이 신입 회원국으로 가입하면서 강과 바다, 그리고 항공 분야로까지 확대되는 계기를 맞았다. 1973년에 집행위원회가 공표한 작업 계획(working program)은 공동체 차원에서 육·해·공을 모두 포함한 유럽 인프라 망을 건설하고 단일 교통 시장을 형성한다는 목표를 제시하였다. 이 계획은 또 교통 정책이 지역 정책이나 에너지 정책과 잘 조화를 이루어 추진되어야 하며 유럽 시민들의 사회 복지 향상에 기여해야 한다고 강조했다. 또한 공동체의 교통 정책은 환경을 보존하는 방향으로 진행되어야 한다는 원칙도 수립되었다.

그러나 매우 야심 찬 교통 정책 발전 전망을 담고 있던 작업 계획은 회원국들의 무관심과 저항으로 효율적으로 추진되지 못하고 상당 부분 사장되었다. 1983년 유럽의회는 회원국들을 대표하는 이사회가 공동 교통 정책을 제대로 실행하지 않는 것은 로마 조약에 명시된 의무를 이행하지 않는 것이라고 판단하고, 1983년 유럽법원에 이사회를 직무 유기로 제소하였다. 1985년 유럽법원의 판결은 이사회의 직무 유기를 사실상 인정하였다. 즉 이사회가 국제 교통에 있어서 자유로운 서비스의 제공 조건을 규정하고, 한 회원국의 교통 관련 기업이 다른 공동체 회원국의 교통망에 진입하는 조건을 확정해야 하는데도 불구하고 이러한 임무를 수행하지 않았다고 판결한 것이다. 이 결정적인 판결문은 공동 교통 정책에 활기를 불어넣어 주는 역할을 하였고, 이어서 확정된 단일유럽의정서와 마스트리히트 조약에서는 유럽연합이 범 유럽 교통망(transeuropean network)을 추진하도록 명시하였다.

이에 따라 1980년대 중반부터는 유럽 공동 교통 정책이 본격적으로 추진되었다.

첫째, 철도 부문에서는 유럽 고속 철도 계획에 의해 주요 도시들을 신속하게 연결시키는 범유럽적 고속 철도망이 설계되었다. 특히 첨단 기술을 사용한 프랑스의 테제베(TGV), 독일의 인터시티(IC), 이탈리아의 펜돌리노(Pendolino) 등의 고속 철도망을 효율적으로 연결시키는 방안이 추진되었다. 이 계획에 따르면 2010년까지 시속 250~350km로 달릴 수 있는 새로운 철로 9,000km를 건설하고, 기존의 철로 15,000km를 시속 200km 정도로 달릴 수 있도록 개선시키는 한편, 주요 노선 사이에 1,200km에 달하는 연결 노선을 신설하여 원활한 소통을 보장한다는 것이다. 이러한 계획에 의해 이미 12만 4,000km에 달하는 세계에서 가장 조밀하게 짜여진 철도망을 가지고 있는 유럽은 10여 년 뒤면 이에 더하여 최첨단의 고속 철도망을 보유하게 될 전망이다.

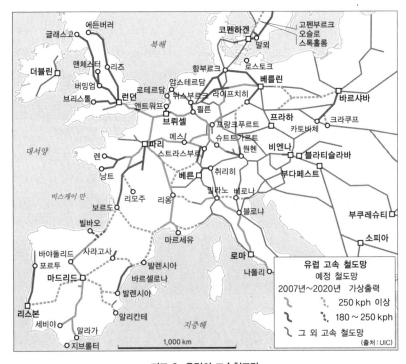

지도 3. 유럽의 고속철도망

둘째, 도로 교통의 차원에서도 유럽연합은 공정한 경쟁과 시민의 안전을 추구하기 위한 여러 가지 정책들을 추진하고 있다. 유럽연합은 우선 공정한 경쟁을 위해 버스 회사들이 다른 회원국 시장에도 자유롭게 진입하고 활동할 수 있도록 하였다. 유럽의 화물 트럭 기사들은 유럽연합에서 결정된 적재량과 안전 수칙들을 지켜야 하며, 유럽연합이 인정한 면허증을 보유하도록 규정하였다. 또 유럽연합은 도로 안전을 위해 모든 차량들이 정기 검사를 받도록 의무화하였고(당시 일부 국가는 정기 검사 제도가 없는 상황이었다), 유럽의 통일된 속도 제한 체계를 추진하는 한편 음주 운전 기준도 대폭 강화할 계획이다.

셋째, 강·운하·바다 등 수로를 통한 교통 부문에서도 유럽연합은 적극

새로운 철도 혁명   BOX 18

19세기 산업 혁명이 시작했을 때 철도와 증기 기관차는 그 대표적인 상징이었다. 그 후 20세기 새로운 변화로 인해 철도 산업은 자동차와 항공 산업에 자리를 내주었다. 하지만 21세기 들어 고속 철도의 발전으로 유럽은 다시 한번 철도의 시대를 맞이하고 있다. 실제로 자동차나 항공기에 비해 철도 수송은 훨씬 친환경적인 대안이다. 게다가 도로 정체나 공항에서의 검문 검색 등을 감안했을 때 도심과 도심을 연결하는 고속 철도는 매력적인 교통 수단으로 부활하였다.

특히 2007~8년은 유럽에서 가히 혁명이라고 불릴 정도로 고속 철도의 변화가 일어나고 있다. 우선 속도의 측면에서 유럽 고속 기차들은 최고 시속 320km에 달하는 신속한 이동 수단으로 성장하였다. 프랑스 파리에서 독일의 스투트가르트는 과거 6시간 여행에서 불과 3시간 40분 대로 단축되었다. 다음은 프랑스 동부 테제베가 개통되면서 독일과 프랑스가 고속철로 연결되는 쾌거를 이룩하였다. 이는 기존 파리 런던을 잇는 유로스타나 파리 브뤼셀의 탈리스에 이어 대표적인 유럽 노선으로 등장할 전망이다.

2007년 전반기에는 프랑스, 독일, 영국, 벨기에, 스위스, 오스트리아의 철도 회사들이 레일팀(Railteam)이라는 다국적 연합을 형성하여 고속철 서비스를 향상하기로 결정하였다. 이제 유럽의 여행객들은 인터넷에서 한 두 차례의 클릭으로 유럽을 누비는 고속철을 예약할 수 있게 된 것이다. 유럽 철도 산업은 2007년 현재 1,500만에 달하는 고속철 이용객 수를 2010년 2,500만 까지 늘릴 계획이다. 유럽 배낭 여행을 하는 한국 대학생들도 더 빠른 속도로 도시에서 도시로 이동할 수 있게 되었다

적이고 활발한 움직임을 보여 주고 있다. 지난 1992년 7월부터는 북해의 관문이라고 할 수 있는 네덜란드 로테르담에서 물건을 선적하여 중앙 아시아의 흑해까지 운송할 수 있게 되었는데, 이는 유럽연합에서 추진한 라인-마인-다뉴브 강을 연결하는 운하 공사의 성공 덕분이다. 다른 한편 유럽연합은 후발 국가들의 강력한 도전에 시달리는 해운 부문에서 다양한 조치를 통해 유럽의 고용을 보호하고 있으며, 위기에 처한 조선 산업에도 국가나 유럽연합 차원의 보조금을 지원하고 있다.

마지막으로 항공 부문에서도 유럽연합은 회원국 간에 존재하는 장벽들을 없애면서 유럽 단일 항공 교통 시장을 형성하는데 노력해 왔다. 예를 들어, 항공사를 설립하는데 있어서도 이제는 유럽연합 차원에서 규정된 조건을 충족시켜야만 국가들이 허가를 내 줄 수 있게 되었다. 항공료는 각 항공사들이 자유롭게 결정하게 하였고, 지난 1997년 4월 1일부터는 유럽연합 내 항공 시장이 완전 자유화되어 한 회원국의 항공사가 다른 회원국의 국내 노선까지도 운항할 수 있게 되었다. 예컨대 영국의 브리티시 에어웨이스(British Airways)는 이제 원한다면 독일의 국내 노선인 베를린-프랑크푸르트 노선이나 이탈리아의 국내 노선인 밀라노-팔레르모 노선을 운행할 수 있게 된 것이다.

21세기 들어 집행위원회는 2001년 교통 백서를 통해 교통 정책의 새로운 목표들을 제시하였다. 교통 사고의 예방, 철도를 통한 운송 확대, 통합 항공 통제 시스템의 개발, 내륙 운하의 진흥, 해양 운송의 향상 등이 그것인데 가장 핵심적인 방향은 잦은 체증과 에너지 낭비, 환경 악화를 초래하는 도로 운송에 대한 의존을 줄이고 대체 교통 수단의 발전을 장려하는 것이다. 같은 방향에서 2003년부터는 철도 운송에서 자국 중심주의를 타파하여 70~80% 정도의 개방을 강요함으로써 항공 운송에서 자유화가 가져온 가격 인하와 승객 증가의 효과를 철도에서도 노리고 있다.

이와 같이 처음에는 미진하게 시작하였던 공동 교통 정책은 최근 들어 매우 활발한 양상을 보여 주고 있다. 이제 유럽은 2,000년 전 군대와 물자의 효율적인 수송을 위해 돌을 깔아 만든 로마 제국의 도로망에 비유할 수 있는 교통 체제를 갖게 되었다. 육·해·공의 입체적인 교통망은 첨단 기술을 통해 지속적으로 확장 개발되어 유럽 전체는 이제 하나의 그물처럼 연결되어 가고 있다. 앞으로 21세기의 주요 과제는 서유럽뿐 아니라 중·동유럽까지 이러한 최신 교통망을 확대하는 것인데, 일부 전문 기관의 전망에 의하면 향후 몇 년간 서유럽과 중·동유럽 사이의 교통량은 1,000% 이상 증가할 것으로 예상하고 있기 때문이다.

공동 에너지 정책

1973년은 세계사에서 매우 중요한 해이다. 이스라엘과 아랍 국가들 사이에 제4차 중동 전쟁이 터져 중동의 화약고가 폭발하더니 곧이어 아랍 국가들을 중심으로 구성된 석유수출국기구(OPEC: Organization of Petroleum Exporting Countries)가 석유 가격을 4배로 인상하여 세계 경제에 심각한 타격을 입혔다. 제2차 세계대전 이후 석유의 저렴한 가격이 변치 않으리라 믿고 에너지원을 석탄에서 석유로 전환시킨 대부분의 국가들은 석유 파동으로 경제 기반이 흔들리게 되었고, 국가 경제에서 에너지의 공급이 차지하는 결정적 중요성을 인식하게 되었다.

유럽에서도 1973년은 이러한 변화의 소용돌이 속에서 공동체 차원의 에너지 정책이 수립되는 시기였다. 당시 아랍 국가들은 세계 시장에 공급하는 석유량을 제한함으로써 가격 상승을 유도하였는데 예외적으로 네덜란드에 대해서는 금수령을 내렸다. 그 이유는 네덜란드가 친 이스라엘 외교 정책을 펴 왔다는 것이었다. 이러한 석유 파동의 결과 에너지 문제는 단순히 경제적인 문제에 그치는 것이 아니라 국가의 안보와 직결된다는 사실을 뼈저리게 느끼게 되었고, 이에 따라 유럽 국가들은 공동의 에너지 정책이 필요하다는 인식을 공유하게 되었다.

사실 유럽 통합의 역사는 에너지 통합의 역사에서 시작되었다. 1951년 출범한 유럽석탄철강공동체(ECSC)는 당시 최대 에너지 자원이었던 석탄을 공동으로 관리하자는 내용이었기 때문이다. 1957년의 로마 조약은 유럽경제공동체를 출범시키는 조약으로 널리 알려져 있지만, 동시에 유럽원자력공동체(Euratom)를 설립하는 조항들을 담고 있다. Euratom은 유럽 6개국이 핵에너지의 평화적인 이용을 위해 공동으로 협력한다는 취지에서 설립된 기구라는 점에서, 유럽 통합에서 공동 에너지 정책의 중요성을 확인해 볼 수 있다.

전후에 이른바 제2차 산업 혁명이 진행되면서 석유는 점진적으로 석탄을 대신하여 주요 에너지 원으로 성장하였다. 1950년대까지만 하더라도 유럽에서 최대 에너지원은 석탄이었으나, 1960년대를 거치면서 석유는 석탄의 비중을 크게 축소시켰다. 그 결과 1973년 당시 유럽에서 사용되는 에너지원 가운데 석유가 차지하는 비중은 63%에 달했던 것이다. 게다가 대부분의 석유가 중동으로부터 수입되어 유럽 경제의 중동 석유 의존도는 대단히 높았다. 이런 상황에서 석유 가격 파동과 네덜란드에 대한 산유국들의 금수령은 유럽공동체 차원의 대응을 불가피하게 했다.

1973년 유럽공동체는 회원국 담당 관료들과 공동체의 담당 집행위원으로 구성된 에너지 위원회를 설립하여 향후 공동 에너지 정책을 수립하도록 하였다. 이 위원회의 제안을 바탕으로 그 이듬해에는 이사회가 새로운 공동 에너지 정책을 취하게 되는데, 그것은 첫째로 각 회원국의 에너지 소비량을 줄이고, 둘째로 핵 에너지의 개발을 촉진시키며, 셋째로 외부 에너지 공급원을 다변화한다는 내용이었다. 1978~1979년의 제2차 석유 파동 때는 다시 회원국의 석유 수입을 줄이고 에너지의 대외 의존도를 50%로 축소시킨다는 결정을 내렸다.

이러한 정책에 따라 유럽의 석유 수입량은 감소해 왔으며(1973년의 수입량 6억 2,000만 톤에서 1990년에는 5억 6,000만 톤으로) 공급선도 다변화되었다. 게다가 북해의 석유 생산은 유럽의 석유 대외 의존도를 낮추는 데 크게 기여하였다. 이와 더불어 10여 개 유럽 국가들은 천연가스를 생산하고 있으며, 러시아, 알제리, 노르웨이 등으로부터 천연가스를 수입하고 있다. 이 같은 수입 감소, 공급선 다변화, 대체 자원 개발 등에 따라 걸프 전쟁 시 유럽은 이라크와 쿠웨이트로부터의 석유 공급이 중단되었어도 커다란 타격을 받지 않게 되었다.

물론 장기적인 차원에서 보았을 때 유럽은 자체 에너지 생산이 적기 때문에 여전히 구조적인 의존은 극복하기 어려운 것으로 보인다. 2000년 현재 유럽연합은 에너지 수입 의존도가 50%이며 현재의 경향이 계속된다면 2020년이나 2030년에는 이 의존도가 다시 70% 정도로 상승할 것으로 예상된다. 석유의 경우 수입에서 중동 지역 의존도가 45%이며 천연가스의 수입에서 러시아 의존도는 40%에 달한다. 2009년 1월에는 러시아와 우크라이나의 가스 공급 관련 분쟁으로 러시아가 가스를 공급하지 않았고, 그 때문에 우크라이나뿐 아니라 우크라이나를 통과하는 파이프라인으로 가스를 공급받는 유럽마저 추위에 떨어야 했다. 다른 한편 유럽연합은 위기 상황에 대처하기 위하여 각 회원국이 90일 소비량에 해당하는 석유를 저장하도록 공동체 법안으로 규정하고 있다.

또한 유럽 국가들은 에너지의 대외 의존도를 줄이기 위한 대응책으로 원자력 발전 능력을 대폭 확장하였다. 현재 유럽연합은 세계 최대의 원자력 발전 능력을 보유하고 있으며, 특히 프랑스, 독일, 영국이 이 분야에서 가장 앞서 있다. 그러나 유럽연합 내에서도 원자력 발전에 대한 인식은 국가별로 커다란 차이를 보이고 있는데, 프랑스나 영국에서는 원자력 발전에 대한 환경주의자들의 반발이 상대적으로 적은데 비해 독일이나 이탈리아에서는 반대 여론이 매우 강력하다. 특히 이탈리아 같은 나라에서는 1987년 국민투표를 통해 더 이상 원자력 발전을 확대하지 않는다고 결정하였고, 이에 따라 1989년부터는 더 이상 원자력 발전을 하지 않게 되었다. 이탈리아와 마찬가지로 덴마크, 포르투갈, 아일랜드, 그리스에도 원자력 발전소는 존재하지 않는다.

1990년대에 들어서면서 유럽연합에서는 에너지 정책의 일환으로 에너지 효율성을 제고시키기 위한 프로그램, 새로운 에너지 자원 개발을 위한 프로그램, 유럽 국가들 간의 가스와 전기 공급망을 구축하기 위한 프로그램 등 다양한 정책들이 추진되고 있다. 특히 REGEN 프로그램은 위의 공동 교통 정책에서 언급한 범유럽 네트워크 구축의 일환으로 교통 부문과

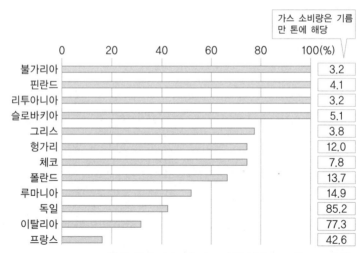

(출처 : BP Statistical Review of World Energy ; Eurostat ; IEA)

도표 4. 유럽의 러시아 가스에 대한 의존도

더불어 에너지 부문에서도 국가 네트워크들을 연결하자는 의지를 담고 있다. 에너지원의 범유럽 네트워크가 완성되면 네덜란드에 대한 석유 금수령과 같은 상황이 재현되더라도 회원국 간 연대성의 원칙에 따라 원활한 에너지 공급이 이루어질 수 있을 것이다. 상징적인 의미가 훨씬 강하지만, 1991년에는 범유럽적인 에너지 협력을 위해 35개국 대표들이 네덜란드 헤이그에 모여 '유럽에너지 헌장'을 제정하였다.

위의 단일 시장 관련 장에서 다루었듯이 에너지 정책의 중요한 부분은 전기와 가스 공급에서 기존의 국가별 독점 체제를 개방하고 자유화하는 것이었다. 이러한 정책을 통해 유럽은 에너지 공급에서 점진적으로 자유로운 경쟁 체제로 돌입하게 되었고 따라서 에너지 소비자인 기업의 입장에서는 생산성을 높일 수 있는 제도적 기반을 마련하게 되었다.

끝으로 21세기 들어 유럽 에너지 정책의 방향이 환경 인식과 긴밀하게 연결되면서 깨끗한 대체 에너지의 개발에 초점을 맞추고 있다. 유럽 집행위는 2004년 유럽연합이 수입 화석 연료에 과도하게 의존하고 있다고 판단하고 점진적으로 이를 축소시키는 목표를 설정하였다. 특히 지구 온난화에 대한 세계적 관심이 고조되면서 화석 연료의 비중을 줄이는 것은 중요한 과제로 등장하였다. 유럽연합은 2004년부터 2010년까지 향후 6년 동안 풍력, 바이오매스, 수력, 태양열 등 재생 가능한 에너지원에서 생산한 에너지를 2배로 늘리기로 결정하였다. 또 다른 방향은 수소의 개발로 '유럽 수소 및 연료 전지 기술 계획'이라는 청사진을 작성하여 장기적으로 화석 연료를 대체하려는 야심을 드러냈다.

유럽의 에너지 정책의 변천은 처음에 에너지 안보라는 차원에서 시작하였던 정책이 제도화 되면서 점차 회원국의 장벽을 허무는 개방과 자유화라는 경제적인 차원으로 발전하였고, 시대가 변화함에 따라 최근 들어서는 환경 정책과 긴밀하게 연결되는 것을 보여 준다. 그만큼 유럽의 다양한 정책들은 서로 영향을 미치며, 한 분야에서의 발전이 다른 분야의 발전이나 변화를 초래하는 체계적 틀을 형성하고 있는 셈이다.

공동 과학 기술 정책

유럽 통합을 추진하는 가장 중요한 이유 중에 하나는 잃어버린 과거의 영예를 되찾는 것이었다. 유럽의 중심 국가인 영국, 프랑스, 독일은 불과 1세기 전만 해도 각각 미국과 비교할 만한 경제력을 보유하고 있었고, 세계 각 대륙에 식민지를 두고 통치하고 있었으며, 세계의 지적·문화적 중심지였다. 그러나 두 차례의 세계대전을 통해 유럽 국가들은 서로를 파괴하는 일을 반복하면서 몰락해 갔고, 그 자리에 미국과 소련이 세계를 양분하여 지배하는 체제가 수립되었던 것이다.

그러나 소련의 붕괴 후 미국이 유일한 초강대국으로 세계를 주도하고 있는 현 상황에서 유럽 국가들이 개별적으로 미국의 주도권에 도전하거나 세계적 초강대국으로 성장할 가능성은 거의 없다. 이들은 국토의 규모나 인구, 자원 등 모든 면에서 미국과는 비교가 되지 않기 때문이다. 따라서 유럽 국가들이 세계적인 강국으로 다시 태어나기 위해서는 그들의 의지와 힘을 합치는 방법 이외에는 다른 길이 없다. 특히 현재와 같이 세계화의 진행과 동시에 산업 경쟁력이 국가 간 경쟁의 핵심적인 요소로 등장한 상황에서, 산업이 국가별로 분열되어 있고 시장이 개별 국가 영역 내로 제한되어 있다면, 유럽이 과거의 영광을 되찾는 일은 불가능할 것이다.

유럽에서 최근 들어 적극적으로 추진하고 있는 공동 과학 기술 정책은 바로 유럽 산업의 국제 경쟁력 회복을 위한 수단이다. 몇 가지 산업의 사례를 가지고 유럽의 대응책을 살펴보면, 유럽연합 차원의 국가 간 협력이 얼마나 중요한지를 발견할 수 있다. 위에서 검토한 공동 농업 정책은 유럽이 식량 수입국에서 수출국으로 탈바꿈하는데 결정적으로 기여했다. 유럽 국가들이 만일 공동 농업 정책을 펴지 않고 개별적으로 전통적 농업정책을 추진했다면, 유럽의 자급 자족도는 상당 부분 높아졌을지 몰라도 세계의 주요 농산물 수출국이 될 정도로 농업 생산성이 높아지지는 않았을 것이다.

이러한 점은 과학 기술 분야에서도 마찬가지로 적용될 수 있다. 예를 들어 3차 산업 혁명의 주도 산업이며 21세기 최대 산업으로 등장할 정보 산업을 보면 세계 시장을 지배하는 기업들은 모두 IBM, Intel, Microsoft, Fujitsu, NEC 등 미국과 일본의 기업들이다. 유럽에서는 1970년대 Unidata라는 프로그램을 통해 프랑스의 C II, 독일의 지멘스, 네덜란드의 필립스 등 3사가 협력 체제를 구축하였으나, 이러한 공동 전선을 지속적으로 유지하는데 실패하였다. 그 결과 유럽 기업들은 정보 산업 분야에서 미국이나 일본에 훨씬 뒤처지는 상황에 빠지게 되었다.

반면 항공 우주 산업 부문에서는 유럽이 미국과 동등한 입장에서 경쟁할 수 있는 위치에 있다. 세계의 대형 항공기 시장을 양분하고 있는 것은 미국과 유럽연합이다. 전후 미국의 보잉과 맥도널더글라스 두 회사가 지배하던 항공기 시장에서 유럽의 에어버스사는 점진적으로 이들의 시장을 잠식해 들어갔고, 그 결과 1990년대에 에어버스사에 대항하기 위해 미국의 두 회사는 합병 전략을 택하게 되었다. 이제 세계 항공기 시장은 보잉사와 에어버스사가 양분하고 있다. 이처럼 유럽이 항공 산업에서 경쟁력을 확보할 수 있었던 것은 유럽우주기구(ESA: European Space Agency)가 유럽 여러 나라의 관련 연구 기능을 종합하여 포괄적으로 조정 주도했기 때문이다. 1970년에 형성된 에어버스 컨소시엄에는 현재 프랑스의 아에로스파시알, 독일의 도이치 에어버스, 영국의 브리티시 에어스페이스, 에스파냐의 콘스트룩시오네스 아에로나우티카스 등이 참여하고 있다. 유럽우주기구의 또 다른 성공 사례는 우주 산업 부문에서 로켓 분야이다. 유럽의 여러 나라가 연구 개발 및 생산 과정에 참여하고 있는 아리안 로켓은 현재 세계 인공위성 발사 시장에서 50% 정도를 점유하고 있다.

이처럼 정보 산업의 실패 사례와 항공 우주 산업의 성공 사례는 유럽 국가들이 힘을 합칠 때는 미국과 동등하게 경쟁할 수 있고, 분열되면 미국이나 일본에 뒤처지게 된다는 교훈을 남겨 주었다. 1980년대 중반 단일유럽의정서(SEA)가 채택되기 전까지 유럽공동체는 과학 기술 정책에 관해서 아무런 권한이 없었다. 법적으로 근거가 확실했던 것은 단지 석탄 철강 부문의 연구 개발을 위해 재정적 지원을 할 수 있다는 유럽석탄철강공동체 조약과 원자력 분야의 연구 개발을 위한 유럽원자력공동체 조항뿐이었다. 유럽공동체는 파리 조약과 로마 조약의 이러한 침묵을 극복하고 과학 기술 분야에 적극적으로 개입하기 위하여 로마 조약 235조를 활용하였다.

조약 235조는 "조약이 행동 권한을 미처 부여하지 않은 분야라고 할지라도 공동 시장을 운영하는 과정에서 공동체의 목적을 달성하기 위하여" 이사회가 필요한 조치를 취할 수 있다고 명시하고 있다(로마 조약 235조는 과학 기술 정책뿐 아니라 다른 분야에서도 유럽공동체의 권한을 확대시키는데 결정적으로 기여하였다). 이는 유럽공동체의 창시자들이 조약을 통해 과학 기술 정책을 공동체의 권한으로 규정하지 않았더라도 이사회가 유럽공동체의 목적을 달성하기 위해 필요하다고 판단한다면 개입할 수 있다는 말이다. 유럽공동체는 이 조항을 활용하여 1973년 유럽연구개발위원회를 설립하여 회원국의 과학 기술 정책을 조율하고 공동체 차원에서 새로운 분야의 연구 개발을 촉진하도록 하였다. 당시 공동체 차원에서 진행한 연구 개발의 방향은 에너지, 환경, 천연 자원 등의 분야였다. 특히 1982년 집행위가 추진한 유럽정보기술전략프로그램(ESPRIT: European Strategic

Program for Research and Information Technology)는 재계와 유럽 기구의 긴밀한 협력으로 추진되었고 유럽의 과학기술정책의 가장 획기적인 발전으로 인식되었다.

명시적인 법적 근거의 미비로 인해 어렵게 시작된 공동 과학 기술 정책은 단일유럽의정서와 마스트리히트 조약을 통해 공식적인 유럽연합의 정책으로 인정된다. 단일유럽의정서 130F조는 "유럽의 국제 경쟁력 강화를 도모하고 유럽 산업의 과학 기술적 기초를 강화하기 위하여" 과학 기술 정책을 추진토록 권한을 부여하고 있다. 마스트리히트 조약 3m조는 이러한 권한을 더욱 확대하여 과학 기술 정책을 공동체 산업 정책의 주요 축으로 정의하면서 산업과 연관된 연구 개발의 측면을 강조하였다.

이처럼 강화된 법적 근거에 바탕하여 유럽공동체는 다년간 과학 기술 계획을 수립하여 중장기적 목표를 정하고, 이를 위한 재원을 확보해 놓고 있다. 예를 들어 2004년 제6차 기본 프로그램에 의하면 매년 40억 유로 정도의 예산이 배정되어 있으며 이는 유럽연합 내 민간 연구 총액의 6% 정도에 해당하는 규모이다. 가장 많은 예산이 투입되는 분야는 다음과 같다: 정보 사회 기술; 산업 기술 및 신소재 분야; 생물 및 유전 공학 분야; 우주항공 분야; 식품 안전과 건강; 지속적 발전; 경제 및 사회과학 등이다.

재정 지원은 이탈리아, 네덜란드, 벨기에, 독일에 위치한 공동 연구소에 대한 직접적인 재정 지원을 제외하면 대부분 개별 연구 개발 프로젝트에 대한 간접 지원 형태로 이루어지고 있다. 즉 유럽연합은 부응기금 (matching fund)의 개념으로 연구소나 기업이 추진하는 프로젝트에 대해 최고 50% 정도까지 예산을 지원하고 있다. 유럽연합 지원 프로그램의 단점이라면, 공적 자원 배분의 공정성을 지키기 위한 이유 때문이긴 해도 운영상 상당한 경직성이 나타난다는 점이다. 유럽연합은 매년 지원 분야를 선정하여 이를 공고하고, 적어도 2개국 이상의 연구소나 기업이 참여하는 협동 프로젝트를 제출해야 한다. 지원 분야는 특정 기업에 특혜를 주지 않기 위해서 소위 전(前) 경쟁적 단계의 연구 개발이어야 한다. 전 경쟁적이라는 것은 기업이 연구 개발의 결과를 독점하여 결과적으로 특혜를 누리는 상황을 막기 위하여 해당 분야의 모든 기업이 혜택을 누릴 수 있는 상업화 이전 단계를 지칭하는 것이다.

유럽연합에서 직접 관리하는 프로그램의 경직성을 극복하기 위해 보다 유연한 운영 체제를 가지고 있는 제도가 유레카(Eureka)이다. 유레카는 미국에서 '별들의 전쟁'이라고 불리던 전략방위구상(SDI: Strategic Defence Initiative)을 계획하자 프랑스가 이에 대한 유럽의 대응책으로 제안하여 창립되었는데, 유럽연합의 국가뿐 아니라 유럽자유무역연합 회원국들과 터키 등도 참여하고 있다. 유레카는 관리 기관에서 연구 대상을 공고하는 것이 아니라 기업이나 연구소에서 자발적으로 프로젝트를 제출하고 있으며, 접수도 상시적으로 하고 있다. 따라서 유레카가 지원하는 프로젝트들은 보다 상업성이 높은 성격의 것들이다.

유럽은 국제 경쟁력을 회복하기 위하여 야심 찬 과학 기술 정책을 추진하고 있지만 아직 야심을 충족시킬 만한 재원을 확보한 것은 아니다. 물론 21세기 들어 과학 기술의 수준이 국제 경쟁력 제고에 핵심적인 역할을 한다는 인식이 확산되면서 과학 기술 정책의 위상도 올라가고 있다. 특히 2000년 유럽의 경제적 잠재력을 강화하기 위한 리스본 전략이 채택된 이후 공동 과학 기술 정책에 배정된 예산은 크게 늘어났다. 예를 들어 2007~2013년에 해당하는 제7차 기본 프로그램에는 총 505억 유로가 배당되었는데 이는 제6차 프로그램의 1.5배에 해당하는 액수이다. 유럽연합은 이러한 투자가 각 회원국의 다른 과학 기술 프로그램을 촉진하여 국내총생산의 3%를 연구 개발에 투자한다는 목표를 달성하려 하고 있는 것이다.

위에서 살펴본 다른 정책들과 마찬가지로 공동 과학 기술 정책 역시 법적인 기반이 없는 상황에서 현실적 필요에 의해 만들어진 정책이었다. 다른 정책과 마찬가지로 외부적인 압력과 자극이 결정적인 존재 이유를 제공한 것이다. 1980년대 ESPRIT와 함께 본격적으로 시작된 공동 정책은 단일의정서와 마스트리히트 조약에 의해 법제화 되었고, 이제는 유럽연합의 중요한 정책으로 확고한 위치를 갖게 되었다. 다만 아직까지 과학 기술 정책이 유럽 경쟁력의 전반적인 제고라는 궁극적인 목표를 달성하는데 결정적으로 기여했다고 보기는 어렵다. 앞으로 과학 기술 정책은 발전의 가능성과 잠재력이 높은 정책으로서 지속적인 관찰의 대상이 되어야 할 것이다.

지역 정책

드골 대통령은 1960년대 유럽 통합의 미래에 대해서 논하면서 유럽은 민족 국가들이 주체가 되어 건설되어야 한다고 주장하였고, 이를 위해서는 '조국들의 유럽'(Europe des patries)이 추진되어야 한다는 표현을 사용하였다. 그러나 유럽 통합은 프랑스의 드골 대통령이 기대하던 것보다는 훨씬 연방주의적인 방향으로 진행되어 왔다. 특히 1990년대 들어서는 국가의 영향력과 권한이 감소하고, 오히려 일부 지역 또는 지방 당국들이 자국 중앙 정부를 우회하여 유럽연합과 직접적인 관계를 맺으려는 경향이 강해졌으며, 이러한 변화를 집약하는 표현으로서 '지방의 유럽'(Europe des régions)이라는 말을 사용하게 되었다. 사실 자국 중앙 정부와의 관계가 그다지 협력적이지 못한 지방 정부가 유럽연합 기구들과의 관계 강화를 통해 자신의 자율성을 확대하려는 현상은 당연하다고 하겠다. 예를 들어 에스파냐의 카탈루냐와 같은 지방은 마드리드에 있는 중앙 정부보다는 브뤼셀의 유럽연합에 더 많은 기대를 걸고 있다. 또한 벨기에와 같이 프랑스 어권과 네덜란드 어권 사이에 종족적 분쟁이 심한 곳에서는 중앙 정부보다는 유럽 연합에 더 큰 충성심을 나타내기도 한다.

유럽의 지방자치 단체들은 마스트리히트 조약을 통해 제도화된 지역위원회에 대표를 파견하고 있다. 이렇듯이 지역위원회가 제도화된 부분적인 이유는 국가 관료들의 역할을 축소시키려는 유럽 관료들의 전략과 자신의 목소리를 강화하려는 지방 정치인과 관료들의 전략이 서로 상승 작용하여 이루어진 결과라고 할 수 있다. 그러나 이러한 유럽-국가-지방이라는 정치 단위 간의 경쟁보다 중요한 쟁점은 지역위원회의 제도화를 통해 유럽 지역 정책이 보다 효율적으로 진행될 수 있는 계기가 마련되었다는 점이다.

지역 정책이라는 관점에서 본다면 1957년 채택된 로마 조약은 상당히 애매한 모습을 보여 주고 있다. 로마 조약의 전문에는 유럽경제공동체가 지역의 '조화로운 발전'을 추진해야 한다고 명시함으로써 지역 정책의 중요성을 강조하고 있지만, 실제로 본문에서는 공동체에 지역 정책에 관한 권한을 부여하는 조항이 없다. 따라서 공동체의 초창기에는 유럽 차원의 지역 정책을 펼치기보다는 기존 국가별로 추진되는 지역 정책을 조율하는 제한적인 조치만을 취했다고 해도 과언이 아니다. 물론 당시에도 유럽공동체 내부에는 심각한 경제적 불평등이 존재하였다. 예를 들어 1958년 독일 함부르크 지역의 총생산은 이탈리아 칼라브리아 지역에 비해 다섯 배나 높았었다.

유럽의 공동 지역 정책은 1975년 유럽지역개발기금(ERDF: European Regional Development Fund)이 마련되어 재정적으로 유럽의 낙후 지역을 지원하는 재원이 마련되면서부터 본격적으로 시작되었다. 이는 1967년 집행위원회에 지역정책국(DG XVI)이 설립된 이후 지속적으로 지역 정책의 필요성을 강조한 결과이며, 동시에 신규 가입국으로 예산 분배에서 상당한 불이익을 보았던 영국의 강력한 주장이 아일랜드와 이탈리아의 지원을 얻은 정치적 결과이기도 하다. 이 기금은 작은 규모로 시작하였지만 유럽공동체의 면적 중 60%, 그리고 인구의 40%가 잠재적으로 혜택을 누릴 수 있는 지역으로 선정되었다. 기금의 사용에 있어서는 부응기금의 원칙이 적용되었으며 유럽지역개발기금이 창설된 이래 기금을 통해 창출되거나 유지된 고용은 100만 명이 넘으며 혜택을 받은 프로젝트는 수만여 개에 달한다. 또한 회원국들이 유럽 지역 정책의 재정 지원으로 기존의 지역 발전을 위한 예산 배정을 축소하는 것을 방지하기 위해 '추가성'(additionality)의 원칙을 요구하고 있다. 달리 말해서 유럽의 지원은 기존의 발전 정책에 추가되어야지 대체되어서는 안 된다는 의미이다. 이와 동시에 각 회원국의 지역 정책 담당 관료와 집행위원회의 담당 관료로 구성된 지역 정책위원회가 창립되어 유럽 차원의 지역 정책 조정 기능을 담당하게 되었다.

비교적 작은 규모로 시작하였던 유럽의 지역 정책은 1980년대 후반 구조적인 변화를 맞게 되었다. 우선 그리스, 에스파냐와 포르투갈이라는 비교적 저개발 국가들이 공동체에 가입함으로써 이들 신규 가입국의 지역을 집중적으로 배려해야 하는 필요가 존재했다. 또한 당시 유럽 단일 시장을 추진하면서 확대된 경쟁 체제에서 발전 지역은 더욱 큰 혜택을 보고 경제적으로 낙후된 지역은 더욱 큰 피해를 입을 수 있다는 위기 의식도 있었다. 특히 경쟁력이 약한 신규 회원국들을 단일 시장 계획에 완전히 동참하게 하기 위해서는 이들을 배려하는 지원책이 필요했던 것이다. 이러한 구조적 변화는 결국 1988년 유럽 지역 정책의 대대적인 개혁을 가져왔다.

우선 지역 정책에 배정된 예산이 대폭 확대되어 1987년부터 1993년 사이에 두 배로 증가하도록 결정했다. 이는 1993년에 140억 에큐 즉 유럽공동체 총예산의 1/4에 도달하도록 배정한 것이다. 1975년 정책이 시작되었을 때 배정된 2.57억 에큐는 당시 예산의 4.8%에 불과했고, 1987년에도 33

억 에큐에 총예산에 9.1%에 불과했다는 점을 감안한다면 얼마나 획기적인 지역 정책의 강화였는지 알 수 있다. 1993년에는 이러한 추세가 더욱 강화되어 다시 1999년까지 예산이 두배로 증가하여 274억 에큐에 달하게 되었다. 또한 1993년에는 결속기금(Cohesion fund)이라는 제도가 신설되어 공동체 평균 일인당 총생산 수준의 90% 이하인 회원국에서 환경 개선과 인프라 사업에 총비용의 85%까지 지원할 수 있는 보다 유연한 정책 수단이 만들어졌다. 기존 지역 정책 지원과의 차이점은 첫째 수혜 기준이다. 지역의 일인당 총생산 수준이 유럽 평균의 75% 이하여야 했는데 결속기금은 국가의 수준이 90% 이하로 대폭 완화되었다는 점이다. 둘째 기존 지원은 부응기금의 성격으로 사업의 50%만 지원했는데 이제 85%까지 지원할 수 있게 되었다. 셋째 기존 지원은 다양한 사업을 포괄하는데 반해 결속기금은 환경 및 교통 인프라 분야에 한정되어 있다. 신설된 결속기금은 1993~9년 기간에 모두 160억 에큐가 배정되었다.

유럽연합의 지역 정책에는 일반적으로 세 가지 원칙이 있는데 그것은 1) 유럽-국가-지역 수준에서 담당자들의 긴밀한 협력을 통해서 프로젝트가 추진되어야 한다는 파트너십(Partner ship)의 원칙, 2) 프로젝트 추진의 단위는 가장 현장과 가까운 거리에 있는 단위이어야 한다는 보완성(subsidiarity)의 원칙, 3) 유럽연합의 지원은 단독적으로 이루어지는 것이 아니라 이미 회원국 정부나 지방 자치 단체가 투자하는 프로젝트에 추가로 지원한다는 추가성의 원칙 등이다.

유럽을 여행하다 보면 고속 도로를 건설하거나, 다리를 놓고, 댐을 만드는 현장의 표지판에 유럽연합의 상징을 쉽게 발견할 수 있다. 이러한 프로젝트들은 모두 유럽연합의 재원이 투자되어 낙후 지역의 인프라를 구축하기 위한 노력의 일환이다. 유럽 차원의 분배 및 재분배 정책이 지역 정책이라는 형태로 발전하자, 유럽의 지방 자치 단체들은 유럽관료나 유럽의회

의원들을 대상으로 활발한 로비 활동을 펴고 있다. 브뤼셀에는 수많은 지방 자치 단체의 대표부들이 설립되어 활동하면서 새로운 형태의 외교가 펼쳐지고 있다. 일부 소규모 지자체들은 둘, 셋씩 짝을 지어 유럽연합의 수도에 대표부를 만들기도 한다. 특히 유럽연합의 지원이 국제적 협력을 동반하는 프로젝트를 우선적으로 고려한다는 점을 감안하여 국경 지대의 여러 지방들이 추진하는 공동 프로젝트들이 늘어나고 있다. 프랑스, 독일, 벨기에의 세 지방 자치 단체가 공동으로 프로젝트를 추진하면서 유럽연합의 지원을 요청하는 것이 공동 프로젝트의 한 예가 될 수 있을 것이다.

새 천 년을 맞이하면서 유럽의 지역 정책은 다시 한번 커다란 구조적 변화를 겪게 되었다. 유럽 단일 화폐권이 출범하였고 동시에 중·동유럽의 국가들이 대거 새로이 가입하게 되었다는 점이다. 특히 신규 가입국들의 경제 발전 수준은 기존 회원국들에 비해 무척 열악한 편이다. 신규 회원국의 일인당 국민총생산 수준은 기존 유럽연합 평균의 1/3에 불과한 실정이기에 만일 기존 지역 정책의 기준을 유지한다면 중·동유럽 국가 전체가 지원대상으로 등장하게 된다. 위 농업 정책에서 보았듯이 구 공산권 국가의 가입은 유럽 정책의 본격적인 변화를 초래하는 요인으로 작용하게 된다.

유럽연합은 1999년 지역 정책의 새로운 중기 계획을 수립하였다. 2000~6년의 기간 동안 지역 정책 예산은 1,950억 유로가 배정되었고, 결속기금으로 180억 유로가 추가되었다. 또한 가입 예정인 중·동구 국가들을 지원하기 위해 72억 유로를 따로 마련하였다. 이는 이 기간 유럽연합 국민총생산의 0.46%에 해당하는 액수이다. 특히 중·동유럽 국가의 경우 2004년 가입 이전에는 농업 및 농촌 발전을 위한 특별 가입 프로그램(SAPARD: Special Accession Programme for Agriculture and Rural Development)이나 폴란드 헝가리 경제구조조정지원(PHARE) 등의 혜택을 누리면서 가입이 부과할 충격에 대비하는 도움을 얻을 수 있었다. 또 가입 이후 2004~6년의 기간에는 218억 유로 정도가 이들에게 배정되어 있었다.

물론 향후 유럽 지역 정책의 미래를 놓고 확대된 유럽에서는 더욱 복잡한 분배의 정치가 벌어질 것이다. 중·동구의 신규 가입국들이나 경제 수준이 상대적으로 낮은 지중해 국가들은 지역 정책 예산의 확대와 강화를 지속적으로 강조할 것으로 보인다. 반면 프랑스, 독일, 영국을 비롯한 비교적 부유한 국가들은 이제 지역 정책의 혜택을 기대할 수 없게 되었다. 따라

유럽의 지역 정책은 돈 잔치인가?　　　　　　　**BOX 19**

유럽연합은 2007~13년의 기간 동안 지역 정책에 연합 예산의 1/3에 해당하는 3,500억 유로를 배정하였다. 이는 유럽이 결속력을 가진 하나의 단위로 발전하기 위해서는 부유한 지역에서 가난한 지역으로 분배와 재분배가 이뤄져야 한다는 이상에 기초한 정책이다. 하지만 일부 자유주의자들은 이러한 정책에 대해 무척 비판적인 입장을 보여 주고 있다. 예를 들어 영국의 독립당은 런던의 공공 서비스가 엉망인데 왜 영국의 세금을 가지고 부다페스트의 농부나 바르샤바의 지하철 공사를 도와야 하는지 알 수 없다고 반발하고 있다.

이들은 또 유럽연합이 그토록 많은 자금을 운영하는 것은 비효율적이라고 비판한다. 대륙적 차원에서 어떻게 현실의 수요를 파악할 수 있느냐는 것이다. 덧붙여서 일부 지역 정책의 자금은 전혀 경제적 계산이 없이 정치적인 이유로 분배되거나 부패라고 불릴 만큼 합리적이지 못한 프로젝트에 투입된다고 보기도 한다.

2007~13년 시기에 도입된 새로운 제도는 유럽 집행위가 약 500억 유로의 예산을 가지고 모든 유럽연합 지방을 대상으로 지원금을 제공하는 정책을 펼 수 있게 되었다. '경쟁력과 고용' 및 '초국적 협력'을 강화하기 위한 예산인데, 과거에 비교했을 때 지방의 소득이나 경제발전 정도가 기준이 아니라는 점에서 집행위의 정책 권한과 영향력이 대폭 확대되었다고 말할 수 있다.

이러한 변화에 대해 유럽 회의론자들은 여전히 왜 유럽연합이 부유한 지역에까지 지원을 펴는 정책 권한을 얻게 하는가에 대해 불만을 표시하고 있다. 하지만 유럽연합 집행위는 여러 사업을 통해 유럽에 필요한 자금을 지원하고 있는 지역에게도 유럽의 역할과 기능을 홍보하고 그 긍정적 효과를 누리게 해야 한다는 주장이다. 달리 말해서 유럽의 지역 정책은 실질적인 지역 불평등 해소의 정책이기도 하지만, 유럽연합의 가시성을 강화하는 홍보 또는 상징적 정체성의 정치이기도 하다는 설명이다.

서 정책 강화와 예산 증가에 다소 소극적인 모습을 보이고 있는 실정이다.

이와 같이 유럽은 지역 정책에 있어서도 점진적으로 통합이 심화되어 왔다. 특히 이 정책 분야에서 심화와 확대는 서로 긴밀한 상호 작용을 하고 있다는 점을 확인할 수 있었다. 그 사이에 유럽연합은 다양한 지역과 파트너십의 경험을 축적하였고 사업을 통해 밀접한 관계 망을 형성하였다. 이제 유럽은 국민 국가들로 구성된 국가 연합의 모습만을 가지고 있는 것이 아니며, 연합과 지방들 간의 직접적인 네트워크가 점점 촘촘하게 형성되어 가고 있는 과정이다. 이러한 변화를 통해 유럽연합은 초국가-국가-지방을 연결하는 다층 정치 구조를 가지게 되었다. 유럽연합이나 국가 또는 지방 정부 가운데 어느 하나가 권력을 독점하지 않고, 권력의 구조 자체가 여러 층의 정치 기구들 사이에 공유되고 있는 것이다.

사회 정책

일부 학자나 전문가들은 유럽 통합이 자본가에게 일방적으로 유리한 방향으로 전개되고 있다고 비판한다. 이들은 공동 시장의 형성은 국가 경제라는 좁은 틀 속에서 충분한 이윤을 남기지 못하던 자본가에게 커다란 시장을 제공하기 위한 것이며, 따라서 단일 시장의 형성과 단일 화폐권의 출범은 결국 노동자나 농민, 실업자 집단보다는 자본가들의 이익을 보장하는 계획이라고 본다. 왜냐하면 자본가들은 다른 집단보다 훨씬 뛰어난 조직력과 경제력을 바탕으로 회원국 정부는 물론 유럽연합의 관료들에게 커다란 영향을 미쳐 유럽 통합의 방향을 직간접적으로 결정할 수 있기 때문이라는 것이다.

하지만 이러한 종류의 비판적인 시각은 몇 가지 중요한 문제점을 가지고 있다. 우선 이러한 관점은 유럽의 자본가들이 단일화 되어 있다거나 이들의 이익이 항상 일관성을 가지고 있다는 것을 전제로 한다. 하지만 유럽 기업 중 상당수는 유럽의 시장 통합에 반대하는 입장을 가지고 있다. 외국으로부터 경쟁력을 갖춘 상품들이 밀려들어 오면 살아남기가 어렵다고 판단하기 때문이다. 또한 대기업 중에서도 프랑스와 같이 국가 예산의 지원을 받아 오던 기업들은 공동 시장이나 단일 시장의 형성에 항상 찬성하지는 않았다. 따라서 그러한 견해에 따라 유럽 통합을 자본의 음모로 보는 것은 적절한 시각이 아닐 것이다.

다음 문제는 유럽연합의 관료 기구나 회원국 정부들을 자본의 꼭두각시로 보는 시각이다. 이미 국가와 자본의 관계에 대한 연구들이 보여 주듯이 국가는 사회적 압력으로부터 상당한 자율성을 가지고 있다. 유럽 관료나 회원국 정부들이 우선적으로 고려하는 것은 자본의 이익보다는 국제 무대에서의 위상이나 국제적 영향력과 같은 보다 정치적인 요인들이다. 실제로 유럽연합의 다양한 보고서나 회원국 정부의 정책 문건에서 미국과 일본 등 다른 선진국과의 경쟁 관계에 관한 내용을 쉽게 발견할 수 있다. 달리 말해서 유럽 통합의 중요한 동력 가운데 하나는 세계 주도권을 차지하기 위한 정치적 의지라고 할 수 있다.

유럽 통합이 단순히 초국적 자본의 음모라는 시각을 반박하는 또 다른 근거는 아직 미미한 수준이긴 하지만 유럽 차원의 사회 정책이 지속적으로 논의되고 추진된다는 것이다. 로마 조약은 유럽 인들의 '생활 수준 향상'을 가속화시키는 것을 중요한 목표로 설정하고 있으며, 이러한 목적을 달성하기 위해서는 노동의 자유로운 이동을 보장해야 한다는 자유주의적 시각을 반영하고 있다. 이를 위해 공동 시장 내에서 노동의 자유로운 이동을 보장하되 동시에 노동자가 어느 회원국에서 일하든지 체류국의 노동자와 동등한 권리를 인정받도록 의무화하였다. 유럽경제공동체가 형성된 직후인 1960년에는 유럽사회기금(ESF)을 창설하여 장기 실업자와 25세 미만 청년들의 직업 교육을 집중적으로 지원토록 하였다.

1970년대부터 전후 지속되던 고성장 구조가 무너지고 유럽이 경제 위기를 맞게 되자 사회 정책은 유럽 차원의 문제가 되었다. 특히 실업 문제가 공동체 내의 대부분 국가에서 심각한 정치·사회·경제적 문제로 부각되면서 이에 대한 유럽 차원의 대응이 요구되었다. 1974년 유럽공동체 이사회는 완전 고용의 달성, 생활 및 노동 조건의 향상, 노동자의 기업 경영 참여 및 노동 자본의 경제 사회 정책 결정 참여라는 세 가지 정책 목표를 제정하였다. 물론 이러한 원칙의 선언이 자동적으로 사회 부문에 대한 공동체의 적극적인 개입을 불러 온 것은 아니었으며, 1984년 경제 위기가 훨씬 더 심각해지자 이사회는 새로이 사회 정책 실천 계획을 세우고 노동에서 남녀평등의 문제, 집단 해고 시 노동자의 권리, 기업 퇴출 시 노동자의 권리, 고용주 파산 시 노동자의 보호 등의 새로운 영역들을 제정하였다.

사회 정책 분야에서 원칙의 선언이 실질적인 정책으로 발전할 수 있는 제도적 기반은 단일유럽의정서를 통해서 제공되었다. 단일유럽의정서는 특히 이사회가 가중 다수결 투표를 통해 노동 환경의 개선에 관한 최소한의 기준을 마련할 수 있도록 권한을 부여했다. 이 같은 제도 개선으로 일부 국가가 반대하더라도 유럽연합 차원에서 노동 환경 개선을 위한 조치들을 결정할 수 있게 되었다. 단일유럽의정서를 통한 또 다른 발전은 노동과 자본의 사회적 파트너십의 중요성을 강조했다는 사실이다. 유럽 차원에서 자본을 대표하는 유럽산업고용주연맹(UNICE: Union of Industrial & Employers' Confederation of Europe)과 노동을 대표하는 유럽노조연맹(ETUC: European Trade Union Confederation) 간의 관계를 제도화시키고 이들이 공동 의견을 발표할 수 있도록 하였다. 공동 의견은 노사 관계에 대한 특정 문제에 대해 구속력을 가지지는 않지만 대화의 기초가 될 수 있는 합의 사항을 설명하는 문서이다. 예컨대 1986년의 '성장과 고용을 위한 협력 전략'이나 1987년의 '노동자의 정보 공유와 경영 자문에 대한 권리' 등은 유럽의 자본과 노동 간에 합의된 공동 의견이다.

1980년대 후반 단일 시장 계획이 활발하게 추진되면서 노동 세력과 좌파 정치 세력에 의해 사회 정책의 필요성이 강력하게 제기되자, 1989년 '유럽 노동자의 기본적 사회권리 헌장'이 영국을 제외한 11개국에 의해서 채택되었다. 이 헌장은 노사 관계에 있어서 하나의 유럽형 모델을 제시하고 있다고 볼 수 있는데, 특히 노동 환경이 상대적으로 열악한 국가들에게는 강력한 압력으로 작용하게 되었다. 이 헌장은 모든 노동자가 공정한 보상을 받아야 하며, 노동 시장에서 제외된 모든 사람은 충분한 서비스와 소득의 혜택을 누려야 하고, 개인적이나 직업적인 피해를 보지 않고 노조에 가입할 수 있어야 하며, 의무 교육 기간이 끝나기 전의 아동 노동을 금지하고, 최대 노동 시간을 정하고 미성년자의 야간 근무를 금지하며, 퇴직한 사람들에게 충분한 소득과 의료 및 사회적 지원을 제공해야 한다는 등의 내용을 담고 있다. 이 헌장에 근거하여 유럽 차원에서 계약제 노동, 시간제 노동, 파견 노동, 임산부의 노동 환경과 권리, 노동자의 기업 경영 참여 등에 관한 규정들이 채택되었거나 추진되고 있다.

마스트리히트 조약에 첨부된 사회 정책에 관한 의정서는 헌장에서 공표된 원칙들을 추진하기 위해서 명실 상부한 공동 사회 정책을 실천할 수 있는 제도적 기반을 제공하고 있다. 우선 노동 환경의 개선, 노동 조건, 노동자에 대한 정보 제공과 자문, 남녀평등, 실업자 등의 문제에 있어서는 이사회가 가중 다수결로 규정을 만들 수 있도록 하였다. 다른 한편 사회 보장 제도, 집단 해고 시 노동자의 보호, 노동자와 고용주의 대표 제도, 역외 국가 출신 노동자의 고용조건, 고용 진흥을 위한 재정적 지원 등의 문제에 있어서는 이사회가 만장일치로 결정토록 하였다. 그러나 임금이나 노동 조합, 파업이나 폐업 등의 문제는 유럽 차원이 아니라 개별 국가 차원에서 권한을 행사하도록 정했다. 그리고 유럽 차원의 사회 정책을 결정하는 과정에서 노동 조합과 사용자 단체의 자문을 구하는 것을 의무화 하였다.

사회 정책의 획기적인 변화 중에 하나는 전통적으로 노동의 보호에 초점을 맞추었던 유럽의 정책이 1990년대 말부터 고용이라는 또 하나의 축을 중심으로 재조정 되었다는 점이다. 실제로 1970년대 이후 경제적 불황이 지속되면서 유럽 사회는 높은 실업률에 장기적으로 시달려 왔다. 따라서 일하는 노동 세력의 보호도 중요하지만 일자리를 얻지 못하고 있는 실업 인구의 문제도 심각하게 다루어야 할 사안으로 부상했던 것이다. 이제는 고용 사회 정책이라는 표현이 더 자연스럽게 사용되고 있다. 이는 1997년 11월 룩셈부르크의 일명 '고용 정상회담'에서 비롯되었고 2000년 리스본 유럽이사회에서 확인되었다. 고용을 촉진하기 위해 유럽연합과 회원국은 '고용을 위한 국가행동계획'(NAPs: National Action Plan)을 수립하고 집행위와 이사회는 이를 정기적으로 검토하고 평가하는 것이다. 따라서 각 회원국은 고용 촉진을 위한 노동 시장의 유연성 제고나 실업자를 위한 직업 교육 등을 추진하고 이에 대해 다른 국가와 비교하여 평가 받게 된다. 이러한 정책의 방향은 기존의 유럽 대륙 전통의 사회 정책에서 영미식 자본주의가 강조하는 고용 촉진의 목표로 수정이 이뤄진 결과라고 해석할 수 있다.

이와 같이 유럽 통합은 노동이나 자본 어느 한쪽을 위해서 일방적으로 진행되는 것은 아니다. 지금까지 통합의 진행 과정을 살펴보면 노동자의 보호보다는 유럽 자본의 국제 경쟁력 확보가 더욱 중요시 되어 왔던 것이 사실이지만, 1990년대 이후 그동안 등한시 되어 왔던 노동자 보호 문제가 보다 활발하게 논의되고 사회적 유럽을 건설하기 위한 노력이 강화되고 있다는 점도 명백하다. 유럽의 발달된 사회보장 제도가 기업에게 무거운 재정적 부담을 지우면서 경쟁력의 저하 요인으로 작용하고 있는 측면도 있지만, 경제발전의 궁극적인 목표가 시민들의 풍요로운 삶이라는 유럽 인들의 전통적인 관점에서 볼 때, 이는 불가피한 선택이라고 할 수 있다.

무역 정책과 통화 정책은 유럽의 가장 핵심적인 정책 분야라고 할 수 있지만 이 장에서 다룬 정책들 또한 유럽 시민들의 생활과 밀접한 관계를 맺고 있는 중요한 분야라고 하겠다. 농업과 어업, 교통과 에너지, 과학 기술과 지역, 그리고 사회 정책 그 어느 것 하나 일반인들의 삶에 결정적인 영향을 미치지 않은 부문은 없다. 우리는 이 다양한 유럽연합의 정책을 살펴보고 그 발전 과정을 되짚어 봄으로써 EU가 단순히 국제기구가 아니라 실질적으로 다른 일반 국가에서 정부가 하는 일들을 상당히 수행하고 있다는 사실을 알 수 있다. 유럽은 또한 우리가 일반적으로 상상하듯이 경제적인 계획이기도 하지만 동시에 사회적 배려와 통합을 고려한 정책을 활발하게 펼치고 있다는 점을 배울 수도 있다. 또한 21세기 들어서는 환경에 대한 고려가 농업이나 어업 그리고 다른 모든 정책 분야에서 새로운 목표이자 기준으로 부상하였다는 사실을 확인할 수 있었다. 물론 행동하는 능동적 유럽은 공공 정책이 안고 있는 복합성과 갈등, 그리고 문제점들을 노출하고 있다. 특히 중·동구의 국가들이 대규모 새로 가입하면서 문제의 심각성과 도전의 충격은 더욱 강화되었다. 앞으로 10여 년 동안 과연 신입 회원국들이 높은 경제 성장과 안정된 사회 통합을 이룩하여 기존 유럽연합에 융화될 수 있는지는 정책 분야의 가장 핵심적인 과제라고 하겠다.

참고문헌

임문영, 2003, 『유럽연합의 사회정책』 대구: 계명대학교출판부.
H. Wallace and W. Wallace eds, 2000, *Policy-Making in the European* Union,

4th edition, Oxford: Oxford University Press.

L. Hooghe (ed), 1996, *Cohesion Policy and European Integration.* Oxford: Oxford University Press.

M. Kleinman, 2002, *A European Welfare State? European Union Social Policy in Context*, New York: Palgrave.

W. Grant, 1997, *The Common Agricultural Policy.* London: Macmillan.

유럽연합의 정책 II:
사법, 안보, 외교 정책

"이제 세계의 세관 관리들은 여권 크기와 색깔만 보아서는 영국인인지 프랑스 인인지 알 수 없게 되었다."

전장에서 살펴본 정책들은 주로 경제 활동과 관련된 산업 정책이거나 여기서 파생되는 사회 정책 등이었다. 이번 장에서는 전통적으로 경제 활동보다는 시민의 권리와 안보, 그리고 정체성의 문제를 다루는 문화 분야에서의 정책을 검토하도록 한다. 유럽은 상당히 오랜 기간 동안 기능적인 부문에서 자신의 역할을 해왔다. 그러나 통합이 점차 심화되면서 기능적인 통합만 가지고는 감당하기 어려운 부분들이 생겨나게 되었고 이러한 부분들이야 말로 전통적인 국가의 영역이라고 할 수 있는 시민권, 즉 이동과 거주의 자유, 정치 참여에 대한 권리 등과 같은 주권의 영역이었다. 또한 단일 시장의 형성으로 노동의 자유로운 이동을 보장하였는데 사실 노동은 개인을 의미하였으며 이들의 자유로운 국경 통과를 뜻하는 조치였던 것이다. 결국 불법적인 활동, 특히 범죄와 관련된 활동을 통제하기 위해서는 경찰이나 검찰, 사법부 등의 긴밀한 협조가 필요하게 되었고 이는 유럽 차원의 통합된 공공 안전과 사법 공간의 형성을 요구하였다. 마찬가지로 유럽의 경제적 비중이 강화됨과 동시에 정치적인 차원에서도 국제 무대에서 한 목소리를 내야 한다는 과제가 주어졌고, 이는 공동 외교 안보 정책이라는 형태로 제도화 되어 실험에 돌입하였다. 완성 단계에 돌입한 경제 부문의 통합과는 달리 주권이 깊이 개입된 시민권, 내무 또는 외교 안보 분야의 통합은 여전히 미비한 상황이다. 하지만 향후 유럽연합의 가장 커다란 변화 또는 발전은 바로 이 분야에서 발생할 가능성이 높은 만큼 이에 대한 이해 역시 필수적이라고 하겠다.

시민의 유럽

지금까지 유럽연합의 정책들을 살펴보면서 농업이나 수산업에서 시작하여 환경 소비자 보호 등 정말 다양한 분야에서 유럽연합이 정책을 만들어 내고, 그만큼 시민들의 생활에 지대한 영향을 미치고 있다는 점을 충분히 인식할 수 있었다. 이제 유럽연합은 국가들의 연합을 넘어서 지방의 유럽, 시민의 유럽으로 발전해 나가고 있다. 이러한 변화를 반영하여 마스트리히트 조약은 유럽 시민권 개념의 기초를 제공함으로써 유럽연합의 민주적 정당성을 강화하고 공동체적인 인식도 고취시키도록 하였다.

유럽시민이라는 개념 문제가 제기되기 시작한 것은 1970년대 중반이다. 1975년 벨기에의 수상이었던 레오 틴드만스는 유럽 통합에 관한 보고서에서 "유럽의 건설은 회원국 간의 친화이며 유럽은 시민들과 가까워져야만 한다"고 주장하였다. 이어서 1985년에는 '시민의 유럽'에 관해 위원회가 제출한 보고서에서 공동체 내에서 시민들의 자유로운 이동이 실질적으로 보장되어야 한다는 제안과 단일 유럽의 정체성을 대표하는 상징들을 확보해야 한다는 방침이 제시되었다.

이러한 방향에 따라 1980년대에는 시민의 유럽을 강화하기 위한 중요한 개혁들이 도입되었다. 1988년부터 유럽연합 회원국 국민들은 연합 내에서는 여권이 아니라 자국 신분증만 있으면 자유롭게 다닐 수 있다. 덴마크에서 이탈리아로 바캉스를 가거나 에스파냐에서 독일로 출장을 갈 때는 굳이 여권을 챙길 필요가 없어졌다. 또 유럽연합 밖으로 여행할 때 사용하는 여권도 유럽여권의 형태로 모습이 통일되었다. 이제 세계의 세관 관리들은 여권 크기와 색깔만 보아서는 영국인인지 프랑스 인인지 알 수 없게 되었다. 여권뿐 아니라 운전 면허증도 유럽 사이즈와 색깔로 통일되었다. 또 자신의 차 앞창에 E라는 표시만 붙이면 국경을 멈추지 않고 통과할 수 있다. 우리나라 관광객들이 유럽의 공항에 도착하면 제일 먼저 볼 수 있는 유럽인들만이 검색 없이 통과할 수 있는 공항 검문 창구이다. 반면 한국, 일본, 미국인 등 비 유럽연합의 국민들은 줄이 길게 늘어선 기타 '외국인'을 위한 공항 검색대를 거쳐야만 한다.

유럽 인들은 이제 자동차를 살 때도 가장 저렴한 가격에 가장 저렴한 부가가치세를 부과하는 국가에 가서 살 수 있다. 부가가치세제가 국가별로 커다란 차이를 나타내고 있다는 점을 감안한다면 유럽이 통합되었음을 시민들이 실감할 수 있는 중요한 사안이다. 유럽연합은 또 자동차 회사들이 다른 국가에서 구입한 차에 대해서도 애프터 서비스를 의무적으로 제공하도록 하였다. 유럽 인들은 연합 내의 다른 국가에 여행할 때도 3개월 동안은 모든 의료 혜택을 받을 수 있다. 이를 위해서는 본국의 의료보험 기관으로부터 E111이라는 카드만 하

영국의 여권

나 받아 놓으면 된다.

　실업 문제가 매우 심각한 현 상황에서 유럽 인들은 원칙적으로 다른 회원국의 노동 시장에서 일을 찾을 수 있는 권리를 부여 받았다. 유럽연합 규정에 의하면 모든 유럽 시민은 일을 찾기 위해 다른 회원국에 3개월 동안 체류할 수 있으며, 그 국가의 고용 촉진 기관에 등록하여 그 나라 국민과 동등한 입장에서 구직을 할 수 있다. 물론 공무원의 경우 자국민 고용의 원칙이 아직 유효하지만, 경찰이나 군대, 세무 관련 또는 사법 관련 공무원을 제외한 의료, 교육, 연구 등의 분야에서는 연합 내 다른 국가의 국민이라도 공무원 채용이 가능하다.

　유럽 인들은 일단 다른 회원국에서 일을 구하는데 성공하면 그 나라에 체류할 수 있는 권리가 부여된다. 일하고 있는 국가에 자신의 가족을 데려올 수 있으며, 그 나라의 시민들과 같은 경제적 · 사회적 권리를 인정받는다. 예를 들어 노조 활동을 하는데 아무런 문제가 제기되지 않으며, 사회보장 제도의 혜택도 동등하게 받을 권리를 가지고 있다. 퇴직을 한 이후에는 유럽연합의 어느 나라에 체류하든지 연금의 혜택을 누릴 수 있다. 자신이 일하고 세금을 내는 국가에서 주택을 구입할 경우 그 나라 국민들과 똑같은 융자와 지원 혜택을 받을 수 있다. 이처럼 경제 · 사회적인 측면만을 놓고 본다면 유럽연합 시민들은 다른 회원국에 살아도 그 나라의 시민과 같은 권리를 누리고 산다.

　아직까지 이러한 시민권의 통합이 이루어지지 않는 분야는 바로 정치적 시민권의 경우이다. 그러나 마스트리히트 조약은 최초로 유럽의 정치적 시민권이라는 개념을 정의하고 공식화하였다. 이 조약은 "유럽연합 회원국의 국민들은 모두 유럽의 시민"이라고 규정하면서 유럽 인권 협약에서 선언적으로 공표된 시민의 기본 권리들을 유럽연합 차원에서 구속력을 가지는 법적 조항으로 상승시켰다. 마스트리히트 조약은 유럽연합의 시민권을 정의하면서 기존 민족 국가의 시민권을 약화시키는 것이 아니라, 오히려 회원국의 시민권을 유럽 시민권의 기본 조건으로 정함으로써 회원국 정부의 입장을 고려하는 전략적인 모습을 보여 주었다. 이제 유럽 시민권의 개념은 자유로운 이동만을 염두에 둔 경제적 시민권이 아니라 정치적인 차원을 포함한 총체적 시민권으로 발전하였다.

이 같은 시민권 조약이 공표됨으로써 유럽 인들은 자유로운 이동의 단계를 넘어서서 자유롭게 다른 회원국에 거주할 수 있는 권리를 인정 받게 되었다. 단일 시장 체제에서 다른 회원국에 거주하기 위해서는 그 나라에서 직장을 구해야 했지만, 이제는 단순히 특정 국가에 살고 싶다는 개인적 선호에 따라 그 나라에 가서 무한정 살 수 있게 되었다. 이와 더불어 유럽 시민은 자신의 국적과 관계없이 어느 회원국에 거주하든 간에 지방 선거와 유럽 선거에 투표권과 출마권을 모두 보유하게 되었다. 유럽연합 출범 이전에 이러한 권리를 인정한 국가는 덴마크와 네덜란드, 그리고 이탈리아뿐이었으나 이제는 모든 회원국에 공통적으로 적용되는 것이다.

유럽 시민권이 이처럼 구체적인 양상을 띠게 되면서 '공동체의 외교적 보호' 라는 개념도 실현되었다. 이 개념은 유럽연합 역외에 거주하는 시민들을 보호하기 위해서 고안되었다. 예를 들어 아프리카의 특정 국가에 거주하는 유럽 시민은 자국 대사관이 없더라도 유럽연합 회원국 중 한 나라의 대사관이 있다면 이를 통해 외교적인 보호를 받게 되는 것이다. 다른 한편 유럽 시민들은 서명 운동을 통해 일정 수의 지지를 획득하면 이를 유럽 의회에 제기할 수 있는 탄원의 권한을 보장받았다. 그리고 유럽 시민을 위한 옴부즈만 제도가 도입되어 자신의 권리를 수월하게 주장할 수 있는 통로가 열리게 되었으며 독립적인 지위를 확보하고 있는 중재관(mediator)에게 청원할 수 있게 되었다.

최근 들어서는 의회를 향한 탄원권의 행사가 무척 빈번해 지고 있다. 예를 들어 회원국 간의 학위 상호 인정의 원칙에도 불구하고 일부 국가에서 이를 제대로 지키지 않을 경우 개인은 직접적으로 의회에 이 문제를 제기하곤 한다. 주로 개인들이 탄원하는 경우 주요 대상은 사회법이나 조세법에 관련된 사항, 이동과 거주의 권리와 관련된 사항 및 단일 시장 관련 현실적 안건들이다. 다른 한편 개인보다는 비정부기구(NGO), 이익 집단, 시민 단체 등은 환경 보호나 소비자 보호, 또는 안전 문제 등 다양한 영역에서 새로운 쟁점들을 제안하고 있다.

유럽헌법안이 실패하고 그 대신 진행 중인 리스본 조약은 시민의 정치적 사회적 권리를 규정하는 유럽의 기본권 헌장에 법적인 힘을 실어 주고 있다. 예를 들어 기본권 헌장에는 파업의 권리라든가 예방의료에 대한 접근권 등이 담겨있는데 리스본 조약으로 이러한 권리가 법제화 될 경우 유럽의 사법기관들은 이를 어떤 방식으로든 현실에 적용할 수 밖에 없을 것이다. 그렇다면 유럽의 시민권이라는 개념은 보다 획기적으로 발전할 수 있는 계기를 맞게 된다.

결국 유럽 시민권이라는 개념도 유럽 통합의 다른 분야에서와 마찬가지로 매우 역동적인 개념으로서 장기간에 걸쳐 점진적으로 형성되어 가고 있다. 유럽 통합이 인류 사회에 기여한 것의 하나는 바로 시민권의 개념을 독점적인 소속감이 아니라 다차원적인 소속감의 성격으로 전환시킴으로써 관용의 태도를 일반화시켰다는 점이다. 이제 유럽 인들은 독일인이나 스웨덴 국민으로서 자국에 독점적이고 우선적인 충성을 바치던 단계에서 벗어나 뮌헨의 시민이면서 바이에른 주의 주민이고, 독일의 국민이면서 유럽연합의 시민이라는 다변화된 소속감을 갖게 되었다. 이는 역사적으로 극단적인 민족주의에 고통을 겪은 유럽 인들이 유사한 불행을 반복하지 않으려는 오랜 노력의 결과라고 할 수 있다.

공동 문화 교육 정책

브뤼셀이나 스트라스부르에 가면 성경에 나오는 바벨탑이 어떤 모습이었는지 대충 상상해 볼 수 있다. 서로 다른 언어를 사용하는 유럽 각지의 사람들이 한데 모여 '하나의 유럽'과 관련된 업무를 수행하고 있기 때문이다.

그러나 유럽연합의 빌딩들이 바벨탑과 다른 점은 27개국에서 다양한 관습과 언어를 가지고 모인 수천, 수만 명의 사람들이 같이 대화하고 경쟁하고 협력하면서 매일 매일의 생활을 평화롭게 영위해 가고 있다는 사실이다. 물론 이들에게는 공통어가 있어서 자유로운 의사소통을 가능하게 해 준다. 국제적 언어로 이미 최고의 위상을 자랑하고 있는 영어와 전통적으로 유럽 내에서 외교관들의 언어로 통하던 프랑스어가 유럽 정치인과 관료들의 비공식 공통어이다. 물론 공식적으로는 유럽연합 27개 회원국에서 쓰이는 23개 언어가 모두 등록되어 사용할 수 있다. 유럽연합의 23개 공식 언어는 다음과 같다. 체코 어, 덴마크 어, 네덜란드 어, 영어, 에스토니아 어, 핀란드 어, 프랑스 어, 독일어, 그리스 어, 헝가리 어, 아일랜드 어, 이탈리아 어, 라트비아 어, 리투아니아 어, 몰타 어, 폴란드 어, 포르투갈 어, 슬로바키아 어, 슬로베니아 어, 에스파냐 어, 스웨덴 어, 루마니아 어, 불가리아 어 등이다. 회원국은 27개국인데 언어가 23개인 이유는 오스트리아가 독일어를 사용하며, 룩셈부르크는 프랑스 어와 독일어를, 그리고 벨기에는 프랑스 어와 네덜란드 어를 국어로 삼고 있으며, 키프로스는 그리스 어를 사용하기 때문이다. 또한 2007년 1월부터는 아일랜드 어가 23번째 공식 언어로 도입되었는데 5년의 과도기 동안은 유럽연합의 모든 문서가 아니라 일부 문서만 아일랜드 어로 번역될 예정이며 몰타 어에도 같은 제약이 적용되고 있다.

영어와 프랑스 어가 비공식적 공통어의 지위를 차지한 데 대해 가장 큰 불만을 가진 것은 독일인들이다. 독일의 통일과 오스트리아의 유럽연합 가입으로 유럽연합 내 최대 언어가 된 독일어가 비공식적 공용어에서 빠져 있다는 점은 합당치 못하다는 것이다. 그러나 비공식적 공통어인 만큼 독일이 공식적으로 문제를 제기할 수 있는 성질의 것은 아니며, 또한, 영어와

영어, 유럽연합의 공용어　　　　　　　　　　　　　　BOX 20

영국은 유럽 통합에서 주변적인 역할 또는 반대자의 임무를 수행해 왔지만 영어는 이미 유럽 연합의 공용어로 부상하였다. 브뤼셀에서 회의가 열리면 의회 총회라든지, 이사회와 같은 거대한 규모의 회의에서는 각각의 대표가 자국어로 발표를 하고 많은 통역이 참여하는 방식으로 진행되지만, 일상적인 소규모 회의에는 영어가 실질적 공용어로 부상하였다. 어떤 상황에서든지 자신의 모국어로 말하는 것이 외국어보다 수월하고 설득력이 있다는 점을 감안한다면 영국이나 아일랜드 인들은 다른 유럽 인에 비해 엄청난 혜택을 입고 있는 셈이다. 게다가 수 많은 영어권 인력은 브뤼셀에서 쉽게 일을 구할 수 있다는 점에서 이런 차별은 더욱 심화된다.

한 스위스 경제학자의 연구에 따르면 영국과 아일랜드는 다른 국민들이 영어를 열심히 배우는데 쏟는 노력과 투자를 하지 않아도 되기 때문에 천문학적 수치에 달하는 경제적 이득을 누리고 있다고 지적하였다. 이에 덧붙여 수 많은 유럽 인들이 영어를 배우러 이들 국가에 유학하고 연수함으로써 그 경제적 이득은 더욱 높아진다는 계산이다.

영어가 실질적 공용어로 부상하면서 나타나는 아쉬운 현상은 사람들이 영어를 제외한 모든 외국어 학습을 포기하는 경향이 있다는 점이다. 영어만 알면 모든 것이 해결되는데 왜 다른 언어까지 배워야 하냐는 사고이다. 유럽연합에서는 이런 현상을 극복하기 위해 영어 이외의 다른 외국어를 먼저 배우도록 하고, 영어를 제2 외국어로 배우는 것이 하나의 해결책이 될 수 있다는 연구를 발표한 바 있다.

현실적으로도 영어만 안다고 모든 문제가 해결되는 것은 아니다. 브뤼셀 지역의 기업을 대상으로 조사한 바에 의하면 현지 언어를 구사하는 인력이 턱없이 부족하다는 결과가 나왔다. 브뤼셀은 프랑스 어 사용자들과 네덜란드 어 사용자들이 같이 살고 있는데 프랑스 어와 네덜란드 어를 동시에 구사할 수 있는 인력의 공급에 문제가 있다는 발견이다.

영어 만능주의 시대를 살고 있는 한국에서도 이와 같은 유럽의 사례는 곰곰이 고민해 볼 만하다. 한국에서도 영어가 다른 외국어를 축소시키고 사라지게 하고 있다. 앞으로 영어가 아닌 외국어 구사 능력을 필요로 하는 수요는 계속 존재하겠지만 말이다.

프랑스 어의 영향력은 영국과 프랑스 두 나라의 문화적 헤게모니를 반영하고 있다는 데 독일의 고민이 있다. 그런데 시간이 지남에 따라 영어가 프랑스 어를 제치고 점점 지배적인 위치를 차지하고 있다. 이탈리아, 에스파냐, 포르투갈, 그리스와 같은 지중해 국가에서는 전통적으로 프랑스어를 제1 외국어로 선택해 왔으나, 최근 들어서는 영어가 프랑스어를 대체해 나가고 있기 때문이다. 마찬가지로 독일의 영향력이 상대적으로 강한 중 · 동유럽 지역 국가들이 유럽연합에 가입하였지만 이들 국가들이 이미 영어를 중시하고 있기 때문에 독일어가 공통어로 부상할 가능성은 그리 높아 보이지 않는다. 1995년 오스트리아가 유럽연합에 가입하면서 독일어도 영어 및 프랑스어와 함께 비공식적으로 비공식 공통어로 '채택' 되었으나 여전히 기존의 공통어에 비해서는 사용 빈도가 뒤떨어지고 있다.

이러한 언어 간의 경쟁은 유럽이 과연 문화적인 동질성을 가진 단일의 공동체를 실현할 수 있는가라는 의문을 갖게 한다. 유럽의 통합이 단기적으로 자국의 경제적 이익을 실현하기 위해 추진하는 계획이 아니라 장기적인 운명 공동체의 건설 계획이라면, 문화적 동질성을 만들어 나가는 것은 핵심적인 과제가 아닐 수 없기 때문이다. 유럽의 다양한 국가적 전통을 존중하면서도 하나의 공동체라는 의식을 고양시키기 위해서는 교육을 통해 유럽의 젊은이들에게 유럽 인이라는 인식을 심어주고 타국에 대한 이해를 넓히는 것이 매우 중요할 것이다.

유럽공동체는 1974년부터 학생과 교사들의 상호 교류를 촉진시키고 회원국에서 언어 교육을 강화하도록 하는 조치를 취해 왔다. 유럽은 특히 1980년대 중반 단일 시장 계획을 추진하면서 언어 교육과 학생 교류의 중요성을 새롭게 인식하고 상당한 규모의 예산을 투입하여 에라스무스 (Erasmus) 프로그램을 수립하였다. 에라스무스는 중세 유럽의 유명한 학자인데 프로그램 명칭이 된 부분적 이유는 20세기 유럽의 학생 교류가 오히려 중세 유럽보다도 못하다는 사실을 상기시키기 위한 것이다. 에라스무스 프로그램은 핵심적 사업으로 유럽의 대학생들이 다른 유럽 국가의 대학에서 학과 과정의 일부를 수료하도록 지원하고 있다. 이 프로그램을 통해 초기 1990~1992년에 이미 3만여 명의 대학생들이 다른 국가에서 대학 생활의 일부를 보낼 수 있었다. 이 프로그램의 지원 대상은 주로 경영학 (22%)과 어문학(20%)을 전공하는 학생들이었던 것으로 조사되었다. 그리고 학생들이 선호했던 국가는 영국(18.5%)과 프랑스(18%)로 위에서 언급한 두 나라의 문화적 헤게모니를 다시 한번 확인할 수 있다.

에라스무스와 동시에 추진되는 여러 가지 교육 관련 프로그램들은 유럽의 동질성 확보라는 목표 이외에도 미래를 준비하기 위한 다양한 목적을 위해 고안되었다. 코메트(Comett) 프로그램은 기술적인 혁신에 유럽 사회가 능동적으로 대응할 수 있도록 신기술 교육과 기술 관련 평생 교육을 지원하고 있다. 린구아(Lingua) 프로그램은 언어 교육의 방법과 다양화를 지원하는 프로그램으로서 일상생활에서 의사소통을 중시하는 교육 방법을 전파하는 한편 영어, 프랑스 어의 독점적 확장을 막고 보다 다양한 언어 교육이 이루어질 수 있도록, 예컨대 포르투갈 어나 그리스 어의 교육을 지원하는 것이다. 아리온(Arion) 프로그램은 교육 관련 공무원이나 행정 요원, 관리 요원들의 상호 교류를 촉진시키기 위한 것이며, 페트라(Petra) 프로그램은 젊은이들이 노동 시장에 원활하게 진출하여 적응할 수 있도록 지원하기 위해 설립되었다.

마스트리히트 조약에서 교육이 유럽연합의 중요한 임무로 등장하면서 교육 정책은 더욱 강화되는 모습을 보이고 있다. 예를 들어 유럽연합은 교육 진로를 결정하는데 악영향을 미치고 있는 '남존여비' 류의 편견을 없애기 위한 프로그램을 만들었고, 장애아들의 교내 적응, 이민자 자녀의 교내 적응, 문맹 성인을 위한 교육 프로그램 개발, 교육 제도에서 낙오된 학생들을 위한 지원 조치 등을 수립하였다. 다른 한편 성인들의 직업 교육을 진흥하기 위하여 포스(Force) 프로그램이나 여성의 직업 교육을 위한 아이리스(Iris) 프로그램을 운영하고 있다.

　보다 장기적인 관점에서 유럽연합은 실험적으로 9개의 초등학교와 중등학교를 운영하고 있다. 벨기에, 이탈리아, 룩셈부르크, 네덜란드, 독일, 영국 등지에 위치한 이들 실험 학교에서는 11개국의 언어로 교육을 실시하고 있으며, 일부 수업은 주요 언어를 중심으로 공동으로 시행하고 있다. 이들 학교의 학생 중 2/3는 유럽 관료들의 자녀이며 나머지 1/3은 학비를 내는 일반 학생들이다. 영어는 초등학교 3학년부터 의무적으로 배워야 하며 초등 교육은 5년, 중등 교육은 7년으로 나뉘어 있다. 12년간의 교육 과정을 마치면 '유럽 바칼로레아(바칼로레아는 원래 프랑스에서 중등 교육을 마친 학생들이 대학에 진학하기 위해서 보는 시험이자, 합격했을 경우에는 중등 교육의 성공적 이수를 증명하는 학위의 명칭이다)라는 학위를 수여한다.

　일부에서는 이들 실험 학교를 일반 학생들이 보다 많이 다닐 수 있도록 개방해야 하며, 특히 빈곤층의 자녀들도 다닐 수 있도록 해야 한다는 주장을 펴기도 하지만, 이러한 유럽 교육 체제의 모델이 될 수 있는 실험의 중요성에 문제를 제기하는 사람은 없다.

　고등 교육 부문에서는 1972년 유럽대학(European University Institute)이 피렌체에서 문을 열었고 1976년부터 석·박사 과정의 학생들을 받고 있다. 역사학, 법학, 경제학, 정치사회과학의 네 개의 전공 분야로 나뉘어 있는데, 이 대학은 유럽연합과 회원국 정부가 제공하는 예산으로 운영되고 있다. 유럽대학의 임무는 인문 사회 과학적인 연구와 교육을 통해 유럽연합의 정신적 문화적 발전을 도모하는 것이다.

　교육과 더불어 유럽연합은 유럽 차원의 문화 공간을 창출하기 위한 노력

을 기울이고 있다. 문화 공간의 형성은 유럽의 공동체적 동질성을 촉진시
킨다는 정신적 목표와 동시에 현대 사회에서 점차 중요해지는 문화 산업의
경제적 비중을 감안하여 유럽 문화 산업을 진흥한다는 목표를 추구하고 있
다. 그러나 구체적 방안에 있어서는 각국별로 다소 입장의 차이가 존재한
다. 영국을 중심으로 덴마크, 독일, 네덜란드 등의 국가들은 문화 상품도
다른 상품과 마찬가지로 자유롭게 유통되어야 한다는 입장이고, 프랑스나
이탈리아를 중심으로 한 국가들은 문화 상품은 민족의 정체성을 담고 있는
만큼 보호의 대상이 되어야 한다는 입장을 내세워 서로 대립하고 있다.

유럽연합은 유럽 문학의 번역과 출판을 지원하거나 유럽 차원의 시청각
물 시장이 형성되도록 지원하는 등 다양한 사업을 벌이고 있다. 또한 유럽
의 문화적 자원을 보존하고 개발하기 위하여 1985년부터 매년 문화의 도
시를 선정하여 다양한 문화 행사가 열릴 수 있도록 지원하고 있다. 다른 한
편 문화적 유산을 보존하거나 복구하는데 재정적 지원을 하고 있는데, 그
리스의 밀로스 박물관이나 파르테논 신전, 이탈리아 베네치아의 두칼레 궁
전 등은 유럽연합의 지원으로 복원된 사례들이다. 1988년에는 유럽 공동
의 청소년 카드를 발행하여 다양한 문화 행사에 청소년들이 저렴한 가격으
로 참여할 수 있도록 배려하고 있다.

유럽의 통합은 정치인들의 협상과 대립의 역사만이 아니다. 유럽 통합의
보다 중요한 측면은 이와 같이 교육과 문화 등의 일상적인 차원에서 서서
히 유럽 전 지역을 포괄하는 네트워크들이 형성되어 가고 있다는 점이며,
이러한 변화는 그 속도가 느리고 많은 시간을 요구하지만 한번 변하면 그
변화의 폭과 깊이는 대단히 큰 것이다.

사법부의 정책 만들기

　민주주의 기본 원칙은 다양한 정치 세력들이 공정한 경쟁을 통하여 국민들의 지지를 획득하기 위하여 노력하고, 선거라는 기제를 통해 정치 권력을 획득한다는 것이다. 그러나 이러한 다원성과 공정성의 원칙과 더불어 중요한 민주주의의 기본 요소는 바로 법이 지배하는 법치 국가의 실현이다. 일반적으로 민족 국가에서 정부의 결정이 지켜지고 실천되는 힘은 경찰이나 군대와 같은 무장 조직이 정당성을 독점하고 있다는데 있다. 그러나 유럽연합과 같이 고유의 무장 조직을 보유하고 있지 못한 정치 체제에서 결정들이 강제적 구속력을 갖기 위해서는 오로지 법의 힘에 의존하는 수밖에 없다.

　이러한 관점에서 본다면 유럽연합은 법치 국가로서의 조건을 원칙적으로 완벽하게 구비하고 있다. 유럽연합의 법 체계는 세 가지 원칙에 기초하고 있다. 첫째, 유럽연합에서 채택된 법안과 결정들은 즉시 효력을 발휘한다. 일부 법령은 실천 과정에서의 문제점들을 고려하여 일정 기간의 이행기를 두고 있지만, 원칙적으로는 유럽연합에서 채택된 법안과 결정은 모든 유럽 인들과 기업 또는 단체에 적용되는 효력을 발휘한다.

　둘째, 유럽의 법안과 결정은 '직접적인 적용성(direct applicability)'을 갖는다. 이 둘째 원칙은 앞의 즉각성의 원칙과 혼돈되기 쉽지만 그 실질적 내용은 전혀 다른 것이다. 법의 직접적인 적용성은 유럽의 시민이나 기업, 단체가 판사에게 유럽연합의 법에 기초하여 이의를 직접 제기할 수 있다는 것이다. 달리 말해서 네덜란드 인이 유럽법원에까지 직접 갈 필요 없이 네덜란드 법정에서 직접 유럽법에 기초한 법리에 근거하여 판결을 요청할 수 있다는 의미이다. 실제로 이 원칙이 설립된 것은 1963년 반겐드 앤 루스(Van Gend and Loos) 건을 통해서이다. 반겐드 앤 루스라는 네덜란드의 운송회사는 네덜란드 법정에 독일에서 물품을 수입하는데 관세가 적용된다는 사실에 대해 유럽공동체법에 근거해서 이의를 제기하였고 이는 유럽법원을 통해 인정됨으로써 직접적인 적용성의 원칙이 확립되었던 것이다.

셋째, 유럽법 우선의 원칙으로서 유럽공동체나 유럽연합의 법령은 언제나 회원국의 법령에 우선한다는 점이다. 이는 1964년 코스타 판결(Costa judgement)을 통해 수립되었는데 당시 이탈리아의 법원이 자국의 전력 생산과 유통에 관한 법과 유럽공동체 법안의 상호 관계에 대해 유럽법원에 판결을 요청하였고, 유럽법원은 국내법과 유럽법이 서로 다를 경우 유럽법이 우위라는 원칙을 천명하였다.

다른 한편 1991년 프랑코비치와 기타 건에서는 유럽연합의 법령을 시행하는데 회원국 정부가 부진했을 경우 시민들에 대해 재정적 보상의 책임을 져야 한다는 '회원국의 보상 책임'이라는 원칙도 수립되었다. 당시 이탈리아의 일부 노동자들은 유럽법에 의하면 고용주가 임금을 지불하지 못할 경우 보호받을 권리가 있는데도 불구하고 이탈리아 정부는 이를 국내법으로 확립하지 못했다고 주장하였고 유럽법원은 이들의 주장을 뒷받침함으로써 유럽법 우선을 구체적으로 발전시키는 길을 열어 놓았다.

이러한 원칙들이 중요한 이유는 유럽법원이 상기 원칙을 바탕으로 내리는 판결들이 유럽의 정책을 결정하는데 중대한 역할을 담당하기 때문이다. 이미 언급한 '디종의 카시스' 사건이나 자동차 구입의 자유 등은 모두 유럽법원의 판결에 기준하여 하나의 정책적 선택으로 강요된 사례이다. 따라서 어찌 보면 유럽의 사법부는 이사회나 집행위원회보다 훨씬 장기적이고 강력한 정책 결정 권한을 보유하고 있다. 집행위원회나 이사회의 정책 결정은 언제나 또 다른 정책 결정에 의해서 뒤바뀔 수 있지만 사법부의 판결은 판례로 지속적인 영향력을 보유하기 때문이다.

몇 가지 사례를 통해 이러한 정책 만들기의 위력을 살펴볼 수 있다. 예를 들어 단일 시장에서 사람들의 자유로운 이동에 관해 1993년의 크라우스 (Kraus) 판결은 다른 회원국에서 받은 특정 직업을 행사할 수 있는 학위에 대한 통제는 오로지 이 학위의 진정성을 확인하는데 한정되어야 한다고 결정하였다. 이는 실질적으로 유럽 인들이 전문직을 다른 회원국에서도 자유롭게 행사할 수 있는 권한을 보장해 준 것이다.

다른 한편 1995년의 보스만(Bosman) 판결에서는 유럽의 국가들이 축구에서 적용하고 있는 선수 이동과 외국인 선수의 제한에 대해 이는 단일 시장의 원칙에 위배되는 것이라고 선언하였다. 따라서 유럽의 프로 스포츠

보스만은 원래 벨기에 리에쥬 팀에서 뛰던 축구 선수였는데 계약 기간이 마감되자 프랑스의 댕케르크 팀으로 이전을 추진하였다. 그러나 리에쥬 팀은 너무 높은 이적료를 요구했기 때문에 이적이 이뤄지지 못했고 이에 보스만은 유럽법원에 소송을 제기하였다. 단일 시장의 원칙에 따르면 상품과 서비스가 자유롭게 이동해야 하는데 보스만 측이 계약 기간이 만료된 선수에 대해 추가로 이적료를 요구하는 것은 자유 이동권에 어긋나며 이에 덧붙여 유럽축구연맹(UEFA)이 한 게임에 출전하는 외국인 선수의 수를 3명으로 제한하는 것도 불법이라고 주장하였다.

유럽법원은 보스만의 주장을 받아들였고 따라서 계약이 만료된 선수에게 이적료를 요구하는 것과 출전하는 유럽연합 다른 회원국 선수의 수를 제한하는 것은 모두 위법이라고 결정하였다. 계약 만료 선수가 자유롭게 새로운 팀을 선택할 수 있는 권리는 프랑스나 에스파냐에서는 이미 일반화 되어 있었기에 축구계에 커다란 영향을 미치지는 않았다. 하지만 외국인 선수의 수를 제한하는 조치를 금지시킨 내용은 유럽 축구에 커다란 지각 변동을 가져왔다. 유럽축구연맹은 1996~7년도부터 유럽법원의 판결을 존중하여 제한을 풀어버렸고 따라서 국적을 불문하고 우수 선수들이 부유한 명문 클럽으로 대거 집중되었다.

이 같은 변화는 특히 영국의 선수와 클럽에게는 희소식이었다. 축구계에서 영국은 잉글랜드, 스코틀랜드, 웨일즈, 북아일랜드의 4개 국가로 계산되었다. 따라서 잉글랜드 팀의 입장에서 다른 지역 출신의 선수들은 모두 외국인 선수로 규정되었었다. 예를 들면 맨체스터 유나이티드의 라이언 긱스는 웨일즈 출신으로 외국인으로 계산되었다. 그래서 선수 운용에 많은 어려움을 겪고 있었던 것이다. 그러나 유럽 단일 시장은 축구에서도 국적의 벽을 허물고 하나의 선수 시장을 만들어 냈던 것이다.

부분에서 전통적으로 적용되던 선수 이동에 관한 제약이나 외국인 선수 수의 제한은 자동적으로 해제되었고, 이는 향후 다른 판례를 통해 유럽연합 이외의 지역에서 온 선수들에게도 확산되었다.

단일 시장 내에서 서비스의 제공과 관련해서도 몇 가지 판례들은 막강한 효과를 발휘하게 되었다. 1989년 판결에서 유럽법원은 프랑스 파리의 지하철에서 공격을 받아 심각하게 부상당한 영국인 관광객에 대해 국적으로 인한 차별을 금지하는 단일 시장의 원칙에 따라 그도 프랑스 인과 마찬가지로 보상을 받을 권리가 있다고 명시하였다. 또한 자유로운 서비스 제공의 원칙에 따라 다른 회원국에서 받은 치과 치료에 대해서도 보험 회사는 치료비를 지불해야 하며(1994년 콜 Kohl 판례), 외국에서 구매한 공연 티켓도 자유로운 상품의 이동 원칙에 따라 환불 가능하다는(1998년 데커 Decker 판례) 등의 매우 구체적인 사례 등이 수립되었다.

남녀평등이나 사회적 권리의 신장에서도 사법부는 상당한 영향력을 행사하였다. 이미 1977년 드프렌(Defrenne) 판결에서 유럽법원은 동일 노동에 대한 동일한 임금을 요구하는 항공 스튜어디스의 소송에서 원고의 손을 들어 줌으로써 공동체의 남녀평등 원칙을 확인하였다. 또한 1998년 브라운(Brown) 사건에서는 임신한 여성이 임신과 관련된 질병으로 자주 결근하게 되더라도 해고할 수 없다는 판결을 내렸다. 이러한 해고는 남녀 차별을 금지하는 유럽법의 원칙에 위배된다는 것이 유럽법원의 판단이었던 것이다. 또한 2001년 BECTU 판결에서 유럽법원은 단기 임시직 노동자라도 매년 주어지는 유급 휴가에 대한 권리를 가지고 있다고 선고하였다. 법원은 유급 휴가란 유럽법이 모든 노동자에게 인정하는 사회적 권리라고 판단했던 것이다.

이와 같은 사법부의 막강한 권한은 어떤 의미에서는 유럽연합의 민주성에 대한 도전을 제기하고 있다. 유럽법원의 판사들은 유럽 시민들의 투표를 통해 선택된 대표들이 아니라 법적 전문성에 의거하여 임명된 사람들이다. 이들이 시민의 투표를 통해 선출된 유럽의회나 민주적 정통성을 지닌 회원국 정부, 그리고 이들이 임명한 집행위원회보다 강력한 결정권을 갖는다는 사실은 유럽연합의 민주적 운영에 걸림돌이 될 수도 있다. 하지만 민주적 정당성과 법치 국가의 원칙 사이에 존재하는 딜레마는 모든 민주 국가들이 필연적으로 극복해야 하는 과제이다. 예를 들어 미국의 정치사에서도 등장하는 '판사들의 정부' 문제는 고전적인 미결 과제로 남아 있기 때문이다.

'사법, 자유 및 치안' 의 정책

유럽연합은 스스로 단일 시장이나 단일 화폐권과 같은 경제 중심의 연합일 뿐 아니라 정치적 운명 공동체라는 사실을 강조하고 있다. 따라서 유럽에서 '사법, 자유 및 치안' 의 문제는 유럽연합이 매우 방대하고 안전하고 자유롭고 인권이 존중되는 지역을 형성하고 있다는 사실을 의미하는 것이다. 제도적으로 보면 마스트리히트 조약에서 이미 사법 및 내무 부문은 기존의 공동체 정책(제1의 축 pillar) 및 외교 안보의 축과 함께 하나의 축을 형성하고 있다. 정책을 분석하는 이 부분에서 우리가 더욱 중요하게 생각하는 것은 이와 같은 사법, 자유 및 치안의 부문에서 어떠한 정책들이 추진되고 있는가이다.

위에서 살펴 보았듯이 유럽의 시민권은 점차 강화되고 있는 추세이다. 마스트리히트 조약이 유럽 시민권을 처음으로 공표하였다면 1997년의 암스테르담 조약은 보다 구체적으로 자유와 안전과 사법 부문에서 유럽 공간(European Space)의 형성을 천명하였다. 이러한 유럽 공간이란 "회원국에 공통된 자유와 민주주의와 인권 및 기본권 존중의 원칙, 그리고 법치국가의 원칙" 위에 수립된 유럽연합의 공간이며, 이 같은 원칙들을 구현하기 위해서 유럽연합은 성별, 인종, 종교, 신념, 장애, 연령 또는 성적 성향에 기초한 모든 차별을 제거하기 위한 정책을 펼 수 있다고 선언하였다. 조금 더 구체적으로는 유럽이 시민들의 자유로운 이동에 대한 '실질적인 권리'를 보장하기 위해서 경찰 협조 체제나 유럽 차원의 형사 법원의 설립 등을 논의하는 과정으로까지 발전하게 된 것이다.

이러한 계획을 실천하기 위해 1999년 10월 핀란드 탐페레(Tampere) 유럽이사회는 유럽연합 기본권 헌장(Charter of Fundamental Rights)을 작성하기 위한 연석회의를 추진하였고, 독일 전 대통령 헤어초크(R. Herzog)의 주도하에 연석회의는 기본권 헌장을 준비하였다. 결국 유럽의 기본권 헌장은 2000년 12월 프랑스 니스 유럽이사회에서 채택되었으며 시민권, 인간의 존엄성, 평등과 정의, 자유와 연대의 정신 등에 관한 54개의 조항으로 구성되어 있다. 문제는 이러한 기본권 헌장을 다른 유럽연합의 조약들과 공존하도록 어떻게 규정하고 융화하는가에 있었는데 2004년 6월 브뤼셀 유럽이사회에서 이를 유럽헌법이라는 커다란 틀 속에 모두 포함시키기로 결정하였다. 대부분의 민주주의 국민 국가의 헌법이 처음 기본권을 천명하면서 시작되듯이 유럽연합의 헌법도 기본권 헌장으로 시작되는 셈이며, 이런 의미에서는 유럽연합이 연방국가적 모양새를 갖추는 하나의 상징이라고 할 수 있을 것이다. 유럽헌법의 비준 실패 이후 마련된 리스본 조약은 기본권 헌장이 법적인 구속력을 가진다고 확인하였으며, 영국과 폴란드는 이 항목에 대한 선택권을 인정받았다.

유럽 단일 시장을 형성하는 과정에서 1985년부터 추진된 셴겐 협정은 유럽연합 국가 간 국경 통제를 제거하는데 성공하였다. 1995년에는 일명 셴겐 정보 체계(SIS)를 설립함으로써 국경 통제뿐 아니라 비자 관련 협력,

지도 4. 센겐 협정 확대 지역

센겐 협정과 중·동유럽으로의 확대   **BOX 22**

  센겐 협정은 유럽 내에서 사람들이 자유롭게 이동할 수 있는 공간을 마련해 주었다. 2004년 유럽연합에 가입한 신규 회원국들도 4년 정도의 준비 기간을 거쳐 2007년 말에는 키프로스를 제외한 9개국이 모두 센겐 협정에 공식 동참하게 되었다. 위의 지도에서 볼 수 있듯이 이제 유럽의 경계가 실질적으로 동쪽으로 이동하는 효과를 발휘하게 되었다. 폴란드 사람들은 자유롭게 검문검색 없이 독일로 이동할 수 있고, 헝가리인들도 무제한 오스트리아로 왕래하게 된 것이다. 다만 동구 국가들이 센겐에 동참함으로서 유럽연합에 가입하지 않은 동쪽의 이웃나라 국민들은 새로운 철의 장막이 생기게 되었다고 불만이다. 예를 들어 우크라이나 사람들은 자유롭게 폴란드의 국경을 드나들었는데, 이제는 센겐 지역 비자를 받아야지만 입국할 수 있게 되었다. 슬로베니아도 센겐에 가입함으로서 공동의 외부 국경 통제를 강화한다는 차원에서 크로아티아와 연결된 다리를 철거하였다. 센겐 비자의 비용은 60유로로 상당히 고액인 편이며, 서발칸의 구 유고 국가들 국민에게는 35유로로 책정되었다. 다른 한편 유럽연합은 동부 경계선을 제대로 지켜야지만 불법 이민을 막을 수 있다는 입장이고 특히 슬로바키아의 동부 국경이 산악지역에 있어 불법 이민에 취약하다는 점을 우려하고 있다.

초국경적 범죄인 체포, 공동의 난민에 대한 정책 등에 있어 긴밀한 협조 체제를 형성하였다. 예를 들어 1990년대에는 구 유고 연방에서의 내전과 정치적 불안으로 인해 수많은 난민들이 발생하였다. 1992년 한 해만도 60만 명이 넘는 사람들이 망명을 신청하였는데 유럽연합 국가들은 이들이 회원국 각국을 돌아가면서 망명을 신청하는 소위 '망명 쇼핑'을 하지 못하도록 공통의 원칙과 규율을 정하여 지문 채취 등을 통해 한 국가에만 신청을 하도록 제한하였다.

유럽연합과는 별도로 운영되던 셴겐 협정은 암스테르담 조약을 통해 유럽연합의 제도로 포함되었고, 영국과 아일랜드를 제외한 유럽연합 회원국에서 시행되었다. 다른 한편 2004년에 가입한 신입 회원국들은 2007년 말부터 셴겐 협정에 정식으로 참여하고 있다. 특히 이들의 경우 비회원국들과 공유하고 있는 국경이 매우 광범위하다는 점에서 역외 국가와의 국경통제를 강화하는 것이 셴겐 협정에 동참할 수 있는 조건으로 제시된 바 있다. 유럽연합 회원국이 아니면서도 셴겐 협정에 동참하는 국가로는 노르웨이와 아이슬란드를 들 수 있다.

셴겐 협정이 적용되는 지역에는 현재 5백만 명이 넘는 비 유럽연합 외국인들이 거주하고 있는데 이들은 거주국에서 합법적인 지위를 확보하고 있을 경우 자유롭게 단기간 기타 협정 참여 국가를 여행할 수 있는 권한을 가지고 있다. 또한 협정국들은 공통의 비자 제도를 형성하여 협정 지역에 입국할 때 비자가 필요한 국가들의 목록을 공유하고 있다. 결국 유럽을 여행하는 한국인들도 최초 입국한 국가의 통관 지역만 거치면 이후에 자유롭게 셴겐 지역 내에서 이동할 수 있다.

시민들의 자유로운 이동은 범죄인이나 조직에게도 마찬가지로 적용되었고, 따라서 경찰 및 사법 당국의 긴밀한 협조가 요청되었다. 이에 따라 유럽에서는 다양한 제도적·기구적 협력 체제들이 마련되고 있다. 대표적인 사례로 1992년 유로폴(Europol) 즉 유럽경찰청의 설립을 들 수 있는데 인터폴을 모델로 하여 네덜란드 헤이그에 자리잡고 있다. 이 조직의 목표는 유럽연합 각국 경찰들 간의 협조 체제를 수립하는 것인데 사실 경찰, 관세, 이민 담당 부서의 협력을 제도화하고 있다. 이들이 주로 다루는 문제는 마약, 이민, 자동차, 인신매매, 위조 화폐, 핵 물질 등에 있어 국경을 초월한 활동들이다. 또한 이들은 위험 인물에 대한 데이터를 공유함으로써 범죄 예방에 활용하고 있다. 하지만 때로는 이로 인해 우스운 사건들이 발생하기도 한다. 남태평양에서 프랑스의 핵실험을 반대하는 데모에 참여했던 뉴질랜드 인이 베네룩스에서 입국 금지를 당했는데, 그 이유는 그를 반 프랑스적 위험 인물로 규정했던 프랑스의 데이터가 공유되었기 때문이었다.

제도적인 측면에서 유럽연합의 협력은 지속적으로 강화되고 있는데 그 또 다른 사례가 유럽경찰대학(CEPOL)이다. 이 대학은 영국 남부 후크에 2000년에 설립되었는데 각국 경찰 고위 간부 간의 협력과 교류를 위한 활동을 조직하고 있다. 특히 범죄 퇴치, 범죄 예방, 법과 질서 유지, 공공 안전을 위한 국경 관리 등의 협력을 촉진하는데 중점을 두고 있다. 다른 한편 유럽사법협력청(Eurojust)이라는 기관이 네덜란드 헤이그에 2002년 설립되었다. 이는 유럽연합 국가들 간의 형사 관련 협력을 위한 조직으로서 25개국에서 검찰 또는 사법부 출신 고위 관료 대표로 구성되었으며, 조직 범죄의 수사 및 제소를 위한 협력 체제를 형성하고 있다.

2004년 1월에는 초국가적 범죄 예방 및 퇴치를 위하며 유럽 체포 영장 제도를 도입하였다. 이 제도는 최소한 1년의 형을 받을 수 있는 범죄 용의자 또는 이미 4개월 이상의 선고를 받은 범죄자에 대해 유럽 체포 영장을 발급할 수 있는 제도이다. 일단 영장이 발급되면 기존의 복잡하고 시간 낭비적인 범죄인 인도 절차를 생략하고 효율적으로 범죄자를 본국 재판에 넘길 수 있는 길이 생긴 것이다.

물론 유럽 차원의 검찰 및 경찰의 권한이 확대되면서 동시에 사법적 절차의 공정성을 강화하는 움직임도 나타났다. 예를 들어 2001년 3월에는 용의자의 권리에 대한 규칙이 제정되었는데, 이들의 의견 개진에 대한 권리, 적절한 정보에 대한 접근권, 사법적 절차에 참여할 수 있는 권리, 법적 비용 환불에 대한 권리, 사법적 보호와 비용에 대한 권리 등을 규정하고 있다.

사법과 자유의 공간으로서 유럽이 안고 있는 문제는 내부적인 인적 교류가 빈번해 질수록 강화될 예정이다. 예를 들어 유럽의 회원국 간 노동과 거주가 자유로워 지면서 다른 회원국에 생활하는 인구가 늘어나고 따라서 소속 국가와 거주 국가의 차이에서 생기는 문제들이 확산될 것이다. 이러한 문제점들을 해결하기 위해 유럽연합은 상호 법원의 판결을 인정하는 방안을 추진하고 있으며, 결혼 이혼 및 자녀 양육과 같은 민사상의 문제에 있어서 유럽연합의 공통된 원칙과 규정들을 추진하고 있다. 이에 따라 일례로 2005년 3월에는 자녀 양육에 대한 부모의 책임을 규정하는 안이 확립된 바 있다.

2007년 12월의 리스본 조약은 50여 개의 정책 영역에서 장기적으로 다수결 투표에 의한 정책 결정 방식을 도입하였는데 그 중에서 대표적인 분야가 이민, 형사, 사법 및 경찰 협력 등의 분야이다. 또한 이런 영역에서 유럽법원이 광범위한 감독권을 행사하도록 규정함으로써 정부간주의와 만장일치라는 원칙에서 점차 초국가주의와 다수결이라는 방향으로 변화해 가고 있음을 보여주었다. 이 과정에서 영국과 아일랜드는 선택적 탈퇴(Opt-out)를 보장받았다. 물론 리스본 조약은 아직 비준의 과정을 거쳐야 하고, 다수결 제도가 적용되려면 2017년이 되어서야 가능하지만 장기적으로 목표점의 설정은 커다란 의미를 지닌다고 할 수 있다.

이처럼 유럽의 통합은 경제적 통합만을 의미하는 것이 아니다. 유럽연합 회원국 간의 국경이 사라지면서 새로운 기능적 요구와 시민들의 필요가 나타나기 시작하였다. 이제는 유럽 인들의 시민적 권리도 기본권에서 시작해서 보다 구체적인 민사 및 형사의 통합 문제가 제기되고 있으며, 유럽연합은 이를 사법적 협력을 통해 실현하려고 노력하고 있다. 이 과정에서 원칙은 상호 인정의 원칙이지만 경우에 따라서는 공동의 규칙 만들기가 보완적으로 실현되고 있으며, 이러한 후자의 움직임은 시간이 지날수록 더욱 그 필요성이 강화될 것으로 여겨진다.

공동 외교 안보 정책

유럽 통합의 역사에서 보았듯이 유럽연합의 건설은 경제적인 이익보다는 평화적 공존이라는 정치적 목적을 달성하기 위해서 시작되었다. 유럽의 평화를 실현하기 위해서 계획된 유럽방위공동체가 역사의 소용돌이 속에서 사장되어 버리자, 유럽 통합의 방향은 기능주의적이고 경제 중심적인 쪽으로 나아가게 되었다. 그러나 정치적 통합을 통해 유럽이 세계의 주도 세력으로 역사에 재등장하겠다는 목표를 이루기 위한 정책은 지속적으로 추진되었다. 서유럽 국가들이 유럽경제공동체의 강화에 노력하던 1960년대에도 다양한 정치 통합 계획들이 제시되었다.

드골이 집권하고 있던 당시 프랑스는 유럽 정치 통합을 위한 푸셰 플랜을 제안하였다. 그러나 이 계획은 초국가적 기구의 설립을 배제한 채 정부 간 협상에 의한 국가 연합 결성을 목표로 하였기 때문에 프랑스를 제외한 다른 회원국들의 지지를 얻지 못했다. 게다가 드골 정부의 반미주의로 인해 미국에 국방을 의존하고 있던 독일, 이탈리아, 네덜란드 등의 반대에 부딪쳤다. 프랑스 정부의 반미 정책은 당시 극도에 달해 영국의 공동체 가입

을 계속 지체시켰다. 영국은 공동체의 창설에는 참여하지 않았지만 1960
년에 이미 공동체 가입을 신청하였다. 그러나 프랑스는 영국이 하나의 운
명 공동체를 형성하려는 의지가 있다기 보다는 내부에서 통합의 진전을 방
해하기 위해서 가입한다고 판단하였다. 드골 대통령은 영국의 공동체 가입
신청은 유럽에서 미국의 영향력을 더욱 확대시키려는 시도라면서 영국을
'트로이의 목마'에 비유하였다.

　유럽의 경제 통합이 상당 정도 진행된 1960년대 말에 들어서면서 유럽
국가들은 정치적 협력을 강화할 필요성을 절감하게 되었다. 게다가 영국의
가입을 앞두고 프랑스 퐁피두 대통령은 과거 푸셰 플랜과 비슷한 형식의
정부간주의에 기초한 유럽 정치 협력을 제안하였다. 이에 따라 1969년 헤
이그 정상 회담에서 유럽공동체 회원국의 정상들은 외교 정책에서의 협력
을 강화해야 한다는 결정을 내렸다. 유럽정치협력(EPC) 제도는 이러한 결
정에 의해 창설되었는데 법적인 근거는 결여한 채 유연한 협력 제도로 발
전하였다. 유럽정치협력 제도는 공동체 회원국의 외무 장관 회담을 일년에
두 번 열도록 하였으며, 매년 네 차례에 걸쳐 각국 외무부 정무 국장으로
구성된 정치 위원회를 개최토록 함으로써 회원국들이 일관된 외교 정책을
추진할 수 있도록 노력하였다. 1973년 코펜하겐 보고서가 채택된 이후에
는 외무 장관 회담을 연 4회로 늘리고 정무 국장 회담을 수시로 열게 하였
다. 1970년대 전반기에 이루어진 이러한 노력의 가장 커다란 결실은 유럽
의 대 중동 정책과 유럽안보협력회의(CSCE)의 출범이다. 이와 동시에 유
럽국가들은 외교 정책을 결정할 때에는 언제나 다른 회원국들과 협의 과정
을 거치는 것을 의무화 하였다. 다른 한편 유럽의 공동 외교 정책을 수립하
기 위해서는 회원국 정상들의 합의가 중요하다는 점을 인식하여 1974년부
터는 유럽 정상 회담을 정례화하였다.

　1981년 런던 보고서가 채택되면서 유럽 정치 협력 제도의 기구들은 외

교 문제뿐 아니라 안보 문제도 동시에 다룰 수 있는 권한을 확보하였다. 또한 위기 절차(crisis procedure)가 고안되어 국제적 위기 상황에서는 3개국 이상이 요청할 경우 48시간 이내에 외무 장관 회담이나 정치위원회를 소집하도록 하였다. 단일유럽의정서는 기존의 정치 협력 제도를 법제화하였다. 또한 이러한 목적을 위해 브뤼셀에 상설 사무국을 설립하여 회원국 간 외교 안보 협력을 지원토록 하였다. 단일유럽의정서는 유럽연합의 의장국 제도를 경제 사회 분야뿐 아니라 외교 안보 분야로까지 확대함으로써 유럽연합이 국제 무대에서 한 목소리를 낼 수 있도록 하였다.

1980년대 말 중·동유럽의 공산 정권이 붕괴되면서 유럽공동체 확대가 현안으로 떠올랐고, 독일이 통일되면서 공동 외교 안보 정책의 필요성은 더욱 강화되었다. 따라서 마스트리히트 조약은 이러한 필요성을 반영하여 공동 외교 안보 정책(CFSP)을 제도화 하였다. 이로써 유럽연합은 회원국 외교 안보 정책의 모든 분야에서 공동 입장의 도출을 의무화하고 있으며 조건이 무르익으면 공동 방위 정책으로 발전시킬 것을 명시하고 있다. 공동 외교 안보 정책의 목적은 매우 다양하고 야심 찬 것으로, 대표적으로 유럽연합의 가치와 이익의 보존, 모든 형태의 안보 강화, 국제 평화의 유지와 국제 협력의 진흥, 민주주의와 법치 국가의 강화, 인권과 기본권의 존중 등이다.

공동 정책의 야심 찬 목적들에 비교해 보았을 때 마스트리히트 조약이 정책의 결정과 추진을 위해 제시한 수단은 과거에 비해서는 한 발자국 앞섰지만 여전히 목적을 효율적으로 달성하기 위해서는 미흡한 것이다. 유럽 차원의 공동 정책은 실질적으로 '공동 행동'(common action)이라는 형식으로 표현되는데, 특정 사안에 대해서 유럽연합의 공동 행동을 결정하려면 회원국 만장일치의 찬성을 필요로 한다. 물론 마스트리히트 조약은 일단 결정된 공동 행동의 절차나 집행에 관련된 세부 사항에 대해서는 다수결에 의한 결정을 가능하게 했다는 점에서 유럽연합의 권한을 강화하였다. 하지만 어떤 절차와 어떤 세부 사항이 다수결에 의해 결정되어야 한다는 것을 만장일치로 결정해야 하기 때문에, 특정 국가가 모든 사안에 대해 만장일치제를 원할 경우 이 제도는 과거와 같은 만장일치제로 운영될 수밖에 없는 한계를 안고 있다.

마스트리히트 조약을 통해 극복된 또 다른 사안은 1950년대 유럽방위공동체의 실패 이후 논의조차 금기시되어 오던 방위 분야를 다시 유럽 통합의 대상으로 공식화하였다는 점이다. 유럽연합은 마스트리히트 조약에서 서유럽동맹(WEU)을 연합의 군사적 조직으로 명시함으로써 유럽연합의 방위 정책이 단순히 선언적인 차원에서 진행되는 것이 아니라 실질적인 수단을 보유하도록 하였다. 물론 통합의 진전이 단숨에 이루어지기는 어렵기 때문에 방위 정책 분야의 정책 결정은 서유럽동맹의 기본 정책 결정 방식인 만장일치제를 유지하고 있다.

40여 년 동안 금기시 되어 오던 성역을 허무는 것이 쉬운 일은 아니었다. 마스트리히트 조약의 체결 협상 과정에서 유럽연합의 방위 정책 권한에 대한 회원국 간의 갈등이 심화되었다. 네덜란드를 중심으로 영국 및 포르투갈과 같은 국가들은 방위와 안보의 개념을 차별화해야 한다고 주장했다. 이들 국가는 방위의 실질적인 책임은 서유럽동맹이 아닌 북대서양 조약기구(NATO)에 있기 때문에 서유럽동맹의 역할은 제한되어야 한다는 입장이었다. 예를 들면 NATO의 활동 영역 이외에 군대를 파견할 경우 서유럽동맹이 적극적인 역할을 수행할 수 있지만 NATO 영역 내에서는 어떠한 경쟁적 권한도 인정할 수 없다는 것이다. 네덜란드는 서유럽동맹의 역할은 단순히 NATO 내에서 미국과 대화할 수 있는 유럽 축을 형성하는 것으로 충분하다고 보았다. 영국은 여기서 더 나아가 서유럽동맹을 단순히 유럽연합과 NATO를 잇는 다리로 생각하였기 때문에 유럽연합과 서유럽동맹 사이에 어떠한 유기적 관계도 불필요한 것이라고 주장하였다.

이와는 반대로 프랑스와 독일은 서유럽동맹의 역할은 유럽 이외의 지역에서 활동을 벌이는 것이 아니라 서유럽 내에서부터 방위 정책에 대한 권한을 보유해야 한다고 역설했다. 왜냐하면 모든 방위 정책이 실효를 거두기 위해서는 책임과 신뢰성을 가져야 하고, 이 같은 책임과 신뢰성은 가장 중요한 안보 문제부터 적용할 때 생길 수 있다는 논리였다. 따라서 당시 프랑스의 미테랑 대통령과 독일의 콜 수상은 유럽연합과 서유럽동맹 사이에는 유기적인 관계가 필수적이며, 특히 서유럽동맹은 유럽연합의 정책 도구가 되어야 한다는 입장이었다. 협상의 결과는 프랑스, 독일식의 방위 개념이 우세하게 나타났으며, 이에 따라 유럽연합은 미래의 공동 방위 정책의 기초가 될 수 있는 다양한 제도들을 확보하게 되었다. 예컨대 서유럽동맹은 공동 계획반을 구성한 데 이어 병참 부문의 협력을 강화하였고 서유럽동맹 산하 군부대를 확대해 나가고 있다.

1997년 암스테르담 조약은 공동 외교 안보 정책을 더욱 강화하는 몇 가지 조치를 포함하고 있었다. 우선 공동 외교 안보 정책 관련 고위 대표(High Representative)직을 신설함으로써 기타 정책에서 유럽 집행위원회가 상시적으로 수행하는 역할을 담당할 수 있도록 하였다. 또한 유럽이사회가 특정 사안에 대해 특사(special representative)를 임명할 수 있는 제도적 기반을 제공하였다. 그리고 고위 대표를 보좌하기 위해서 정책 기획단(policy-planning unit)을 이사회 아래 신설하였다.

유럽연합은 암스테르담 조약에 따라 1999년 5년 임기의 공동 외교 안보 정책 초대 고위 대표로 솔라나(J. Solana) 전 나토 사무총장을 임명함으로써 국제 무대에서 유럽연합을 대표하는 상시적인 얼굴을 처음으로 선출하였다. 과거 미국의 외교를 담당하였던 키신저는 세계적으로 어떤 일이 발생하면 유럽에 누구에게 전화를 걸어야 할지 막막하다고 불만을 토로한 바 있는데, 이제 유럽 인들은 솔라나라고 하는 고위 대표를 내세울 수 있게 된 셈이다. 물론 이 상징적 역할의 고위 대표는 미국의 국무성 장관에 비교한다면 무척이나 제한된 권한 밖에 행사할 수 없지만, 그럼에도 불구하고 공동 정책을 책임지고 대표하는 직위가 신설된 것은 커다란 발전이라고 하지 않을 수 없다.

다른 한편 1999년에는 앞에서 논의한 유럽연합과 서유럽동맹의 상호 관계가 쾰른 유럽이사회에서 회원국들의 합의를 통해 조정되었다. 회원국들은 서유럽동맹의 대부분의 기능을 유럽연합으로 이전하는데 찬성하였고 유럽연합은 유럽안보방위정책(ESDP)를 추진하기로 결정하였다. 이 정책의 일환으로 유럽연합은 국제 위기에 대처하기 위하여 자율적인 작전을 펼수 있는 신뢰할 만한 군사력을 창설하기로 합의하였다. 특히 NATO 군이 개입하기를 거부할 경우 독자적으로 유럽연합의 작전을 수행할 수 있도록 5~6만여 명 정도의 다국적 유럽군을 형성하기로 결정하였다. 따라서 미국이 주도적인 역할을 행사해 왔고, 적어도 비토권을 행사하였던 NATO의 군사력과는 별도로 유럽이 독립적으로 결정하여 자율적으로 투입할 수 있는 군사력을 보유하는 기반이 마련된 것이다.

이와 같은 정책을 추진하기 위하여 몇 가지 제도적 변화가 뒤따랐다. 우선 상설 정치안보위원회(PSC: Political and Security Committee)가 설립되었다. 이 위원회에는 유럽안보방위정책을 포함한 공동 외교 안보 정책 전반에 대해서 책임을 지는 회원국 대표들이 참여하며 매주 회의를 가지며, 위기시 군사 작전에 대해서 정치적 주도권을 행사하게 된다. 하위 기관으로는 유럽군사위원회(EMC)가 있는데 여기에는 각 회원국의 참모총장들이 참여하며 필요할 경우 회동하게 된다. 이 위원회는 정치안보위원회에 군사적 자문을 담당한다. 마지막으로 유럽군사본부(European Military Staff)는 유럽 안보 방위 정책에 군사적 지원을 위한 유럽이사회 하부 조직으로 다양한 국제적 상황에 대한 평가와 판단, 위기에 대한 조기 경보 기능 및 전략적 기획 등을 담당하도록 예정되었다.

이러한 핵심적인 공동 외교 안보 정책 추진 기관들 외에도 보다 특수한 기능적 기관들이 존재한다. 예를 들어 인도적 지원청(ECHO)은 1992년에 설립되었고 유럽연합의 인도적 지원 관련 정책을 주도하고 있으며 매년 5억 유로 정도의 예산을 집행하고 있다. 2002년에는 프랑스 파리에 유럽연합의 안보연구소가 설립되었다. 이 연구소의 목표는 유럽연합 및 미국, 캐나다의 안보 관료 및 전문가 간의 상호 교류와 협력을 위한 장을 마련하는 것이며, 동시에 유럽 공동 외교 안보 정책에 필요한 자료 분석 및 정책 제안을 담당하는 것이다. 같은 해 에스파냐 마드리드 근교 또레혼(Torrejon)에는 위성의 지구 관측 자료를 토대로 공동 외교 안보 정책 결정에 기여하기 위해 유럽연합위성센터(EUSC: European Union Satellite Centre)가 설립되었다. 마지막으로 2004년 7월에는 유럽방위청이 브뤼셀에 설립되었다. 그 주요 목표로는 위기 관리 분야에서 유럽연합의 방위 능력 개선, 유럽연합 국가들 간의 무기 체제 협력 강화, 유럽연합 국방 산업의 기술력 향상 및 경쟁적인 군비 시장 형성 및 국방 산업의 연구 능력 배양 등을 제시하고 있다.

이처럼 1990년대와 2000년대는 유럽연합 차원의 외교안보정책을 추진할 수 있는 기반들이 하나 둘씩 만들어져 왔다고 평가할 수 있다. 이 과정에서 발칸반도의 여러 분쟁은 유럽연합 국가들로 하여금 미국과는 독립적으로 자신만의 외교 정책과 군사적 개입 수단을 보유해야 한다는 사실을 상기시켜 주었다. 실제로 유럽연합은 다양한 외교적 또는 군사적 수단을 동원하여 발칸 문제, 보스니아 헤르체고비나, 코소보, 마케도니아 등 구 유고 연방 국가들에 개입하였다. 예를 들어 2003년 1월 구유고의 보스니아 헤르체고비나에서는 유럽연합 경찰이 유엔 경찰을 대체하였으며, 같은 해

3월에는 마케도니아에 유럽연합 군대를 파견하였다. 그 외의 지역으로는 동부 아프리카나 중동, 아프가니스탄 등에 특사를 파견하였다. 이상의 성과는 매우 제한적이기는 하지만 유럽연합이 국제무대에서 한 역할을 시작하는 계기였던 것으로 보인다.

유럽연합은 특히 자신의 외교 안보 정책의 방향으로서 민주주의 및 법치국가의 강화, 사형 제도 폐지를 위한 세계 캠페인, 고문 철폐 및 국제법원 지원, 인종주의 및 각종 차별 정책 철폐를 위한 캠페인 등을 강조하고 있다. 실질적으로 이러한 정책을 지원하기 위해 일례로 '민주주의와 인권을 위한 유럽 이니셔티브' 계획을 통해 매년 1억 유로를 지출하고 있다. 물론 문제는 유럽연합 차원의 정책이 때로는 회원국들의 독자적인 외교 정책과 상충하는 경우도 발생하고, 반드시 모든 회원국의 지원과 지지를 받지도 못한다는 점이다.

이러한 분열의 문제는 2003년 이라크 전쟁에 대한 유럽연합 내부의 대립된 입장에서 강력하게 표출되었다. 유럽연합에서 공동의 외교 정책을 추진해 왔던 핵심 세력인 프랑스와 독일은 미국의 대 이라크 전쟁에 비판적인 입장이었다. 이들은 미국이 주장하듯이 이라크가 대량 학살 무기를 보유하거나 개발하고 있다는 확신을 가질 수 없는 것은 물론, 설사 보유하고 있더라도 그 사실만으로 미국식의 선제 공격은 국제 사회의 평화를 위해서 바람직하지 못하다는 입장이었다. 특히 유엔의 승인을 받지 못한 대 이라크 전쟁은 부당한 전쟁이라고 보았던 것이다. 반면 같은 유럽연합 내의 일부 국가는 미국의 대 이라크 침공에 적극적으로 동참하였다. 블레어 총리의 영국은 전통적인 친미국적 외교 정책의 전통에 덧붙여 중동 지역에 민주주의를 확산하기 위해서는 전쟁이라는 수단이 동원되어야 한다는 입장이었다. 영국과 마찬가지로 이탈리아와 에스파냐도 이라크 전에 동참하였고 중·동유럽의 폴란드도 미국의 새로운 동맹국으로 전쟁에 참여하였다.

결국 유럽연합은 이라크 전쟁을 중심으로 평화와 전쟁, 친미와 반미의 세력으로 분열된 셈이었다. 이후 집권 정치 세력의 교체에 따라 에스파냐 및 이탈리아는 철군하였고, 2009년 현재 전쟁을 주도하였던 미국과 영국 자체도 철군안을 고려하고 있는 현실이다.

과거 1990년대에 그랬듯이 유럽연합은 이라크 전쟁 시의 분열을 통해 보다 공통된 입장과 정책의 필요성을 절감하였다. 뼈저린 실패가 새로운 시도의 출발점이나 동인으로 작동한다는 원칙이 새삼 반복되었던 것이다. 이러한 결과로 2004년의 유럽헌법안은 유럽연합 외무장관직의 신설을 담고 있었다. 이는 기존 집행위원회에서 대외 관계를 담당하는 집행위원의 역할과 이사회에서 외교 안보를 담당하는 고위대표의 역할이 자주 중복되어 혼선이 발생할 수 있으며, 주로 경제부문의 집행위 영역과 외교 안보 부문의 이사회 영역을 통합함으로써 보다 일관된 외교 통상 정책의 추진 필요성을 실감하였기 때문이다. 하지만 유럽연합의 헌법은 비준 과정에서 프랑스와 네덜란드의 국민투표로 부결되었고, 그 이후 다시 협상의 과정을 거쳐 2007년 12월 리스본 조약으로 개정되었다.

리스본 조약에 의하면 유럽연합의 회원국들을 대표하는 상설 유럽이사회 의장직이 신설되었다. 기존의 유럽 집행위원장이 연합의 행정을 대표한다면 이사회 의장은 연합의 회원국들을 대표한다고 할 수 있다. 임기 2년 6개월에 한번 재임 가능한 의장은 유럽이사회를 주재하며 외부에 유럽을 대표하는 기능도 가지고 있다. 또한 위에서 언급하였던 외무장관은 연합 외무안보정책 고위대표(High Representative of the Union for Foreign Affairs and Security Policy)라는 명칭으로 신설되었다. 말하자면 미스터 유럽이라고 할 수 있는 직위가 세 개로 늘어난 셈이다.

유럽연합이 초강대국으로 등장하기 위해서는 아직도 넘어야 할 산이 많다. 일부 학자들은 유럽연합은 주권을 가진 회원국으로 구성되어 있기 때문에 이러한 난관을 넘을 수 없을 것이라고 보고 있다. 하지만 우리가 위에서 살펴 보았듯이 초강대국이 되려는 유럽연합의 의지는 확고하며, 이를 위해 서서히 그 잠재력부터 키워 가고 있다. 외교 안보 정책은 여전히 회원국의 영역으로 보는 시각이 존재하지만, 그리고 실제로 회원국들이 이 정책 권한을 집행위원회나 의회와 같은 초국적 기구로 넘기는데 반대하고 있지만, 앞에서 살펴본 다양한 유럽 차원의 기구와 군사력 등이 일단 활동을 시작하면 스스로의 발전 동력과 관료적 확장을 통해 팽창해 나갈 가능성이 무척 높다. 협력에서 시작하여 점진적으로 통합을 이룩해 왔던 유럽의 다양한 정책 분야와 마찬가지로 말이다.

시장과 화폐, 농업과 환경 등 다양한 영역의 정책은 이제 유럽연합의 일상이 되었다. 하지만 이 장에서 다루는 시민의 권리, 유럽 인의 문화와 교육, 사법과 경찰, 외교와 안보 등은 현재와 미래에 유럽연합의 권한이 확대되어갈 영역이라고 할 수 있다. 따라서 다른 분야에서 정책의 제도적 기반이 20세기에 주로 만들어 졌다면 이들 새로운 영역에서는 21세기 들어 본격적인 변화가 이뤄지고 있다. 예정된 대로 2009년 리스본 조약이 발효된다면 유럽연합은 이사회 의장과 EU 공동외교 담당 고위대표라는 두 명의 새로운 지도자를 갖게 될 것이고 이들은 새로 임명될 집행위원장과 함께 대외적으로 유럽을 상징하는 3인이 될 것이다.

물론 과거 화폐를 통합하는 과정에서 보았듯이 국가 주권의 전통적인 영역을 하나로 만드는 것은 쉽지 않은 작업이다. 경찰이나 군대와 같은 물리력이 국가의 가장 기초적인 주권 영역이라는 점에서 치안과 안보를 통합하는 것은 무척 긴 시간을 요구할 것이다. 마찬가지로 사법과 외교 역시 국가의 핵심을 형성하고 있기에 많은 난관이 예상된다. 하지만 다른 정책 영역에서 보았듯이 유럽의 정책 통합은 초국가적 수준이 국가의 권한을 축소시키는 영합적 게임이라기 보다는 오히려 여러 수준의 협력을 제도화하여 네트워크 또는 다층 구조로 묶는다는 점에서 그리 비관적으로만 볼 필요는 없다.

2007년 유럽 정상들은 '현인 위원회(Committee of Wise Men)'를 구성하여 2020~2030년의 유럽연합을 구상하도록 결정하였다. 이는 장기적인 비전과 지향점이 필요하다는 인식의 결과로 보인다. 이런 결정은 상징적으로 유럽의 통합이라는 거대한 움직임이 단기적인 목표를 향해 좌충우돌하는 경우도 있지만 유럽 인들과 국가의 하나됨이라는 궁극적인 대 항해라는 점을 잘 보여 준다.

참고문헌

이승근 · 황영주, 2007, 『유럽연합(EU)과 유럽안보: 공동외교안보정책(CFSP)의 형성과 각국의 입장』 서울: 높이깊이.

C. Hill, 1996, *The Actors in Europe's Foreign Policy*. London: Routledge.

F. Cameron, 1999, *The Foreign and Security Policy of the European Union: Past, Present, and Future*. Sheffield: Sheffield Academic Press.

M. E. Smith, 2003, *Europe's Foreign and Security Policy: The Institutionalization of Cooperation*. Cambridge: Cambridge University Press.

M. Westlake, 2004, *The Council of the European Union*. London: John Harper Publishing.

R. Kuper, 1998, *The Politics of the European Court of Justice*. London: Kogan Page.

유럽 통합과 국민 국가 I:
창설 국가와 1, 2, 3차 확대 15개국까지

"유럽이사회나 각료이사회가 제일 핵심적인 정책 결정 기구로 남아 있는 것도 유럽연합이 초국가적 기구로 발전해 왔으면서도 국민 국가적 특성에 기초해 있는 것을 잘 보여 준다."

유럽 통합은 국민 국가 간 지나친 경쟁과 민족주의가 몰고 온 1, 2차 세계대전이라는 전쟁의 참화를 겪고 난 이후 이에 대한 반성에서 출발하여 과거 국민 국가가 지녀왔던 주권의 일부를 초국가기구에 이양하고 통합적으로 관리함으로써 공동의 번영과 안정을 확보하려는 노력의 결과였다. 이처럼 유럽 통합은 궁극적으로 하나의 유럽이라는 이상을 이루기 위한 움직임이었지만, 그 과정은 베스트팔렌 조약(Peace of Westfalen) 이후 확립되어 온 국민 국가적 전통과 불가피하게 갈등을 빚을 수밖에 없었다. 따라서 유럽 통합은 그 역사적 진행과정에서 보듯이 시련과 굴절의 단계를 거쳐왔다. 유럽 통합의 진전에도 불구하고 유럽이사회나 각료이사회가 제일 핵심적인 정책 결정 기구로 남아 있는 것도 유럽연합이 초국가적 기구로 발전해 왔으면서도 국민 국가적 특성에 기초해 있다는 사실을 잘 보여 준다.

따라서 유럽 통합의 과정을 보다 잘 이해하기 위해서는 회원 각국 내에서 유럽 통합을 어떻게 바라보고 평가하고 있는지 살펴보는 일이 매우 중요하다. 사실 각 회원국이 유럽 통합에 참여하게 된 구체적인 동기나 목적도 각기 상이했다. 또한 유럽 통합이 각국의 정치 엘리트들에 의해 주도되어 왔기 때문에 각국의 일반 국민들이 유럽 통합의 진전과 심화를 바라보는 시각은 회원국마다, 또 사안마다 각기 다를 수밖에 없다. 더욱이 비교적 정치, 경제, 문화적으로 유사했던 서유럽국가들의 연합체에서 유럽연합이 중·동유럽 국가로까지 확대되어 가면서 유럽연합의 확대를 바라보는 시각의 편차는 더욱 증대되었다. 이 장과 다음 장에서는 유럽 통합을 바라보는 각 회원국 내부의 시각에 대해서 논의할 것이다. 이 장에서는 ECSC 창립 6개국부터 1, 2, 3차 확대 과정을 거쳐 참여한 '서유럽' 15개국에 대해 살펴보고, 다음 장에서는 중·동유럽 사회주의의 붕괴 이후 가입한 중·동유럽 지역의 새로운 회원국과 가입 대기국에 대해서 논의할 것이다.

창립 국가: 프랑스, 독일, 이탈리아, 베네룩스 3국

프랑스

프랑스는 제2차 세계대전 이후 유럽 통합을 제창하고 주도해 온 유럽 통합의 중심 국가이다. 장 모네나 로베르 슈만 같은 '유럽 통합의 아버지(founding fathers)'라 불릴 만한 인물들이 모두 프랑스 출신이다. 프랑스가 유럽 통합에 적극적인 이유는 프랑스의 역사적 경험과 무관하지 않다. 프랑스는 유럽 대륙 내 정치적 변화가 생길 때마다 그 변화에 휘말렸고, 또 전쟁으로 인해 적지 않은 피해를 입어 왔다. 예컨대, 비스마르크(O. Bismarck)의 프로이센이 독일 통일을 완성하는 과정에서 발발한 1870년의 프로이센·프랑스 전쟁으로 프랑스는 알자스·로렌 지방을 잃었다. 또한 독일이 주도한 제1,2차 세계대전에서 프랑스는 전장(戰場)이 되었고 국토가 독일에 점령되기도 했다. 프랑스 안보에 가장 위협적인 국가는 독일이었다.

제2차 세계대전이 연합국의 승리로 끝이 난 후 프랑스는 자연히 패전국 독일의 '관리'에 큰 관심을 가졌고 프랑스의 대 유럽 정책의 가장 중요한 부분은 바로 대 독일 정책이었다고 해도 관언이 아니다. 앞서 제2장에서 본대로, 유럽 통합의 첫걸음이 되었던 유럽석탄철강공동체(ECSC) 결성의 주된 목적은 전쟁 자원의 공동 관리를 통해 독일의 군사적 움직임을 견제하겠다는 것이었다. 독일에 대한 프랑스의 군사적 방어 동맹의 필요성은 1944년 모스크바에서 체결한 소련과의 동맹, 1947년 영국과의 댕케르크 조약, 그리고 1948년 영국 및 베네룩스 3국과 체결한 브뤼셀 조약으로 나타나는데, 이 세 조약 모두 독일을 가상 적국으로 삼고 공동의 방어체제를 구축한 것이었다. 그러나 동서 냉전의 시작과 1950년 한국전쟁 발발로 국제 정치적 상황이 급변하면서, 동구 사회주의권의 위협에 대비하기 위해 미국이 서독의 재무장을 허용하기로 하고 1955년 서유럽동맹(WEU)에 서독을 가입시키면서, 독일의 분할과 대(對)독일 군사 동맹을 축으로 한 프랑스의 전후 독일 정책은 변화할 수밖에 없었다. 소련의 위협이 점차 증대되면서 서유럽 국가들의 주적(主敵)은 소련이 되었고 반면 군사적 측면에서 독일의 위협은 현실적으로 크게 줄어들었다. 이런 상황에서 1963년 드골 대통령과 서독의 아데나워 총리는 프랑스—독일 간의 우호 협력을 규정한 엘리제 조약(the Elysée Treaty of Friendship and Reconciliation)에 서명함으로써 양국 간의 협력 관계에 중요한 토대를 마련했다. 독일에 대한 프랑스의 우려는 빌리 브란트 독일 총리가 1969년 집권과 함께 동방 정책(Ostpolitik)을 추진하면서 소련 및 중·동유럽 국가와 화해를 모색하였을 때 다시 커졌다. 프랑스로서는 적대적인 중·동유럽과 프랑스 사이의 완충지대가 필요했기 때문에 서독이 중립화 방향으로 흐르는 것은 프랑스로서는 바람직한 것이 아니었다. 따라서 프랑스는 독일의 일방적 움직임을 제어할 수 있도록 유럽 통합의 심화와 공동의 외교·안보 정책을 추진하게 되었다. 프랑스와 독일 간의 긴밀한 협력 관계는 이후 퐁피두 대통령과 브란트 총리, 지스카르 데스탱 대통령과 슈미트 총리, 그리고 미테랑 대통령과 콜 총리로 계속 이어져 오면서 강화되었고, 이와 같은 양국 간의 긴밀한 협력 관계는 유럽 통합을 진전시키는 데 결정적인 기여를 했다.

독일 문제와 함께 유럽 통합 과정에 있어서 프랑스의 중요한 고려 사항은 국가 주권의 유지였다. 1957년 로마 조약에 프랑스가 서명하면서 가졌던 우려는 프랑스의 주권과 국가적 정체감이 초국가적 기구의 등장으로 인해 상실되지 않을까 하는 것이었다. 프랑스는 독일을 통합된 유럽이라는 구도 속에 묶어 두고 싶어하면서도 통합의 진전으로 인해 프랑스의 국가성, 혹은 유럽의 지도국으로서 프랑스의 주도적 입장이 약화되는 것을 우려하였다. 프랑스의 제안으로 추진된 유럽방위공동체(EDC)가 프랑스 의회에서의 비준 부결로 좌초된 것은 이러한 프랑스의 상반된 태도를 보여주는 좋은 사례이다. 그러나 국가주의와 주권에 대한 프랑스의 입장이 가장 분명하게 나타난 것은 역시 드골이 집권한 1950년대 후반부터 약 10년간이다. 드골이 구상한 유럽 통합은 주권 국가들의 연합체로서의 유럽(Europe of independent states)이며, 그 목표는 유럽이 미국의 영향으로부터 독립적인 하나의 중심축으로서 국제 정치적으로 인정받는 것이었다. 그러나 통합 과정에 있어서 드골에게 가장 중요했던 것은 주권 국가의 독립성이 보장되어야 한다는 것이었으며, 초국가기구에 주권의 일부를 양도한다는 것은 드골로서는 용납하기 어려운 일이었다. 다음의 글은 드골이 유럽 통합을 바라본 시각을 분명하게 보여 준다.

"유럽의 목적이 무엇인가? 그것은 우리가 미국인들과 러시아 인들의 지배로부터 벗어날 수 있도록 해 주어야 하는 것이다. 우리들 6개

국(주: 유럽석탄공동체 창립 6개국)은 적어도 두 초강대국만큼 할 수
있어야 한다 … 유럽은 프랑스가 워털루 전쟁 이후 잃어버린, 세계 국
가 중 최고 국가로서의 지위를 되찾도록 하기 위한 수단인 것이다[1]."

드골의 이러한 시각은 유럽 통합을 바라보는 프랑스의 서로 쉽게 조화되
기 어려운 두 가지 태도를 보여 준다. 독일의 위협을 제어하기 위해, 그리
고 미국과 소련의 주도에 일방적으로 끌려가지 않기 위해서 유럽의 통합은
프랑스의 입장에서도 절실하게 필요한 일이었다. 그러나 유럽 통합은 프랑
스의 영광을 재현하기 위한 것이라는 강한 민족주의적 고려가 동시에 존재
하고 있었다. 민족 국가의 일부 주권의 양도를 통한 초국가적 통합이라는
유럽 통합론자들의 목표에 프랑스가 항상 반발해 왔던 것은 바로 이런 이
유 때문이었다.

1965년 7월부터 1966년 1월까지 유럽경제공동체에 프랑스가 참석하지
않아 한동안 공동체의 의사 결정을 사실상 마비시켰던 드골의 '공석 정책'
은 유럽 통합에 앞서 국가 이익을 중시하는 드골의 태도를 잘 보여준 사례
이다. 또한 드골의 프랑스는 북대서양조약기구(NATO)와도 큰 갈등을 빚
었다. 1966년에는 NATO의 통합적인 군사 지휘 체계에서 프랑스는 탈퇴
하기도 했다. 드골이 NATO에 비판적이었던 것은 미국-영국 간의 긴밀한
협력에 기초한 NATO의 운영 방식에 대한 불만 때문이었지만, 동시에 프
랑스의 국민 국가적 전통과도 긴밀하게 관련되어 있다. NATO는 회원국
중 어느 한 나라가 침공을 당하면 회원국 모두가 공동으로 방어에 참여하
도록 한 공동 방위 조약이었지만, 사실상 냉전 상황에서 동서 대결의 최전
선인 서독의 방위가 우선적 관심사였던 것이 사실이다. 그러나 프랑스 입
장에서는 언제, 어디에서 국가의 중요한 이익이 위협받고 있는지 판단하는
것은 오직 프랑스의 결정 사항이며, 프랑스 군대는 프랑스에서의 전투를

위해 확보되어야 한다는 것이다.[2] 프랑스의 국민 국가적 전통은 1789년의 프랑스 혁명 때까지 거슬러 올라갈 수 있다. 마라(J. P. Marat)가 준비한 헌법 초안에는 두 가지 중요한 원칙이 천명되어 있는데[3], 첫째, 일정한 영토 내에 거주하면서 동일한 권리를 갖는 시민들의 공동체로 정의되는 국민 국가 이외에 어떠한 정치적 실체도 존재하지 않는다는 것이다. 즉 주권은 국민 국가에 귀속되며 법의 근원이라는 의미이다. 둘째, 국가는 국민들의 집합적 일체감의 표현이며 국민들의 명시적 지지에 의해 유지되고, 국민적 통합은 바로 국가에 의해서 보장받는다는 것이다. 따라서 초국가적 기구와 같은 '외부적 권위나 힘'에 의해 프랑스의 정책이나 법안이 영향을 받게 되는 것은 명백히 프랑스의 국민 국가적 전통에 배치될 수밖에 없었다.

그러나 프랑스의 강경한 입장은 드골이 물러나면서 다소 유연하게 변화하게 되었다. 퐁피두는 드골이 물러난 지 얼마 되지 않은 1969년 12월의 헤이그 유럽 이사회에서 영국의 가입을 승인하였고, 지스카르 데스탱 대통령은 슈미트 독일 수상과 협력하며 유럽통화제도(EMS) 발전의 초석을 닦았다. 이러한 경향은 미테랑이 대통령이 된 이후에도 계속되었다. 특히 미테랑은 프랑스의 전통적인 드골주의적 유럽 접근 방식을 상당 부분 변화시켰으며, 유럽 통합을 애정을 갖고 이끌어 왔다. 미테랑은 유럽 통합에 대해 "프랑스는 우리의 조국이다. 그러나 유럽은 우리의 미래다"라고 말한 바 있다.[4] 국제 정치적으로 동서 냉전이 종식되고 핵전쟁의 위험성도 크게 낮아진 상황에서 미테랑은 유럽 통합의 심화와 가속을 통해 미국과 일본에 맞설 수 있는 하나의 유럽을 구상하였다. 유럽 통합에 대한 프랑스의 관심은 통화동맹에 대한 적극적인 추진으로 나타났다. 프랑스가 세계 통화 체제의 불안정에 대비하고 미국 달러화의 주도에 대항한다는 차원에서 통화동맹에 관심을 갖기 시작한 것은 1960년대부터이다. 1980년대를 전후해서 독일 마르크화가 유럽 내 통화 체제를 사실상 지배하는 상황에서 프랑스로서는 이를 견제할 필요성을 느꼈다. 독일의 독주와 지배를 견제하기 위해서는 공동의 통화나 이를 관리할 은행의 설립이 필요했다. 당시 서독의 콜 총리는 처음에는 이 아이디어에 열렬히 찬성하는 입장은 아니었다. 그러나 동구권의 붕괴와 함께 동서독 통일의 가능성이 높아지면서 통일에 대한 프랑스의 지지를 이끌어내고 통일 독일에 대한 우려를 불식시키기 위해서 단일 통화에 적극적인 태도로 돌아섰다. 주권을 중시하는 프랑스가 중요한 국가 주권인 통화 발행과 관리에 대한 권한을 포기해야 하는 통화 연합을 적극적으로 추진했다는 사실은 매우 흥미로운 사실이다.

그러나 유럽 통합의 심화는 국가주의적 전통이 강한 프랑스 내부에 적지 않은 논란을 불러왔다. 마스트리히트 조약에 대한 반대자들은 단일 통화는 결국 프랑스 프랑화를 독일 마르크화의 한 부분으로 전락시킬 것이며, 실업률을 높이며, 유럽세(稅)라는 또 하나의 세금만 늘릴 것이라고 주장했다. 극우파 정당인 국민전선(Front National)의 르펜은 1999년 1월의 단일 화폐의 출범을 앞두고 1998년 5월 행한 한 연설에서 유럽 통합론자들을 제2차 세계대전 당시 독일에 협조한 부역자들(collabos)과 같다고 비난하였고, 유럽 통합은 프랑스의 통화를 독일에 복속시키는 결과를 가져올 것이라고 주장하며 단일 화폐 유로를 '점령 통화(monnaie d'occupation)' 라고 비판하였다.

경제적 통합, 화폐 연합 등 심화된 유럽 통합의 내용을 담고 있었던 마스트리히트 조약은 1991년 6월 23일 프랑스 의회를 통과했다. 그러나 이 조약은 다시 국민투표에 회부되었고 격렬한 찬반의 논쟁을 거쳐 51.04% 대 48.95%라는 매우 근소한 차이로 승인되었다. 이 국민투표는 사실 헌정적으로 볼 때 반드시 요구되는 절차는 아니었지만, 당시 미테랑의 결정 뒤에는 이 사안을 국민투표에 직접 회부함으로써 자신의 인기를 회복하고 우파 동거 정부를 당혹시키려는 국내 정치적 고려가 포함되어 있었다. 또한

1992년 6월 마스트리히트 조약에 대한 덴마크의 국민투표가 부결되면서 유럽 통합에 대한 프랑스의 강한 의지를 대외적으로 보여 주려는 의도도 있었던 것으로 보인다. 그러나 마스트리히트 조약 비준 과정에서 드러난 유럽 통합에 대한 프랑스 사회 내의 두 가지 상반된 태도는 이후에도 프랑스 국내 정치에 적지 않은 영향을 미치고 있다. 그러나 2005년 5월 '유럽 헌법'의 비준을 위한 프랑스의 국민투표에서는 54.7%의 반대로 부결되었고 이는 유럽헌법안이 좌초되는데 결정적인 계기를 마련했다. 유럽 통합의 심화에 대한 현실적 필요성과 프랑스의 주권에 대한 강조라는 두 가지 상반된 태도는 유럽석탄철강공동체의 창립부터 단일 화폐까지 통합의 발전과 심화에 기여하기도 했지만, 공석 정책이나 유럽헌법의 좌초에서 보듯이 유럽연합의 원활한 운영과 발전에 커다란 장애로 작용하기도 했다.

유럽 통합의 진전은 프랑스의 오랜 정치적 전통과 관행에도 적지 않은 영향을 미치고 있다. 국내 정치·정책 문제에 대한 유럽연합의 영향과 개입은 프랑스의 관행과는 다른 절차와 방식에 의해 이루어지기 때문이다. 이러한 프랑스 국내 정치의 유럽화(Europeanization) 경향은 다음의 몇 가지 예에서 살펴볼 수 있다.[5] 우선 정책 결정 과정에 대한 영향이다. 프랑스의 전통적인 정책 결정 구조는 관료 조직 내부의 수직적인 위계 질서에 의해 이루어져 왔지만, 유럽 통합 과정에서 논의 구조와 결정 방식은 매우 수평적이고 때때로 비공식적 네트워크에 의해 진행되어 왔다. 즉 유럽공동체의 정책 결정 방식은 각국의 각료, 집행위원회 위원, 유럽의 각 이익 집단 대표, 국가 하부 지역의 대표 등 여러 행위자 간에 이해 관계를 둘러싸고 서로 얽혀 있는 다양하고 수평적인 논의의 구조로 인해 위계적인 형태로 조정하고 통제할 수 없는 것이었다. 따라서 프랑스에서도 유럽 통합과 관련한 정책 결정이나 입장 조율은 중앙의 위계적 지시에 의해 일방적으로 통제되기 어려운 것이었다.

두 번째 영향은 의회와 관련된 것이었다. 초국가적 기구의 등장과 함께 이들이 국내 정치나 법률에 여러 가지 영향을 미치게 되자 프랑스 의회의 활동이 공동체의 정책과 상호 마찰을 빚을 수도 있게 되었다. 이에 따라 의회는 각료이사회의 논의 사항이나 결정과 같은 유럽 문제에 대해 자문·감독할 권리를 요구하였는데, 외교·국방과 같은 정부 간 논의 사항이 대통령에 주어진 권한의 영역(domaine réservé)이라고 하는 프랑스의 정치적 특성에 비추어 보면 이는 받아들이기 어려운 것이었다. 프랑스에서도 1994년 6월 의회에 이러한 권한이 부여되는데, 이는 어떤 점에서 보면 유럽 문제가 더 이상 '외교'의 문제가 아닌 '국내 정치적 이슈'로 변화하였음을 시사하는 것이다. 암스테르담 조약에서는 유럽 문제에 대해 회원국 의회가 정책 결정 과정에 관여할 수 있는 기회를 공식적으로 증대시켰다.

이와 관련하여 나타난 또 다른 흥미로운 변화는 총리의 역할이 강화되었다는 점이다. 프랑스의 헌법은 국내 문제에 대해서는 총리가, 외교, 안보와 관련된 사안에 대해서는 대통령이 정책을 주도하도록 규정하고 있다. 총리가 대통령과 같은 정당 출신인 경우에는 사실상 대통령이 주도하게 되지만 동거정부가 되는 경우에는 두 직책의 구분이 비교적 분명하게 나뉠 수밖에 없다. 미테랑 정부 때 등장한 첫 동거정부 이후 유럽 이사회 때마다 대통령과 총리가 함께 참석했고 그런 만큼 유럽 관련 정책에서 총리의 영향력은 증대되었다. 이는 또한 유럽 통합의 심화와 함께 유럽 문제가 외교정책의 영역에 놓여있기 보다 국내 문제와 같은 형태로 크게 변모하였음을 보여주는 것이기도 하다.

셋째는 지방 정부와 관련되어 있다. 프랑스는 지방 정부의 존재에도 불구하고 지방 문제에 대한 중앙 정부의 영향력이 매우 강하다. 그러나 유럽연합에서 지역 발전을 위한 구조 기금(structural fund)의 지원 기준은 회원 국가가 아니라 하부 단위인 지역을 중심으로 이루어진다. 따라서 각 지역은 유럽연합의 각 기구, 즉 유럽연합 집행위원회나 유럽의회에 대한 로비에 힘쓰게 되었으며, 프랑스 중앙 정부의 통제나 영향력에서 벗어나 지역적 이익을 추구할 수 있게 되었다. 또 국경을 넘어 다른 국가의 지역과 함께 공동의 이익을 모색할 수 있게 된 것도 유럽 통합으로 인해 생겨난 한 변화로 이해할 수 있을 것이다. 물론 연방제이거나 그와 흡사한 독일, 벨기에, 에스파냐의 주 정부나 지방 정부가 갖는 수준의 커다란 자율성을 갖는 것은 아니지만, 역사적으로 매우 강한 중앙집권적 전통을 갖는 프랑스에서도 유럽 통합과 함께 중앙-지방정부의 관계에서도 의미 있는 변화가 생겨나고 있는 것이다.

독일

  프랑스와 함께 독일은 유럽 통합의 심화와 발전에 매우 중요한 역할을 해 왔다. 제2차 세계대전 직후 독일은 유럽의 다른 국가들로 하여금 유럽 통합의 필요성을 절감하게 해 준 원인 제공자였다. 특히 잇단 독일과의 전쟁으로 큰 피해를 본 프랑스는 독일과 상호 이해관계의 결합을 통한 항구적 평화 체제의 구축을 추진하였고, 유럽 통합의 첫 걸음이 된 유럽석탄철강공동체(ECSC)는 바로 독일 · 프랑스 간 경제적 기능의 통합을 통한 안전보장 조치였다.

  당시 독일은 패전국으로서 정치적, 외교적으로 여러 가지 제약을 받고 있었다. 수도였던 베를린은 미국, 영국, 프랑스, 소련 4개국의 분할 지배하에 놓여 있었고, 외교, 안보 문제 역시 미국, 영국, 프랑스 등 연합국 파견관의 간섭과 통제를 받아야 했다. 전쟁 직후 독일은 연합국이 제정한 점령조례(Besatzungsstatut)에 의해 주권 행사가 제한을 받았다. 이런 상황에서 1949년 독일 연방 공화국 초대 수상이 된 아데나워(K. Adenauer)는 정치적 · 경제적 · 안보적으로 안정을 이루기 위해서는 서독이 서유럽에 편입되는 것이 매우 중요하다고 믿었다. 당시 제약을 받고 있던 서독의 주권은 연합국과의 합의에 의해서만 회복이 가능한 것이었으며 전쟁으로 폐허가 된 경제를 복구하기 위해서도 서유럽 국가들과의 교류는 중요한 것이었다.

서독이 서유럽의 일원으로 편입되기 위해서는 무엇보다 서독을 지배하고 있던 연합국 중 유럽 국가인 영국, 프랑스와의 관계가 중요할 수밖에 없었다. 특히 프랑스는 독일과 국경을 맞대고 있어서 독일의 정치적 변화에 언제나 직접적인 영향을 받아 왔기 때문에 독일 문제에 보다 예민할 수밖에 없다. 반면 서독 입장에서는 서독에 대한 프랑스의 의구심, 불신, 경계심을 제거하는 것이 무엇보다 중요했다. 아데나워는 당시 현실적으로 독일의 통일이 불가능한 것으로 인정하고 서방 세계와의 긴밀한 유대를 통해 신뢰감을 회복하여 서방의 일원으로 자리잡게 되면 향후 소련과의 협상에서도 유리한 입장에서 통일에 대한 양보를 얻을 수 있을 것이라는 '서독의 서방 체제 편입을 통한 통일' 이라고 하는 정책적 입장을 취하였다.

1950년 5월 석탄 · 철강의 공동 관리를 제안한 슈만 플랜이 발표되자 아데나워는 이를 환영하였지만, 서독 내부에서는 이를 두고 상당한 논란이 일어났다. 슈만 플랜은 자르(Saar) 지방에서 나는 석탄을 값싸게 구입하고 루르(Ruhr)의 철강 공업의 재건을 막으려는 프랑스의 불순한 의도가 있지 않은가 하는 의구심을 갖게 했다. 또한 당시 야당이었던 슈마허(K. Schumacher)가 이끈 사회민주당은 노동자의 권리에 부정적 영향을 미치고 독일 통일을 어렵게 할 것이라는 점에서 슈만 플랜을 반대하였다. 그러나 아데나워는 슈만 플랜이 경제적이라기보다는 정치적인 성격을 띠는 것으로 보았고 이를 적극적으로 수용하였다. 무엇보다 유럽 통합에의 적극적인 참여는 제2차 세계대전 이후 주권의 제약을 받고 있는 상황에서 서독이 유럽의 이웃한 국가들과 '동등한 자격(equal rights)' 을 누릴 수 있는 계기를 마련해 줄 것으로 보았다. 이런 상황에서 동서 냉전이 격화되고 한국전쟁이 발발하였고, 소련의 군사적 위협과 그에 따른 독일에서의 전쟁 가능성에 대한 우려가 높아지면서 서유럽의 일원으로 편입되는 것은 안보를 위해서도 매우 시급한 일이었다. 서독 내부에서의 격렬한 찬반 논란과 프랑스를 비롯한 일부 유럽 국가의 우려에도 서독의 재무장으로 이어졌고 이후 미국이 주도하는 북대서양조약기구(NATO)뿐만 아니라 서유럽동맹에도 가입하였다.

이후 서독은 매우 일관되게 경제적 면에서뿐만 아니라 정치적인 면에서 유럽 통합에 적극적인 입장을 취해 왔다. 유럽 통합에 대한 긍정적 평가와 기대는 이념을 초월하여 서독의 모든 정당이 이를 공유하였으며 일반 시민들도 높은 지지를 보냈다. 서독에서 유럽 통합 이슈는 아데나워 수상 시절 야당이었던 사민당이 슈만 플랜을 거부하고 유럽방위공동체(EDC)를 고집했던 1950년대 이후에는 한번도 정치권에서 심각한 갈등을 야기시키지 않았다[6].

유럽 통합과 관련하여 서독에서 제기되었던 문제는 오히려 서독의 연방제 정치 제도와 관련된 것이었다. 마스트리히트 조약에 대해 주 정부가 반발하였는데, 독일 헌법에서 교육, 방송, 치안 등의 분야는 연방 정부가 아니라 주 정부에 그 권한이 주어져 있기 때문이었다. 주 정부는 자신들이 지명한 대표로 구성되는 연방 상원(Bundesrat)에서 이 조약의 비준을 거부하겠다고 위협하였다. 이에 따라 연방 정부와 주 정부 간 타협이 이루어지게 되었는데, 향후 유럽 통합과 관련된 사안의 협의 과정에서 교육, 문화, 치안과 관련된 사항은 주 정부의 직접적 참여를 보장하기로 하였다.

한편, 동유럽 사회주의권의 붕괴와 독일의 통일 가능성은 유럽 통합을 심화시키는 계기를 마련했다. 동유럽의 붕괴와 수많은 난민의 서유럽으로의 이탈은 독일 통일의 가능성을 가시화했다. 그러나 독일 통일은 제2차 세계대전 이후 유럽 내에 이뤄진 힘의 균형의 변화를 의미했다. 독일 통일에 대한 프랑스나 영국 등 이웃한 유럽 국가들의 우려와 반발을 의식하면서, 콜 총리는 1990년 3월 그동안 다소 주저하던 모습을 보이던 경제 및 화폐동맹에 대한 강한 지지를 표명했다. 그리고 한 달 뒤 콜 총리는 프랑스의 미테랑 대통령과 회담을 통해 경제 영역뿐만 아니라 공동 외교 안보 정책 등 유럽연합의 정치적 동맹을 강화하는 국가 간 회의의 개최를 제안했다. 이러한 독일의 노력은 1991년 12월 마스트리히트 조약으로 불리는 유럽연합 조약(Treaty on European Union)의 조인으로 이어지게 되었다.

통일 이전까지 독일은 강력한 경제력을 바탕으로 유럽 통합에 여러 가지로 기여 해 왔다. 예를 들면, 단일 화폐 출범의 기초가 되었던 유럽 환율조정장치(ERM)가 1992년의 통화 위기로 불안정해지자 프랑스의 프랑화를 안정시키기 위해 적지 않은 비용을 지원하였고, 또한 독일연방은행의 이자율 정책이나 EU 예산 중 독일의 분담금을 늘리는 방법으로 단일 화폐 참가국을 지원할 의사를 밝히곤 하였다. 독일이 이렇듯 유럽 통합에 적극적인 역할을 해 온 것은 '유럽 속의 독일(Germany in Europe)' 이야말로 주변국의 우려를 불식시켜 독일의 통일과 안전 보장에 기여하며, 그리고 내부적으로 민주주의를 공고화하는데 도움을 줄 것으로 판단하였기 때문이다. 독일의 마르크화가 유럽의 단일 화폐로 대치되지 않은 채 다른 국가의 화폐를 압도할 정도로 강하게 된다면, 이는 반드시 주변국의 질시와 경쟁, 그리고 유럽 국가 간 정치적 대립의 부활을 초래할 수도 있다는 점을 독일은 우려하고 있었다. 이러한 상황이 벌어진다면 단일 시장의 쇠퇴, 보호 무역주의로의 복귀, 그리고 민족주의의 부활, 경쟁과 갈등·분열이라는 부정적 결과를 초래할 수 있는 것이었다. 이같이 유럽 국가의 공영(共榮) 체제가 불안정해진다면 독일의 번영도 궁극적으로 위협받게 될 것이었다.

사실 아데나워의 집권 시기 이래 서독의 입장에서 유럽 통합은 정치·경제적 안정과 통일을 이루기 위한 '도구적' 성격을 지니고 있었다. 즉, 유럽 통합이 먼저 이루어지면 통합된 유럽의 구조 속에서 독일 통일을 실현시킬 수 있으리라는 의도가 있었다. 중·동유럽 사회주의 붕괴 이후 민감한 시기에 독일이 주변국으로부터 통일을 승인 받을 수 있었던 것은 무엇보다 유럽 통합 과정에서 과거 적대국인 프랑스·영국 등과 신뢰감을 쌓을 수 있었기 때문이었다.

독일 통일이 유럽 통합보다 앞서 이뤄짐으로써 독일의 행동 반경은 그만큼 자유로워진 셈이다. 통일이 된 것은 전후 체제의 청산, 즉 제2차 세계대전의 정치적 부담에서 벗어나게 되었음을 의미하는 것이므로 독일은 과거에 비해 유럽연합의 틀 내에서 대외 문제에 자신의 목소리를 높일 수 있게 되었다. 그 한 예로 1992년 옛 유고슬라비아가 내부적으로 분열하면서 보스니아-헤르체고비나, 크로아티아, 슬로베니아가 분리되어 독립을 선언하자, 독일은 제일 먼저 이들의 독립을 승인하고 유럽연합 다른 회원국의 소극적 혹은 부정적 입장에도 불구하고 EU가 이들 국가의 독립을 승인하도록 주장하여 이를 관철시킨 바 있다. 독일의 이러한 태도는 EU의 중·동유럽으로 확대 문제에서도 나타났다. 독일은 중·동유럽 국가들을 EU와 NATO에 편입시킴으로써 소련의 붕괴 이후 생겨난 이 지역의 힘의 공백이 메워지기를 희망했다. 그러나 지중해 국가(에스파냐, 포르투갈, 이탈리아, 그리스 등)들은 중·동유럽 국가의 편입이 자국에 대한 EU의 보조금 지급을 줄일 수 있다는 점 때문에 소극적이었다. 또한 정치·경제·사회적 조건이 상이한 중·동유럽 국가들이 EU에 편입됨으로써 통합을 보다 심화시키려는 노력이 퇴색될 수 있을 것이라는 우려도 적지 않았다. 게다가 중·동유럽 국가들이 지리적으로 독일과 인접해 있고 경제적으로도 독일에 크게 의존하고 있기 때문에, 이들 국가의 유럽연합 편입이 이 지역에 대한 독일의 영향력 확대로 이어지지 않을까 하는 우려도 있었다. 콜 수상은 독일의 통일을 둘러싼 인근 국가들의 우려를 의식하여 통일이 유럽 통합에 대한 독일의 관심과 개입을 약화시키지 않을 것임을 여러 차례 표명하였다.

그러나 독일 통일은 유럽 정책에 대한 독일의 입장에 적지 않은 변화를 가져왔다. 통일 이후 독일이 유럽 통합에 소극적이 되었다거나 혹은 통합에 반대하는 입장이 되었다고 볼 수는 없다. 여전히 독일은 유럽 통합을 이끌어가는 가장 중요한 지도국 중 하나이다. 그러나 통일 이후 동독 지역에 대한 재건을 위해 막대한 비용이 소요되면서 경제적으로 압박을 받게 되었고, 이웃한 중·동유럽 국가들을 안정시키는데 보다 큰 관심을 쏟을 수밖에 없게 되었다. 또 한편으로는 통일 이후에는 과거와 비교할 때 유럽 통합에 대한 이슈가 국내 정치적으로 커다란 논란 없이 우호적으로 수용되기는 어렵게 되었다. 그런 만큼 독일이 과거처럼 유럽연합 정치에서 '조용한 태도를 보이면서 재정적으로는 큰 기여를 해 온' 입장으로부터는 변화가 생길 수밖에 없게 된 셈이다.

독일 통일을 이끈 콜 총리의 기민당 정부를 1998년 총선에서 누르고 집권한 사민당의 슈뢰더가 총리에 취임한 이후 독일 외교 정책상의 변화를 감지하게 해 준 작지만 의미 있는 사건이 있다. 그동안 독일 총리가 관례적으로 참여해 오던 프랑스에서 열리는 제1차 세계대전 기념식에 참여하지 않기로 결정한 일이다. 독일은 전쟁 도발국이었기 때문에 독일에게 이 기념식은 일종의 참회의 자리였다. 그러나 슈뢰더가 이 자리에 불참하기로 한 것은 이제 독일이 과거사의 책임이라는 굴레에서 벗어나 보다 자유롭고 동등하게 유럽의 다른 국가들과 대하고, 또 국제 무대에서 자기의 목소리를 낼 것이라는 방향 전환의 상징적인 움직임이라고 할 수 있다. 분단 독일에서 총리가 되었던 콜과는 달리 슈뢰더는 '서독' 총리를 경험하지 않은 첫 통일 독일의 총리라는 점에서 이는 더욱 의미 있는 움직임으로 보인다. 독일의 통일은 전후 체제의 종식, 즉 제2차 세계대전에 대한 독일의 빚 갚음이 끝났음을 상징하는 것이기 때문이다.

이탈리아

　이탈리아는 유럽 통합에 처음 참가한 ECSC의 6개국 가운데 하나였으며 언제나 유럽 통합을 열렬히 지지하였다. 유럽 통합에 대한 이탈리아의 입장은 같은 패전국이었던 독일의 입장과 유사하다. 이탈리아는 패전국으로서 불행했던 과거를 극복할 필요성이 있었고, 실질적으로도 경제 부흥을 위해 유럽 통합에 가담할 필요가 있었다. 당시 이탈리아는 여전히 농업이 중심적인 산업이었으며 높은 실업률에 시달리고 있었다. 이탈리아 역시 통합된 유럽 내에서 경제적 부흥과 신뢰의 회복, 그리고 민주주의의 확립과 정치적 안정을 모색하였던 것이다. 정치적인 측면에서 독일이 냉전 이후 소련 및 동유럽의 군사적 위협에 대한 안전 장치로 통합된 유럽의 일원이 되길 원했다면, 이탈리아는 자국 공산당의 무시 못할 세력의 팽창과 불안정한 국내 정치적 요소로 인해 서유럽 공동체의 일원으로 안전을 보장받고 싶어했으며, NATO와 유럽공동체를 바로 그 연결 고리로 생각하였다. 따라서 이탈리아가 ECSC에 참여하기로 한 결정은 매우 정치적인 판단에 의한 것이었다.

　이런 입장으로 인해 전후 이탈리아의 외교 정책은 친 미국적이며, 친 유럽 통합적인 흐름을 보였다. 이런 정책을 주도한 인물은 1945년부터 1953년까지 기독민주당 정부를 이끈 데 가스페리(A. De Gasperi)였다. 데 가스페리는 1954년 ECSC의 위원장을 역임하기도 했다. 이 시기에 이탈리아는 1946년 브레튼우즈 체제에 참여했고, 1947년에는 IMF에 회원국이 되었으며 마셜 플랜에도 참여했다. 1949년에는 유럽평의회에 가입했으며 같은 해 북서대양조약기구 가입에 대한 의회 비준을 끝냈다. 이탈리아는 유럽 통합의 움직임에도 매우 적극적이었다. 이탈리아는 유럽석탄철강공동체(ECSC)에 창립 국가였으며 실패로 끝나기는 했지만 유럽방위공동체 설립도 적극 지지하였다. 유럽 통합 진전의 중요한 계기마다 이뤄진 중요 회의도 이탈리아에서 개최된 것이 많았다. EEC와 Euratom 출범의 기초가 되었던 메시나 협정은 이탈리아 시칠리아의 메시나에서 이뤄진 것이며, 유럽 경제공동체 조약은 로마에서 체결되었고, 단일유럽의정서(SEA)를 이끌어낸 정부 간 회의(IGC)의 구성은 1985년에 밀라노에서 열린 유럽이사회의 결정 사항이었다. 이렇듯 유럽 통합의 심화 단계마다 이탈리아는 의미 있는 역할을 하였다.

그러나 이렇듯 유럽 통합에 우호적인 태도를 취해왔지만 전반적으로 이탈리아는 유럽 통합을 주도하는 지도국으로 자리잡지 못했다. 이탈리아가 경제 선진 7개국의 모임인 G7의 일원이고 유럽연합 인구 규모에서 네 번째로 큰 국가라는 점을 고려할 때 이탈리아의 영향력이 통합 과정에서 그리 크지 않았다는 점은 매우 흥미롭다. 이탈리아가 지도국으로 자리잡지 못한 이유는 무엇보다 정치적 불안으로 인해 잦은 정권 교체가 일어났고, 따라서 이탈리아의 정치 지도자들이 장기적인 안목을 가지고 유럽 통합을 강력하게 추진할 수 있는 안정된 권력을 유지할 수 없었기 때문이었다. 국내 정치적 문제의 복잡함으로 인해 유럽 통합에 대한 정치인들의 관심 우선순위도 상대적으로 낮았다. 또한 유럽공동체가 합의한 각종 규정 및 지시 사항을 이탈리아 정부가 제대로 이행하지 못한 경우가 잦았던 것도 유럽공동체 내에서 이탈리아의 위상을 약화시킨 한 요인이었다. 이탈리아 정부의 이러한 불성실한 의무 수행은 높은 실업률, 이탈리아 산업의 구조적 특성과 연관되어 있지만, 그와 함께 비효율적인 관료 체계, 거의 동일한 권한을 가진 상·하원의 분열로 인해 종종 입법 과정이 지연되어 왔다는 제도적인 문제점 등도 원인으로 거론된다. 결국 이 모든 문제가 이탈리아 국내 정치의 불안정과 관련되어 있는 셈이다. 다극화된 정당 정치, 정책의 추진을 저지할 수 있는 의회 내 다수 세력의 존재, 불안정한 정부 등이 이탈리아 정부의 활동을 비효율적으로 만들었다.

처음 유럽 통합에 참여했을 때 이탈리아는 경제적으로 다른 회원국에 비해 뒤떨어져 있었다. 특히 메쪼지오르노(Mezzogiorno)라고 불리는 이탈리아 남부 지역은 공업이 발전한 북부 지역과는 매우 커다란 격차를 보이고 있었다. 유럽공동체는 구조기금의 신설이나 유럽투자은행의 설치 등을 통해 이탈리아 남부 지역의 균형 발전에 힘을 쏟았고, 이탈리아는 그리스, 에스파냐, 포르투갈이 가입하기 이전까지 이러한 결속(cohesion) 정책의 가장 큰 수혜자였다. 그런 이유로 인해 이탈리아는 그리스, 에스파냐, 포르투갈과 같은 지중해 국가들의 가입을 그리 반기지 않았다. 농산물 생산 등 일부 산업 분야에서 이해가 상충되었고, 유럽공동체의 보조금도 축소될 우려가 있었기 때문이었다. 실제로 이들 국가의 가입절차는 이탈리아를 포함한 인접 국가와의 상충되는 이해관계로 인해 상당히 지연되었다.

한편, 1991년 제1차 걸프전 이후 이탈리아는 유럽의 공동 외교 안보 정책(CFSP)에 매우 적극적인 입장이 되었다. 이탈리아는 유럽연합이 공동 외교 안보 정책을 즉각적으로 시행해야 한다고 주장하는 한편, 미국을 포함한 '대서양의 유럽(Atlantic Europe)'에 의한 방위에도 관심을 나타내었다. 공동 안보에 대한 이탈리아의 관심은 코소보 사태 등 인접해 있는 발칸반도의 정치적 불안정으로 인해 더욱 높아지고 있다.

전반적으로 이탈리아 국민들은 유럽 통합 문제에 관한 한 매우 긍정적인 입장을 취하고 있다. 예컨대, 마스트리히트 조약의 의회 비준 과정에서는 극단주의 정당을 제외한 정치권 주류 정당들이 모두 찬성하였고, 유럽 통합 문제를 둘러싼 정당 간 갈등도 거의 없는 편이다. 이탈리아가 처음 ECSC에 가입하고자 했을 때 사회당과 공산당은 이 결정에 반대했지만 그 이후에 이탈리아에서 유럽 통합은 심각한 국내 정치적 쟁점으로 등장하지 않았다. 이탈리아 공산당조차 1979년 처음 실시된 유럽의회 의원 선거에 후보자를 내세웠고 친 유럽적인 노선을 취했다. 유럽 문제는 탈 정치적 색채를 띠었으며 친 유럽 통합이라는 일관된 정책적 노선하에 외교관과 관료들에 의해 구체적인 정책이 주도되었다. 단일 화폐에 대해서도 이탈리아는 일찍부터 가입을 천명하였고, 리라화에 대한 투기 자본의 공격으로 일시적으로 ERM 체제에서 탈퇴하기도 했지만 1999년 다른 국가들과 함께 단일 화폐의 출범에 참여했다.

유럽 통합 심화로 인한 국내 정치적 변화는 지역의 분권화가 상대적으로 진전되었다는 점이다. 이탈리아는 중앙 집권적 형태의 구조를 취하고 있었지만 2001년 10월 헌법 개정 과정에서 지방 정부의 자율성을 강화했고 이들 지방 정부가 자신들에게 부여된 권한과 관련하여 유럽연합과 직접적인 접촉을 하거나 브뤼셀에 대표부를 설치하는 것을 허용했다. 여러 가지 다른 이유도 포함되어 있지만 유럽연합의 구조기금을 받기 위해서는 지방 정부의 자발적이고 적극적인 참여가 가능하도록 제도적 개선을 요구 받아왔다는 점이 이런 변화를 이끌어 낸 중요한 원인 중 하나였다.

베네룩스 3국

벨기에, 네덜란드, 룩셈부르크는 서로 상이한 정치적 일체감을 갖는 별개의 국가이지만 여러 가지 면에서 '베네룩스(Benelux)'라는 하나의 명칭으로 불릴 수 있는 특성을 공유하고 있다. 이들 국가는 서로 인접해 있으며 지리적 특성으로 인해 영어권에서는 일반적으로 '저지대 국가(Low Countries)'라고 불려왔다. 이 세 나라는 역사적으로 한 때 네덜란드 왕국(Kingdom of the Netherlands)에 통합되어 있기도 했다. 지역 통합과 관련하여 볼 때, 이들 베네룩스 3국은 유럽 경제 통합의 선구적인 역할을 하였다. 각기 분리되어 별개의 국가를 형성하고 있지만 국가 규모가 너무 작아 각기 독자적으로 유지해 나가는 데는 현실적으로 어려움이 컸기 때문이다. 1930년대에 베네룩스 국가들은 덴마크, 핀란드, 스웨덴, 노르웨이와 대공황 이후 강화된 각국의 보호 무역주의를 완화하기 위해 일종의 관세 연합인 오슬로 동맹(Oslo Alliance)을 체결하기도 했다[7]. 소규모 국가인 이들로서는 시장에 대한 자유로운 접근이나 개방이 매우 중요했으며, 스칸디나비아 국가들과의 연합을 통해 독일, 프랑스, 영국 등 유럽 내 대국들에 대한 협상력을 높일 수 있게 되기를 기대한 것이다. 오슬로 동맹은 실패로 끝이 났지만 이 경험은 자유 교역 체제의 중요성을 깨우쳐 주었다. 제2차 세계대전 중 영국 런던에서 망명 정부를 유지하던 이들 3국의 지도자들은 상호 관세를 철폐하고 동률의 수입 관세를 부과하기로 합의하였고, 이러한 합의는 전쟁이 끝난 뒤인 1948년 1월 실현되었다. 이들의 경제 동맹은 관세 동맹 이상으로는 더 발전해 나아가지 못했지만, 경제적인 협력을 통해 참가국이 모두 상호 이익을 실현시킬 수 있음을 보여 주었다.

베네룩스 3국이 유럽 통합에 관심을 가진 것은 비단 경제적 이해관계 때문만은 아니었다. 이들 국가들은 제2차 세계대전 당시 독일의 침공에 속수무책으로 정복되었고, 전쟁 이후에도 독자적으로 자국의 방위를 책임지기에는 그 규모가 너무 작았다. 따라서 이들이 통합된 유럽의 일원이 되는 것은 경제적 번영뿐만 아니라 안전 보장을 위해서도 필수적인 것이었다. 자연히 이들은 유럽의 통합에 적극적이었으며 1951년 결성된 유럽석탄철강공동체(ECSC)에도 창립 멤버로 참여하였다. 이와 함께 자유 교역의 전통도 이들 국가가 통합에 적극적이게 만든 또 다른 요인이었다. 유럽 통합 참여에는 사회적인 요인도 있었다. 특히 벨기에는 네덜란드 어 계통인 플레미쉬(Flemish)권과 프랑스 어 계통인 왈룬(Walloon)권이라는 두 상이한 언어 집단의 대립으로 인한 내부적 분열이 심각했다. 보다 큰 단위인 유럽연합으로의 통합은 이러한 사회적 균열을 완화시켜 주고 공동의 이해관계를 찾는 데 도움을 줄 수 있을 것으로 기대되었다.

그러나 우려도 적지 않았다. 벨기에와 룩셈부르크는 석탄과 철강을 생산하는 국가였기 때문에 유럽석탄철강공동체의 창설로 인해 적지 않은 영향을 받을 수밖에 없었다. 벨기에는 이러한 통합이 자국의 석탄, 철강 산업의 경쟁력 약화로 이어질 것으로 우려했으며, 그 결과 보조금 지급 등 몇 가지 양해를 얻는 조건하에 가입했다. 룩셈부르크는 당시 벨기에와의 조약을 통해 벨기에 시장에 대해 예외적으로 우호적인 접근성을 인정 받고 있었는데 ECSC의 참여가 이러한 기득권을 약화시킬 수 있다는 점과, 초국가기구의 등장이 룩셈부르크 공국의 주권 약화로 이어질 가능성에 대해 우려를 제기했다. 네덜란드 역시 고위관리청(High Authority)이라는 ECSC의 초국가기구가 네덜란드의 주권을 약화시킬 수 있다는 점과 이런 통합은 결국 프랑스, 독일, 이탈리아 등 대국의 이해관계를 관철시키게 될 수 있다는 점을 우려했다. 따라서 네덜란드는 고위관리청의 활동을 감시하기 위해 각료이사회라는 정부 간 기구의 창설을 강력하게 요구했다. 또한 네덜란드는 안보 문제에 있어서 영국과 마찬가지로 미국과의 협력을 강조하는 입장이었기 때문에 유럽 통합이 경제 문제를 넘어서 안보의 영역까지 확대되는데 대해서는 거부감을 가졌다. 실제로 유럽 통합 초기 프랑스가 제안한 유럽방위공동체(EDC) 설립 제안에 대해 네덜란드는 큰 흥미를 보이지 않았다.

그러나 유럽연합의 주요한 결정에 대해 베네룩스 3국은 그동안 대체로 비슷한 입장을 취해 왔다. 이들 국가는 경제적 번영과 안보의 확보, 그리고 유럽연합의 결정 과정에서 작은 국가들이 소외되지 않고 일정한 영향력을 행사하기를 원한다는 점에서 유사한 정책적 입장을 취하고 있다. 이들 국가는 모두 경제공동체와 단일 화폐에 처음부터 참여하였고, 연방제 형식의 정치적 통합에도 긍정적 반응을 보이고 있다. 특히 벨기에가 유럽의 정치적 통합에 큰 관심을 보이는 것은 두 언어 집단 간의 사회적 갈등으로 인해 상대적으로 약한 국내의 정치적 일체감을 보완해 줄 수 있다는 이유때문이다. 룩셈부르크는 소국이 강대국의 위협으로부터 제도적으로 보호받을 수 있는 보다 확실한 장치로서 정치적 통합을 주장하고 있다. 유럽 통합 초기에 네덜란드에서는 긍정적인 방향으로 사회적 합의가 이뤄져 있었지만, 2005년 6월 유럽헌법의 비준을 위한 국민투표에서 투표 참여자의 61.5%가 반대표를 던져, 유럽헌법의 제정을 좌초시키기도 했다.

한편, 2000년 니스 조약 논의 과정에서 벨기에는 가중 투표제에서 각국별로 주어지는 표의 재분배 과정에서 네덜란드에 더 많은 표가 배정되자 이에 반발하며 네덜란드와 동등한 수의 표를 요구했다. 결국 향후 유럽이사회의 정기회합은 벨기에의 브뤼셀에서만 개최하도록 한다는 양보를 얻어내고서야 벨기에는 물러섰다.

베네룩스 3국은 모두 정책 추진에 대한 집행위원회의 주도를 큰 국가의 지배적 영향력을 막을 수 있는 제도적 장치로 간주하고 있으며, 따라서 현재와 같이 집행위원회와 각료이사회(혹은 유럽이사회), 그리고 각 회원국 간의 제도적 균형이 유지되기를 희망하고 있다.

제1차 확대: 영국, 덴마크, 아일랜드

영국

유럽 통합에 있어 영국은 항상 소극적이었으며 다른 회원 국가들에게 '불편한 파트너(awkward partner)' 였다. 그러나 제2차 세계대전 당시 영국은 오히려 유럽 통합의 구상을 선도하였고 당시 유럽 통합을 꿈꾸는 많은 이들에게 선도적인 존재로 여겨졌다. 1940년 처칠 영국 수상은 "이제 두 개의 국가는 별도로 존재하지 않으며 단지 하나의 영국 · 프랑스 동맹만이 있게 될 것이다."[8]라고 말한 바 있으며, 1946년 9월 19일에는 취리히에서 유럽 국가들의 연합과 독일 · 프랑스 간의 화해를 위한 '유럽합중국(a kind of United States of Europe)'을 촉구한다는 연설을 하기도 했다. 더욱이 영국은 제2차 세계대전을 승리로 이끈 지도국으로서 유럽의 재건 문제에 보다 적극적으로 나설 것으로 기대되었고, 실제로 OEEC, 유럽평의회(Council of Europe), NATO와 같은 초기 유럽 국가 간 기구의 창설에 주도적인 역할을 해 왔다. 그러나 유럽석탄철강공동체처럼 유럽 통합이 본격적으로 추진될 때마다 영국은 적극적인 협조자이기보다는 역외에서 관망하는 소극적 자세를 취해 왔다.

영국은 자신들이 유럽 문제에서 벗어날 수 없지만 동시에 유럽 대륙의 문제에 자동적으로 깊이 연계되는 상황은 원치 않는다는 이중적 시각을 지니고 있었다. 영국의 이러한 태도는 지리적으로 영국이 대륙에서 떨어진 섬나라라는 점도 한 원인으로 작용하였을 것이다. 국경을 맞대고 있는 유럽 대륙의 국가에게 이웃 나라에서 생겨난 정치적, 군사적 변화는 곧 어떠한 형태로든 직접적인 영향을 미쳐 왔지만, 영국은 바다라는 자연적 경계로 인해 대륙의 정치적 변화에서 한 걸음 물러서 있을 수 있었다. 영국은 나폴레옹이 유럽 전역을 휩쓸 때에도 무사할 수 있었고, 히틀러의 침공 시도 역시 무위로 돌아갔다. 로마 제국 이후 영국은 언제나 유럽 대륙의 정치적 격변으로부터 일정한 거리를 두고 있었다. 이러한 역사적 경험은 영국인들에게 자신들이 유럽이라는 거대한 공동체의 '한 부분으로' 참여하게 되는 유럽 통합에 대해 부정적 정서를 형성하는 데 적지 않은 영향을 미쳤을 것으로 보인다.

이와 함께 영국이 가졌던 과거 화려한 시절에 대한 '환상' 역시 초기 영국이 유럽 문제에 소극적인 원인 가운데 하나였다. 제2차 세계대전 직후 영국은 경제적 쇠퇴에도 불구하고 여전히 세계적 문제에 관심을 가져야 할 슈퍼 파워로 생각하고 있었다. 영국은 제1,2차 세계대전을 승리로 이끈 주요 지도국 중 하나였고, 제2차 세계대전 이후 새로운 국제 질서를 이끌어야 할 UN 안전보장이사회의 상임이사국이었다. 무엇보다 수많은 식민지 국가들이 독립했음에도 불구하고 영 연방 체제에 편입되어 있어 영국은 이들 국가들에 국제 정치적으로나 경제적으로 여전히 상당한 영향력을 행사하고 있었다. 따라서 영국은 '국지적인' 유럽 문제에 매달리기보다는 전세계적인 이슈에 보다 큰 관심을 기울여야 한다는 인식을 갖고 있었고, 그런 만큼 유럽 통합 문제에는 소홀하였다.

그러나 보다 직접적인 원인은 제2차 세계대전 이후 영국이 취한 대외 정책에서 찾아야 할 것이다. 제2차 세계대전 이후 유럽 정책을 포함하는 영국의 대외 정책은 크게 세 가지로 나누어 볼 수 있는데,[9] 첫째는 소련으로부터의 위협은 봉쇄되어야 하며, 둘째 북대서양조약기구(NATO)는 주요한 서유럽 집단 방위 기구로 유지되어야 한다는 것이며, 셋째 미국과의 '특별한 관계'는 계속 유지, 발전되어야 한다는 것이다. 처음 두 가지는 다른 유럽 국가들도 대체로 동의할 수 있는 것이므로, 이 세 가지 가운데 영국을 다른 유럽 국가와 뚜렷이 구분해 주는 정책적 입장은 결국 미국과의 '특별한 관계'인 셈이다. 영국은 역사적 유대, 언어·문화적 동질성, 그리고 상대적인 지리적 인접성 등으로 자신을 유럽 국가이면서 동시에 대서양 국가로 규정해 왔다. 그리고 영국과 미국의 이러한 특별한 관계는 오늘날에도 여전히 계속 이어지고 있으며, 국제 정치 문제에 있어서 영국은 미국의 가장 가까운 동맹국으로 남아 있다. 미국이 1991년 제1차 걸프전에서 이라크를 공격했을 때 영국은 이에 대한 지지를 천명한 최초의 국가 중 하나였으며, 미국 9.11 사건 이후 2001년 아프가니스탄에 첫 테러와의 전쟁을 미국이 주도했을 때 영국은 여기에 참여한 첫 연합군이었다. 2003년 3월 미국이 이라크를 다시 침공했을 때 영국은 에스파냐와 함께 대규모 병력을 파병했다. 반면 당시 프랑스와 독일은 미국의 이라크 전쟁에 대해서 매우 비판적인 입장을 취하고 있었다. 미국 역시 1982년 아르헨티나가 영국령 포클랜드 섬에 대해 무력 탈환을 시도한 데 대해 영국의 대처 수상이 무력 응징을 선언하고 전쟁을 벌이자 영국에 대한 지지를 표명하였고, 실제로 미국의 정보 기관이 아르헨티나에 대한 군사 정보를 영국 측에 제공하여 군사적 승리를 도운 바 있다.

미국과의 특별한 관계와 함께, 영국의 특수한 조건을 나타내는 또 다른 점은 영 연방(Commonwealth) 국가와의 관계이다. 제2차 세계대전 이후 영국령 식민지는 거의 모두 독립하여 영국의 직접적 지배로부터 벗어났지만, 많은 국가들이 영 연방이라는 느슨한 형태의 결합에 다시 참여하여 영국을 중심으로 경제적 교류와 정치적 유대를 계속해 오고 있다. 이들은 모두 53개의 국가 및 부속 영토로 되어 있으며, 그 인구는 세계 인구의 1/5에 달하는 규모이다. 잘 알려진 캐나다, 호주, 뉴질랜드, 남아프리카 공화국은 물론 동남아시아의 말레이시아, 싱가포르, 카리브 해의 자메이카, 바하마 등도 모두 영연방에 속해 있는 국가들이다. 영국이 UN 등 국제 기구에서 여전히 적지 않은 영향력을 행사할 수 있는 것도 바로 이러한 영 연방 국가들의 지원에 의한 것이다. 과거 영국의 식민지였던 영 연방 국가에 대해 영국은 제2차 세계대전 이후 공산품의 수출과 원료의 수입 등 교역을 독점해 왔으며, 그런 만큼 유럽 국가들의 경제 통합 움직임에는 상대적으로 큰 관심을 두지 않았다. 그러나 영 연방 국가들을 중심으로 '편안하게' 교역해 온 영국이 유럽 공동시장(Common Market)에 참여하게 된 것은 자유 무역 체제에서 경쟁해 온 유럽 대륙 국가에 비해 산업 경쟁력이 약화되었음을 깨달은 때문이기도 했다. 사실 영연방 국가들은 몇몇 국가를 제외하면 대체로 가난한 국가들이어서 교역량이 증가되는 데도 한계가 있었고 유럽 대륙의 국가들을 대체할 만큼의 잠재력을 갖고 있지도 못했다. 영 연방과의 관계는 1956년의 수에즈 사태와 남아프리카 공화국의 인종 차별 정책인 아파르트헤이트 정책, 1965년 일방적인 독립을 선포한 로디지아 사태 등으로 악화되었고, 이후 그 결속력과 중요성도 그 이전에 비해서 점차 낮아져 갔다. 무역 규모로 볼 때 현재 영국과 영 연방 국가들의 교역이 차지하는 비중은 줄어든 반면, 유럽공동체 회원 국가들과의 교역 비중은 크게 늘어났다.

영국의 반유럽적 움직임은 영국 국내의 정치 제도와도 관련이 있다. 영국은 제도적으로 유럽 대륙의 국가들과 상이한 몇 가지 특징을 갖고 있다. 영국은 유럽연합의 다른 국가들과는 달리 성문화된 법률을 갖고 있지 않으며, 사법 제도면에서 영국은 '대륙법'에 구분되는 '영미법' 체제를 취하고 있다. 그러나 영국 정치를 보다 분명하게 구분 짓는 중요한 특징은 역시 의회 주권(parliamentary sovereignty)의 원칙일 것이다. 영국은 의회가 최종적 주권을 갖고 있는 정체(政體)이다. 의회에 의해 제정된 법률은 그 자체로서 최종적인 것이며 무엇에 의해서도 침해 받지 않는다. 따라서 영국에는 법률에 대한 위헌 심사는 존재하지 않는다. 이러한 원칙은 1689년 잉글랜드의 헌정 질서가 갖춰진 이후 계속해서 지켜져 왔다. 그러나 유럽 통합이 가속화되면서 유럽의 공동 문제를 관장하는 초국가적인 기구가 생겨나게 되었고, 이들 기구는 때때로 영국의 의회 주권 원칙과 마찰을 빚곤 하였다. 앞서 살펴본 대로, 유럽연합의 각종 조약은 국내법에 우선하여 효력을 발휘하도록 되어 있기 때문에 영국 의회에서 제정된 법률이라고 하더라도 조약 규정과 상충되는 경우에는 제재를 받을 수밖에 없다. 국내법이 조약 내용과 다른 경우 유럽연합 집행위원회는 이를 유럽법원에 회부하는데, 유럽법원은 결국 영국 의회에서 결정된 사항에 대해서도 일종의 '위헌' 결정을 내리는 권한을 부여 받은 셈이다.

영국이 유럽연합에 가입을 결심하게 된 것은 공동체에 참여한 국가들이 경제적으로 빠르게 발전해 간 때문이기도 하지만, 1956년 수에즈 운하 사태를 통해 국제 정치에서 영국의 지위 하락을 절감하면서 유럽의 집단적 결속의 중요성을 깨달은 때문이기도 하다. 그러나 영국은 유럽공동체 가입을 둘러싸고 정치적으로 적지 않은 진통을 겪었다. 프랑스의 드골 대통령이 영국의 가입 신청에 대해 두 차례나 거부권을 행사함으로써 드골이 물러날 때까지 공식적 가입 승인을 기다려야 했다. 또한 국내 정치적으로도 유럽공동체 가입은 어려움을 겪었다. 1971년 10월 영국 하원에서 실시된 유럽공동체 가입에 대한 비준 투표에서 356 대 244로 승인되면서, 1973년 1월 1일부터 영국은 유럽공동체의 회원국이 되었다. 그러나 하원의 비준에도 불구하고 이에 대한 찬반 논란이 끊이지 않았고 1974년 총선을 통해 히스의 보수당을 누르고 집권한 해롤드 윌슨(H. Wilson) 노동당 총리는 유럽공동체 가입 조건에 대해 재협상을 실시하고 이를 국민투표에 부치겠다고 했다. 앞서 지적한 대로 영국의 정치 체제에서 최종적인 권한은 의회, 특히 하원의 결정에 따르게 되어 있기 때문에 별도의 국민투표를 실시한다는 것은 전례 없는 일이었다. 따라서 실제로는 국민투표가 유럽공동체 가입 문제에 대한 최종적 결정이 되는 것이었지만, 형식상으로는 '자문을 구하는(consultative)' 것으로 정리되었다. 1975년 6월 5일 국민투표에서 투표 참가자의 67.2%가 찬성하고 32.8%가 반대하여 오랫동안 논란을 겪은 유럽공동체 가입 문제는 일단락 되었다.

1979년 보수당 대처가 집권하면서 강한 유럽 통합적인 태도를 보였는데, 집권 직후 대처는 유럽이사회에 참석하여 영국이 유럽연합의 예산에 대해 내는 분담금에 비해 혜택을 별로 보고 있지 못하다며 '내 돈을 돌려달라'고 요구했다. 대처의 이러한 주장은 몇 차례 격론을 거친 끝에 1984년 퐁텐블로(Fontainebleau) 유럽이사회에서 공식적으로 수용되었다. 이후에도 대처는 유럽 통합이 강력한 중앙집권적 초국가기구(superstate)로 나아가고 있다고 비판해 왔다. 사실 대처가 총리직에서 물러나게 된 중요한 원인도 대처의 강한 반유럽적 태도가 보수당 내각의 갈등과 분열을 일으킨 사실과 깊은 관련이 있다. 1989년 10월 로마에서 열린 유럽이사회에서는 통화 동맹에 대한 논의가 이뤄졌는데, 대처의 강경한 반 유럽 통합적 태도에 반발하여 재무장관이었던 나이젤 로손(N. Lawson)이 항의의 표시로 사임했다. 또한 대처는 유럽 외무 장관 회담에서 통합 문제에 대해 너무 호의적 자세를 보였다는 이유로 당시 외무 장관이었던 제프리 하우(G. Howe)를 해임시켰다. 이 두 사람은 대처의 오랜 측근이었는데, 대처의 이러한 조치는 당내에서 적지 않은 반발을 불러일으켰으며 대처의 당내 지지 기반을 침식시켰다. 제프리 하우는 사임 후 의회 연설을 통해 대처의 리더십을 비난했고 얼마 지나지 않아 대처는 당내의 지지를 잃고 물러나야 했다. 대처를 물러나게 한 내각 분열의 직접적인 원인은 유럽 통합을 둘러싼 당내 갈등이었다.

대처가 물러난 이후 영국에서 유럽 통합 문제가 다시 정치적으로 민감한 사안으로 등장한 것은 1992년 9월의 '검은 수요일(Black Wednesday)' 이후라고 할 수 있다. 당시 유럽 환율조절장치(ERM)에 속했던 파운드화에 대한 투기 자본의 공격으로 이자율 상승과 보유 외환을 통한 환율 방어에도 불구하고 영국의 파운드화는 당시 2.95 마르크라고 하는 교환율을 지키기가 어려워졌다. ERM은 매우 불안정해졌고 몇몇 국가들은 ERM 내의 교환율을 지키기 위해 자국 통화 가치를 절하해야만 했다. 그러나 투기 자본의 공격에 버텨내지 못하고 영국의 파운드와 이탈리아의 리라는 결국 굴욕적으로 ERM에서 탈퇴하였다. 이 사건은 영국에서 유럽 단일 통화의 문제점을 드러낸 것으로 받아들여졌으며, 이후 영국 정치에서 '유럽'은 매우 민감한 정치적 사안이 되었다. 특히 당시 집권당이던 보수당은 유럽 문제를 두고 심각한 내홍을 겪게 되었다.

대처 이후 수상에 오른 존 메이저는 영국을 '유럽의 중심적(at the heart of Europe)' 위치에 두겠다고 약속했지만, 메이저 정부 시기에는 날이 갈

수록 유럽 문제를 둘러싼 보수당 의원들 간의 내분과 갈등이 쉽사리 가라 앉지 않았다. 유럽 통합에 대해 중도적 입장이었던 메이저는 유럽 문제에 대한 찬성파와 반대파 사이의 갈등으로 인해 양측 모두로부터 비판을 받았고, 1996년에는 보수당 내의 반유럽 통합파를 대표하는 존 레드우드(J. Redwood)로부터 총리직에 대한 도전을 받기도 하였다. 1997년 총선 당시 보수당의 공식적인 유럽 정책은 '관망(wait and see policy)' 이었지만 보수당의 많은 후보들은 부정적인 입장을 표명하였고 일부 보다 강경한 세력은 독립당(UK Independence Party)과 같은 반(反)유럽 정당을 조직하여 총선에 나서기도 하였다.

영국의 반 유럽적인 태도는 이후 벌어진 광우병 사건으로 인해 더욱 강화되는 모습을 보였다. 영국산 소에서 광우병이 발생하였고, 이 쇠고기의 병균은 인체에도 유해한 영향을 미칠 수 있다는 연구 결과에 따라 유럽연합은 영국산 쇠고기의 수출을 금지하였다. 총선이 머지 않았던 보수당 메이저 정부는 이 조치에 격렬하게 항의하였고, 금수 해제 조치를 요구하며 유럽연합의 모든 회의에서 '비협조 정책(noncooperation policy)' 을 취했다. 이 시기 영국이 결정을 봉쇄한 유럽연합 내의 정책 건수는 약 100건에 달하였는데, 그 중 일부는 영국이 오랫동안 희망했던 조치도 포함되어 있었다. 금수 조치에 대한 결말은 1996년 6월 이탈리아의 피렌체에서 열린 유럽이사회에서 이루어졌지만, 광우병 사건은 유럽 문제에 회의적인 시각을 갖고 있던 영국의 유권자와 의회 의원들의 입장을 더욱 강화시켜 주었다.

1997년 총선에서 집권한 토니 블레어의 노동당 정부는 애당초 유럽 문제에 대해서 상당히 호의적인 입장을 취했다. 블레어는 이전의 보수당 정부와는 달리 적극적으로 유럽 문제에 개입하기 시작하였다. 암스테르담 조약에서 보수당 메이저 총리가 선택적 탈퇴를 했던 사회 헌장(Social

Charter)에도 다시 가입했으며, 1998년 생 말로(St. Malo) 유럽이사회에서는 유럽안보방위정책의 틀 속에서 신속기동군(Rapid Reaction Force)의 창설을 포함하는 독자 방위 기구 설치안을 제안하기도 했다. 이 제안은 경우에 따라서는 미국이 주도하는 북대서양조약기구(NATO)와 갈등을 유발할 수도 있다는 점에서 과거 영국의 태도를 고려할 때 매우 놀라운 입장의 변화로 볼 수 있다. 또한 블레어의 노동당 정부는 코소보 사태나 중동 평화 협상 등 유럽연합 차원에서 개입하는 공동의 대외정책에도 적극적으로 참여했다. 블레어와 뒤이은 고든 브라운(J. Brown)의 노동당 정부 역시 유럽 통합에 대해 호의적인 태도를 갖고 있는 것은 분명해 보이지만, 유럽 통합이나 혹은 유럽연합에 대해 우호적인 국민적 합의를 도출해 내는 데는 이전 정부와 마찬가지로 실패했다고 할 수 있다. 유럽의회 선거에서 영국의 투표율은 회원국 가운데 제일 낮은 편에 속한다. 투표율은 전반적으로 40%가 채 되지 않으며 1999년 선거에서는 겨우 24%의 투표율을 보이기도 했다. 우호적 합의뿐만 아니라 큰 관심을 불러내는데도 어려움을 겪고 있는 것이다. 1997년 이후 총선 공약 때마다 노동당은 적절한 시점에 유로화 가입 문제를 두고 국민투표를 실시하겠다고 했지만, 아직까지 국민투표의 실시는 불투명해 보인다. 한 가지 흥미로운 사건은 노동당 정부가 2004년 6월 '유럽헌법'에 대해 국민투표를 실시할 예정이었다는 점이다. 그러나 앞서 국민투표를 실시한 프랑스와 네덜란드에서 유럽헌법이 부결되면서 사실상 유럽헌법이 중도에 좌초되면서 영국에서의 국민투표는 취소되었다.

1997년 총선 패배 이후 보수당은 2001년과 2005년 총선에서 연거푸 노동당에 참패했는데, 그 중요한 원인 가운데 하나는 유럽 통합을 둘러싼 당 내의 심각한 갈등 때문이었다. 유럽 문제에 대한 갈등은 보수당에서 훨씬 강하게 나타나고 있지만 노동당 역시 그 문제로부터 완전히 자유로워 보이지는 않는다. 노동당 윌슨 정부 시절 행해진 유럽공동체 잔류에 대한 국민 투표 이후에도 노동당은 이 문제를 둘러싸고 적지 않은 당내 진통을 겪었다. 흥미롭게도 대처가 총리가 된 직후인 1980년대 초에는 보수당이 유럽 통합에 대해 보다 우호적이었다. 당시 야당인 노동당 당수 마이클 푸트(M. Foot)는 1983년 총선에서 노동당이 집권하면 유럽공동체로부터의 즉각적으로 탈퇴할 것을 선거 공약으로 제시하기도 하였다. 이처럼 영국 정치에서 유럽 이슈는 한 정당 내에서도 분명한 합의가 잘 이뤄지지 않는 이슈이다. 정치적인 쟁점으로 크게 부각되지 않는 까닭도 노동당과 보수당 간의 일관되고 분명한 입장 차이가 잘 드러나지 않기 때문이다. 따라서 영국에서 단일 화폐 가입에 대한 국민투표 결정과 같이 유럽 통합 문제가 정치적 수면 위로 부상하게 되면 정치권 전체가 당파를 초월하여 적지 않은 진통을 겪을 것으로 보인다.

덴마크

덴마크는 영국과 더불어 유럽 통합의 심화에 가장 소극적인 국가 중 하나이다. 독일과 인접해 있고 소국이라는 점에서는 베네룩스 3국과 별 차이가 없지만 이들과는 달리 유럽 통합의 심화에 대해 상당한 거부감을 나타냈다. 덴마크는 스칸디나비아 국가로 유럽 대륙 내의 국가들보다 발트 해, 북해 등을 통해 스웨덴, 노르웨이 등 스칸디나비아의 다른 국가 및 영국과 교류가 활발했다. 또한 역사적으로 덴마크는 오랫동안 왕조를 유지해 왔으며 평화적인 형태로 민주주의 사회로 전환되었다. 즉 시민 혁명이 일어나기는 했으나 국가 통치 기구는 단절되지 않고 이어져 왔으며, 정치적 변동은 입헌 군주제로 마무리되었다. 이러한 역사적 경험이 주권 보존에 대한 높은 관심과 초국가적 정치 공동체에 대한 거부의 형태로 표현되고 있다고 할 수 있다.

덴마크는 OEEC와 유럽평의회에 가담하였고 비록 별다른 성과를 얻지는 못했지만 다른 북유럽 국가들과 북유럽관세동맹, 북유럽방위동맹 같은 집단적 기구의 창설을 추진하기도 하였다. 덴마크는 대체로 영국의 입장에 동조해 왔는데, 1960년 영국이 주도한 EFTA에 가담하였고 1961년에는 영국과 함께 유럽공동체에 가입을 신청하였으나 프랑스 드골 대통령의 거부권 행사로 좌절되었다. 1972년 EC 가입을 위한 국민투표가 실시되었는데, 덴마크는 공동 시장의 참여에 대해 큰 관심을 지녔지만 동시에 북유럽 국가 중 유일하게 참여하기로 결정한 데 대한 부담 또한 적지 않았다. 투표 결과는 90.1%라는 높은 투표율에 63.3%의 찬성과 36.7%의 반대로 가입이 결정되었다.

그러나 가입 이후 덴마크는 통합의 심화에 대해서는 매우 회의적인 태도를 보여왔다. 1985년 이탈리아 밀라노에서 열린 유럽이사회에서 안보 · 국방 · 외교 정책의 통합을 모색한 겐셔 · 콜롬보 제안(Genscher-Colombo proposal)에 대해 반대표를 던졌으며, 초국가적 기구의 권한을 강화하고 각국의 거부권을 약화시키는 유럽연합의 제도적 개혁에 대해서도 반대하였다. 1986년의 단일유럽의정서(SEA)는 주권 침해에 대한 논란 속에 덴마크 의회(Folketing)에서 80 대 75로 부결되었다. 의회는 덴마크 정부에 재협상을 요구하였지만 다른 국가들이 재협상을 거부하였으며, 다음해 국민투표를 통해 겨우 단일유럽의정서는 승인을 받을 수 있었다. 1992년 마스트리히트 조약에 대한 국민투표에서는 51%의 반대로 부결되었는데, 그 까닭은 유럽연합의 출범이 결국 정치적 통합으로 이어질 것이며 그로 인해 덴마크의 주권이 침해 받게 될 것이라는 점을 우려한 때문이었다. 마스트리히트 조약이 덴마크의 국민투표에서 부결된 후 스코틀랜드의 에든버러에서 모인 유럽이사회에서는 통합의 정치적 성격에 대한 덴마크 국민들의 우려를 인정하여 마스트리히트 조약 내용 중 몇 가지를 예외적으로 덴마크에 적용하지 않기로 결정했다. 예외 조항은 화폐 동맹에의 참가, 공동 방위 정책에의 참여, 유럽 시민권의 제도화 문제 등을 비롯한 몇몇 규정에 대해 덴마크의 선택적 탈퇴를 인정하고, 사회·환경 분야에 대한 덴마크의 보다 엄격한 국내 정책이 회원 국가 간 기준의 수렴으로 인해 피해를 보지 않도록 보장한다는 것이었다. 이러한 예외 조항 인정 후에 다시 실시한 국민투표에서 56.8%의 찬성으로 조약이 승인되었다. 그러나 2008년 전 세계를 휩쓴 경제위기 속에서 덴마크 총리 라스무센(A. Rasmussen)은 국내 금융 안정을 위해 유로화 가입이 필요하다고 주장하며 2011년 유로화 가입을 위한 국민투표를 다시 실시하겠다고 밝혔다.

어업과 관련해서는 그린란드의 탈퇴를 이야기할 수 있다. 어업을 주 산업으로 하는 그린란드는 덴마크령(領)으로 1979년부터 자치권을 행사하고 있으나 외교적 권한은 덴마크에 귀속되어 있었다. 그린란드의 주민들은 1982년 주민 투표를 통해 유럽공동체에서 탈퇴할 것을 결정하였는데, 유럽공동체는 협의를 통해 그린란드의 탈퇴를 승인하되 회원국에 준하는 협력 관계를 유지하여 그린란드가 유럽공동체에 수산물을 무관세로 수출하는 것을 허용하고 유럽공동체는 매년 일정액의 금액을 지불하고 그린란드 근해에서 조업을 할 수 있도록 합의하였다.

1993년 덴마크 코펜하겐에서 열린 유럽이사회에서 동유럽 국가로의 유럽연합 확대를 결정하면서 가입의 조건으로 민주주의, 시장경제, 회원국으로서의 의무 충족 등 코펜하겐 기준을 마련했고, 이후 2002년 12월 10개의 동유럽 국가들의 회원국 가입을 최종적으로 승인한 곳도 덴마크의 코펜하겐이었다. 유럽연합의 동유럽으로의 확대는 코펜하겐에서 시작하여 코펜하겐에서 마무리 지은 것(from Copenhagen to Copenhagen)이다.

아일랜드

아일랜드가 1973년 1월 영국, 덴마크와 함께 유럽공동체에 가입한 것은 아일랜드로서는 매우 큰 변화를 의미했다. 아일랜드는 제2차 세계대전에서 한걸음 물러나 있었고 그 이후에도 유럽 정치의 주류에서 벗어나 있었기 때문이다. 아일랜드는 1949년에 결성된 북대서양조약기구(NATO)에 가입하지 않았으며 유럽평의회에도 가입하지 않았다. 아일랜드는 국내정치적으로는 영국이 지배하고 있는 북아일랜드 문제에 골몰하였을 뿐만 아니라 대외적으로는 보호 무역주의 정책을 취했기 때문에 사실상 영국과의 교류가 대외 관계의 전부였다.

1950년대 후반부터 아일랜드의 이러한 태도에 변화가 나타나기 시작했는데, 그 주된 원인은 물론 내부적으로 보호 무역주의의 문제점에 대한 자각 때문이기도 하지만 외부 환경의 변화가 보다 큰 영향을 미쳤다. 아일랜드의 입장에서 대륙의 철강·석탄의 공동 관리를 위한 ECSC의 결성은 별다른 중요성을 갖지 않았지만, 이 기구가 자유 교역을 위한 공동 시장(EEC)으로 발전되고 또 영국을 중심으로 이에 대항하는 EFTA가 결성되어 경제의 블록화 현상이 나타나기 시작했기 때문이다. 아일랜드는 이 두 기구 모두로부터 배제되었는데, 영국이 주도하는 EFTA에 아일랜드가 빠진 것은 영국이 농업국을 제외하고 공업 국가만을 대상으로 자유 무역을 추진하였기 때문이다.

그러나 직접적으로 가장 큰 영향을 미친 일은 1961년 영국이 EEC에 가입을 신청한 것이었다. 아일랜드는 영국에 사실상 '전적으로' 의존하고 있었기 때문에 영국이 EEC에 가입하는 경우 아일랜드는 다른 방도가 없었다. 마침내 1972년 5월 국민투표에서 83.1%의 압도적인 찬성으로 EC에 가입함으로써 아일랜드는 오랫동안 유럽 정치의 흐름에서 소외되어 있던 상황을 마감하게 된다. 이 국민투표에서는 영국과의 관계와 경제적인 측면에 대한 고려가 가장 중요한 것이었지만 이와 동시에 남북 아일랜드의 통합에 대한 기대도 어느 정도 포함되어 있었다. 그러나 아일랜드는 공동 방위 문제에 대해서는 매우 커다란 거부감을 갖고 있다. 공동 방위에 대한 아일랜드의 강한 거부감은 역사적 경험과 관련이 있다. 아일랜드는 제2차 세계대전 때 중립을 표방했으며 이로 인해 전쟁에 개입하지 않았다. 이 경험은 아일랜드의 주권 유지에 매우 중요한 상징이 되고 있다. 또한 아일랜드는 지리적 위치로 볼 때 다른 유럽 대륙의 국가들과는 달리 외부 적국으로부터의 명백한 위협에 노출되어 있는 것도 아니다. 이 때문에 아일랜드는 지금까지 NATO에도 참여하지 않고 있다. 아일랜드가 EEC에 가입했을 때 이를 군사적 동맹에 대한 가입을 동시에 의미하는 것으로 이해하여 국내에서 큰 논란이 일었는데, 아일랜드 정부가 EEC 가입이 군사 동맹에 대한 가입이 아님을 명백히 함으로써 논란을 가라앉힐 수 있었다. 2001년 니스 조약이 아일랜드에서의 1차 국민투표에서 부결된 것도 유럽공동방위정책(CFSP)이 아일랜드의 안보상의 중립성을 훼손할 수 있다는 우려가 매우 중요한 요인으로 작용했다.

공동 안보 정책을 제외하면 아일랜드는 유럽 통합의 진전과 유럽 집행위원회의 활동에 대해 적극적으로 지지해 왔다. 가입 이전 경제적으로 정체되어 있고 농업 중심이었던 아일랜드는 EEC 가입 이후 공동 농업 정책(CAP)과 지역 개발 기금의 지원 등 EC로부터 많은 혜택을 받았다. 그러나 아일랜드의 급속한 경제 성장으로 과거처럼 대규모 지원을 받아야 하는 입장에서 벗어났으며 더욱이 남유럽 국가들과 이후 중·동유럽 국가들의 가입으로 유럽연합 내에서 아일랜드의 지위도 변화하였다. 아일랜드는 1979년 유럽통화제도(EMS)에도 가입하였다. 아일랜드가 EMS에 가입한 것은 아일랜드의 화폐가 전통적으로 영국의 파운드화에 연계되어 온 역사적 고리를 끊는다는 상징적인 의미를 지니고 있었으며, 이 때문에 다수 아일랜드 인들에게 EMS의 가입은 영국으로부터의 완전한 독립을 의미하는 것으로 받아들여지기도 했다.

의원내각제 국가이지만 아일랜드 헌법은 유럽연합의 조약 개정은 반드시 국민투표를 통해 최종 비준을 받도록 규정하고 있다. 그런데 최근 들어 아일랜드는 유럽 통합의 심화에 대해 다소 조심스러운 모습을 보이고 있다. 국민 대부분이 가톨릭 신자이고 여전히 종교의 영향이 강한 아일랜드에서 유럽연합의 사회 정책 역시 민감한 이슈인데, '하나의 유럽'은 종교적 관행에 대한 적지 않은 변화를 가져 올 수 있기 때문이다. 예컨대, 낙태가 법으로 금지되어 있는 아일랜드에서는 낙태를 위한 해외 여행을 금지해야 한다는 주장이 강하게 제기되었지만, 이 주장은 회원국 국민들의 자유로운 이동을 막을 수 없도록 한 단일유럽의정서의 규정에 위배되는 것이다. 실제로 낙태와 관련된 논쟁은 아일랜드에서 2001년 니스 조약의 국민투표 부결에 영향을 미쳤다. 아일랜드는 2008년 리스본 조약도 부결시켰다. 그 때까지 25개국이 모두 순조롭게 비준되었지만 아일랜드가 이를 부결시킨 것이다. 유럽연합과의 재협상 과정을 거쳐 다시 국민투표가 실시되고 결국에는 통과될 것으로 예상되지만 유럽 통합에 대한 아일랜드 국민들의 태도가 과거와 비교할 때 매우 까다로워졌다는 것을 알 수 있다.

제2차 확대: 그리스, 포르투갈, 에스파냐

그리스, 포르투갈, 에스파냐는 모두 뒤늦게 유럽공동체에 가입하였는데, 가입 시기에 다소 차이가 나지만 세 국가는 서로 유사한 특징을 공유하고 있다. 정치적으로 모두 비민주적인 정치 체제가 가입 지연의 주요한 원인이었고 경제적으로도 다른 국가들에 비해 낙후되어 있었다. 지리적으로 세 국가 모두 지중해 국가라는 공통점이 있으며 국내 산업에서 농업의 비중이 컸다. 그리고 이들 세 국가 모두 정치적 민주화가 이루어지고 난 뒤 유럽공동체의 일원이 되었으며, 이들 국가의 민주화가 안정적으로 정착될 수 있도록 지원하겠다는 것이 이들을 회원국으로 받아들인 중요한 이유 중 하나였다. 이들의 가입으로 유럽공동체는 남부 유럽으로 그 지리적 범위를 확대할 수 있었다.

그리스

그리스는 1981년 유럽공동체의 일원이 되었지만 사실 그리스는 그보다 훨씬 이전인 1959년 EEC에 가입 신청을 했다. 이에 따라 1961년 아테네 협정이 체결되었는데, 아테네 협정은 공업 생산품에 대한 일종의 관세 동맹의 형식으로 2단계에 걸친 경과 기간을 두어 그리스의 일부 공산품에 대해서 22년간 보호받을 수 있도록 하였고 또한 일부 자금도 지원해 주기로 합의하였다. 아테네 협정은 교역 협정이라기보다는 그리스가 EEC의 정식 회원국이 될 수 있도록 하기 위한 첫 단계의 조치였던 셈이다.

그리스는 EEC 가입을 통해 서유럽권에 편입함으로써 국내 정치 안정에 도움을 얻고자 하였다. 그리스는 1940년대에 내전을 겪었고 1958년 선거에서는 공산주의자들이 25%를 득표하는 등 국내 정치적으로 적지 않은 불안 요인을 갖고 있었기 때문이다. 또한 공동 농업 정책(CAP)과 외국 자본의 유입 등을 통해 경제적인 측면에서도 큰 도움을 받을 수 있을 것이라는 기대감이 높았다. 그러나 1967년 4월 군부의 쿠데타로 그리스에 군사 정부가 들어서면서 아테네 협정의 실행은 EC 집행위원회에 의해 중단되었다.

키프로스에 터키군이 침공하고 경제적 위기가 심화되면서 그리스의 군사 정권은 1974년 붕괴되었다. 자유 민주주의 체제가 복원되면서 집권한 카라만리스(K. Karamanlis) 정부는 1975년 EC 가입 신청을 하였고, 1981

년 그리스는 유럽공동체의 열 번째 회원국이 되었다. 그리스의 가입 문제는 취약한 사회·경제적 기반과 그리스·터키의 불편한 관계로 인해 EC 내에서 적지 않은 반대가 있었지만, 그리스의 민주주의 정착을 지원해야 한다는 정치적 고려가 보다 크게 작용하여 해결되었다. 당시 집행위원회의 검토 보고서에는 그리스가 경제적으로 공동체에 가입할 만한 충분한 준비가 되어 있지 않다고 지적한 바 있다.

그리스는 유럽경제협력기구(OEEC)의 출범 당시부터 회원국으로 참여하였고, 1949년 유럽평의회, 1952년 NATO에도 가입하였지만 유럽 통합의 주류에서는 벗어나 있다. 사실 지리적으로 볼 때도 그리스는 유럽석탄철강공동체(ECSC)의 창설 6개국과 국경을 접하고 있지 않다. 그리스가 유럽 통합의 주류에서 벗어나 있었던 것은 여러 가지 면에서 상이한 역사적 경험, 정치적 특징과 적지 않게 연관되어 있다. 그리스는 과거 유럽을 위협했던 오스만 제국의 일부였으며 유럽 계몽주의와의 연계는 약한 편이다. 오히려 서유럽 열강이 그리스를 침공하여 끼친 피해의 경험으로 서유럽에 대한 적지 않은 반감이 존재하였다. 사회·경제적으로는 자본가 계급의 세력이 약해 전통적 엘리트가 지배하는 사회이며, 종교적으로도 그리스 정교를 믿어 다른 국가의 지배적 종교인 가톨릭 혹은 개신교와는 구별된다. 즉 그리스는 서유럽의 다른 회원국과는 구분되는 역사적·종교적·정치적 특성을 지니고 있으며, 강한 민족주의적 성향을 지니고 있다. 그리스 사회의 이러한 특성은 자연히 유럽공동체 가입을 둘러싸고 국내 정치적으로도 적지 않은 갈등을 야기시켰다.

실제로 그리스의 유럽공동체 가입은 국내 정치적으로 합의가 이뤄진 가운데 진행된 것이 아니었다. 카라만리스의 보수파 정부는 1980년 좌파인 범그리스사회당(PASOK: Panhellenic Socialist Movement)에 패배하여 물러나게 되었는데, PASOK는 야당 시절 유럽공동체 가입을 주권 상실로 간주하고 민족주의를 강조하며 이에 격렬히 반대하였다. 집권 이후 그리스에 대한 EC의 재정 지원과 경제적 도움으로 PASOK의 부정적인 시각은 많이 누그러졌지만 결코 호의적이지는 않았다. PASOK는 유럽공동체의 강화를 원하지 않았으며 따라서 유럽의회나 집행위원회의 기능 강화에도 반대하였다. 또한 대외적으로 한 목소리를 내는 데에도 반대하여, 그리스가 의장국이었던 1983년 아테네 회의에서 대한항공 여객기를 격추한 소련을 비난하는 성명을 유럽공동체 명의로 발표하자는 제안에도 반대하였다.

그리스의 이러한 태도는 신민당(NDP: New Democratic Party)이 집권한 이후 친 유럽적 태도로 입장을 바꿀 때까지 계속되었다. 신민당 정부가 들어선 이후 그리스는 유럽공동체의 기능 강화와 통합의 심화를 적극적으로 지지하는 입장으로 변화하였고 회원 국가 간 사회 · 환경 · 교육 · 문화 분야에서의 결속을 강조하였다. 그리스가 특히 우려한 것은 방위 분야였는데, 이는 발칸 반도의 정치적 불안정과 터키의 위협 때문이었다. 이 문제는 마스트리히트 조약에서 EU 회원국들이 군사 동맹인 서유럽동맹(WEU)에 가입하거나 원하는 경우 옵저버로 참여할 수 있도록 허용함으로써 해결되었다. 반면 터키는 현재 EU 회원국이 아니므로 WEU의 준 회원국 자격만이 주어졌다.

오늘날 그리스는 유럽연합이 추진하는 정치적 · 경제적 통합을 열렬히 지지하고 있다. 사실 역사적으로 그리스는 유럽 대륙에서의 정치적 변화에 따라 커다란 영향을 받아 왔다. 오토만 제국의 지배나 1830년 그리스의 건국 등은 모두 독일, 프랑스, 이탈리아, 영국 등 유럽 강대국의 태도와 긴밀한 연관이 있었다. 이로 인해 그리스에서 국가 주권이나 정체성과 관련된 문제는 정치적으로 매우 예민한 사안이다.

그러나 1992년 의회는 마스트리히트 조약을 압도적 지지로 통과시켰다. 국가 주권이나 정체성 침해의 우려에도 불구하고 그리스가 통합에 적극적으로 나선 것은 참여하지 않는 경우 그리스가 유럽의 주류로부터 벗어난 주변국으로 남게 될 수도 있는 위험성을 배제할 수 있기 때문이다. 그리스가 '이중 속도의 유럽(two-speed Europe)' 정책에 대하여 매우 부정적인 태도를 보인 것도 유럽통합이 이원화되어 추진될 경우 그리스는 유럽의 주요 이슈로부터 소외될 수 있다는 우려가 반영된 것이었다. 그리스는 2001년 유럽 단일 화폐에 가입하였다.

또 한편으로 그리스의 유럽연합 가입은 그 주변의 지정학적 관계에 미묘한 변화를 가져왔다. 터키, 키프로스, 발칸반도 국가의 대EU 관계는 그리스의 존재로 인해 적지 않은 영향을 받게 되었다. 실제로 그리스는 키프로스의 EU 가입뿐만 아니라, 터키, 마케도니아의 가입을 둘러싼 논의 과정에서 상당한 영향력을 행사하고 있다.

포르투갈

포르투갈은 1932년부터 1974년까지 폐쇄적이고 민족주의적 성향을 지닌 권위주의 체제하에 있었다. 대외적 관계도 제한적이었고 보호주의 무역의 색채를 띠었으며 아프리카 식민지 경영에만 관심을 쏟고 있었다. 이와 같이 포르투갈은 외부 세계와 격리되어 있었지만 전략적 위치로 인해 NATO에 회원국으로 가입하였다. 포르투갈은 정치적으로 유럽의 변방이었으며 대서양 국가로 영국과 비교적 긴밀한 관계를 맺고 있었다. 이런 이유로 포르투갈은 1960년 영국이 주도하는 EFTA에 가입하였는데, 영국과의 교류의 중요성 및 유럽에서 소외되지 않으려는 의도에서 비롯된 선택이었다. 또한 포르투갈은 정부 간 협력의 형태를 선호하였으며 초국가적 기구의 출현에 대해서는 매우 부정적이었다.

그러나 이후 EFTA 국가로부터 수입의 증대, 포르투갈에 대한 외국 투자의 증가 등 상황이 변화하였다. 특히 영국에 대한 높은 교역 의존도를 고려할 때 1961년 영국이 EEC에 가입 신청을 하자 포르투갈 역시 EEC와 관계 개선을 위한 협의를 시작해야 했다. 1972년 EFTA의 다른 회원국들과 함께 포르투갈은 EEC와 자유 교역 협정에 서명하였다. 이 협정은 1977년까지 포르투갈 수출품에 대한 관세 장벽을 철폐하기로 하였고 농산물 수출 문제에도 합의가 이루어졌으나 공산품 부문, 특히 섬유 산업에 대해서는 예외가 인정되었다.

유럽 통합에 대한 포르투갈의 정책 기조에 큰 변화가 발생한 것은 1974년 4월 권위주의 정권이 물러나고 민주화가 시작되면서부터이다. 이와 함께 포르투갈의 식민지 국가들도 해방되었다. 이러한 정치적 격변은 국내적으로 적지 않은 혼란을 일으켰으나 서유럽의 국가들은 비상 원조를 제공하였고 포르투갈 수출품에 대한 예외를 인정하였다. EC 국가들은 포르투갈의 민주주의 정착을 돕기 위한 정치적 방안을 모색하기 시작하였고, 포르투갈은 1977년 3월 가입 신청을 하였다. 가입 신청은 무려 8년이 지난 1985년에 최종적으로 승인되어 1986년부터 유럽공동체의 회원국이 되었다. 포르투갈의 가입이 지연된 것은 프랑스, 이탈리아 등 주요 농산물 생산 국가들과의 이해관계 충돌로 이를 조정하는데 시간이 걸렸으며, 유럽공동체에서 에스파냐의 주장을 받아들여 또 다른 이베리아 반도의 국가인 에스파냐와 포르투갈은 동시에 가입해야 한다고 판단했기 때문이다. 전반적으로 유럽 통합에 대한 포르투갈의 태도는 호의적이다. 무엇보다 유럽연합으로부터 실질적으로 많은 도움을 받았으며, 심지어 가입 이전인 1980년대 초에도 상당 정도의 지원을 EC로부터 받았다. 이러한 도움에 의해 포르투갈 경제는 급속한 변화를 경험하게 되었고, 낙후되었던 하부 구조의 발전이 이뤄지게 되었다. 특히 1991년부터 1993년까지 유럽공동체가 포르투갈에 지원한 금액의 규모는 포르투갈 전체 GDP의 거의 4%에 달했다. 이러한 이유로 인해 중·동유럽 국가들의 가입에 대해서 포르투갈은 매우 조심스러운 태도를 보였는데 이들의 가입으로 인해 유럽연합 구조기금의 수혜가 크게 줄어들 것이기 때문이었다.

그러나 포르투갈이 유럽 통합에 적극적인 것은 경제적인 이유만은 아니다. 포르투갈은 그리스처럼 유럽연합을 통해 유럽의 변방, 주변부에서 벗어나게 되었다는 사실에 큰 의미를 부여한다. 유럽연합의 일원으로 유럽의 중요한 문제에 동등하게 참여할 수 있게 된 것이다. 예를 들면, 유럽헌법의 좌초 이후 유럽연합의 제도적 개선을 위한 새로운 개혁 조약(Reform Treaty)이 포르투갈의 수도 리스본에서 체결되어 리스본 조약으로 불리는 것은 그런 점에서 포르투갈 인들에게 남다른 의미를 지닐 수 있다. 또한 현재 유럽연합의 외무장관 격인 공동외교 담당 고위대표(High Representative of the Union for the Common Foreign Affairs and Security Policy)를 맡고 있는 하비에르 솔라나(J. Solana)는 포르투갈 외무장관 출신이다. 그가 맡고 있는 자리는 리스본 조약이 최종적으로 비준되면 집행위원회 부위원장 직도 겸하게 되는 유럽연합의 최고위직 가운데 하나이다.

에스파냐

에스파냐는 그리스나 포르투갈에 비해 지리적 위치로 볼 때 주변국이라고 보기 어려우며 국가 규모도 작지 않다. 현재 27개 유럽연합 회원국 가운데 인구 규모로 에스파냐는 독일, 프랑스, 영국, 이탈리아 다음인 다섯 번째로 큰 나라이다. 그러나 2차 세계대전 이후 에스파냐는 오랫동안 국제 사회에서 배제되어 있었다. 유럽 통합의 움직임뿐만 아니라 UN, 마셜 플랜, OEEC, 유럽평의회, 그리고 NATO 등 국제사회의 모든 활동에서 배제되었다. 에스파냐가 전후 국제 사회의 협력 관계에서 이처럼 소외된 중요한 이유는 40년간 프랑코(F. Franco)의 독재 체제하에 놓여 있었기 때문이며, 또 한편으로는 제2차 세계대전 당시 독일이 이끈 추축국(the Axis powers)에 가까웠기 때문이다.[10] 따라서 에스파냐는 경제적인 관계도 유럽 국가와의 교류보다는 라틴아메리카나 일부 북아프리카 국가에 국한되어 있었고 대체로 자급 자족적인 경제 형태를 보였다. 당시 에스파냐의 경제 상태는 농업 중심의 낙후된 사회였으며 빈곤했다.

그러나 냉전의 심화와 함께 공산주의의 위협에 대항하기 위해 1953년 미국과 상호 방위 조약을 맺게 되고 1955년에는 UN에도 가입하였다. 이에 따라 에스파냐에 대한 국제 사회의 태도가 다소 부드러워지기는 하였지만 전반적으로 볼 때 에스파냐는 여전히 소외되어 있었다. 에스파냐의 변화는 포르투갈과 마찬가지로 영국이 EEC에 가입하기로 한 1961년 이후에 두드러지게 나타났다. 에스파냐의 주요 농산물 수입국이었던 영국의 가입 신청 이후 에스파냐는 자국 농산물 시장의 보호와 외국 투자 확대를 위해 1962년 EEC가입 의사를 타진하지만, 이러한 의사는 비민주적인 프랑코 체제에 대한 거부감 속에 받아들여지지 않았고 대신 자유 교역 협정을 체결하는 데 그치고 말았다. 이후 에스파냐와 유럽공동체의 관계는 교역 외의 분야로 확대되지 않았고 에스파냐의 농산물 수출도 크게 증대되지 않았다.

에스파냐 대외관계의 실질적인 변화는 1975년 11월 프랑코 총통이 사망한 뒤 이뤄졌다. 1976년 2월 새로이 집권한 민주 정부는 유럽공동체 가입 의사를 밝혔다. 에스파냐는 1977년 유럽평의회에 가입했으며 1982년에는 북서양조약기구에도 가입하게 되었다. 에스파냐의 민주화가 이루어진 이상 유럽공동체에서도 이를 거부할 이유는 없었다. 1977년 7월 에스파냐는 공식 가입 신청서를 제출하였고 협상은 1978년 10월부터 시작되었다. 에스파냐가 유럽공동체에 가입을 신청한 것은 경제적인 이유 외에도 정치적으로 초기 단계였던 민주주의의 공고화와 정치적 안정을 위해서는 공동체에 가입하는 것이 매우 중요했기 때문이다. 에스파냐의 유럽공동체 가입에 대해 기존 회원국들은 원칙적으로 찬성하였으나, 농업, 어업 분야에서 이해가 상충되는 이탈리아나 프랑스 등의 반발과 농업 보조금 지출의 인상을 우려한 독일, 영국 등의 입장으로 인해 협상 타결에 오랜 시간이 걸렸다. 에스파냐는 포르투갈과 함께 1986년 1월 마침내 유럽공동체의 회원국이 되었다. 에스파냐의 각 정당들은 유럽공동체 가입을 적극 환영하였고, 이는 국내의 사회·경제적 개혁을 촉진하는 기회가 될 것으로 보았다. 무엇보다 에스파냐로서는 오랫동안의 국제적 고립 이후 다시 '서구권(Western world)'으로 편입되어야 한다는 절실함이 존재했다. 그러나 1982년 에스파냐가 미국 중심의 집단 방위 체제인 NATO에 가입하자, 유럽공동체 가입 때와 달리 국내 정치적으로 큰 논란이 일었다. 사회당의 펠리페 곤잘레스(F. Gonzalez) 수상은 국민투표를 통해 NATO에의 잔류 여부를 최종 결정하기로 하였으며, 투표 결과 주민의 52.3%가 잔류를 지지함으로써 이 문제가 일단락되었다. 1982년의 NATO 가입, 1986년의 EC 가입, 그리고 1988년 11월의 서유럽동맹(WEU) 가입으로 에스파냐는 완전한 서유럽의 일원으로 인정받게 되었다.

EC 가입 이후 에스파냐는 프랑코 시대의 통제된 생활로부터 벗어나 보다 개방적인 사회가 되었다. 이와 함께 에스파냐의 값싼 노동력과 내수 시장을 노린 외국의 자본도 많이 밀려들었다. 그러나 이러한 자본의 급격한 유입은 인플레를 유발하게 되었고, 이를 억제하기 위해 이자율을 높이자 투기성 자본이 흘러 들어오면서 에스파냐는 적지 않은 경제적 어려움을 겪기도 했다. 이런 경험으로 에스파냐는 유럽 화폐 통합 동참의 필요성을 절감했지만, 가입 조건을 맞추기 위해서는 내핍 정책을 펼 수밖에 없었다. 내핍 정책은 곤잘레스 사회당 정부의 인기를 떨어뜨렸으나 에스파냐 내부에서 마스트리히트 조약 비준에 대해서는 큰 반대가 없었다.

사실 에스파냐는 유럽공동체 참여를 통해 정치적·경제적으로 많은 혜택을 받았으며, 국제적 고립에서 벗어나 유럽에서의 변화·발전에 동참할 수 있게 되었다. 따라서 에스파냐는 유럽 통합에 매우 적극적인 입장을 취하고 있으며 정치적 공동체의 결성에 대해서도 원칙적으로 지지를 보내고 있다. 에스파냐는 경제 통합을 넘어서 회원 각국이 다른 회원국 국민에게 자유로운 이동·거주 및 거주지에서 유럽의회 선거권의 부여와 같은 시민적 권리를 부여함으로써 사회적 결속(social cohesion)을 달성해야 한다고 주장하였고 이에 대한 다른 회원국들의 동의를 얻어 냈다. 즉 사회·교육·환경·복지·소비자 정책 등 다른 여러 분야에서의 통합이 경제·화폐 통합과 함께 이루어져야 한다는 것이었다. 에스파냐는 외교·방위 정책에서도 궁극적으로 유럽의 '단일한' 정책이 형성되기를 원하고 있다.

유럽 통합과 관련하여 에스파냐에서 주목할 점은 지역주의와 관련된 것이다. 에스파냐에는 카탈루냐(Cataluña)나 바스크(Basque) 지방과 같이 고유한 언어와 별도의 문화적 정체성을 지니고 있는 지역들이 존재한다. 에스파냐가 유럽공동체 가입에 대한 논의를 시작했을 때 이들 지역은 가입을 적극 지지하였는데, 그 이유는 초국가적 기구의 등장으로 인해 지역에 대한 중앙 정부의 영향력이 약화될 수 있을 것으로 보았기 때문이다. 즉 유럽 통합의 진전은 개별 국민 국가의 통제력을 약화시키고 유럽 각 지역 간의 상호 협조 기회를 높여 줄 것으로 기대하였기 때문이다. 각 지역(regions)이 유럽 문제에 직접 참여해야 한다는 이들의 주장은 1993년 11월 유럽연합의 자문 기구로 지역위원회(Committee of Regions)가 구성되면서 제도화되었다. 그리고 이들 지역의 대표들은 브뤼셀에 대표부를 두고 있을 뿐만 아니라 집행위원회의 실무그룹과 실무위원회에도 지역 대표를 파견하고 있는 등 매우 적극적으로 지역의 이익을 위해 유럽연합의 틀 속에서 활동하고 있다.

제3차 확대: 오스트리아, 핀란드, 스웨덴

　그리스 · 포르투갈 · 에스파냐의 EC 가입이 이들 국가의 민주화라는 국내의 정치적 변화와 긴밀한 관계를 가진다면, 오스트리아 · 핀란드 · 스웨덴의 가입은 국제 정세의 변화에 따라 이루어졌다고 볼 수 있다. 냉전 구도에서 중립적인 입장을 취해 온 이들 국가가 EC에 참여하게 된 직접적인 원인은 바로 소련과 동유럽 사회주의 정권의 몰락과 관련되어 있다. 냉전이라는 외교 · 안보적 부담이 사라지게 되면서 이들 국가들이 '서구권'으로 돌아오게 된 것이다. 이와 함께 EU의 지역적 경제 통합의 심화와 그 규모의 확대는 국가 경제의 활성화와 새로운 시장의 확대라는 측면에서 중요성을 갖게 되었다.

　그러나 이 국가들 내에서는 유럽연합 가입이 국가 주권의 침해를 가져올 수 있으며, 환경 정책 등에서 불이익을 강요당할 수도 있다는 우려 또한 적지 않았다. 이런 이유로 인해 이들 세 국가와 함께 가입을 신청했던 노르웨이에서는 가입안이 국민투표에서 부결되었다. 이들 세 국가의 가입으로 유럽연합은 노르웨이, 스위스, 아이슬란드를 제외한 서유럽의 국가들을 모두 포함하게 되었다. 그런데 2008년 세계 경제를 강타한 금융 위기로 커다란 어려움을 겪은 아이슬란드는 유사한 경제 위기의 재발을 피하기 위해 유럽연합 가입 의사를 공식적으로 밝혔다. 아이슬란드가 가입하게 되면 서유럽에서는 노르웨이와 스위스만이 EU의 비가입국으로 남게 된다. 이 절에서는 3차 확대로 가입하게 된 오스트리아, 핀란드, 스웨덴에 대해서 살펴보도록 한다.

오스트리아

　오스트리아는 1938년 히틀러의 독일에 병합되었고 1945년 제2차 세계대전이 끝난 이후에는 베를린처럼 미국, 영국, 프랑스, 소련 등 4개국에 의해 분할 점령되었다. 오스트리아는 중립국을 표방하면서 1955년 4개국의 분할 점령으로부터 벗어날 수 있었다. 오스트리아가 냉전 시대에 중립국으로 유지될 수 있었던 것은 바로 이 때문이었다. 그러나 1980년대 후반부터 시작된 냉전 해체라는 국제 정세의 거대한 변화에 따라 오스트리아는 그 원칙을 포기하고 EU에 가입하기로 함으로써 서유럽권에 편입되었다.

1994년 6월 오스트리아는 가입 신청을 한 4개국 중 처음으로 국민투표를 실시하였고, 투표자의 66.6 %가 가입을 지지하였다. 66.6%의 지지율은 신청을 한 4개국 가운데 가장 높은 것이었다. 더욱이 국민투표의 투표율은 82%로 같은 해 있었던 총선에서의 78%보다 오히려 높아 EU 가입에 대한 오스트리아 국민들의 높은 관심을 보여 주었다. 많은 회원국에서 국민투표는 절차적으로 볼 때 국민의 의견을 '참조하기' 위한 것이었고 사실 의회에서 결정할 수도 있는 것이었다. 그러나 오스트리아에서 EU 가입은 헌법을 수정해야 하는 것이었기 때문에 국민투표는 필수적인 절차였다. 오스트리아는 10개의 주로 구성된 매우 분권화되어 있는 연방 국가이기 때문에 유럽연합 가입이 혹 권력의 중앙 집중화로 이어지지 않을까 하는 우려가 높았다. 따라서 오스트리아는 각 주에 부여된 권한과 관계된 정책이 유럽연합에서 논의될 경우 주의 대표를 참여시킬 수 있도록 하는 내용과, 유럽연합과 관련된 사안에 대한 상·하원의 권한 분담에 관한 규정을 헌법 개정에 포함시켰다.

정치권에서는 공산당과 녹색당을 제외한 모든 정당들이 가입에 찬성하였다. 흥미로운 점은 가톨릭의 주교와 신부들도 EU 가입을 지지하는 캠페인에 참여하였는데, 오스트리아에서 종교의 영향력을 감안하면 가톨릭 역시 적지 않은 역할을 수행한 셈이다. 오스트리아에서 유럽연합 가입을 지지하는 이들이 관심을 가진 것은 역시 가입으로 인해 예상되는 경제적 혜택이 제일 중요한 것이었지만, 안보상의 고려 역시 중요한 이유였다. 동유럽 사회주의 정권의 몰락 이후 국경을 접하고 있는 유고슬라비아에서 내전이 일어나자, 유럽연합 가입을 지지하는 세력들은 EU 가입이 오스트리아의 안보상의 취약함을 보강해 줄 수 있다고 주장하였다. 오스트리아의 황태자가 사라예보에서 세르비아 청년에게 암살당한 사건이 제1차 세계대전의 기폭제가 되었던 것에서 알 수 있듯이, 발칸반도의 불안정은 오스트리아 안보에 매우 큰 위협이었다.

반면 유럽 통합 반대론자들은 무엇보다 주권의 침해에 대한 우려와 함께 환경 이슈를 크게 부각시켰다. 특히 독일과 이탈리아를 잇는 교통의 요충지인 티롤(Tyrol) 주의 경우 유럽연합에 가입하여 국경이 개방되면 교통량 증대로 인해 환경이 크게 오염될 것이라는 우려가 높았다. 그러나 심지어 티롤에서도 유럽연합 가입안은 56%의 지지를 획득하여 전반적으로 국민들이 가입에 우호적인 태도를 갖고 있었음을 보여 준다.

그러나 유럽 통합의 진전은 오스트리아에서 매우 뜻밖의 결과를 낳았다. 동유럽으로의 유럽연합의 확대 문제는 오스트리아 국내 정치에서 극우정당의 강세로 이어졌다. 하이더(J. Haider)가 이끄는 자유당(FPÖ: Freiheitliche Partei Österreichs.)은 1999년 총선에서 27%를 득표하면서 제2당으로 떠올랐고 2000년 2월에는 연립 정부에도 참여하게 되었다. 하이더는 노골적으로 히틀러를 숭앙하고 유럽 통합에 강한 거부감을 표출했으며 중·동유럽 등 외국인의 이민에 대해 매우 적대적인 입장을 취해왔다. 극우정당이 연립 정부에 참여한 일은 오스트리아뿐만 아니라 유럽연합의 다른 회원국들에게 커다란 충격으로 다가왔다. 당시 유럽연합의 나머지 14개국은 오스트리아에 대해 사상 처음으로 회원국에 대한 제재 조치를 취했다. 오스트리아에 대해 외교적 고립 조치를 취한 것으로, 오스트리아 출신 인사가 유럽연합의 직책을 맡는 것을 금지했으며 국가 간 회의에서 오스트리아와의 접촉을 금지하도록 했다. 얼마 후 유럽연합 회원국에서 임명한 대표들이 소수인종 문제, 이민 정책, 피난민에 대한 처우 등을 비롯한 오스트리아의 정치 상황에 대해 특별 조사를 한 뒤 이러한 제재 조치는 2000년 9월 해제되었다. 이와 같은 오스트리아의 예기치 않은 정치적 상황 전개는 당시 논의 중이던 유럽연합 시민의 '기본권에 대한 헌장'의 제정 필요성을 더욱 강화시키는 계기를 마련했다.

핀란드

핀란드가 다른 국가들과 달리 통합에 적극적이지 않았던 가장 중요한 이유는 소련의 존재 때문이었다. 제정 러시아의 지배를 받던 핀란드는 1917년 러시아 혁명 이후에야 독립할 수 있었다. 그러나 독립 이후에도 인접한 소련의 존재로 인하여 핀란드는 외교·안보 정책에서 언제나 신중하고 중립적인 입장을 취할 수밖에 없었다. 경제적으로는 서유럽과 긴밀한 관계를 유지해 왔지만, 소련과는 1948년 우호, 협력, 상호지원 조약(Treaty on Friendship, Cooperation, and Mutual Assistance)을 맺어 '특별한 관계'를 유지해 왔다. 그 이후 국제 정치에서 핀란드는 중립적인 태도를 유지해 왔다. 핀란드는 제2차 세계대전 이후 미국이 주도한 전후 재건 프로젝트인 마셜 플랜에도 참여하지 않았다. 핀란드가 유럽연합에 참여하게 된 것 역시 소련의 해체라는 국제 정치 질서의 재편에 따른 정치·안보 환경의 변화에 의한 것이었다. 또 한편으로는 핀란드의 유럽연합 가입은 소련 및 중·동유럽 사회주의 정권의 붕괴로 인해 그동안 핀란드가 외부와의 별다른 경쟁 없이 그 지역 시장에서 누려 오던 경제적 혜택 역시 줄어들게 되었기 때문에 이를 보상할 새로운 시장이 필요했던 측면도 있다. 게다가 이웃한 스웨덴이 EU 참여 의사를 1991년 먼저 밝힌 것도 핀란드의 가입 신청에 적지 않은 영향을 주었다. 왜냐하면 스웨덴과 핀란드가 수출하는 상품

중에는 서로 비슷한 품목이 많아, 스웨덴만 유럽연합에 가입하게 되면 핀란드는 상대적인 불이익을 감수해야 했기 때문이다. 핀란드는 1992년 유럽연합 가입을 신청했다.

그러나 유럽연합 가입에 반대하는 이들은 EU 가입이 핀란드의 독립과 주권에 부정적 영향을 미칠 수 있다고 주장했다. 오랫동안 외국의 지배를 받아 왔고, 또 독립 이후에도 소련의 강력한 영향하에 놓여 있던 핀란드에서는 이들의 주장이 나름대로 설득력을 가질 수 있었다. 핀란드의 국민투표는 1994년 10월 16일 오스트리아의 뒤를 이어 실시되었는데, 투표 결과 가입안은 56.9%의 지지를 얻어 통과되었다. 그런데 투표 결과를 보면 도시와 농촌 간에 유럽연합 가입에 대한 찬반 의견이 뚜렷하게 구분되었다. 고등교육을 받은 사무직 근로자들과 젊은 층, 경영자 등 도시 지역에 거주하는 유권자들은 유럽연합 가입을 지지한 반면 농촌 지역에서는 반대의 비율이 높았는데, 유럽연합 가입 후 상대적으로 경쟁력이 강한 다른 회원국가로부터의 수입으로 인해 농업 분야에 피해가 생길 것을 우려했기 때문이었다. 그러나 핀란드가 유럽 통합을 바라보는 시각은 전반적으로 볼 때 경제 통합보다는 외교 및 안보의 차원이 강조되고 있다. 주요 정당들 역시 유럽 통합을 적극적으로 지지하고 있어 가입 이후에도 유럽 통합이 국내 정치의 주요 쟁점으로 부상하고 있지는 않다.

스웨덴

스웨덴 역시 동서 냉전 시대에 동서 진영 어느 쪽에도 가담하지 않는 비동맹 중립 정책을 펴 왔다. 이에 따라 스웨덴은 유럽공동체뿐만 아니라 북대서양조약기구(NATO)에도 가입하지 않았다. 그러나 유럽경제협력기구(OEEC)와 유럽평의회에는 창립 회원국으로 참여하였다. 1972년 이웃한 덴마크와 노르웨이가 EC 가입을 위한 국민투표를 실시하였지만, 1980년대 후반까지 유럽공동체 문제에 관한 한 스웨덴 정치권에서는 가입하지 않는다는 합의가 이루어져 있었다. 그러나 1980년대 후반에 들어서면서 발생한 중·동유럽 사회주의 정권의 붕괴는 오스트리아나 핀란드와 마찬가지로 스웨덴의 유럽연합 정책에 변화를 가져왔다.

유럽연합 가입 문제는 여론을 찬반 양론으로 갈라 놓았고 스웨덴은 국내 정치적으로 매우 큰 진통을 겪게 되었다. 실제로 1990년 이후 스웨덴에서 일어난 정치적 갈등은 EU 가입을 둘러싼 것이었다. 스웨덴은 제2차 세계대전에 직접 관여되지 않아 전쟁이 끝난 후 다른 유럽국가들에 비해 경제적 인프라나 생산 설비의 상태가 우월했다. 더욱이 전후 재건을 위한 경제 활동이 활발해지면서 스웨덴은 서독이나 영국 등에 많은 물자를 수출할 수 있었다. 그러나 1980년대에 들어서면서 스웨덴은 복지 국가의 위기와 함께 경제적으로 어려움을 겪게 되었다. 장기 집권해 온 사민당이 1991년 선거에서 칼 빌트(C. Bildt)가 이끄는 우파 연합에 패배한 것도 1980년대 후반부터 나타난 스웨덴 경제의 침체와 관련이 있다. 스웨덴은 유럽연합 가입이 이러한 경제적 곤경에서 벗어날 수 있는 좋은 기회가 될 것으로 보았다. 주요 정당들은 대체로 EU 가입을 지지하는 입장이었다. 그러나 EU 가입 이슈는 이념적 갈등을 넘는 새로운 균열 구조였으며, 한 정당 내에서도 찬반 양론이 팽팽하게 대립하는 경우가 적지 않았다. 가입을 추진한 것은 우파 연립 정부였지만 야당이었던 사민당 역시 이 이슈에 대해서는 매우 조심스러운 태도를 보였다.

스웨덴에서 EU가입에 대한 찬반 여론이 팽팽하게 맞섰기 때문에 스웨덴 정부는 가입이 확실시되는 오스트리아와 핀란드에서 먼저 국민투표를 실시하여 가입이 결정되면, 이웃한 국가의 결정에 스웨덴 국민이 영향을 받도록 함으로써 가입을 추진하는 전략을 펼쳤다. 즉 일종의 밴드웨곤 효과(bandwagon effects) 혹은 도미노 전략을 추진한 셈이다. 이에 따라 1994

년 6월 오스트리아가 처음 국민투표를 실시하여 가입이 승인되었고, 10월
에 핀란드에서 가입안이 승인되었다. 스웨덴은 이웃 국가인 핀란드의 국민
투표 실시 후 한 달이 채 안된 11월 13일 국민투표를 실시하였고, 52.3%의
지지라는 비교적 낮은 비율로 EU 가입이 승인되었다.

이처럼 스웨덴에서 유럽연합 가입 반대 여론이 높았던 것은 역시 주권
침해의 가능성에 대한 우려 때문이었다. 스웨덴은 초국가적 기구로의 통합
심화에 대해서는 일관되게 반대의 입장을 취하고 있다. 예컨대, 스웨덴은
여전히 유로화에 가입하지 않고 있다. 또한 공동 외교 안보 정책이 초국가
적 형태로 발전해 나가는 데 대해서도 큰 거부감을 갖고 있다. 독자적인 외
교정책에 의해 제2차 세계대전의 참화에서 벗어날 수 있었고 동서 냉전 상
황에서도 국제 정치적 갈등에 개입되지 않았던 스웨덴의 역사적 경험이 미
친 영향일 것이다. EU 가입과 무관하게 스웨덴은 여전히 NATO에도 불참
하고 있다.

주

1) A. Peyrefitte, 1994, *C'était de Gaulle*. Paris: Fayard, p.159. 여기서는 Richard Balme and Cornelia Woll 2005. "France: Between Integration and National Sovereignty", in Simon Bulmer and Christain Lequesne(eds.) *The Member States of the European Union*. Oxford: Oxford University Press, p. 98.
2) Jolyon Howorth. 1994. "Foreign and Defence Policy: From Independence to Interdependence," in Hall, Hayward and Machin(eds.). *Developments in French Politics*. Revised edition. London: Macmillan, p.207.
3) Christian Lequesne, 1996, "France" in Rometsch and Wessels(eds.) *The European Union and Member States: Towards Institutional Fusions?* Manchester: Manchester University Press, pp.185-6.
4) Joylon Howorth, 1994. "Foreign and Defence Policy: From Independence to Interdependence", p.211.
5) Christian Lequesne, 1996, "France", pp.186-195.
6) 아데나워의 기민당이 추진한 ECSC에 대해 사민당이 반대하였고, 1957년의 EEC 회원 가입 문제에

대해서는 기민 · 기사당과 사민당이 모두 찬성한 반면 자민당(FDP)이 반대표를 던졌다. 단일유럽의 정서(SEA)와 마스트리히트 조약에 대해서는 연방의회의 '전통적 주요 정당(CDU-CSU, SPD, FDP)' 은 모두 찬성한 반면, 녹색당은 기권하였고, 옛 동독 공산당의 후신인 PDS는 마스트리히트 조약에 대해 반대하였다.

Dietrich Rometsch, 1996, "The Federal Republic of Germany," in Rometsch and Wessels(eds) *The European Union and Member States*, pp.66-7; 101-2.

7) Erik Jones, 2005, "The Benelux Countries: Identity and Self-Interest," in Simon Bulmer and Christian Lequesne(eds.) *The Member States of the European Union.* Oxford: Oxford University Press, p.168.

8) 이 표현에 대한 처칠의 본의는 분명치 않다. 처칠은 후에 자신이 한 말은 진지한 제안이라기보다 실제로는 당시 흔들리고 있던 프랑스 정부가 독일을 상대로 전쟁을 계속하도록 설득하려는 호소였다고 해명한 바 있다. Derek Urwin, 1997, *A Political History of Western Europe.* 5th edition. London: Longman, p. 17.

9) John Peterson, 1997, "Britain, Europe and the World," in Dunleavy, Gamble, Holliday and Peele (eds). *Developments in British Politics* 5. London: Macmillan, p. 20.

10) 제2차 세계대전이 발발한 후 에스파냐는 중립국을 선언했지만 이듬해 비 교전국으로 입장을 바꾸고 독일 중심의 추축국을 지지하였다. 히틀러나 무솔리니와 참전 회담을 갖기도 했다. 전쟁 후반이던 1943년 10월 다시 중립국으로 입장을 바꿨으며 직접 전쟁에 참전하여 연합군과 직접 교전하지는 않았다. 그러나 친 추축국 입장으로 인해 1945년 7월 포츠담 회담에서 연합군 지도자들은 프랑코의 에스파냐에 반대하는 성명을 채택했으며 이는 1946년 12월 유엔총회에서 프랑코 체제에 대한 비판 성명과 유엔 회원국들이 에스파냐에서 대사관을 철수하기로 하는 결의로 이어진다. 이후 에스파냐는 국제무대에서 고립되었다.

유럽 통합과 국민 국가 II:
동유럽/지중해권 확대 12개국과 대기국

"유럽연합의 가입은 경제적인 성장과 풍요라는 물질적 기대감과 함께 '유럽으로의 복귀' 라는 매우 문화적이며 상징적인 의미를 내포하고 있는 것이다"

유럽연합이 동유럽으로 확대된 것은 과거 냉전 시대에 동서 진영으로 분리되어 있던 유럽이 다시 하나로 결합되었다는 의미를 지닌다. 2004년 가입한 10개국에 이어 2007년 불가리아와 루마니아가 가입함으로써 동유럽 사회주의권이 붕괴된 이후 약 17년 만에 과거 바르샤바 조약 기구에 소속되어 있던 동유럽 국가들은 유럽연합에 회원국으로 가입하게 된 것이다. 이들 국가가 북대서양조약기구(NATO)에 가입한 것이 러시아라는 잠재적 위협으로부터의 집단적인 안보를 추구한 것이라면, 유럽연합의 가입은 경제적인 성장과 풍요라는 물질적 기대감과 함께 '유럽으로의 복귀'라는 매우 문화적이며 상징적인 의미를 동시에 내포하고 있는 것이다.

그러나 유럽연합의 가입은 동유럽 각국의 국내 비준 과정에서 드러났듯이 외부 세력에 의해 국가 주권을 침해 당한 역사적 경험으로 인해 적지 않은 갈등을 불러오기도 했다. 즉, EU라는 초국가기구가 개별 국가의 정체성이나 주권을 침해할 수도 있을 것이라는 우려가 제기되었고, 이로 인해 일부 국가에서는 유럽연합 가입을 두고 치열한 정치적 논쟁이 벌어지기도 했

표 9. 동유럽/지중해권 국가의 유럽연합 가입 국민투표 결과

회원국	투표율	찬성	반대	투표 일자
체코	55	77.3	22.6	2003년 6월 15~16일
헝가리	45.6	83.7	16.4	2003년 4월 12일
폴란드	58.9	77.5	22.5	2003년 6월 8일
슬로바키아	52.1	92.5	6.2	2003년 5월 16~17일
라트비아	72	67	33	2003년 9월 20일
에스토니아	63	67	33	2003년 9월 14일
리투아니아	65	91	9	2003년 5월 10~11일
슬로베니아	60	89.6	10.4	2003년 3월 23일
몰타	91	53.6	46.4	2003년 3월 8일
불가리아 루마니아 키프로스	국민투표 거치지 않고 의회 비준으로 결정			

자료: Michelle Cini. 2007. *European Union Politics.* 2nd edition. Oxford: Oxford University Press, p.430.

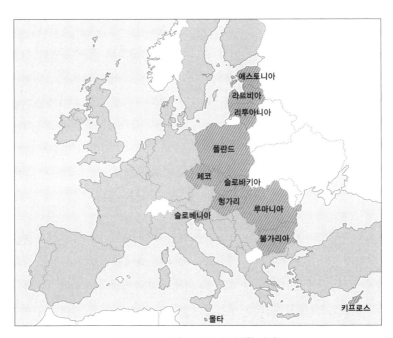

지도 5. 동유럽/지중해권 유럽연합 가입국

다.

동유럽/지중해 12개국의 가입으로 27개국이 된 EU는 구 유고슬라비아 연방의 일부 국가와 터키를 제외한 전 유럽을 관장하는 거대한 초국가적 기구가 되었다. 그러나 이것으로 유럽연합의 확대가 끝이 난 것은 아니다. 터키, 크로아티아를 비롯한 일부 국가는 현재 협상이 진행 중이며, 세계적인 경제위기 속에 큰 타격을 입은 아이슬란드가 가입 의사를 밝혔다. 그런 점에서 유럽연합의 확대는 여전히 진행형이다.

2004년 가입국

체코(Czech Republic)

체코는 사회주의권 붕괴 직후인 1989년 11월 벨벳 혁명(Velvet Revolution)과 함께 민주화를 이뤘다. 이전에는 체코슬로바키아(Czechoslovakia)로 불렸지만 1993년 슬로바키아가 평화적으로 분리되어 나간 이후 체코 공화국이 되었다. 체코는 동구 사회주의권에서 산업 기술 수준이나 경제력에서 상대적으로 앞선 위치에 있었으며, 민주화 이후에도 안정적인 경제 성장을 보였다. 체코는 1995년 OECD에 가입했으며 1999년에는 NATO에, 그리고 2004년 5월 1일 유럽연합에 가입했다.

체코 사람들은 언제나 자신들이 유럽의 중심(the heart of Europe)이라고 생각해 왔다. 실제로 유럽 지도를 펼쳐보면 체코는 전체 유럽의 중심부에 위치해 있다. 따라서 체코 사람들은 체코가 유럽연합에 가입하는 것은 당연한 일로 간주하고 있었다. 그러나 실제로 유럽연합의 가입한 이후에는 이에 대한 회의적인 시각이 높아졌다. 예를 들면 가입 후 첫 유럽의회 의원 선거였던 2004년 선거에서 체코에 할당된 의석의 70% 정도를 유럽 통합에 부정적인 입장인 정당들이 차지했다.

체코에서 유럽 통합에 부정적인 여론이 높아진 데에는 몇 가지 이유가 있다. 우선 소비에트 통치의 경험으로 인해 외부의 관료 집단이 자국의 일상적인 문제에 개입하는데 대한 거부감이나 의구심이 크기 때문이다. 과거에 그 기구가 모스크바에 있었다면 이제는 브뤼셀이 있다는 것이다. 또 다른 요인은 체코를 포함한 동유럽 국가의 EU 가입에 대한 일부 서유럽 국가 내의 부정적 여론 때문이다. 특히 독일 바이에른 지방에 기반을 두고 있는 우파 정당인 기독사회연맹(Christian Social Union)이나 오스트리아의 극우 정당인 자유당(Freedom Party)은 체코의 유럽연합 가입을 반대하는 운동을 벌이기도 했다. 더욱이 2003년 유럽의회 내의 기독사회연맹 소속 의원들의 회합에서는 체코의 유럽연합 가입에 반대하는 결의를 하기도 행하기도 했다.

국내적으로는 흥미롭게도 체코의 대통령인 바츨라프 클라우스(V. Claus)가 체코의 EU 가입에 대해서 매우 비판적인 입장을 취해 왔다. 내각제 국가인 체코에서 의회 간선으로 선출된 국가 원수인 클라우스 대통령은 유럽연합 가입 비준을 위한 국민투표에서 국민들에게 이를 반대하도록 권했으며, 유럽헌법 제정에 대해서도 분명한 반대의 입장을 취했다. 또한 리스본 조약이 2008년 말까지 체코에서 비준되지 못했던 까닭도 클라우스 대통령이 이 조약이 체코 헌법에 위배된다고 주장한 것과 관련이 있었다. 그러나 2008년 11월 체코 헌법재판소가 리스본 조약이 체코의 헌법에 위배되지 않는다는 결정을 최종적으로 내림으로써 일단 이러한 논란에 종지부를 찍었다.

체코는 2003년 6월 유럽연합 가입을 위한 국민투표를 실시했으며 55%의 투표율에 77.3%의 찬성으로 유럽연합 가입이 승인되었다. 투표 과정에서는 반대파의 목소리도 높았지만 유럽연합 가입을 위한 정부의 적극적인 찬성 캠페인이 비준 획득에 도움을 주었다. 체코는 2009년 상반기 유럽연합의 의장국이 되었으나, 2009년 3월 토폴라넥 총리가 의회 불신임 투표로 사임함으로써 일시적으로 의장국의 기능이 마비되는 등 순탄치 않은 모습을 보여주었다.

헝가리(Hungary)

헝가리는 소련 영향 하에 머물러 있던 때에도 다른 중 · 동구권 국가들과는 다소 다른 역사적 경험을 거쳤다. 1956년에는 자유를 갈구한 헝가리 시민들의 봉기로 일시적으로 바르샤바 조약에서 탈퇴했으나 이는 소련군의 침공을 불렀다. 1968년에는 공산주의 체제하에서도 제한적이나마 자유시장 경제를 허용했다. 또한 헝가리는 중 · 동구권의 붕괴와 관련해서도 중요한 역할을 했는데, 1989년 오스트리아와의 접경 지역을 개방함으로써 동독인들의 대규모 이탈을 지원하기도 했다. 민주화 이후 헝가리는 대체로 무난한 체제 이행의 과정을 거쳤으며 경제적으로도 안정적인 성장을 해 왔다. 1999년에는 NATO에 가입했다.

헝가리는 유럽연합 가입에 대해서 매우 열렬한 지지를 보냈다. 1990년 유로바로미터(Eurobarometer) 조사에서는 헝가리 국민의 81%가 유럽연합 가입을 지지하는 것으로 나타났다. 헝가리는 1994년 3월 유럽연합에 가입을 신청했으며 1998년부터 가입을 위한 준비 회담이 시작되었다. 2003년 4월 12일 실시된 유럽연합 가입을 위한 국민투표에서 83.7%의 찬성으로 참여가 결정되었다. 투표율은 45.6%로 낮은 편이었는데 이는 유럽연합 가입에 대한 부정적 정서의 반영이기보다는 워낙 선거 이전부터 압도적인 지지로 통과가 예상되었기 때문이었다. 헝가리의 모든 정당, 노조, 재계, 교회 등이 유럽연합 가입을 지지하였고 미디어 역시 우호적인 입장을 보였다. 또한 좌초되고 말았지만 유럽헌법에 대해서도 리투아니아에 이어 헝가리는 두 번째로 조속하게 이를 비준하였다. 헝가리 의회에서 실시된 유럽 헌법 비준 표결에서 304 대 9라는 압도적인 지지로 통과되었다. 많은 회원 국가에서 '유럽헌법'에 대한 거부감이 적지 않았지만 헝가리 국민 사이에 서는 유럽 통합에 대한 기대감이 높다는 사실을 알 수 있다. 헝가리 국민들 에게 유럽연합의 가입은 자유로운 이동, 안정 그리고 민주주의와 자유를 상징하는 것으로 받아들여졌으며, 특히 젊은 층과 고학력층에서 높은 지지 를 받았다. 그러나 보다 중요한 점은 유럽연합의 가입은 헝가리가 공산주 의라는 과거 체제로부터의 벗어나게 되었음을 최종적으로 확인해 주는 상 징적인 계기로 받아들여졌다는 것이다.

그러나 헝가리는 2008년 세계적인 경제 위기 속에 재정적 어려움에 빠 지면서 외부의 지원을 요청해야 했다. 유럽연합은 헝가리의 경제 위기 극 복을 위해 모두 125억 유로(€) 규모를 지원하기로 했는데, 이는 1993년 투 기 자본 공격으로 어려움에 빠진 이탈리아에 80억 ECU가 지원된 이래 처 음 있는 회원국에 대한 대규모 재정 지원이다.

폴란드(Poland)

폴란드는 1980년 바웬사(L. Walesa)가 이끄는 자유노조가 공산 체제에 저항했던 역사를 갖고 있으며 1989년 총선을 통해 동유럽에서 제일 먼저 민주화로 이행했던 국가이다. 그러나 민주화 이후의 여러 가지 개혁과 변 화에도 불구하고 폴란드는 경제적으로는 여전히 낙후되어 있는 편이며 부 패 문제나 정치적 불안정, 취약한 보건 체제 등 여러 가지 면에서 적지 않 은 문제점을 지니고 있었다. 또한 인구의 측면에서 폴란드는 동구권 국가 가운데 가장 큰 규모로, 유럽연합 전체를 보아도 독일, 프랑스, 영국, 이탈 리아, 에스파냐 다음인 여섯 번째 규모라는 점에서 사실 EU 입장에서도 부 담이 되는 국가였다. 이로 인해 폴란드는 EU와 까다로운 가입 협상을 벌여야 했으며 가입 조건 충족을 위해 많은 노력을 해야 했다.

유럽연합 가입 문제는 폴란드 내에서도 매우 커다란 정치적 논란을 불러왔다. 여러 세기 동안 외부 세력에 의해 독립이 위태로웠던 폴란드의 역사적 경험이 유럽연합이라는 초국가기구에 가입하는 것을 꺼리게 만드는 중요한 요인 가운데 하나였다. 사실 1795년부터 1918년까지 지도상에 폴란드라는 나라는 존재하지 않았다. 폴란드가 다시 독립한 이후에도 독일의 계속된 침공을 받고 군사적으로 예속되었으며, 제2차 세계대전 이후에는 1989년까지 소련의 지배하에 주권을 제약 받아 왔다. 따라서 국가 주권에 대한 문제는 폴란드에서 정치적으로 매우 예민하게 받아들여질 수밖에 없는 사안이었다. 이 때문에 폴란드에서는 유럽연합보다 NATO 가입이 보다 시급하고 중요한 문제로 간주되었다. 폴란드는 1999년 체코, 헝가리와 함께 동유럽 국가 중 제일 먼저 NATO에 가입하였다. 유럽연합 가입을 앞두고 폴란드에서는 체코에서와 마찬가지로 브뤼셀의 유럽연합 관료 집단이 과거 소련 지배하의 모스크바 크렘린 궁을 대신하여 국가 주권을 원격 조정하는 것이 아니냐는 우려가 높았으며, 폴란드의 정체성이나 주권, 문화적 침해의 가능성에 대한 불안감도 적지 않았다. 경제적으로는 산업 중 농업의 비중이 크다는 점에서 상대적으로 경쟁력 있는 다른 EU 회원국의 농산품 유입이 폴란드 농업을 어렵게 만들지 않을까 하는 의구심도 제기 되었다.

유럽연합 가입과 관련해서 폴란드에서 나타난 흥미로운 점은 종교의 영향이다. 폴란드는 매우 종교적인 국가로 가톨릭 신자가 국민 대다수를 차지하고 있다. 폴란드에서는 유럽연합 가입으로 인한 유럽화 현상(European-ization)이 낙태, 동성애, 이혼, 개방적인 성 등 전통적으로 보수적 입장을 취해 온 사회적 사안에 대해 변화를 강요할 수 있다는 우려가 제기되었다. 유럽연합 가입을 앞둔 무렵에 논의되던 '유럽헌법' 내에 기독교 정신에 대한 명시적인 언급이 없다는 점도 일부 폴란드 인들의 불만을 자아냈다. 그러나 폴란드의 유럽연합 가입에는 가톨릭 교회의 역할이 컸다. 특히 폴란드 출신인 교황 요한 바오로 2세(J. Paulus II 1978~2005)는 폴란드의 유럽연합 가입을 '역사적인 정당성을 갖는 행동(act of historic justice)' 이라고 칭하면서 폴란드가 유럽을 필요로 하는 만큼 유럽도 폴란드를 필요로 한다며 '유럽으로 복귀' 할 것을 강력하게 주문했다. 유럽연합 가입에 대한 바오로 2세의 지지 표명은 폴란드 인들의 유럽연합 가입 비준 국민투표 결과에 상당히 중요한 영향을 미쳤다. 특히 농촌 지역에 거주하는 폴란드 인들의 투표 참여와 가입 지지에 큰 영향을 미쳤다. 2003년 6월 8일 실시된 유럽연합 가입 국민투표에서는 58.9%가 투표에 참여하였고 투표자의 77.5%가 찬성함으로써 가결되었다.

그러나 유럽연합 가입 후에도 주권, 정체성과 관련된 폴란드의 우려는 줄어들지 않아서 리스본 조약을 위한 논의 과정에서 폴란드는 가중 다수결 제도의 개선책에 대해 반대를 굽히지 않음으로써 이 방식의 시행을 2014 년까지 늦추도록 만들었고, 법적인 구속력을 갖게 된 유럽 시민의 정치, 경제, 사회적 권리를 규정한 '기본권 헌장' 에 대해서도 영국과 함께 선택적 탈퇴를 인정받았다. 그러나 2008년 4월 폴란드 의회는 리스본 조약을 비준 하였다.

슬로바키아(Slovakia)

슬로바키아는 동구권의 붕괴 이후 1993년 체코슬로바키아에서 분리하여 독립 국가가 되었다. 1990년대까지 슬로바키아는 이웃한 체코나 폴란드, 헝가리보다 여러 가지로 뒤쳐져 보였다. 이들 3개국은 1999년 NATO에 가입하였고, 1997년 7년 유럽연합 집행위원회는 헝가리, 폴란드, 체코, 에스토니아, 슬로베니아 등 5개국을 우선 협상 대상국으로 선정했다. 1990

년대 슬로바키아는 미국이나 유럽연합으로부터 냉대를 받았던 것이다. 그 이유는 당시 슬로바키아의 총리였던 블라디미르 메치아르(V. Meciar) 때문 이었다. 그는 체코슬로바키아에서 슬로바키아를 분리 독립시킨 지도자였 지만, 권위주의적이며 극우적인 민족주의적 색채를 띄고 있었기 때문에 유 럽연합이나 미국은 그를 위험하고 무자비한 포퓰리스트(Populist) 정치인 으로 간주했다. 이 때문에 그가 집권하고 있는 한 슬로바키아가 NATO나 유럽연합에 가입할 가능성은 희박했다. 1998년 선거에서 그가 패배하고 난 이후에 슬로바키아는 국제 사회에 다시 참여할 수 있었다. 2004년 3월 슬로바키아는 NATO에 가입하였고 그 해 5월 유럽연합에 가입했다. 이웃 한 다른 나라들에 비해서 매우 신속하고 과감한 조치로 인해 가입 협상은 늦게 출발했지만 그들과 동시에 가입할 수 있었다. 슬로바키아는 메치아르 의 퇴진 이후 과감한 민영화와 낮은 세율 등 재계에 우호적인 정책으로 많 은 외국 자본을 유치하기도 했다. 한국의 기아자동차도 슬로바키아에 공장 을 건설했다.

2003년 5월 16~17일 유럽연합 가입을 위한 국민투표가 실시되었는데 투표율은 52.1%로 그다지 높다고 보기는 어렵지만 찬성의 비율은 무려 92.5%에 달했다. 슬로바키아는 유럽 통합에 매우 우호적이어서 체코나 폴 란드에서 보듯이 상황에 따라 큰 폭으로 변화하지 않았다. 이로 인해 유럽 이슈는 슬로바키아 정치에서 갈등의 요인이 되고 있지 않다. 주요 정당들 은 모두 유럽 통합에 대해 긍정적인 태도를 보이고 있다. 예를 들면 리스본 조약에 대해서 슬로바키아에서는 2008년 4월 의회에서 압도적인 찬성으 로 이를 가결하였다. 2009년 1월 1일부터는 유로권의 17번째 국가로 공식 적으로 가입하였다. 이는 중·동유럽의 신규 회원 국가 중에서는 슬로베니 아에 이어 두 번째 가입으로, 폴란드나 체코, 헝가리보다 앞선 가입이기도 하다. 유럽연합에서 요구한 단일 통화 가입을 위한 엄격한 조건을 충족시킬 만큼 통화 정책이나 재정 운용에 있어서 이웃한 국가들에 비해 안정적인 모습을 보인 결과라고 할 수 있다.

슬로베니아(Slovenia)

슬로베니아는 과거 유고슬라비아에 속해 있었으나 1991년 분리하여 독립 국가가 되었다. 슬로베니아는 인구 규모가 200만 명 정도에 불과한 작은 나라로 과거 유고슬라비아의 북쪽에 자리잡고 있다. 이전부터 경제적으로 앞서 있었으며 유럽연합 가입 과정에서는 정치적으로나 경제적으로 가입 조건을 가장 충실히 이행한 국가로 평가 받고 있다. 경제적으로도 2004년 이후 가입한 국가 가운데 키프로스와 함께 가장 부유한 국가로 유럽연합 국가의 평균 소득 수준에 거의 인접해 있다. 또한 유럽 통합에 대한 국민들의 지지도가 높고 주요 정당들도 유럽연합에 우호적인 입장이어서 중·동구/지중해권 신규 가입 국가 중 매우 모범적인 국가라고 할 수 있다.

슬로베니아는 2003년 3월 유럽연합과 NATO 가입을 위한 국민투표를 동시에 실시하였는데, 2004년 가입 예정국 가운데서는 몰타 다음인 두 번째로 국민투표를 실시했다. 근소하게 가입이 승인된 몰타와는 달리 슬로베니아에서는 압도적인 지지로 유럽연합 가입이 확정되었다. 국민투표 결과 유럽연합 가입 건에 대해서는 투표자의 89.6%가 찬성을 나타냈으며 NATO 가입 건에 대해서는 66%가 지지 의사를 표명했다. 투표율은 60.4%였다. 사실 국민투표를 앞두고 유럽연합 가입에 대해서는 낙관론이 우세했으나 NATO 가입에 대해서는 부결될 가능성에 대한 우려가 높았다. 당시 미국의 이라크 전쟁에 대해서 80%의 슬로베니아 인들이 반대를 표명했기 때문이다. 그러나 유럽연합과 NATO의 가입으로 슬로베니아는 동구권 사회주의의 붕괴와 유고슬라비아 연방의 분열 이후 진행되어 온 변화의 과정을 일단락 지은 셈이 되었다. 더욱이 슬로베니아는 동유럽 가입국 중에 처

음으로 2007년 1월부터 유로권에 가입하였으며, 2008년 상반기에는 중·
동유럽/지중해권 가입국 중에서 처음으로 유럽이사회의 의장직을 맡기도
했다. 그러나 슬로베니아는 2008년 12월 과거 유고슬라비아의 또 다른 연
방이었던 크로아티아와의 국경 분쟁으로 인해 크로아티아의 유럽연합 가
입을 위한 협상의 진전을 막겠다는 뜻을 밝혀 크로아티아와 마찰을 빚기도
했다.

에스토니아(Estonia)

라트비아, 리투아니아와 함께 발틱 해에 위치해 있는 에스토니아는 가장
북쪽에 위치해 있으며 바다를 두고 핀란드에 인접해 있다. 국토의 크기는
네덜란드와 비슷하지만 인구는 140만 명에 불과한 매우 작은 나라이다. 역
사적으로는 오랫동안 스칸디나비아, 독일, 러시아의 지배를 받아 왔다.
1918년 독립을 선언했지만 1940년 소련이 속국으로 만들었고 1941년에는
독일군의 지배를 받았다. 제2차 세계대전 말인 1944년부터는 다시 소련의
영토가 되었으며 1991년 소비에트 연방의 붕괴와 함께 소련으로부터 벗어
나 독립 국가가 되었다.

독립 이후 경제적으로 빠르게 성장했으며 낮은 임금과 저율의 세금 등으
로 특히 이웃한 핀란드나 스웨덴으로부터 많은 투자를 받았다. 독립 이후
대외 관계에서 에스토니아의 가장 큰 관심은 러시아의 영향에서 벗어나는
것이었다. 경제적으로는 이미 1992년 러시아 루블화에 대한 연동 관계를
끊고 독일 마르크화를 자국 화폐로 기준율을 삼았으며, 1999년부터는 유
로화를 자국 화폐 교환율의 기준으로 삼고 있다. 안보와 관련해서는 2004
년 NATO에 가입했는데 이 사안은 국내정치적으로 쟁점이 되지 않아 국민
투표를 거치지 않고 결정했다.

에스토니아는 1995년에 유럽연합에 가입을 신청했으며, 1997년 코펜하

겐 유럽이사회에서 결정한 우선 협상 대상국 중 하나였다. 유럽연합 가입에 대한 고려 역시 러시아에 대한 의존에서 벗어나 유럽 국가와의 관계를 강화하겠다는 목적에서 추진되었다. 그러나 폴란드 등 주권을 상실했던 역사적 경험이 있는 국가에서 나타나는 것처럼 에스토니아에서도 유럽연합 가입을 앞두고 이것이 에스토니아의 주권의 침해할 수 있다는 우려가 적지 않았다. 이로 인해 국민투표는 찬성과 반대 입장 사이에 매우 치열한 논쟁이 전개되었다. 초반에는 유럽연합 가입에 대한 우려의 목소리가 더욱 높았다. 그러나 2003년 9월 실시된 유럽연합 가입 국민투표에서는 67%가 찬성함으로써 최종 확정되었다. 투표율은 63%였다. 주권 침해의 우려에도 불구하고 에스토니아와 같은 작은 나라는 유럽연합이 아니면 러시아에 의존할 수밖에 없다는 현실적인 고려가 반영되었으며, 국민투표 결과는 에스토니아가 러시아의 영향권에서 벗어나게 되었음을 확인하는 기회가 되었다. 에스토니아는 2007년 유로화 가입을 목표로 했지만 높은 인플레를 잡지 못해 일단 가입이 연기되었다. 리스본 조약은 2008년 6월 의회에서 압도적 지지로 가결되었다.

라트비아(Latvia)

라트비아의 역사 역시 에스토니아와 비슷하다. 1918년까지 러시아 제국의 영토였다가 1920년 독립 국가가 되었다. 그러나 1940년 소련에 의해 다시 병합되었고 이듬해에는 히틀러의 독일에 지배를 당했다. 제2차 세계대전 말인 1944년부터는 다시 소련의 지배하에 들어가게 되었다. 이후 1991년 소비에트 연방 해체로 다시 독립 국가가 되었다. 역사적으로 라트비아 역시 에스토니아 못지 않게 러시아와의 관계가 대외 관계와 국가 정체성에 중요한 요인이 되고 있다. 그런데 라트비아에서는 140만 명 가량의 전체 인구 중 40% 이상이 러시아계이기 때문에 '정체성'의 정치는 내부 갈등의 요인이 되고 있다. 라트비아는 라트비아 어 시험을 통과해야만 시민권을 부여하고, 학교에서도 러시아 어를 쓰지 못하도록 함으로써 러시아계 주민들의 반발을 사고 있다. 러시아계 주민들은 라트비아의 이런 정책에 대해 유럽평의회에 인권 침해로 제소하기도 했다.

라트비아는 독립 이후 비교적 빠른 경제 성장을 이뤘으며 특히 2000년 이후에는 연평균 8.4%라는 매우 높은 성장률을 보이면서 과거 동아시아의 고속 성장에 빗대 '발틱 호랑이(Baltic Tiger)' 라고도 불렸다. 그러나 2008년 세계를 휩쓴 금융 위기에 큰 타격을 받아 매우 심각한 어려움에 직면해 있다.

라트비아 역시 유럽연합 가입으로 인한 주권 제약, 문화와 정체성의 침해에 대한 우려가 적지 않았다. 그러나 2003년 9월 유럽연합 가입을 위한 국민투표에서는 투표자의 67%가 찬성함으로써 가결되었다. 투표율도 상대적으로 높은 72.5%에 달했다. 그러나 러시아와의 관계 강화를 선호하는 러시아 계 라트비아 인들은 유럽연합 가입에 대해 상대적으로 소극적인 태도를 취했다. 유럽연합 관련 이슈에 대해 일반 국민들의 반응은 상황에 따라 변화하는 모습을 보이지만 주요 정당들이 대체로 일관되게 긍정적인 태도를 취하고 있다. 리스본 조약 역시 2008년 5월 의회에서 압도적인 지지로 통과되었다. 그러나 정치적으로는 그다지 안정적이지 않아 내각이 자주 교체되고 있으며 부패 문제도 자주 거론되고 있다. 라트비아 역시 2004년 NATO에 가입했다.

리투아니아(Lithuania)

리투아니아의 인구는 340만 명으로 발틱 3개국 중에서는 가장 인구 수가 많다. 리투아니아는 역사적으로 러시아, 독일, 폴란드의 영향하에 놓여 있었고 1918년 독립 국가가 되었다. 그러나 다른 발틱 국가처럼 1940년 소련이 강제로 복속시켰다. 제2차 세계대전 중 독일의 지배를 받았고 1944년 다시 소련의 영토로 편입되었다. 1940년부터 1944년 사이에 약 78만 명의 리투아니아 인들이 독일과 소련에 의해 살해되거나 쫓겨 나가야 했다. 1980년대 소련 내부의 변화와 함께 리투아니아는 1990년 3월 11일 소련연방 국가 중 처음으로 독립을 선언했고 소련은 무력으로 이를 저지하려 했으나 실패했다. 리투아니아의 독립 선언은 다른 국가들로 이어졌고 결국 소련연방의 해체를 가져왔다. 이런 역사적 경험으로 인해 리투아니아는 러시아에 대해 매우 강경한 노선을 취하고 있다. 리투아니아는 2008년 11월 유럽연합이 러시아와 관계 개선을 위한 협상을 재개하고자 할 때 러시아 군의 그루지아 침공을 거론하며 러시아와의 협상 재개를 비판한 유일한 회원국이었다. 2004년에는 대통령 선거 때 러시아 마피아의 자금을 받았다는 이유로 롤란다스 팍사스(R. Paksas) 대통령이 의회에서 탄핵되기도 했다.

리투아니아는 1994년 1월 발틱 국가 중 처음으로 NATO 가입을 신청했고 2004년 회원국이 되었다. 유럽연합의 가입 역시 러시아의 영향권에서 벗어날 수 있다는 점에서 매우 중요한 의미를 지니고 있었다. 이 때문에 폴란드 등 다른 국가에서 제기된 것과 같은 주권 침해 등의 논란은 그다지 크지 않았다. 2003년 5월 실시한 유럽연합 가입 국민투표는 91%의 절대적 지지로 확정되었다. 투표율은 65%였다. 또한 리투아니아는 각국에서 승인을 얻는데 어려움을 겪은 '유럽헌법'에 대해서도 회원국 중 처음으로 이에 대한 비준을 마쳤다. 이웃한 폴란드의 영향으로 가톨릭이 강한 편이며 인구 구성에서도 8~9% 정도의 폴란드계 주민과 비슷한 규모의 러시아계 주민이 있다. 독립 이후 꾸준한 개혁으로 경제적으로 빠르게 성장해 왔으며 유럽연합 가입 이후에도 2008년 후반의 경제위기 이전까지 연평균 7~8% 대의 고속 성장을 거듭해 왔다.

키프로스(Cyprus)

　지중해 동편의 터키 남쪽에 위치한 키프로스는 과거 영국 식민지였으며 1960년 독립했다. 작은 섬이지만 북부 지방의 터키계 주민과 남부 지방의 그리스계 주민 간의 갈등이 심각하다. 1974년에는 당시 그리스 군사 정권이 키프로스 내 그리스계 주민의 군사 쿠데타를 부추겨 키프로스를 그리스에 병합하려는 시도가 있었고 이로 인해 터키 군이 키프로스에 침공하여 그리스계 주민을 북부 지방에서 몰아내고 오늘날까지 계속해서 주둔하고 있다. 그 이후 북부와 남부는 사실상 별개의 국가처럼 통치되고 있으며 그 중간의 완충지대를 유엔군이 관장하고 있다. 북부 지방은 '북부 키프로스 터키 공화국(Turkish Republic of Northern Cyprus)'라는 이름으로 독립을 선언하였지만 터키만이 이를 인정하고 있다. 따라서 키프로스의 유럽연합 가입은 키프로스뿐만 아니라 그리스와 터키의 이해관계가 밀접하게 관련되어 있는 사안이었다.

　키프로스는 1974년에 이미 EEC와 준회원 협정을 맺고 있었다. 경제적으로도 중 · 동유럽/지중해권 국가 중에서 가장 앞서 있었기 때문에 키프로스의 가입이 지연되고 논란의 대상이 되었던 것은 경제적 수준 때문이 아니라 키프로스 내부 사회의 분열 때문이었다. 그러나 1999년 12월 헬싱키에서 열린 유럽이사회에서 키프로스의 내부 문제 해결이 유럽연합 가입의 전제 조건이 아니라는 점을 확정했다. 남부 그리스계 주민을 대표하며 국제적으로 승인을 받은 키프로스 공화국(Republic of Cyprus)만이 가입하더라도 이를 용인하겠다고 밝힌 것이다. 이로써 키프로스 가입의 중요한 걸림돌이 해결되었다. 이렇게 된 것은 그리스가 키프로스를 유럽연합의 신규 회원 국가에 포함시키지 않는다면 어떤 형태의 EU 확대에도 반대하겠다고 강경하게 버텼기 때문이었다. 그러나 유럽이사회에서는 동시에 키프로스 가입에 대한 터키의 불만을 달래기 위해 터키가 유럽연합 가입 후보국이라는 점을 동시에 확인했다.

키프로스는 2003년 7월 신규 가입 예정국 가운데 유일하게 국민투표에 의하지 않고 의회 표결을 통해 유럽연합 가입을 결정했다. 그러나 터키계 주민이 거주하고 있는 북부 지방에는 사실상 유럽연합의 법규나 혜택은 적용되지 않고 있다. 키프로스의 유럽연합 가입은 터키의 가입에 보다 큰 어려움을 주게 되었다. 현재 터키는 키프로스 공화국을 인정하지 않고 있으며 통상이나 왕래에도 제약이 있기 때문에 회원국 간 자유로운 교역과 왕래를 규정한 유럽연합의 법규와 마찰을 빚고 있기 때문이다.

몰타(Malta)

지중해 남단 이탈리아의 시실리 섬 남쪽에 위치하는 몰타는 인구가 40만 명 정도로 룩셈부르크와 함께 유럽연합에서 가장 작은 회원국이다. 과거 영국 식민지였으며 1964년 독립국이 되었다. 몰타의 유럽연합 가입 과정은 국내 정치적 이유로 무척 복잡했다. 몰타는 1990년 국민당이 집권하면서 EU 가입을 신청했으나 당시 야당이던 노동당은 EU 가입에 반대했으며 실제로 1996년 집권하자 가입 신청을 철회했다. 2년 후인 1998년 국민당이 다시 집권하면서 EU 가입 신청을 복원시켰다. 유럽연합 집행위원회는 1997년 12월 동유럽 1차 협상 5개국과 키프로스에 대한 협상과 동시에 몰타에 대한 협상 개시도 가능하다고 유럽이사회에 보고했다.

2002년 말까지 몰타는 가입 협상을 종료했고 2004년 가입이 확정되었다. 그러나 오히려 문제는 국내 정치적인 것이었다. 노동당이 여전히 EU 가입을 반대했다. 2003년 3월 국민투표에서 53.6%의 찬성으로 가입이 확정되었다. 그러나 노동당은 총선에서 승리하는 것이 진정한 민의를 반영한다고 주장하며 국민투표의 결과를 수용하지 않았다. 2004년 4월 총선에서 친 EU 입장을 취하는 국민당이 압승을 하며 재집권하게 되면서 몰타의 EU

가입 문제는 오랜 진통 끝에 최종적으로 확정되었다. 몰타는 2008년 1월부터 유로화에도 가입하였다.

2007년 가입국

불가리아(Bulgaria)

불가리아는 1990년 공산당 일당 지배 체제에서 벗어나 자유로운 총선을 실시했다. 민주화 이후 경제적으로 꾸준히 성장해 왔지만 동구권 가입 국가 중에서 가장 빈곤한 국가로 국민소득은 EU 평균의 33% 수준에 머물고 있다. 체코, 헝가리 등 먼저 협상이 시작된 나라는 물론이고, 같은 시기에 가입 협상을 시작한 라트비아, 슬로바키아, 리투아니아 등이 모두 2004년에 가입한 것에 비해서 불가리아와 루마니아는 가입이 3년이나 늦춰졌다. 이렇게 된 것은 이들 두 국가가 민주주의, 법의 지배, 시장 경제, EU 법규의 준수 및 수렴 능력 등의 코펜하겐 기준을 충족하지 못했기 때문이다.

불가리아가 유럽연합에 가입하는데 있어 걸림돌이 되었던 것은 무엇보다 만연한 부패와 투명하지 못한 사법, 경찰 분야가 문제가 되었다. 예를들면, 2005년 4월 유럽의회가 불가리아의 가입에 대한 표결을 실시하려고 했을 때, 일부 의원들은 집행위원회가 불가리아에 대한 다음 번 보고서를 제출할 때까지 표결을 연기하자고 주장했다. 불가리아의 경제, 사회적 상황에 여전히 문제가 많기 때문에 개혁의 진전 정도를 평가한 후 가입 승인을 결정하자는 것이었다. 결국 유럽의회는 가입 승인 결정을 내렸지만 동시에 유럽의회 의원들은 불가리아가 전 분야에서 투명성을 최대로 높여야 하고, 반(反)부패 정책을 강력하게 전개해야 하며, 특히 조직 범죄, 부패, 마약, 인신매매 등에 대한 경찰의 조직적 대응력을 강화해야 한다고 주문했다.

사실 이런 요구는 다른 회원국의 가입을 위한 논의 과정에서는 별로 제기되지 않았던 사항이다. 이런 이유로 불가리아는 가입과 함께 일곱 가지 시급하게 해결해야 할 과제를 집행위원회로부터 부여 받았다.

불가리아는 가입 이후에도 유럽연합 집행위원회가 정책 집행의 투명성과 부패 방지, 범죄 예방 등에 대해 감시, 감독을 행하고 있다. 특히 유럽연합에서 지원한 기금이 적절하게 관리ㆍ사용되고 있는지 주목해 왔다. 2008년 EU 집행위원회는 불가리아에 지원한 기금의 일부 금액에 대해 투명하지 못한 집행을 이유로 하여 그 기금의 사용을 일시적으로 중단시켰으며 일부 지원금은 회수해 가기도 했다. 또한 유럽연합 가입에도 불구하고 불가리아는 내무ㆍ사법 분야에서의 협력에는 참여가 당분간 제한되었다. 불가리아에서의 경찰, 사법 분야의 개혁이 만족할 만한 수준으로 이뤄지지 않는 한 불가리아에서 이뤄진 사법적 판단은 다른 회원국에서 인정을 받지 못하게 된 것이다. 또한 불가리아는 회원국 간 국경 관리의 폐지를 규정한 셴겐 조약에도 가입하지 못한 상태이다. 불가리아와 루마니아가 2007년 유럽연합에 가입한 것은 이들 국가의 전반적인 수준이 EU가 요구한 조건에 대해 만족할 만한 수준에 도달했기 때문이기보다는 이미 가입이 결정된 상황에서 이들 국가의 개혁 추진을 위해서는 가입을 지연시키기보다 가입후 감시, 감독을 강화하는 것이 보다 낫다는 정치적 판단이 작용한 때문이다. 불가리아는 2004년에 NATO에 가입했다.

루마니아(Romania)

루마니아는 1947년 소련 점령하에 왕조를 폐지하고 공산 체제가 들어섰다. 1965년부터는 차우체스쿠(N. Ceauşescu)가 1989년 12월 크리스마스날 공개 처형될 때까지 34년간 루마니아를 독재적인 방식으로 지배해 왔다. 이후 루마니아에서 민주화가 진행되어 왔지만 차우체스쿠의 지배 기간

이 워낙 길었던 탓에 그 후유증은 계속되고 있다. 민주화 이후 루마니아는 '서방'과의 관계 개선에 힘을 기울여 1993년 유럽연합에 가입을 신청했고 1995년 준회원국이 되었다. 2004년에는 NATO에도 가입했다.

루마니아 역시 불가리아처럼 다른 동구권 국가에 비해 가입이 다소 뒤쳐졌다. 경제적인 낙후가 중요한 원인 중 하나였다. 그러나 불가리아만큼 심각한 수준은 아니지만 부패 문제 역시 주된 걸림돌이었으며 언론 자유의 문제도 지적되었다. 루마니아 역시 불가리아처럼 유럽연합 가입 시 집행위원회로부터 지방정부의 부패 해결 등 조속히 해결해야 할 네 가지 과제를 부여 받았다.

루마니아의 인구는 2,200만 명으로 유럽연합 내에서 일곱 번째로 큰 규모이다. 그러나 민주화 이후 약 200만 명에 가까운 인구가 해외로 빠져 나가 매우 심각한 두뇌 유출을 겪고 있으며 노동력의 부족 현상도 나타나고 있다. 이런 현상은 또 한편으로는 루마니아의 유럽연합 가입이 보다 부유한 국가로의 대규모 인구 이동으로 이어지지 않을까 하는 주변 회원국의 우려를 자아내기도 했다.

루마니아와 불가리아의 가입으로 중·동유럽/지중해 12개국을 향한 유럽연합의 확대는 일단락 되었다. 이로써 알바니아를 제외하고 구 소련연방에 속하지 않은 바르샤바 조약 기구의 회원국들은 모두 유럽연합의 회원국이 되었다. 냉전으로 갈라졌던 유럽이 다시 하나의 유럽으로 결속한 것이다. 여기에 구 소련 연방에 속해 있던 발틱 해의 3개국이 추가로 참여하게 되었다. 이제 남은 국가는 알바니아와 발칸반도 서쪽의 구 유고슬라비아 연방의 일부 국가, 그리고 터키 등이다. 터키와 구 유고슬라비아 연방의 일부 국가는 이미 가입 후보국으로 승인되어 가입과 관련된 논의가 진행되고 있다.

EU 후보국: 터키, 크로아티아, 마케도니아

터키

터키는 일찍부터 유럽 통합에 큰 관심을 표명해 왔다. 1923년 케말 파샤가 터키 공화국을 세운 이후부터 터키는 친 유럽 정책을 표방했다 1949년에 유럽평의회 회원국이 되었으며, 1952년에는 북대서양조약기구(NATO)에 가입했고, 한국전쟁에도 참전했다. 터키는 이미 1963년에 ECSC과 준회원국 협정(association agreement)을 맺었으며 1987년에 공식적으로 가입 신청을 했다. 그러나 터키보다 훨씬 늦게 가입 신청을 한 동유럽 국가들이 모두 가입한 것을 볼 때 터키는 유럽 통합의 과정에서 소외되어 왔다고 할 수 있다. 현재 터키는 유럽연합과 1996년부터 관세 동맹을 맺고 있다.

터키는 유럽연합의 입장에서 다소 껄끄러운 존재라고 할 수 있다. 터키는 정치적으로 볼 때 전통적으로 군부의 영향력이 강하며 세속주의와 이슬람 민족주의 간의 갈등도 최근 들어 심화되고 있다. 터키의 민주주의나 인권 관련 각종 지표들은 유럽연합의 기준으로 볼 때 많이 부족하다. 경제적으로 보면 1인당 국민 소득이 유럽연합 평균에 비해 매우 낮은 수준이며 사회 간접 자본도 낙후되어 있다. 터키의 경제, 사회 수준을 유럽연합 기준에 맞게 높이려면 막대한 예산의 지원이 불가피할 수밖에 없다. 더욱이 터키의 인구는 현재 EU 내에서 독일 다음으로 많은 두 번째 인구 대국이다. 인구 증가율을 고려하면 터키는 머지 않아 EU 내 가장 많은 인구를 가진 국가가 될 것으로 전망하고 있다. 각 국가의 인구수는 가중 다수결로 결정할 때 각 국가가 행사할 수 있는 표의 수를 결정한다. 그런 점에서 볼 때 일단 가입하게 되면 터키는 EU 내 정책 결정 과정에서 상당한 영향력을 갖게 될 수밖에 없다. 또한 보다 나은 일자리를 찾아 터키 국민들이 대규모로 다른 국가로 이주하게 되면 일자리나 사회 보장에 대한 부담을 다른 EU 회원국이 져야 한다는 우려도 높다. 이런 이유로 인해 2007년 프랑스 대통령 선거 때 사르코지는 터키의 유럽연합 가입을 반대하겠다고 공약하기도 했다.

터키의 가입이 지연되고 있는 또 다른 중요한 요인은 문화적, 종교적, 지리적 정체성이다. 터키를 유럽 국가라고 할 수 있느냐에 대한 의구심이 존재하기 때문이다. 지리적으로 터키는 유럽보다 중동에 가깝고 종교적으로는 세속화되었다고는 하지만 이슬람 국가이다. EU 내 다른 국가들에서 지배적인 종교가 가톨릭, 개신교, 그리스정교처럼 대체로 기독교적인 특성을 지니고 있는 것과 비교하면 이질성이 크다. 또한 터키인들이 이주한 사회에 제대로 동화되지 못하는 점도 터키의 EU가입을 부담스러워 하는 이유 중 하나이다. 독일의 터키 이주 노동자 사회에서 드러나듯이, 터키 이주민 중 다수가 독일어를 말하지 못하고 그들의 전통을 고수하고 있다. 이와 함께 터키와 오랜 적대적 관계를 유지해 온 그리스 역시 터키의 가입을 반기지 않고 있다. 그리스와 터키는 키프로스에 사는 그리스계와 터키계 주민들의 갈등에 개입하여 1974년에는 군사적 분쟁도 경험했다. 북부 키프로스에 대한 군사 침공과 1980년 9월의 군사 쿠데타 역시 터키가 민주주의와 법의 지배라는 코펜하겐 기준을 제대로 준수할 수 있을 지에 대해 우려하게 하는 또 다른 계기를 제공했다.

그러나 터키는 유럽 통합에서 자신들이 배제되는 것에 대해 강력하게 반발해 왔다. 1997년 12월 유럽이사회에서 동유럽 5개국과 더욱이 키프로스를 대상으로 가입 협상을 개시하기로 결정하자 자신이 협상 대상에서 빠진 데 대해 분노했다. 이에 대한 반발로 1998년 3월 런던에서 개최된 유럽연합 15개 회원국과 공식적으로 EU 가입을 신청한 잠재적 가입국 간의 연례 정치협의회에 터키는 불참했다. EU는 1999년 12월 헬싱키 유럽이사회에서는 루마니아 등 2차 동유럽 5개국 및 몰타와의 협상 개시를 승인함과 동시에 터키가 EU 가입 후보국 임을 공식적으로 승인하는 결정을 내렸다. 그러나 2002년 10월 집행위원회가 루마니아, 불가리아를 제외한 중·동유럽 및 지중해 10개국의 가입 결정을 권고하면서 터키의 불만은 다시 높아졌다. 유럽연합 집행위원회는 이러한 반발에 직면하여 정치적인 논의에서는 한걸음 벗어나 가입 조건 충족을 위한 지원 증대를 약속했고, 2002년 12월 코펜하겐 유럽이사회에서는 2004년 말까지 터키와 가입 협상 개시 여부를 결정하기로 합의했다. 터키는 특히 정치적 이해관계가 걸려 있는 키프로스의 가입 승인에 대해 크게 반발했는데 EU는 터키에 추가 경제 지원과 궁극적인 가입 승인을 약속했다. 그러나 터키의 가입을 승인했다고 해도 그 과정은 그리 용이해 보이지 않는다. 터키가 자유 시장 경제 원칙을 성실하게 이행하더라도, 북부 지역에 거주하는 쿠르드 족을 비롯한 소수 인종에 대한 정치적 관용과 화합이라든지 북부 키프로스로부터 터키 군을 철수하는 것 등은 터키 내에서 정치적으로 매우 민감한 문제이기 때문이다.

크로아티아(Croatia)

구 유고슬라비아에 속했던 국가 가운데서 슬로베니아만이 2004년에 유럽연합에 가입했다. 크로아티아, 마케도니아, 세르비아, 보스니아, 몬테네그로, 코소보 등 구 유고슬라비아의 다른 국가들 가운데 크로아티아와 마케도니아가 현재 가입 후보국의 지위를 승인 받아 가입을 위한 준비를 행하고 있다. 크로아티아는 1991년 6월 독립했다. 그러나 크로아티아 내에 거주하는 세르비아계 주민들이 독립에 반대했고, 이로 인해 세르비아가 주도하는 유고슬라비아 연방 군과 전쟁을 벌여야 했으며 1995년 유엔 중재 하에 전쟁은 끝났다. 전쟁 이후 경제 개혁과 관광 산업 유치 등 재건을 위해 애쓰는 한편 유럽연합의 가입을 위해 노력했다. 그런데 크로아티아의 가입에 걸림돌이 되었던 것은 독립 이후 크로아티아를 통치해 온 투즈만(F.

Tudjman) 대통령의 억압적 권위주의 통치였다. 그는 세르비아 포로의 송환 등 보스니아 평화 협정의 실행을 늦추고 인권을 침해하며 언론의 자유를 억압해 왔다. 1999년 투즈만 대통령이 죽으면서 크로아티아의 정치적 환경에 변화가 생겨났다.

크로아티아는 2005년 10월부터 유럽연합 가입을 위한 협상을 시작했으며 매우 빠른 속도로 진전어 이뤄졌다. 그런데 뜻하지 않은 이유로 한동안 크로아티아의 EU 가입 협상이 중단되었다. 유고슬라비아 군과의 전쟁 당시 세르비아계 주민들에 대한 인종청소 등을 주도한 크로아티아의 전 장군 고토비나의 체포를 크로아티아 정보 당국이 노골적으로 방해하고 범인을 숨기는 등 전범 체포에 협조하지 않았기 때문이다. 이로 인해 유럽연합은 크로아티아와의 가입 협상을 무기 연기하는 결정을 내렸다. 크로아티아의 EU 가입 문제는 고토비나가 에스파냐령 카나리 섬에서 2005년 12월 체포된 후에 다시 재개되었다. 이후 크로아티아와의 가입 협상은 비교적 순조롭게 진행되어 왔으며 2008년 11월 유럽연합 집행위원회는 크로아티아와의 가입 협상 일정을 마련하기로 결정했다. 계획대로 순조롭게 진행된다면 2009년 말까지 가입 협상을 마치고 늦어도 2011년까지 크로아티아는 28 번째 가입국이 될 수 있을 것으로 보인다. 그러나 가입하더라도 루마니아나 불가리아의 경우처럼 일정한 과제 해결이라는 가입 조건이 수반될 것으로 보인다.

마케도니아(Macedonia)

마케도니아는 구 유고슬라비아에서 분리되어 나와 1991년 독립국이 되었다. 인구 200만 명의 작은 국가이지만 알바니아, 코소보, 세르비아, 불가리아, 그리스 등과 인접해 있다. UN에서 승인 받은 공식국명은 전 유고슬라비아 마케도니아 공화국(FYROM: the Former Yugoslav Republic of

Macedonia)인데 이렇게 긴 이름을 갖게 된 것은 그리스가 자국 내 마케도니아라는 지역이 있어서 만일 이 명칭을 국명으로 사용하면 그리스 주권에 대한 침해라고 반발하였기 때문이다. 유럽연합 가입에도 FYROM의 명칭으로 가입이 추진되고 있다. 그러나 국명으로 인한 그리스와의 갈등은 항상 잠재되어 있는 셈이다.

마케도니아의 인구 구성은 64.2%가 마케도니아 인이며 25.2%는 알바니아 인이다. 종교적으로도 동방정교가 70%, 무슬림이 30% 정도 된다. 코소보 전쟁 이후 마케도니아에 거주하는 알바니아 인들이 한 때 반란을 일으켜 내전으로 치닫는 상황으로까지 전개되었지만 NATO의 개입으로 진정되었다.

마케도니아는 2004년 3월 유럽연합 가입을 신청했으며, 2005년 12월 유럽연합 가입 후보국의 지위를 승인 받았다. 최근 들어 마케도니아는 역동적인 경제 발전의 모습을 보이고 있지만 여전히 유럽에서 가장 빈곤한 국가 중 하나이며 실업률도 매우 높은 편이다. 부패가 심각하며, 치안, 사법의 공정성 여부도 자주 문제점으로 거론되고 있다. 또한 소수 민족인 알바니아계 주민과 마케도니아 인들 간의 정치적 갈등도 여전히 해소되지 않고 있다. 2008년 6월에는 선거 기간 중 폭력 사태가 발생하였고 이로 인해 알바니아계 주민을 대표하는 야당이 의회 참여를 거부하는 등 민주주의가 안정적으로 자리잡았다고 보기도 어려운 실정이다. 이 때문에 유럽연합 후보국 지위가 주어지기는 했지만 크로아티아와는 달리 아직까지 가입 협상 만료 일자를 정하지 못하고 있으며 언제 가입이 실현될 지 현재로서는 불투명해 보인다.

참고문헌

George Vassiliou (ed.), 2007, *The Accession Story: The EU from Fifteen to Twenty-Five Countries*. Oxford: Oxford University Press.

Helene Sjursen(ed), 2006, *Questioning EU Enlargement: Europe in search of Identity*. Abingdon: Routledge.

Paul Lewis and Zdenka Mansfeldova (eds.), 2006, *The European Union and Party Politics in Central and Eastern Europe*. Basingstoke: Palgrave Macmillan.

Simon Burner and Christian Lequesne(eds.), 2005, *The Member States of the European Union*. Oxford; Oxford University Press.

Wolfram Kaiser and Jürgen Elvert(eds). 2004. *European Union Enlargement: A Comparative History*. Abingdon: Routledge.

유럽연합의 대외 관계

"이제 세계 정치 경제의 이해는 유럽연합의 역할과 기능에 대한 명확한 인식 없이는 불가능하게 되었다."

유럽연합은 역외의 국가들과 다양한 종류의 관계를 맺고 있다. 우선 유럽연합의 단일 시장에 대한 정책은 세계 최대 시장으로서 경제 강대국들의 수출과 투자에 절대적인 영향을 미친다. 많은 정치 경제학자들은 세계 최대의 시장을 보유하고 있는 세력이 세계 정치 경제 질서를 좌우한다고 보고 있다. 이런 점에서 유럽의 단일 시장 정책은 과거 미국 시장이 그랬던 것처럼 국제 무역의 방향을 조정하는 키의 역할을 하고 있다고 말할 수 있다. 유럽 중앙은행의 유로에 대한 통화 정책 역시 세계 금융 시장과 통화 질서에서 결정적인 역할을 하고 있다. 세계의 중앙은행들은 물론 주요 기관투자가, 은행, 기금 등 금융 세력은 미국 연방준비이사회와 유럽 중앙은행의 이율 및 통화 정책을 주시하고 있다. 또한 유럽연합의 공동 농업 정책은 세계 무역 중에 관리되고 통제되는 농산품 무역 구조에 역시 핵심적인 영향을 미친다고 하겠다. 예를 들어 주요 농산품 수출국인 케언즈(Cairns) 그룹 국가들(호주, 아르헨티나, 브라질, 인도네시아 등 18개국)은 유럽연합 농업정책의 방향에 따라 자국 수출과 경제 상황이 위축되거나 확산된다는 의미이다. 마지막으로 유럽의 사법 부문의 정책은 세계 각지의 잠재적 이민자들이나 난민들에게 막대한 영향을 미치며, 공동외교안보정책 역시 시작 단계에 있기는 하지만 상당한 상징적 의미를 보유하고 있다.

　이 장에서는 앞에서 살펴본 유럽연합의 기능별 정책들이 특정 지역과의 관계에 어떻게 작용하고 있는지를 중점적으로 분석하도록 한다. 유럽연합의 대외 관계는 대상 지역에 따라 그 기본적인 접근법이 다르다고 할 수 있는데, 여기서는 세 가지로 나누어서 살펴볼 것이다. 우선 유럽연합의 바로 동쪽에 위치하고 있는 일군의 국가들은 잠재적인 유럽연합 회원국 후보 국가들이다. 일부와는 이미 가입 협상이 진행되고 있으며, 다른 일부와는 가입 협상이 진행되고 있지만 결과가 불투명하고, 또 다른 일부는 장기적인 시각에서 잠재적인 후보일 뿐이다. 다음은 유럽연합에 가입할 가능성이 전혀 없는 국가들 중에서 유럽과 역사적으로 친밀한 관계를 맺은 것은 물론 유럽이 자신의 영향권으로 바라보고 있는 국가들이 있다. 주로 세계 정치경제에서 개발되지 않은 남부를 포함하고 있는데 이 지역에서는 유럽연합이 미국이나 일본 등 다른 세력들과 영향력을 행사하기 위한 경쟁 관계에 있다. 마지막 국가군은 유럽연합과 세계의 주도권을 놓고 경쟁하거나 협력하는 세력들인데 미국과 일본이 그 대표적인 경우이고, 최근 들어서는 중국과 인도의 부상이 눈에 띈다고 하겠다. 이처럼 유럽연합의 대외 관계는 흡수, 영향 그리고 경쟁이라는 기준으로 나누어 볼 수 있는데 일반적인 세계 지향적 강대국과의 차이점이라면 흡수와 영향의 부분이 상당히 유연하게 관리되고 있다는 점이다.

잠재적 유럽연합 회원국

　지난 2004~7년 유럽연합의 확대는 회원국의 수를 15개국에서 27개국으로 단숨에 늘렸고 유럽연합은 이에 따라 유럽 소수 국가의 부분적 연합에서 진정 유럽 전역을 대표하는 다수 국가의 연합으로 성장하였다. 냉전 시기 서유럽에 대한 소련의 위협은 유럽공동체가 처음 출범할 때 중요한 동기를 제공하였다. 유럽 통합의 시작은 우선적으로 서유럽 국가들 간에 운명 공동체를 형성하는 것이었지만, 소련과 그 위성 국가들로 구성된 공산권의 위협에 공동으로 대처하자는 목적도 중요했다. 그러나 탈 냉전기로 접어들면서 중 · 동유럽 국가들은 유럽연합의 대기실에서 가입을 준비하였고 심지어 소련에 속해 있었던 발트 3국도 러시아보다는 유럽연합으로의 통합을 원하였다. 앞 장에서 살펴본 대로, 이들 중 시장 경제 및 민주 체제로의 이행이 가장 빨랐던 10개국은 이미 유럽연합의 정식회원이 되었다.

　중부 및 동유럽의 구 공산권 국가 중에서 아직 유럽연합에 가입하지 않은 국가들은 모두 조만간 연합 가입을 목표로 시장 경제와 민주 체제라는 두 가지 차원의 기준을 충족시키기 위해 노력하고 있다. 이 가운데 불가리아와 루마니아는 2007년 1월부터 유럽연합 정식 회원국으로 가입하였다. 다른 한편 보스니아 헤르체고비나, 크로아티아, 세르비아, 몬테네그로, 마케도니아, 알바니아, 몰도바 등의 국가들은 위에서 명기한 기준 충족이 실현되면 곧바로 연합 가입이 가능할 것으로 보인다. 달리 말해서 이들이 안정적인 정치 체제와 시장 경제 질서를 이룩한다면 가입은 시간 문제라는 것이다.

　발트 3국을 제외한 옛 소련의 신생 공화국들은 유럽연합의 가입 대상은 아니지만, 유럽에 속한다는 정체성을 상당히 유지하고 있어 특별한 입장에 놓여 있다. 특히 러시아, 벨로루시, 우크라이나는 독자적인 슬라브 정체성을 바탕으로 지중해 국가들과 비슷하게 유럽의 변방을 이루고 있다. 하지만 우크라이나는 러시아와의 슬라브적 동맹을 선호하는 집단과 유럽연합으로 대표되는 서방과의 통합을 원하는 집단으로 양분되어 있는 모습을 보여주고 있다. 따라서 장기적으로는 유럽연합과 국경을 맞대고 있는 우크라이나 혹은 벨로루시가 유럽연합 가입을 성공적으로 추진할 가능성도 높다. 경우에 따라 코카서스 지역에 위치한 그루지야, 아르메니아, 아제르바이잔 등 3국도 유럽적인 정체성을 주장할 수 있다.

유럽연합은 구 소련의 국가들을 지원하기 위해 TACIS(Technical Aid to the Commonwealth of Independent States) 프로그램을 실천하고 있는데 이 정책의 2000~2006년 예산은 31억 유로에 달했다. 그 주요 내용을 살펴보면 민주적 방향으로의 제도 개혁, 경제 발전을 위한 인프라망 구축, 시장 경제를 지향하는 민간 부문 발전, 환경 보호, 농업 경제 발전 등이다.

공산 체제가 붕괴되었지만 러시아는 아직도 유럽의 안보에 대해서 가장 커다란 잠재적 위협을 제기하고 있다. 러시아는 옛 소련의 무기와 군수 산업을 그대로 계승하였기 때문에 경제적으로는 침체기에 빠져 있다고 하더라도 군사적으로는 계속 유럽연합에 가장 위협적인 존재이다. 따라서 유럽연합에게는 러시아의 안정을 유지하는 것이 필수적인 과제이다. 이러한 이유로 유럽연합은 러시아에 가장 큰 규모의 재정적 지원과 투자를 행하고 있다.

러시아는 현재 정체성의 혼란을 겪고 있는 듯이 보인다. 러시아는 계속 세계적인 강대국으로 남아 과거의 영향력을 유지해야 하는지, 아니면 유럽의 한 세력으로 야심을 축소해야 하는지, 오히려 유럽보다는 동아시아의 국가들과 긴밀한 관계를 발전시켜야 하는지에 대해 명확한 결정을 내리지 못하고 방황하고 있는 모습이다. 특히 1998년의 외환 위기와 이에 따른 정치·경제적 혼란은 러시아로 하여금 장기적인 목표와 정책을 준비할 수 있는 여유를 앗아가 버렸다. 러시아는 유럽연합이 우려하던 대로 총체적인 혼란과 위기의 시기에 돌입하였고 아무도 러시아의 장래를 예측하기 어려운 상황이 되었다. 러시아는 앞으로도 상당 기간 유럽연합의 '골치 아픈 이웃'으로 남게 될 것이다. 유럽연합의 입장에서는 러시아의 혼란이 이웃한 중·동유럽으로 번지지 않게 하는 것이 최대의 목표이다.

유럽연합과 러시아는 2003년 상트 페테르부르크 정상회담에서 향후 장기적으로 4개의 공동 공간(Common space)을 형성하기로 합의하였다. 이는 경제, 자유 안보 사법, 대외 안보, 연구 교육 문화 등 4분야의 공동 공간인데 유럽연합의 입장에서는 가장 거대한 이웃과 안정적인 관계를 수립하는 것을 목표로 하고 있다. 실제로 유럽연합의 대 러시아 및 구 소련 국가들과의 관계의 핵심은 국경의 관리라고 할 수 있는데 미국이 멕시코와의 국경 관리가 중대한 외교 문제이듯이, 유럽연합 역시 구 소련 국가들과의 국경 관리가 중대한 외교 과제로 부상한 것이다.

러시아는 유럽연합에게 에너지 부문에서 필수적인 존재이다. 유럽 소비 석유의 25%, 그리고 천연가스의 25%를 러시아로부터 수입하고 있다. 따라서 러시아의 공급 중단은 유럽에 엄청난 위협으로 작용할 수 있으며, 유럽 입장에서 러시아의 정치 경제적 안정은 필수적인 외교 목표라고 하겠다.

물론 아주 장기적인 차원에서 생각한다면 러시아가 자신의 고유 정체성을 버리고 유럽연합의 한 회원국으로 동참하는 경우도 완전히 배제할 수는 없을 것으로 보인다. 실제 러시아의 영토 대부분은 지리적으로 아시아에 위치하고 있지만, 러시아의 역사적·문화적 정체성과 정책 방향의 무게는 유럽을 향해 있기 때문이다. 이런 점에서는 현재 가입 협상을 벌이고 있는 터키도 마찬가지이다. 게다가 러시아 인구의 대다수는 유럽 인들과 유사하다고 할 수 있는 종족적·언어적 문화적 바탕을 지니고 있다는 점에서 그 통합 가능성을 무시할 수 없을 것이다. 이러한 관점에서 러시아의 미래와 유럽연합과의 상호 관계는 지속적으로 관찰의 대상이 되어야 할 것이다.

제1영향권: 지중해, 아프리카

유럽연합이 결정적인 영향력을 행사지만, 역으로 유럽연합에 대해 폭발적인 영향력을 미칠 수 있는 지역은 지중해와 아프리카로 나누어 볼 수 있다. 중동까지 포함한 지중해 지역은 유럽과 같은 바다를 둘러싸고 있으며, 아프리카는 여전히 유럽의 신식민주의적 영향이 강하다.

이들 가운데 지중해 지역은 유럽연합과 상호 의존적인 관계를 이루면서도 다양한 도전을 제기하고 있다. 중동 지역의 석유나 천연 가스와 같은 천연 자원은 유럽연합을 주 고객으로 하고 있다. 근동이나 북아프리카의 과

지도 6. 유럽의 가스 공급선

일이나 채소와 같은 농산물들도 유럽 시장이 없으면 판로를 찾기가 어렵다. 한편 유럽연합 기업들은 이들 지중해와 중동 국가들에게 상품이나 무기 등을 대규모로 수출하고 있다. 그러나 무엇보다 지중해 지역이 유럽에게 중요한 것은 다른 이유에서이다.

첫째, 지중해 남부와 중동지역은 유럽으로의 인력 송출 지역이다. 유럽은 제2차 세계대전 이후 경제를 재건하고 30여 년간 고도 성장기를 누리는 동안 역내의 인력만으로는 노동력의 수요를 충당할 수 없었기 때문에 가까

에너지 외교　　　　　　　　　　　　　　　　　　　　　**BOX 23**

러시아는 거대한 에너지 보유국으로서 이를 토대로 유럽연합에 정치적 영향력을 미치려 하고 있다. 최근 러시아의 에너지 재벌 가스프롬은 세르비아의 에너지 독점기업을 인수하여 흑해에서 불가리아, 세르비아를 거쳐 서유럽에 도달하는 일명 사우스 스트림(South Stream)이란 파이프 라인을 계획하고 있다. 이는 북구에서 발틱 해를 통해 독일에 이르는 노스 스트림(North Stream) 계획과 동일한 목적에서 추진되는 것이다. 벨라루스나 우크라이나, 또는 폴란드나 루마니아 등의 중·동유럽 국가들을 우회하여 직접 거대 소비지역인 서유럽에 이르는 라인을 건설하겠다는 의지이다.

다른 한편 유럽연합은 러시아에 대한 에너지 종속을 피하기 위해 공급원의 다양성을 추구하고 있다. 그 일환으로 중앙아시아에서 카스피해를 건너 코카서스에 달하는 카스피횡단 파이프 라인과 다시 여기서 터키, 불가리아, 루마니아, 헝가리를 거쳐 오스트리아에 도달하는 일명 나부코(Nabucco) 파이프 라인을 구상하고 있다. 유럽의 입장에서 러시아의 입김을 배제한 채 이란이나 중앙아시아, 코카서스 지역의 가스를 동맹국이자 가입 대상국인 터키를 통해 수입하려는 것이다. 하지만 사우스 스트림이 먼저 건설된다면 나부코는 경제적으로 손익계산이 맞지 않게 될 예정이다.

미국은 이에 대해 또 다른 입장을 가지고 있다. 미국은 러시아를 믿지 못하는 것은 물론 유럽이 이란으로부터 가스를 수입하는데 대해서도 비판적인 입장이다. 미국은 이러한 중·동유럽과 중동 및 중앙아시아의 상황에 대해 NATO의 확장을 통한 러시아와 이란의 견제 전략을 중시하고 있다. 미국은 NATO 가입을 희망하는 크로아티아, 마케도니아, 알바니아, 우크라이나, 그루지야 등에 가급적 빨리 긍정적 응답을 통해 가입 궤도에 돌입함으로써 안정적 기반을 마련해야 한다는 입장이다. 하지만 그럴 경우 이 지역에 배타적인 권리를 주장하는 러시아의 강한 반발에 부딪히게 될 것이다.

운 지중해 남부에서 대규모 인력을 수입하였다. 모로코, 알제리, 튀니지 인들은 프랑스, 벨기에, 이탈리아 등지로 진출하였고, 터키 인들은 독일이나 스칸디나비아로 대거 이주하였다. 1970년대 경제 위기가 시작되면서 유럽 국가들의 인력 수입은 중단되었지만 그럼에도 불구하고 불법 이민은 계속되었다. 이러한 이민의 흐름은 인구 증가율이 낮으면서 경제적으로 풍요로운 유럽과, 인구는 폭발적으로 증가하는데 빈곤이 지배하는 북아프리카가 서로 국경을 맞대고 있는 한 지속될 것이다. 이민자들에게 비판적인 유럽의 일부 극우파들은 21세기가 되면 학교에서 유럽 언어가 아닌 아랍어로 교육을 해야 할 것이라고 비꼬고 있다. 이러한 예상이 과장된 것은 사실이지만 북아프리카에서 유럽으로의 대규모 이민이 지속된다면 유럽 사회의 균형 자체가 흔들릴 가능성이 있다는 점은 명백한 사실이다.

둘째, 이민 문제와 더불어 북아프리카와 중동은 유럽에 인종적 문화적 도전을 던지고 있다. 실제로 유럽 내부의 이민은 이미 19세기부터 시작되었고 이민자들은 별다른 문제 없이 정착하였다. 이탈리아의 남부에서는 많은 사람들이 프랑스 산업 지역으로 이민하였고 폴란드 인들은 벨기에의 광산에서 일하였다. 이들은 이민 간 나라에서 가정을 이루고 자식을 그 나라 국민으로 키우면서 사회적 문제를 일으키지 않고 비교적 잘 적응하였다. 그러나 아랍 문화권으로부터 온 이민자들은 기존 유럽 인들의 인종주의적 반발을 초래하였고, 특히 경제 위기가 심화되어 사회가 전체적으로 실업과 빈곤에 시달리면서 차별의 대상이 되었다. 특히 프랑스 같은 나라에서는, 이민 문제를 정치적 쟁점으로 삼아 성장한 극우파 정당 국민 전선이 15% 정도의 득표율을 기록할 정도이다. 따라서 유럽 사회는 지중해 남부로부터의 이민을 차단하는 것은 물론 기존에 이민 온 북아프리카와 중동인들이 자국 사회 내에서 잘 적응할 수 있도록 적극적인 통합 정책을 성공시켜야 할 필요성이 커진 것이다.

셋째, 지중해 남부 국가들은 극도로 정치화된 종교 근본주의의 산실로 등장하여 유럽의 안보를 위협하고 있다. 리비아, 레바논, 시리아, 이란 등은 이슬람 근본주의 국가이거나 이들 단체를 지원하면서 반서구적인 정책을 지속적으로 추진해 왔으며, 알제리, 이집트, 터키 등지에서도 이슬람 근본주의 세력들이 정치적 영향력을 확대시켜 나가고 있다. 지중해 남부 국가들이 모두 반서구적 이슬람 근본주의 세력들에 의해 장악되면 이는 유럽의 안보에 상당한 위협이 될 수 있을 것이다. 특히 2001년 9.11 사태 이후 미국의 공격적인 대 중동 정책으로 인해 극단적인 이슬람 세력들이 더욱 확산되는 경향을 보여주고 있으며, 상당한 이슬람 인구를 역내에 포함하고 있는 유럽연합은 잠재적 혼란을 끌어안게 되는 상황으로 변모하였다.

이처럼 지중해 국가들은 유럽의 관문을 형성하면서 유럽과 유기적인 관계를 맺고 있기 때문에 유럽연합의 지중해 정책은 이들 국가의 사회적 안정과 정치적 안정을 최대의 목표로 하고 있으며, 장기적으로는 경제 발전을 통해 유럽으로의 이민 수요를 없애려고 하고 있다. 지중해 국가들 중에서 리비아를 제외하고는 모든 국가들이 유럽연합과 협력 조약을 체결하고 있으며, 이들 조약은 1960년대와 1970년대 초반에 중점적으로 추진되었다. 이미 위에서 논의한 키프로스, 몰타, 터키는 유럽공동체와 연합 조약(association)을 체결 했었다. 마그레브(Maghreb) 지역의 알제리, 모로코, 튀니지 및 마슈리크(Mashriq) 지역의 이집트, 요르단, 시리아, 레바논은 공동체와 통상 산업 기술 협력 재정 지원 등의 분야를 포괄하는 협력 조약을 맺었다. 또 이스라엘과는 여기서 더 나아가 공산품의 자유 무역을 위한 협력 조약을 맺고 있다. 유럽연합은 리비아를 제외한 다른 모든 지중해 국가의 공산품 수출에 대해 무관세 정책을 실시하고 있으며, 과일, 채소, 포도주, 올리브 등의 특정 농산품에 대해서도 선별적인 무관세 정책을 일방적으로 실시하고 있다. 이는 지중해 국가들의 수출 소득을 어느 정도 보장함으로써 이들의 경제 발전을 지원하려는 정책이다. 다른 한편 유럽투자은행 (EIB)은 이 지역에 직접적인 사업 지원을 하거나 융자를 통해 경제 발전에 기여하고 있다.

유럽연합과 지중해 국가들은 1995년 에스파냐 바르셀로나에서 열린 정상회담에서 일명 바르셀로나 프로세스를 추진하기로 결정했다. 이 계획은 2010년까지 지중해를 중심으로 평화와 안정의 공동 지역 및 자유무역지대를 형성하는 것을 목표로 하고 있다. 이 계획의 핵심 목표는 여전히 지중해 지역의 경제 발전을 도모하여 이민의 흐름을 차단하는 것이라고 할 수 있다. 유럽의 내부적인 차원에서 본다면 이 유로메드(Euro-Med) 파트너십은 1995년 북부로의 확대 및 그리고 중기적으로 중·동유럽을 향한 확대를 앞두고 프랑스를 비롯한 지중해 국가들이 남부 지중해 국가들과의 관계와 결속을 강화하려는 전략의 일환으로 추진되었다고 할 수 있다.

2004년에는 유로메드 프로그램과 유럽에 가입하지 않는 동부의 국가들 (그루지아, 아르메니아, 아제르바이잔, 벨라루스, 몰도바, 우크라이나)을 포괄하는 유럽근린정책(ENP)이 수립되었다. 특히 이 정책을 실현하기 위한 유럽근린파트너십조치(ENPI)는 2000~6년의 기간에 85억 유로, 그리고 2007~13년에 149억 유로의 예산을 배정받았다. 이처럼 유럽근린정책은 유럽연합과 아주 근거리에 위치하고 있는 국가들을 대상으로 밀접한 상호관계를 유지하기 위한 정책이라고 할 수 있다. 물론 공식적으로 유럽연합은 이들 국가가 회원국은 아니지만 그에 상응하는 혜택을 보도록 하기 위한 정책이라고 설명하고 있지만, 실질적으로는 회원국이 되지 못하는 이웃 나라들을 위로하고 달래기 위한 하나의 수단으로 보이기도 한다. 러시아는 유럽근린정책의 정식 대상은 아니지만 유럽근린파트너십조치의 혜택은 누릴 수 있는 복합적인 지위를 가지고 있다.

아랍 문화권에 속하고 이슬람 교가 지배하는 북부 아프리카를 제외한 나머지 아프리카는 흔히 검은 아프리카라고 부른다. 이 지역은 북아프리카에 비해 유럽에 대한 지리적 근접성은 덜 하지만 역사적 관계는 그에 못지 않게 긴밀하다. 검은 아프리카의 국가들은 거의 예외 없이 유럽의 식민 통치를 받았으며 대부분 아직도 유럽 언어를 국어로 사용하고 있다. 경제적으로도 유럽 국가들과 긴밀한 관계를 가지고 있으며, 유럽 시장이 최대의 수

이라크 전쟁과 대 유럽 테러　　　　　BOX 24

　　2001년 미국의 심장부를 강타한 9.11 테러 이후 미국은 아프가니스탄과 이라크에서 전쟁을 시작하였다. 특히 2003년부터 시작한 대 이라크 전쟁은 유럽 국가 사이에 균열을 불러일으켰다. 미국의 전통적 동맹국이거나 친미 보수적 정권이 집권하고 있던 영국, 이탈리아, 에스파냐, 폴란드 등의 국가들은 미국을 도와 이라크에 파병을 하였다. 하지만 프랑스와 독일은 미국의 공격을 국제법을 위반한 부도덕한 침공이라고 규정하고 강력하게 비판하였다.

　　유럽에는 2천만 명 정도의 회교도들이 살고 있는데 이들은 미국이 아랍세계의 대표적인 이슬람 국가 이라크를 침공한 데 대해 강한 반발감을 갖기도 하였다. 특히 자신들이 살고 있는 유럽 사회에 대해 불만을 누적하거나 소외 계층을 형성하고 있는 청년들에게 이슬람 근본주의의 유혹이 작동하였던 것으로 보인다.

　　2004년 3월 11일 에스파냐의 수도 마드리드의 3개 기차역에서 폭탄이 폭발하였는데 이로 인해 시민 200여 명이 사망하였고 1,500여 명이 부상당했다. 1936~9년 내전 이후 에스파냐 역사에서 이 같은 규모의 인명 피해는 처음이었다. 당시 에스파냐는 3일 뒤 총선이 예정되어 있었다. 집권당인 중도 우파 인민당과 정부는 이 테러를 바스크 독립주의단체 ETA의 행동으로 몰아갔지만 그보다는 이슬람 극단주의 소행이라는 증거들이 곧 제기되었다. 인민당 정부는 90% 이상의 국민들이 반대하는 이라크 파병을 강행했었고, 테러가 이슬람 집단의 소행일 경우 선거에서 악영향을 미치는 것을 염려하여 사실을 조작하려 했던 것으로 보였다. 결국 선거에서 예상 밖으로 야당 사회당이 승리하였고 신임 사파테로(J. Zapatero) 수상은 즉각 이라크에서 에스파냐 군을 철군시켰다. 수사 결과 마드리드 테러는 모로코 출신 빈민 청년들의 범행으로 밝혀졌다.

　　이듬해 7월 7일에는 영국 런던에서 오전 출근 시간에 지하철과 버스에서 자살 폭탄 테러가 발생하여 수십 명이 사망하였다. 같은 날 스코틀랜드 글렌이글스에서는 G8 회담이 개최되고 있었다. 이슬람 테러 조직은 미국의 가장 가까운 동맹국 영국의 심장부를 공격했던 것이다. 자살 테러에 참여한 범인들은 모두 영국 국적자였으며 3명은 파키스탄에서 이민 온 자들이었고 1명은 자메이카 출생자였다.

출 시장으로 대 유럽 종속도가 매우 높은 형편이다. 특히 프랑스는 아프리카 국가들과 신식민주의적 관계를 계속 유지하고 있는데, 아직도 일부 아프리카 국가에는 프랑스 군대가 주둔하고 있고 프랑스의 통화와 연계된 아프리카 프랑이 중서부 아프리카에서 사용되었다. 유럽 단일 화폐권이 출범하면서 이들 아프리카 국가들은 기존 프랑화와의 관계가 연결되어 자연스럽게 유로권에 편입되었다.

검은 아프리카도 정도의 차이는 있지만 지중해 지역의 국가들과 비슷한 도전을 유럽에 던지고 있다. 이민의 문제가 그렇고, 인종적 차이의 문제 역시 심각하다. 정치적으로 검은 아프리카가 불안한 상황에 놓이게 되면 정치 경제 난민들은 자연스럽게 유럽을 향해 이민의 행렬을 이룰 것이다. 따라서 유럽연합의 대 아프리카 정책 역시 대 지중해 정책과 마찬가지로 정치·경제적 안정을 최우선의 목표로 하되, 이를 위해 통상 정책에서 많은 특혜를 베풀고 있다. 그 대표적인 사례가 일명 아프리카, 캐리비안, 태평양(ACP) 협정이다.

유럽공동체 출범 협상이 진행되던 1950년대 프랑스는 아직 상당한 규모의 제국을 유지하고 있었고, 공동 시장이 형성된 다음에도 제국 내 무역을 유럽의 역내무역으로 계산하도록 다른 회원국들에 강한 영향력을 행사하였다. 공동체가 출범하면서 프랑스의 요청은 상당 부분 받아들여졌고 공동 시장과 1960년을 전후해 독립한 프랑스 전 식민지 국가들의 관계를 규정하기 위해 1963년 카메룬 야운데에서 일명 야운데 협정(Yaoundé Convention)이 체결되었다. 이로서 유럽공동체와 검은 아프리카 지역 국가들 사이에 공식적이고 제도적인 관계가 시작되었던 것이다.

로메 협정(Lomé Convention)은 야운데 협정을 이어받으면서 아프리카 캐리비안 태평양 세 지역의 빈곤 국가와 유럽공동체 간에 맺어진 협상이다. 대부분의 국가는 아프리카 국가들이고 캐리브 해나 태평양의 군소 국가들이 포함되어 있다. 이 같은 지역적 확장은 1973년 영국이 공동체에 가입하면서 과거 프랑스와 마찬가지로 영 연방 국가들과 유기적인 관계를 유지하고자 하였기 때문이다. 1975년 처음 발효된 로메 협정은 세계 최초의 체계적 빈곤 국가 지원 정책이다. 그 구체적인 내용은 모두 이들 국가의 경제 발전을 촉진시키고 정치적 안정을 추구하는 것이다. 예컨대 수출 안정 제도(Stabex)는 이들 빈곤 국가 수출의 대부분을 차지하는 48개 농산품의 수출 소득을 안정적으로 보장하는 제도로서, 국제 시장의 변화로 수출 농산품의 가격이 급격하게 하락하면 유럽연합은 가격이 하락한 만큼 지원금을 보장한다. 또한 광물 소득 안정 제도(Sysmin) 역시 광물의 수출에 있어 소득의 변동으로부터 빈곤 국가들을 보호하는 비슷한 제도이다. 다른 한편 유럽연합은 ACP 국가들의 대 유럽 수출에 무관세 정책을 실시하고 있으며, 이러한 정책의 결과로 ACP 국가들의 대 유럽 수출 중 99%는 무관세로 유입되고 있다. 게다가 유럽연합은 빈곤 국가들의 외채를 줄이기 위해 각종 특혜성 재정 지원을 실시하고 있다. 1990년부터 2000년까지 적용되는 제4차 로메 협정은 120억 에큐 규모의 재정 지원을 행했다.

로메 협정에 이어 2000년에는 이를 종합적으로 개선한다는 취지에서 코토누(Cotonou) 협정이 체결되었다. 2000년에서 2020년까지 모두 20여 년을 포괄하는 코토누 협정은 기존 로메 협정의 조치와 정책들을 지속하는 한편 정치적 민주화와 같은 지원의 기준들을 강화하였고, 빈곤국이나 이들 시민 단체의 참여를 촉진하였다. 5년마다 재조정 되는 코토누 협정은 이미 제2기에 돌입하였고 대략 135억 유로 정도의 예산으로 운영되고 있다. 구체적인 프로그램의 한 예로는 '무기만 빼고(Everything But Arms)'이니셔티브를 들 수 있는데 49개 빈곤국의 대 유럽연합 수출은 무기를 제외하고는 모두 무관세로 이루어 진다는 계획이다.

다른 한편 공식개발원조(ODA)라는 차원에서 보면 유럽연합은 세계 최대 원조 제공 세력이라고 할 수 있는데, 2006년 현재 유럽연합 회원국 중 경제협력개발기구 개발원조위원회(OECD-DAC) 국가들은 도합 590억 달러를 이에 할애하고 있으며 이는 국민총소득(GNI)의 0.43%에 해당한다. 유럽연합에서 2004~7년 확대 이전의 기존 15개국은 모두 OECD-DAC 회원국이다. 위 590억 달러 중 102억 달러는 유럽연합을 통해 지출되고 있다. 부유한 국가들이 유엔의 틀 속에서 스스로 정한 목표는 국민총소득의 0.7%를 빈곤한 국가 개발을 위해 원조하겠다는 약속이었는데 이를 준수하는 국가는 유럽연합의 덴마크, 스웨덴, 룩셈부르크, 네덜란드뿐이다. 그러나 유럽연합의 평균인 0.43%은 미국(0.18%)이나 일본(0.25%)보다는 높은 수준이다. 그만큼 유럽의 국가들은 과거 식민지 국가들과 여전히 밀접한 관계를 유지하고 있으며, 그에 대한 책임과 간섭 또는 영향력 또한 강력하다고 볼 수 있다. 여러모로 유럽과 세계 빈곤국과의 관계는 특별한 것으로 보인다.

제2영향권: 라틴 아메리카와 아시아

라틴 아메리카와 아시아는 유럽연합으로부터 상당한 거리에 위치한 제3 세계를 의미한다. 제1영향권의 국가들과는 달리 라틴 아메리카와 아시아 지역은 유럽연합에 직접적인 영향을 미치지는 않는다. 그러나 실제로 라틴 아메리카와 아시아는 선진 경제 대국들을 제외하고는 세계에서 가장 역동적인 경제 발전을 경험해 온 지역이기도 하다. 따라서 유럽연합은 이들 지역과의 관계를 결코 소홀히 할 수 없는 입장이다. 역사적으로도 라틴 아메리카 국가들은 거의 예외 없이 유럽 국가들의 식민 지배를 경험하였으며 아시아의 상당 부분도 일정 기간 동안 유럽의 통치하에 있었다.

유럽연합은 라틴 아메리카와 아시아에 대해 지중해나 아프리카의 지역과 같은 특혜 중심의 지원 정책을 펴지는 않으며, 라틴 아메리카와 아시아에 대한 지원은 보다 일반적인 성격을 지니고 있다. 유럽연합은 제3세계의 경제 발전에 기여하기 위한 선구자적인 역할을 자임하였는데, 그 대표적 사례가 1971년 선진국 중에서 처음으로 실시한 일반 특혜 관세 제도(SGP)이다. 이 제도의 목적은 개발 도상국의 대 유럽 수출을 용이하게 함으로써 개도국의 산업화에 기여한다는 것이다. 30여 년간 지속된 이 제도를 통해 이제 세계 130여 개국이 혜택을 보고 있는데, 특히 한국을 포함한 동아시아의 개발 도상국들은 1970년대에 최고의 혜택을 누렸다. 왜냐하면 제3세계 국가들 중에서 상대적으로 산업화가 앞서 있던 동아시아의 4룡(한국, 대만, 홍콩, 싱가포르)은 경쟁력 있는 품목에서 관세가 적용되지 않는 물량은 이미 연초에 모두 독점적으로 수출해 버렸기 때문이다. 유럽공동체는 일반 특혜 관세 제도가 개발 도상국에 골고루 혜택을 주는 것이 아니라 상대적으로 발전한 특정 국가들에게만 집중적으로 혜택이 돌아간다는 사실을 깨닫고 점진적으로 차별화 정책을 시행하였다. 특히 세계에서 경제적으로 빈곤하다고 인정되는 40여 개국에 대해서는 물량의 제한 없이 모든 수출에 대해 일반 특혜 관세 제도를 적용하고 있다.

다른 한편 유럽연합은 연합 예산을 통해 제3세계 빈곤 퇴치 정책을 펴고 있는데, 일부 라틴 아메리카와 아시아 국가들이 그 혜택을 받고 있다. 유럽연합의 정책 방향은 빈곤 국가에 거주하는 빈곤 계층의 생활 환경 개선을 목표로 하며, 이를 위해 지역 개발이나 식량 원조에 집중적으로 자원을 투자하고 있다. 유럽연합은 연평균 5억 유로 정도를 식량 지원에 사용하고 있는데, 그 대상은 ACP 국가를 포함한 라틴 아메리카, 아시아 국가들이다. 북한에 대한 유럽연합의 식량 지원도 이 같은 정책의 차원에서 시행되었다. 게다가 유럽연합은 자연 재해나 정치적 불안으로 인해 난민이 발생할 경우를 대비하여 이들을 위한 특별 예산도 책정해 놓고 있다.

유럽연합이 다른 선진국과는 달리 개발 도상국 지원에 이처럼 관대하고 적극적인 이유는 적어도 두 가지 차원에서 분석할 수 있다.

첫째, 유럽연합은 개발 원조 정책을 통해 하나의 국제적 행위자로 등장하면서 자신의 세력과 영향력을 강화하려 하고 있다. 유럽 국가들은 19세기와 20세기 중반까지 전세계의 대부분 지역을 자신의 식민지로 보유하고 있었으나, 미국과 소련 중심의 국제 질서가 형성되면서 중소 규모의 국가로 위상이 축소되었다. 현재 유럽연합이 추진하는 개발 원조 정책은 이러한 미국 또는 소련 중심의 영향권에서 유럽의 목소리를 내기 위한 최소의 대가라고 볼 수 있는 것이다.

둘째, 물론 유럽연합의 개발 원조 정책이 이러한 이기주의적 관점에서만 추진되는 것은 아니다. 유럽 개발 원조 정책의 관대함은 우리가 유럽의 통상 정책에서 보았듯이 유럽연합 특유의 정책 결정 구조에도 기인한다. 유럽의 대외 정책은 다른 국가에 비해서 상대적으로 명분을 중요시하는데 유럽연합 집행위원회의 관료들은 인류애나 인도주의적 명분을 내세워 개발 원조 정책을 추진할 수 있었고, 유럽연합 회원국 정부들은 이에 대해 적극적으로 반대하기 어려웠던 것이다. 그 결과는 미국이나 일본에 비해 훨씬 체계적이고 관대한 개발 원조 정책으로 나타났다.

셋째, 유럽연합은 전통적인 외교 안보 분야에서 공동 정책을 제대로 수립하거나 시행할 수 없기 때문에 상대적으로 권한 행사가 수월한 경제 분야에서 공동 개발 원조 정책을 추진하였다. 미국의 영향력은 개발 원조라는 당근과 군사력이라는 채찍을 동시에 보유하고 있었지만, 유럽연합은 군사력이라는 채찍을 결여한 채 영향력 확장을 시도하는 입장이었다. 따라서 관대한 통상 정책이나 제도적 지원을 통해 영향력을 확대시킬 수밖에 없었다. 이러한 설명은 일본의 사례에서도 발견할 수 있는데 군사 세력(Military power)을 결여한 민간 세력(Civilian power)들의 공통점이기도 하다.

유럽연합과 라틴아메리카의 관계는 1986년 라틴 아메리카의 식민 종주국이었던 에스파냐와 포르투갈이 유럽공동체에 가입하면서 한층 강화되었다. 유럽연합은 라틴아메리카에서 양자 관계와 지역 간 관계라는 두 가지 축을 중심으로 외교를 벌이고 있다. 우선 양자 관계의 차원에서 유럽연합은 멕시코, 아르헨티나, 브라질, 우루과이와 기본 협력 조약을 체결하였고, 이를 통해 이들 국가와 유럽연합 간의 교류를 활성화 하려 하고 있다. 라틴 아메리카의 상대적 대국들인 위의 네 나라는 경제적으로도 가장 활발한 발전상을 보이고 있는 국가들이기에 당연히 유럽연합 외교의 우선적 대상으로 등장하였다.

그러나 유럽의 라틴 아메리카 외교에서 보다 흥미로운 부분은 지역 간 관계 수립이 활발하게 진행되고 있다는 점이다. 유럽연합은 세계의 다른 지역에서도 유럽과 같은 지역 통합이나 지역 협력 제도를 진흥시키기 위한 정책을 추진해 왔는데, 라틴 아메리카 지역에 주목한 것은 이 곳처럼 다양한 지역 협력 시도가 이루어진 곳도 없기 때문이다. 유럽연합은 안데스 협약 국가들과 기본 협력 조약을 체결하여 볼리비아, 콜롬비아, 에콰도르, 페루, 베네수엘라 등 5개국과 지역 간 관계를 수립하여 양 지역 간의 교류와 협력을 촉진시키려 하고 있다. 마찬가지로 1985년에는 중미 경제통합일반조약(General Treaty for Economic Integration) 국가들과 비슷한 조약을 체결하였다. 중미 경제통합일반조약에는 코스타리카, 과테말라, 온두라스, 니카라과, 엘살바도르 등이 포함되어 있다. 1990년대 들어서는 남미 공동시장(Mercosur)과 기본 협력 조약을 체결하여 장기적으로 유럽과 남미 간의 정치 경제 연합(association)을 추진하고 있다. 유럽연합 이사회는 1995년 지역 협력 및 통합에 대한 지원은 유럽연합 개발 정책의 중요한 요소라고 공표한 바 있다.

아시아는 지역이 거대한 만큼 다양한 문화와 국가들이 공존하고 있기 때문에 남미와 같이 활발하게 지역 협력이나 통합 운동이 일어나고 있지는 않다. 그러나 유럽은 1980년에 최초로 아세안(ASEAN: Association of South East Asian Nations)과 기본 협력 조약을 체결하여 지역 간 관계 수립 정책을 시작하였다. 유럽연합은 ASEAN과 경제적인 관계뿐 아니라 정치 외교적인 관계까지 고려하여 정기적인 장관급 회담을 제도화하였으며, ARF와 같은 안보 협력 기구에도 옵서버 자격으로 참여함으로써 이 지역에 대한 관심을 표명하고 있다. 1988년에는 중동 걸프 협력회의와도 협력 조약을 체결함으로써 아시아 지역에서도 지역 간 관계의 망을 조금씩 확장시켜 가고 있다. 양자 관계에 있어서는 아시아 대부분 주요 국가들과 협력 조약을 체결하였다.

1990년대 들어 유럽연합은 동아시아 지역 경제의 역동성에 동참하지 않고서는 21세기에 강대국의 지위를 유지할 수 없다는 결론을 내리고 신 아시아 전략을 수립하여 동아시아와의 관계 강화를 모색했다. 그 대표적인 결과가 1996년 방콕에서 시작한 아시아 유럽 정상회의(ASEM)로서 그동안 유럽연합이 추진해온 지역 간 관계 수립 정책의 최대 성과라고 하겠다. 2년마다 수십여 명이 참여하는 유럽과 아시아 정상들의 모임을 제도화하였고, 그 사이에 다양한 각료급 회의를 통해 양 지역 간의 협력을 추진토록 하였다. 아시아 유럽 정상회의는 지난 2006년 핀란드 헬싱키 제6차 회의를 통해 이미 10년의 역사를 갖게 되었으며 양 대륙의 협력을 추진하는 중요한 기제로 자리잡게 되었다.

제2영향권에 대한 유럽연합의 전략은 일단 순조롭게 진행되고 있는 듯이 보이지만 많은 문제점도 내포하고 있다. 라틴 아메리카는 말할 것도 없고 아시아도 미국이라는 탈 냉전기 유일의 초강대국 영향하에 놓여 있기 때문에 유럽이 활동할 수 있는 범위는 제한되어 있다. 특히 아시아에서는 미국뿐만 아니라 중국이나 일본 같은 국가들도 자신의 세력과 영향력을 확대하려고 하고 있다. 이런 상황에서 유럽과 같은 민간 세력이 과연 군사 세력을 동반한 국가와 제대로 경쟁할 수 있을지는 여전히 의문으로 남는다.

경쟁 세력

자신의 영향력을 확대하려는 유럽연합의 시도는 다른 세력과의 충돌이나 마찰을 초래한다. 경제력을 중심으로 한 유럽연합의 세력화는 필연적으로 미국과 일본의 세력과 경쟁할 수 밖에 없는 상황을 만드는 것이다. 우리는 유럽연합이 세력 확장의 대상으로 삼고 있는 제1영향권과 제2영향권을 살펴보았다. 이제 남은 것은 미국과 일본, 중국이라고 하는 경쟁 세력들과의 관계를 검토하는 것이다. 이미 지적했듯이 경쟁 세력과의 관계는 마찰과 충돌이라는 차원을 필연적으로 동반하고 있지만, 이와 동시에 세계 운

표 10. ASEM 정상회의와 주요성과

ASEM1	태국 방콕	1996.3.2	최초 정상회의 의장성명서(이후 매 회의마다 발표)
ASEM2	영국 런던	1998.4.3~4	아시아 금융경제 상황에 관한 성명서
ASEM3	한국 서울	2000.10.19~21	아시아유럽협력제도(AECF) 한반도평화에 관한 서울선언
ASEM4	덴마크 코펜하겐	2002.9.22~24	반국제테러 협력에 관한 선언 한반도평화에 관한 정치선언
ASEM5	베트남 하노이	2004.10.8~9	문화문명 간 대화에 관한 ASEM 선언 ASEM경제파트너십 강화에 관한 하노이 선언
ASEM6	핀란드 헬싱키	2006.9.10~11	ASEM미래에 관한 헬싱키 선언 기후변화에 관한 ASEM6 선언
ASEM7	중국 베이징	2008.10.24~25	지속가능한 발전에 관한 베이징 선언

영에 대한 책임을 공유하기 때문에 생기는 협력의 차원을 지니고 있다.

유럽연합과 미국, 일본, 중국은 세계 경제의 최대 세력이라고 할 수 있는데, 2007년 현재 물가 수준을 감안한 PPP 방식을 통해 계산할 경우 유럽연합은 세계총생산의 22.7%, 미국은 21.3%, 일본은 6.6%, 그리고 중국은 10.8%를 차지하고 있다. 위의 네 경제 세력은 세계 경제의 61.4%를 차지하는 셈이다. (IMF 통계)

이러한 상황에서 미국이 유럽연합의 경제적 부상에 대해 위협을 느끼는 것은 당연한 일이다. 특히 유럽연합은 경상 수지 흑자를 바탕으로 역외에 투자할 수 있는 재정적 여력을 축적해 가고, 일본도 지속되는 만성적 경상 수지 흑자를 통해 이미 세계의 채권국으로 등장한데 반해 미국은 적자가 계속 누적되어 세계 최대의 채무국이 되었다. 문제는 1999년 유럽단일 화폐권의 등장으로 미국의 무역 수지 불균형이 더 이상 유지하기 어려운 상황으로 치닫게 될 것이라는 점이다. 미국은 그동안 국제 기축 통화국으로서의 지위를 이용하여 경상 수지 적자를 국제 자본을 통해 메워왔다. 그러나 유로라는 경쟁적인 기축 통화가 등장하게 되면 미국의 경제 지표를 가지고는 더 이상 적자를 메우기가 어려워질 전망이다.

따라서 21세기에는 미국과 유럽연합 사이에 세계 경제 주도권을 둘러싸고 치열한 경쟁이 벌어질 것으로 예상할 수 있다. 일본도 이러한 경쟁에 참여하겠지만 몇 년 전부터 지속되어 온 경기 침체로 인해 일본은 일단 세계 주도권 경쟁에서는 밀려날 것으로 보인다. 일본은 전후 괄목할 만한 기적적 경제 발전과 성장을 이룩하였지만 세계적 주도권을 행사할 의지나 능력 그 어느 것도 보여 주고 있지 못하기 때문이다.

다른 한편 중국과 인도는 21세기 들어서 급속한 속도로 성장해 가는 거대한 국가들이다. 이들 양국의 인구를 합하면 20억을 초과하는 엄청난 규모이며 중국 한 나라의 인구 규모만으로도 미국, 유럽연합, 일본을 합한 것보다 더 크다. 20세기에 경제적으로 혼란을 겪었던 이 두 아시아의 거인은 이제 본격적으로 세계 경제 체제에 동참하면서 폭발적인 성장을 기록하고 있다. 중국의 경우 1970년대 말에 개방 개혁 정책을 시작한 이후 30여 년 가까이 10%를 전후한 초고속 성장의 모멘텀(momentum)을 유지하고 있다. 인도도 중국보다는 느리지만 잠에서 깨어나 역동적인 경제 성장의 궤도에 돌입하는 모습을 보여주고 있다. 이런 변화를 감지한 유럽연합도 이들과의 새로운 관계 설정에 고민하고 있다.

미국과 유럽: 종속에서 경쟁으로

　전후 반세기 동안 미국과 유럽의 관계는 전쟁으로 황폐화된 유럽을 미국이 지배하는 종속의 관계에서 출발하여 이제는 서로 대등하게 경쟁하는 관계로 변하였다. 우선 제2차 세계대전 직후부터 1950년대 중반까지 서유럽은 미국에 모든 면에서 종속되는 모습을 보였다. 미국이 서유럽을 나치즘의 독재로부터 해방시킨 후 이 지역 전체에 미국 군대가 주둔하게 되었고, 당시 미군이 들고 다니는 초콜릿과 담배는 미국의 경제적 부의 상징이었다. 이 시기 유럽 국가들의 상황을 보면 독일은 분단을 맞았고 외국 군대의 점령하에 있었으며, 영국과 프랑스 정부는 부도 직전에 있었다. 이들은 모두 미국의 재정적 지원 없이는 경제를 제대로 운영할 수 없는 상황이었다. 미국의 대기업들은 이러한 상황을 이용하여 유럽 시장을 개방하려는 전략을 추진하였고 영국과 독일에서는 상당 부분 성공을 거두었지만, 공산당의 세력과 반미주의가 강했던 프랑스에서는 이러한 개방 정책이 제한된 성과만을 거두었다.
　그러나 1946~1947년 서유럽의 상황은 미국의 입장에서 보았을 때 위험한 방향으로 전개되고 있었다. 재정 자원이 부족한 서유럽 국가들은 경제 재건을 이룰 수 없게 되었고, 이에 따라 경제 상황이 악화되자 프랑스와 이탈리아에서는 공산주의 세력들이 강화되었다. 이와 동시에 미국과 소련 사이에 냉전의 기류가 흐르기 시작하면서 미국은 자칫하면 유럽에서 해방군으로 얻은 전략적 위상과 수출 시장으로서의 유럽을 모두 상실할 수 있는 위험에 처했다. 1947년 초반 미국은 유럽에 대한 일관성 있고 총체적인 전략을 수립해야만 하였다.

그 대표적인 작품이 공산주의의 확산을 막아야 한다는 트루먼 독트린과 이를 위해서는 유럽의 재건을 미국이 적극 지원해야 한다는 마셜 플랜이었다. 미국은 트루먼 대통령의 정책에 따라 소련과의 관계 악화를 감수하면서 그리스, 터키 등지에서 공산 세력의 활동을 저지하기 시작하였고, 당시 국무 장관이었던 마셜의 계획에 따라 '자유로운 유럽' 건설을 위해 막대한 재정적 지원을 결정하였다. 미국은 의회의 표결을 기다리는 동안 공산당의 세력이 강화되고 있는 프랑스와 이탈리아에 대한 단기 지원을 시작했고 1947년 여름에는 파리에서 유럽경제협력기구(OEEC)를 출범시켰다. 유럽 경제협력기구는 미국과 캐나다를 중심으로 유럽의 14개국이 참여했는데, 이 기구의 목적은 마셜 플랜의 효율적인 운영과 조정을 위한 것이었다. 이러한 점에서 미국은 유럽의 최초 협력 기구인 OEEC의 형성을 촉발했으며, 궁극적으로는 유럽 통합의 시발점에 적극적으로 개입해 있었다고 보아도 과언이 아니다.

마셜 플랜을 통해 미국은 서유럽에 총 138억 달러의 지원을 결정하였다. 1948~1952년 사이 마셜 플랜으로 지출된 금액은 미국 연방 정부 예산의 5.5%나 되었다. 특히 미국은 총 지원금의 89%를 물품이나 현금으로 지원하여 유럽 경제가 전쟁의 피해를 극복하는데 크게 기여하였다. 물론 유럽은 지원금의 상당 부분을 미국 농산품을 구입하는데 사용하였기 때문에 마셜 플랜은 사실상 미국과 유럽 모두에게 이로운 경기 부양 정책이 되었던 것이다.

유럽 경제의 재건과 동시에 미국은 서유럽의 안보를 확립해야 했다. 미국은 경제 부문에서 OEEC를 출범시켰듯이 안보 부문에서는 1949년 NATO를 출범시켰다. 문제는 독일이 냉전 시대 소련 블록과의 대치 상태에서 최전방에 위치함에도 불구하고 프랑스의 반대로 집단 안보 체제에 가입할 수 없다는 점이었다. 이러한 NATO의 제약을 극복하기 위해 유럽 국가들은 유럽방위공동체를 추진하였고 미국은 이 계획을 지지하였다. 하지만 1954년 프랑스 의회의 반대로 방위공동체 계획이 무산되었고, 그 이듬해 서독이 NATO에 가입함으로써 미국은 이제 유럽을 지배하는 세력으로 확고히 자리를 잡게 되었다.

1950년대 중반부터 1970년대 중반까지 미국과 유럽의 관계는 서서히 변화하여, 유럽이 미국 모델에 심취해 있던 상황에서 독자적인 노선으로 발전해 가는 변화를 겪게 된다. 1950~1960년대에 미국은 유럽 인들에게 근대적이고 진보적인 국가의 모델로 인식되었고, 유럽 인들은 이러한 미국의 모습을 부럽게 바라보아야만 했다. 특히 미국은 편리함과 풍요로움을 동시에 갖춘 소비 사회 모델로서 유럽 인들의 욕망을 자극하였다. 예를 들어 상품들이 산더미처럼 쌓여 있는 슈퍼마켓이나 하이퍼 마켓은 유럽 인들에게 생소한 것이었고, 영화를 통해 비쳐진 미국의 가정은 각종의 가전 제품들이 구비되어 있는 천국 같은 풍요를 누리고 있었다.

다른 한편 미국은 마셜 플랜을 통해 유럽의 생산성 사절단을 받아들여 미국 산업의 효율성을 유럽에 전파시키려 하였고 광고에 중점을 둔 새로운 경영 기법을 유럽으로 확산시켰다. 문화 학술적인 면에서도 미국의 풀브라이트 상원 의원의 이름을 딴 장학금 제도는 1940년대 말부터 수천여 명에 이르는 유럽의 젊은 학자들로 하여금 미국식 학문을 배울 수 있도록 하였다. 유럽이 이처럼 미국 모델에 심취되어 있는 동안 미국인들은 유럽을 단순히 오랜 문명을 지닌 관광지 정도로밖에 생각하지 않았다. 미국인들에게 유럽에서 만든 작은 자동차들은 호기심의 대상이었지 미국의 멋진 차를 위협할 수 있는 존재는 아니었다.

하지만 미국과 유럽의 관계는 서서히 변화의 조짐을 보이기 시작했다. 미국과 유럽의 서로 다른 정치적 문화는 장기적으로 이들 사이를 멀어지게 했다. 유럽에서 공산주의 세력은 오랜 전통과 뿌리를 가지고 있으며 각국의 정치 문화에 주요한 부분으로 건재해 있었다. 특히 반 나치스 투쟁에서 공산주의 세력은 주도적인 역할을 담당했었기 때문에 전후 상당한 역사적 정통성을 가지고 국민의 지지를 받고 있었다. 그러나 미국은 서유럽의 공산주의 세력을 위험한 불순 세력으로 규정하고 각종 공작을 통해 반공 정책을 시행하였다. 프랑스와 이탈리아에서는 미국 중앙정보국(CIA)가 자금을 지원하여 반공 노동 조합들이 결성되도록 조종하였고, 심지어 이탈리아에서는 글라디오(Gladio)와 같은 반공 조직을 비밀리에 결성하였다. 미국이 매카시즘(Macarthyism)의 극단적 상황으로 돌입하게 되면서 공산주의 세력뿐 아니라 유럽의 사회주의 세력들마저도 미국 모델에 대한 회의를 느끼기 시작하였다. 사르트르와 같은 지식인은 당시 미국을 가리켜 '광견병에 걸렸다' 라고 표현했을 정도이다. 1960년대의 베트남전은 이러한 미국의 반공적 열의가 유럽의 지지를 받지 못한다는 점을 극명하게 드러냈다. 미국의 요청에도 불구하고 유럽의 동맹국들 중 베트남에 파병을 한 국가는 하나도 없었다. 프랑스의 드골 대통령이나 영국의 윌슨 수상은 모두 미국의 베트남 정책을 공개적으로 또는 비공개적으로 비난하였다. 1968년에는 런던 파리 베를린의 학생과 노동자들이 모두 미국을 제국주의적 세력으로 비판하였다.

군사적인 차원에서도 미국의 지배적인 상황은 유럽의 최대 군사 세력인 프랑스로부터 도전을 받게 되었다. 1960년대 미국의 케네디(J. Kennedy) 대통령은 NATO 하에 다국적 함대를 결성하고 이 함대의 지휘권을 미국이 독점하는 체제를 제안하였다. 프랑스의 드골 대통령은 이러한 미국의 시도에 제동을 걸고 나서 적극 반대하였으며, 1966년에는 프랑스가 나토의 군사 조직에서 탈퇴한다고 밝혔다. 이 결정에 따라 미국은 프랑스에서 사용하던 군사 기지에서 모두 철수할 수밖에 없었고, NATO 역시 프랑스가 탈퇴함으로써 군사적 위상이 훨씬 떨어지는 기구로 전락하였다. 물론 당시까지만 해도 프랑스를 제외한 다른 유럽 국가들은 미국의 주도적 역할에 대해 도전을 하지는 않았지만, 프랑스의 행동은 미국과 유럽 관계의 장기적 변화에 영향을 미칠 만한 중요한 사건이었다.

마지막으로 미국과 유럽의 관계의 결정적인 변화는 경제적인 부분에서 제기되었다. 유럽의 6개국은 1958년 유럽경제공동체를 결성한 뒤 지속적인 고도 성장세를 유지해 왔고, 반면 미국의 경제는 상대적인 약세를 면치 못했다. 특히 1970년 미국의 고 인플레와 이에 따른 1971년 닉슨(R. Nixon) 대통령의 금태환 제도 폐기는 유럽 인들에게 미국의 국내 사정만을 고려한 이기적이고 일방적인 정책으로 인식되었고, 유럽의 독자적인 경제 발전과 경제권 형성을 촉진시키는 계기가 되었다. 미국은 유럽의 통합으로 미국의 국제 경제적 지위가 위협 받게 되자 GATT 체제를 통한 유럽 시장 개방을 시도하였고, 다른 한편으로는 미국의 최대 동맹국인 영국을 통해 유럽 통합의 속도와 과정을 방해하려는 정책을 폈다. 이러한 미국의 시도는 영국의 공동체 가입 이전이나 이후에 모두 나타났다.

1970년대 중반부터 현재까지 유럽은 점진적으로 미국이 두려워할 만한 경쟁 세력으로 등장하였다. 첫째, 경제 부문에서 미국과 유럽의 관계는 균형을 잡아가기 시작하였고, 이와 동시에 마찰과 갈등도 노골적으로 드러나게 되었다. 1960년대 미국의 다국적 기업들은 유럽에 대규모로 투자를 시행하여 유럽이 미국의 경제적 식민지가 될 것이라는 우려가 일부 지식인들에 의해 제기되었다. 프랑스의 세르방 슈레베르(Servan-Schreiber)는 '미국의 도전'(Le défi américain)이라는 저서를 통해 이러한 우려를 반영하면서 유럽이 미국의 경영 기법과 기술, 제도들은 수용해야 한다고 주장한 바 있다. 그러나 1970년대 말부터 유럽 기업들이 대거 미국으로 진출하여 투자하고 생산하는 현상이 일반화 되었다. 1980년대 미국 골든보이의 상징은 더 이상 캐딜락이 아니라 벤츠와 BMW였다. 그만큼 자동차의 나라 미국에서조차 유럽의 자동차가 성공을 거두게 되었다는 의미이다.

　　미국과 유럽 사이의 통상 마찰은 매우 다양한 부문에서 일어나고 있지만, 대표적으로 민간 항공기 산업과 농업에서 오랜 기간 지속되어 왔다. 미국은 1980년대 중반부터 유럽의 항공 산업이 GATT가 규정한 공정한 국제 경쟁의 규칙을 위배하고 있다고 주장하면서 이의 시정을 요청하고 있다. 미국의 논리에 따르면 유럽의 에어버스 컨소시엄은 유럽 정부들의 막대한 지원을 받고 있기 때문에 정부 보조금이 없는 미국의 기업들과 공정하게 경쟁한다고 할 수 없다는 것이다. 이에 대해 유럽은 그것은 형식적인 논리이지 실제로는 미국의 항공 산업도 정부의 무기 구입 예산을 통해 유럽과 동등한 지원을 받고 있다고 반박한다. 현재 유럽의 에어버스는 세계 민간 항공기 시장의 약 절반을 차지하고 있는 상황이다. 최근에는 미국의 보잉 사와 맥도널더글라스사가 합병하여 유럽연합 집행위원회로부터 경쟁의 불공정성을 초래하는 합병이라는 판결을 받기도 하였다. 21세기 들어서는 미국측에서 유럽연합이 슈퍼점보라 불리는 에어버스 380기 개발에 불법적 지원을 하고 있다고 비난하자, 유럽은 미국이 오히려 보잉사의 드림라이너 7E7기 개발을 지원한다고 맞받아쳤다. 이처럼 최첨단 기술을 바탕으로 고부가 가치를 창출해 내는 항공산업에서 미국과 유럽연합의 갈등은 지속될 전망이다.

농산물 분야에서 미국의 농민들은 유럽연합의 공동 농업 정책이 농민에게 각종 보조금과 수출 지원금을 지급함으로써 미국의 유럽에 대한 콩이나 곡물 수출을 저해하고 있다고 문제를 제기해 왔다. 그러나 유럽에서는 미국 역시 뉴딜 정책 이후 연방 정부가 농민의 소득을 보장하기 위해 농민 지원금을 지급하고 있으며 내부적으로 가격 지지 정책을 펴고 있다고 반박한다. 물론 이러한 농업 보조금이나 정책은 레이건 행정부 시절 많이 축소되었다. 이러한 미국의 압력에 의해 우루과이 라운드 협상에서 유럽은 맥샤리 개혁을 시행하게 되었다. 현재 진행되고 있는 도하 라운드에서도 미국과 유럽연합은 여전히 농업 보조금 철폐 문제를 가지고 첨예하게 대립하고 있다.

이처럼 경제 부문에서 유럽 통합의 발전은, 비록 미국의 축복을 받고 미국의 지원 속에 시작되어 갔다고 하더라도 결과적으로는 미국이 원치 않는 방향으로 상황이 전개되어 갔고 미국의 이익을 위협하는 지경에까지 이르게 되었다. 하지만 정치 안보 부문에서 미국은 아직도 유럽에 결정적인 영향력을 행사하고 있으며 조만간 이러한 역할이 획기적으로 변할 가능성도 그리 커 보이지 않는다. 예를 들어 1980년대 초반 소련의 아프가니스탄 침공과 동유럽에 대한 SS-20 미사일 배치로 서유럽이 소련의 위협을 피부로 느끼게 되자 미국은 퍼싱(Pershing) 미사일을 배치함으로써 아직도 서유럽의 안보에는 미국의 핵우산이 필요하다는 사실을 보여주었다. 베를린 장벽의 붕괴 이후 일부 중·동유럽 국가들은 유럽연합의 사회적 자본주의 모델보다는 미국식의 극단적 자유주의 모델에 기초한 개혁을 추진하면서 미국이 적극적으로 중·동유럽에 개입하기를 희망하였다. 또한 중·동유럽 국가들이 NATO에 가입함으로써 미국의 보호막 안으로 들어간 것도 미국이 아직 유럽에서 가지고 있는 군사 세력으로서의 위상을 증명하고 있다.

그러나 유럽은 미국의 절대적 군사 세력으로서의 위상을 인정하면서도 자체적인 방위 능력을 키우려고 작은 계획들을 점진적으로 추진하고 있다. 마스트리히트 조약에서 나타난 유럽 방위 정책의 개념이 그렇고 프랑스와 독일이 설립한 유럽 군단이 그러한 사례이다. 그러나 미국은 이러한 시도에 대해 NATO의 결속력을 약화시키고 유럽의 방위를 강화하는데 도움이 되지 않는다는 부정적인 인식을 갖고 있다.

일본과의 관계

유럽과 일본이 처음 서로 접촉하게 된 16세기 이래로 450여 년 동안 일본은 서구 문명의 '모범적 학생'으로서 세계를 놀라게 하였다. 일본의 경제적 발전은 비 서구 국가가 유럽에서 생성된 자본주의 발전 양식을 재생시킬 수 있다는 확신을 세계에 심어주는 계기가 되었다. 달리 말해서 경제 발전이 서구인들의 독점물이 될 수 없다는 사실을 증명하였던 것이다. 더구나 일본은 유럽이 수세기에 걸쳐 이룩한 경제 발전을 짧은 기간에 압축하여 따라잡은 것은 물론 특정 부문에서는 오히려 스승을 추월한 제자로 등장하였다. 세계사에서 이러한 명암의 교차는 유럽 인들로 하여금 강력한 반일 의식을 갖게끔 하였고, 이러한 영향은 현재의 유럽 일본 관계에서도 빈번하게 나타나고 있다.

전후 유럽과 일본의 관계가 재개되는 것은 경제적인 교류 특히 무역 교류를 통해서이다. 유럽은 19세기 말 일본 근대화의 전체적인 모델로서 중대한 역할을 담당했으나, 이제 이 같은 역할은 미국으로 넘어갔고 유럽은 단지 일본의 기업들이 물품을 수출할 수 있는 시장으로 존재할 뿐이었다. 일본이 유럽을 개척해야 하는 시장으로 보고 이를 적극적으로 추진하는 동안 유럽은 일본의 존재와 발전에 대해 그다지 커다란 관심을 나타내지 않고 무방비의 상태로 있었다. 이것이 바로 1960년대부터 시작된 일본과 유럽 간의 불화의 근원이 되어 지금까지 구조적인 불균형 상태를 초래하고 있다고 할 수 있다.

1960년대부터 본격화되기 시작한 유럽과 일본의 경제 교류는 일본에 일방적으로 유리하게 진행되어 왔다. 무역 관계에서 일본은 유럽에 대해 막대한 액수의 흑자를 기록하고 있으며, 상호 투자 관계도 일본의 유럽 진출이 그 반대의 경우보다 훨씬 활발하다. 이러한 변화는 세 단계를 거쳐서 진행되었다. 첫째 단계는 1960년대 말까지라고 할 수 있는데 이 기간에 유럽과 일본의 무역 관계는 선진국과 후진국의 무역 관계를 반영하듯이 유럽이 흑자를 기록하였다. 그러나 1970년대에 들어오면서 일본은 유럽 무역에서 흑자를 기록하기 시작하고, 일본의 이러한 수출확대는 1970년대 내내 지속되어 양자 간의 무역 불균형은 1970년대 말 1980년대 초에 가장 심각한 수준에 도달한다. 셋째 단계는 1980년대 이후라고 할 수 있는데 이 기간에는 1970년대 만들어진 불균형의 상황이 더욱 악화되거나 혹은 개선되지 않은 채 계속 유지되었다.

다만 1990년대부터는 일본이 장기적인 경기 침체에 빠져들게 됨에 따라 유럽연합 및 미국 등 선진 경쟁 세력과의 마찰이 완화되었다. 어떤 측면에서는 1990년대부터 급부상한 중국이 국제 무대에서 일본의 역할을 대신하게 되었다고도 말할 수 있을 것이다. 일본과 유럽연합의 관계는 이러한 세계 경제의 흐름을 반영하면서 상당히 안정적인 단계에 돌입하였다. 다른한편 21세기 들어 유럽연합은 미국과 중국을 제치고 일본의 최대 투자 지역으로 부상하였다. 말하자면 일본과 유럽연합은 선진 지역 간의 산업 내(intra industry) 교류 및 투자의 수준에 이르렀다는 것이다. 이에 덧붙여 2001년 유럽연합은 일본에 관한 행동 계획(action plan)을 발표하였는데 이는 기존에 통상 투자 부문을 중심으로 확립된 관계를 보다 포괄적으로 정치 문화 부문으로 확대하겠다는 내용을 담고 있다.

요약하자면 일본은 1980년대 한때 너무나 급속한 경제적인 성공으로 유럽연합의 경쟁 세력으로 부상하였고, 실제 능력보다도 훨씬 과대평가되어 유럽의 견제 대상이 되었으며, 유럽 단일 시장이나 일부 산업 정책을 추진하는데 결정적인 원인을 제공한 바 있다. 하지만 1990년대 성공이 무너지고 더 이상 유럽연합에 위협을 미치지 못한다고 판단되면서 오히려 양자 간의 관계는 안정화되고 긴밀해졌다.

새로운 경쟁세력: 중국과 인도

21세기 들어서 세계 정치경제의 화두는 역시 중국의 놀라운 부상이다. 현재 중국이라는 세력의 급속한 성장은 혜성처럼 치솟아 올랐던 1980년대 일본의 부상을 상기시킨다. 유럽연합과 미국은 과거 일본 때리기로 자국 시장을 보호하고 자신의 여러 정치 경제 사회적 문제들이 일본의 불공정한 관행에서 비롯된다고 주장하였듯이, 최근에는 중국에게 그 화살을 돌리고 있는 모습이 보인다. 그러나 현실 속에서 유럽연합이나 미국은 모두 중국과 밀접한 관계를 형성해 가고 있다. 유럽과 중국의 관계도 획기적인 발전을 하였는데 현재 중국은 미국 다음 가는 유럽연합의 제2의 무역 파트너이다.

유럽연합과 중국의 관계에서 최근 쟁점으로 부상한 분야는 유럽의 대 중국 무기 수출 금수 문제이다. 유럽 국가들은 1989년 중국에서 천안문 사태로 시민들의 시위가 무자비한 폭력으로 진압되자 중국에 대해 무기 금수령을 결정했었다. 그러나 21세기 들어 중국의 경제력이 강화되고 중국 군의 현대화 계획이 추진되면서 일부 유럽 국가에서는 이러한 무기 금수령의 완화를 주장하고 나섰던 것이다. 특히 프랑스의 시라크 대통령은 이러한 자국 무기 수출 세력의 대변인으로 나섰었다. 하지만 중국의 군사력 강화에 대해 강한 거부감을 가지고 있는 미국이 이를 전격적으로 비난하였고, 유럽 내부에서도 무기 수출에 대해 비판적인 세력의 반대로 금수령은 유지되고 있다.

무기 금수령이 상징적으로 보여 주는 것은 유럽연합-미국-중국의 복합적인 삼각 관계이다. 유럽연합과 미국은 중국의 개방과 변화를 유도하여 세계 정치 경제 체제로 통합시키는 데는 공동의 이익을 가지고 있다. 특히 서비스 분야의 개방이나 지적 소유권 문제, 중국의 덤핑 공세 등에 대해서 이들은 공동 전선을 형성하곤 한다. 하지만 무기 금수령과 같이 전략적인 분야에서 삼자의 이해관계는 보다 복잡해 진다. 유럽의 수출 이익과 중국의 군사 현대화가 미국의 중국 견제라는 전략적 목표와 충돌할 수 있기 때문이다.

결국 10여 년 전 20세기 후반의 상황과 비교했을 때 커다란 변화는 당시 유럽연합의 주요 경쟁 세력이 미국과 일본이었던데 반해, 지금은 중국과 인도가 오히려 세계 질서를 변화시킬 수 있는 신흥 경쟁 세력으로 등장하였다는 점이다. 마치 이를 반영하듯이 유럽연합은 2000년부터 인도와 정기적인 정상회담을 열고 있다. 유럽연합은 이제 인도의 최대 무역 파트너 및 투자국이 되었으며 인도의 대외 무역에서 유럽연합이 차지하는 비중은 20%에 달한다.

최근 2006년에는 인도의 재벌 미탈 그룹이 유럽 최대의 철강회사인 아르셀로르(Arcelor)를 인수ㆍ합병하려고 시도하자 프랑스와 룩셈부르크 정부가 반발하고 나섰다. 공식적으로 제기되었던 이유는 철강산업의 전략적인 성격이었지만 실토할 수 없는 이유도 있었다. 19세기 유럽의 대표적이고 상징적인 식민지였던 인도의 자본이 역시 유럽 산업혁명의 상징 산업인

브라자 전쟁(Bra War) — BOX 25

유럽연합과 미국을 비롯한 선진국들은 개발도상국에게 시장을 개방하라는 자유무역 압력을 행사하면서도 실제로 자신의 시장은 보호하는 이율배반적 정책을 시행해 왔다. 1974년부터 2004년까지 무려 30여 년 동안 다자간섬유협정(MFA)을 통해 개발도상국의 섬유상품 수출을 제한해 왔던 것이다. 하지만 개도국에서는 이런 위선적 태도를 비판하였고 결국 선진국도 자국 시장을 영원히 보호할 수는 없었다.

세계무역기구(WTO)가 출범하고도 10년이 지난 2005년 초부터 유럽연합과 미국은 기존의 모든 제한조치를 철폐하고 섬유 상품의 시장을 완전히 개방하였다. 그러자 중국으로부터 이들 선진국 시장으로의 섬유 상품 수출이 폭발적으로 증가하였다. 연초 불과 몇 달 만에 대부분의 제품에서 중국의 수출량은 100% 이상 증가하였고 일부에는 수백 % 정도로 폭증하였다.

당황한 선진국들은 비상 조치를 취하기 시작하였다. 유럽연합은 중국과 협의하여 향후 3년간 중국의 섬유제품 수출 증가를 연 10%로 제한하였다. 미국의 경우 협의 없이 일방적으로 중국 섬유 수출에 대해 연간 증가율을 7.5%만 허용하기로 결정했다. 유럽연합의 경우 협의가 진행되는 동안 이미 많은 주문량이 유럽 세관에 도착하였고 이는 7천 500만개의 제품에 해당하였다. 일명 브라자 전쟁이 시작된 것이었다.

유럽연합 내에서 프랑스나 이탈리아와 같은 보호주의 전통의 국가들은 세관을 봉쇄하고 이들 상품을 반입할 수 없다고 주장하였다. 반면 북구의 자유주의 전통 국가들은 이러한 보호주의를 비판하고 나섰다. 결국 2005년 9월 토니 블레어(T. Blair) 영국 총리와 피터 만델슨(P. Mandelson) 통상담당 집행위원이 중국을 방문하는 과정에서 세관의 봉쇄를 해제하고 기존에 유럽에 도착한 제품 량을 다른 품목이나 다음 해 쿼터로 대체하기로 중국 측과 합의하였다. 한편 세계무역기구는 유럽연합과 미국의 제한 조치가 2008년에 완전히 철폐되어야 한다고 못박았다.

철강업의 대표기업을 인수한다는 것이 정서적 거부감을 일으켰던 것이다. 하지만 미탈의 인수를 거부감을 경우 이번에는 러시아의 재벌이 인수에 성공할 가능성이 높아지자 할 수 없이 미탈의 제안을 받아들이는 선택을 하였다. 어차피 외부에 빼앗길 수밖에 없다면 러시아보다는 인도의 재벌이 낫다는 선택인 셈이다.

이처럼 다양한 세력이 경쟁하는 세계 속에서 합종연횡의 외교는 복잡한 양상을 띠어가고 있다. 일례로 중국과 인도는 유럽의 갈릴레오(Galileo) 체계에 참여함으로써 미국의 독점을 견제하는데 동참하였다. 갈릴레오란 유럽연합이 주도하는 미국의 GPS에 대한 대안적 체계로서 교통 관리, 토지 관리, 과학 연구, 재해 관리 등에 활용하는 프로젝트이다. 이와 같이 다양한 세력들이 서로 얽히며 부문에 따라 협력과 경쟁을 추진해 가는 21세기는 진정한 복합 세계라고 부를 만하다.

유럽연합은 인구나 축적한 부의 규모, 시장의 크기와 영향력이라는 측면에서 명실상부한 세계의 한 중심으로 부상하였다. 그만큼 유럽연합이 세계의 정치와 경제에 미치는 영향력은 클 수밖에 없다. 물론 일부에서는 유럽연합이 다양한 회원국으로 구성되어 있기 때문에 효율적인 정책 결정을 할 수 없는데다, 군사적인 수단도 부족하고 정치적 리더십의 의지도 없기 때문에 덩치만 커다란 무기력한 존재라고 보고 있다. 이러한 시각이 어느 정도 현실을 반영하고 있는 것은 사실이다. 하지만 이 장에서 보았듯이 유럽연합은 세계의 다양한 국가 또는 행위자들과 밀접한 관계를 맺어가고 있다. 미국처럼 강력한 지도력을 발휘하지는 못하지만 나름의 철학과 비전, 그리고 분명한 정책 방향이 존재한다는 것을 알 수 있었다. 이제 세계 정치 경제의 이해는 유럽연합의 역할과 기능에 대한 명확한 인식이 없이는 불가능하게 되었다.

참고문헌

M. Pollack and G. Shaffer(eds), 2001, *Transatlantic Governance in the Global Economy*. Lanham: Rowman and Littlefield.

R. Kagan, 2003, *Paradise and Power: America and Europe in the New World Order*. London: Atlantic Books.

S. Dosenrode and A. Stubkjaer, 2002, *The European Union and the Middle East*, London: Sheffield Academic Press.

O. Antonenko and K. Pinnick(eds), 2005, *Russia and the European Union*,

London: Routledge.

R. Ginsberg, 2001, *The European Union in International Politics: Baptism by Fire*, Lanham: Rowman and Littlefield.

P. Katzenstein, 2005, *The World of Regions: Asia and Europe in the American Imperium.* Ithaca: Cornell University Press.

21세기 유럽 통합의 전망

"20세기에는 획기적인 민족이 존재할 것이다. 이 거대한 민족은 그 거대함에도 불구하고 자유로운 민족일 것이다. 이 빛나는 민족은 풍요롭고 지적이며 평화적이고 인류의 다른 민족들에게 우호적일 것이다. 이 민족의 수도는 파리가 될 테지만 민족의 이름은 프랑스가 아니고 유럽일 것이다. 게다가 20세기 이 민족의 이름은 유럽이지만 그 이후에는 또 다른 변화를 거쳐 인류라고 불릴 것이다."

위고(Victor Hugo), '미래', 1867년

역사는 반복되지 않는다. 역사는 특수한 행위와 사건들이 시간이라는 무대 위에서 벌이는 자유롭고 즉흥적인 연극이기 때문에 반복될 수가 없다. 이같이 역사가 복합적인 모습으로 항상 새로운 방향으로 전개되기 때문에 사회 과학에서 정확한 예측이란 불가능한 일인지도 모른다. 내부적으로 국민에 대한 통제를 강화하고 외부적으로 다른 국가들과 경쟁하면서 국민 국가 체제가 형성되었던 수세기 동안 아무도 유럽연합과 같은 국가 간 통합체의 출현을 예상할 수는 없었다. 독일과 이탈리아에서 민족 통합이 한창 진행 중이던 1860년대에 빅토르 위고의 주장은 예언이었지 당시의 객관적 상황에 근거한 예상은 아니었다. 그것은 당위성을 가지고 인류가 나아가야 할 방향을 제시한 지식인의 의지와 신념의 표현이었지 과학적인 분석의 결과는 아니었다.

역사의 향방을 묻는 질문에 대해 사회 과학은 확답을 내려줄 수는 없다. 그러나 역사의 예측 불가능성에도 불구하고 사회 과학은 미래의 전망에 대한 세기 초의 사회적 요구를 완전히 외면할 수 없다. "21세기의 유럽은 어떤 모습일까?" 이 장에서는 앞 장에서의 논의를 정리하고, 이를 토대로 하여 21세기 예상되는 유럽사회의 중요 쟁점과 도전에 대해 살펴볼 것이다.

하나의 유럽

하나의 유럽은 21세기 초 현재 이미 그 실체를 여러 부분에서 보여 주고 있다. 물론 유럽연합은 27개 회원국으로 구성되어 있다. 27개 회원국은 각각 고유한 언어와 전통, 문화와 풍습을 보유하고 있으며, 특수한 역사적 과정을 통해 형성된 독특한 정치 체제를 가지고 있다. 독일은 연방 공화국이고 프랑스는 중앙 집권적인 단일 공화국이며, 영국, 덴마크, 에스파냐 등 적지 않은 나라들이 여전히 군주가 지배하는 왕국이다. 핀란드나 오스트리아는 전통적인 중립국이지만 독일에는 미군이 아직도 주둔하고 있고, 프랑스는 독자적인 방위력을 유지하려고 노력하고 있다. 그리스는 아직도 농업의 비중이 큰 비교적 낙후된 국가이지만 스웨덴은 이미 산업화의 단계를 넘어 후기 산업 사회로 진입한 상황이다. 2004년에 가입한 신입 회원국들로 인해 유럽연합 내의 다양성은 더욱 강화되었다. 사용하는 언어의 수만 보더라도 10여 개의 언어에서 20여 개의 언어로 늘어난 것이다. 유럽은 진정 바벨탑의 모습을 보여주고 있다. 경제적인 수준에서도 신입 회원국들은 대부분 기존 회원국보다 상당히 낮은 수준이다. 예를 들어 구매력평가기준 일인당 국민소득을 보면 신입 회원국 10개국은 유럽연합의 최저 수준을 형성하고 있다. 유일한 예외는 슬로베니아, 키프로스, 몰타가 포르투갈보다 높은 구매력평가기준 국민소득을 가지고 있다는 점이다. 2007년에 가입한 불가리아와 루마니아는 기존의 회원국 중에서 최저 경제 수준을 보였던 폴란드보다도 더 낮은 국민소득을 갖는 국가라는 점에서 유럽 내부의 다양성과 격차는 더욱 강화될 전망이다.

이처럼 유럽연합은 미국이나 중국과 같은 나라와는 근본적으로 다른 양상을 보여 주고 있다. 즉 국가와 같은 통일된 하나의 실체는 아니다. 물론 미국이나 중국 내에도 유럽연합과 견줄만한 차별성이 존재한다. 예를 들면 경제적 수준에 있어 성(省)들 간에 또는 주(州)들 간에 상당한 차이가 있다. 문제는 실질적인 차이의 존재가 아니라 미국이나 중국은 중앙 정부 또는 연방 정부에서 이러한 차이를 줄이기 위해 정책적으로 예산을 활용할 수 있지만 유럽연합의 경우 이러한 강력한 재정 정책 수단을 보유하고 있지 못하다는데 있다. 또한 같은 연합내에서도 유로화를 사용하는 지역과 여전히 자국 화폐를 사용하는 지역으로 나뉘어 있다는 점도 간과할 수 없는 부분이다.

하지만 유럽연합을 단순한 국제기구나 국제협력체로 보는 것도 적절하지 않다. 지난 1979년부터 유럽 인들은 유럽의회에서 자신을 대표할 의원들을 직접 선거를 통해 선출해 왔다. 지난 2004 실시된 선거는 이미 여섯 번째의 직접 선거였다. 어느 국제기구나 국제협력체도 회원국의 국민 전체를 대표하는 의회를 보유하고 있지 않으며, 대표를 국민이 직접 선출한다는 것은 상상하기도 어려운 일이다. 또한 유럽연합의 집행위원회는 1만 8,000명이 넘는 관료들을 중심으로 구성되어 있으며, 이들은 15개 회원국 관료들과 유기적인 관계를 맺고 있다. 매주 브뤼셀에서 유럽연합 관료와 회원국 관료들이 참여하는 회의만 수백여 차례에 달한다. 따라서 유럽연합은 이미 하나의 관료 체제망을 구성하고 있다고 표현해도 과언이 아니다. 유럽연합 회원국의 장관들은 유럽연합 각료이사회에 참여하기 위해 수시로 여행을 하고 있으며, 각국 정상들은 정기적으로 매년 두번씩 유럽이사회에서 정상 회담을 여는 한편, 중요한 쟁점이 대두되면 특별 회합도 갖는다. 또한 유럽법원의 결정은 회원국 법원들이 내리는 결정보다 우선하기 때문에 유럽 사회에 핵심적인 영향력을 행사하고 있다. 이처럼 유럽연합은 하나의 의회, 하나의 행정부, 회원국들이 참여하는 하나의 결정 기구, 하나의 법원 등 제도적인 단일성을 확보해 놓고 있다. 유럽연합의 제도는 물론 어느 한 국가의 국내 제도에 비해서는 그 결집력이 떨어지지만, 그럼에도 불구하고 유럽연합은 회원국들 간에 맺어진 느슨한 형태의 협력체가 아니라, 회원국들 위에서 조정자와 통제자의 역할을 담당하는 핵심적인 정치 체제로 존재하고 있다.

이같은 제도적 통합을 바탕으로 유럽연합은 다양한 분야에서 하나의 정책을 추진하고 있다. 여러 분야 중에서도 농업과 통상 부문은 유럽연합이 독점적인 정책 권한을 보유하게 된 최초의 정책 분야들이다. 유럽의 농민들은 공동 농업 정책을 통해 결정되는 생산량과 가격에 따라 매년의 소득 및 사업 계획을 세워야 한다. 유럽연합은 농업관련 분야의 발전을 도모하면서 유럽을 국제적 농산물 수출국으로 변신시켰다. 유럽공동체는 통합의 초창기인 1960년대부터 대외 통상 협상권을 독점해서 EC 회원국을 대표해서 각종 다자간 회의에 참여하였다. 농업과 통상을 중심으로 시작된 유럽 차원의 정책은 점진적으로 다른 분야로 확산되었다. 농업과 관련하여 어업, 환경, 위생, 소비자 보호 등의 정책이 점차 유럽 차원에서 형성되기 시작하였으며, 통상과 관련해서는 개발 지원, 과학 기술, 교육 등의 정책이 유럽화 되었다. 물론 이 모든 분야에서 유럽연합이 독점적인 정책 결정 권한을 확보한 것은 아니었지만, 유럽연합이 직접적이고 상세한 결정을 내리지 않더라도 회원국들은 유럽연합이 정한 원칙에 위배되지 않는 범위 내에서 세부 사항을 결정할 수밖에 없었다. 그만큼 회원국들의 정책 역시 '하나의 유럽'의 영향과 제약을 받게 되었다.

1990년대에 완성된 단일 시장과 성공적으로 추진된 단일 화폐는 이러한 유럽의 통합을 더욱 가속화시키고 있다. 모든 장벽이 제거된 단일 시장을 만들기 위해 유럽연합의 회원국들은 오랜 기간 존재해 온 국경과 세관을 없애야 했으며, 이와 동시에 국경과 세관과 같은 '전통적인' 제도들을 제거하면서 발생하는 상징적이고 실질적인 문제들을 해결해야 했다. 포르투갈에서 인증을 받은 제품을 덴마크에서 규제 없이 유통시키는데 따르는 문제, 그리스에서 의사 자격을 받은 사람이 영국에서 개업을 하는데 따르는 문제, 이탈리아의 조달 관청에서 입찰을 할 때 독일 기업이 차별 대우를 받지 않도록 하는 문제 등 단일 시장 계획은 수많은 규제의 통합과 조정을 강요하였다. 오랜 시간과 적지 않은 진통을 겪은 후 1993년 유럽의 단일 시장은 완성되었고, 규모에 있어 유럽은 세계 최대의 경제권으로 부상하게 되었다. 문제는 이 같은 양적인 성장에 따른 질적인 성장, 즉 경제 규모에 비해 유럽연합의 국제적 영향력은 미미하다는 점이었다. 이러한 약점을 보완하기 위해서 추진된 것이 정치적인 통합과 통화의 통합이었다. 명칭을 유럽공동체에서 유럽연합으로 변경한 것은 하나의 정치체로서의 유럽을 강조하기 위한 의도도 포함되어 있었다. 유럽의 경제 세력화의 전제 조건으로 제시된 것이 단일 화폐의 사용 문제였다. 단일 시장을 형성한 상황에서 각국이 다른 화폐를 사용한다는 것은 국가와 기업 간의 경쟁 관계를 왜곡하기도 하지만, 유럽의 국제적 영향력 확산에도 제약을 가한다는 판단이 단일 화폐 추진에 동력을 제공하였다.

유럽은 이제 하나의 제도, 하나의 정책, 하나의 시장, 하나의 화폐를 바탕으로 국제적 영향력을 확대해 가고 있다. 현재 국제 관계에 있어 유럽의 경쟁 세력은 미국과 일본이다. 미국은 냉전 시대의 경쟁 세력인 소련이 해체된 뒤 유일한 초강대국으로 군림하고 있지만 통상 분야와 경제 분야에서 유럽의 견제를 받게 되었다. 유로화의 출범으로 미국 달러가 반세기 동안 유지해 온 국제 통화 질서의 기축 통화로서의 역할이 도전을 받게 되었기 때문이다. 국제적으로 유럽연합의 영향력 확대는 지속되고 있다. 지역적으로 보면, 유럽에서는 유럽연합에 아직 가입하지 않은 유럽 국가들에 대해서 각종의 특혜적 원조 정책을 통해 원만하게 정치 안정과 경제 발전을 이룰 수 있도록 지원하고 있다. 아시아와 아프리카, 그리고 남아메리카에 위치한 국가들에 대해서는 미국 일본과 경쟁하면서 자신의 영향력을 확대하려고 노력하고 있다. 남아메리카와는 이미 자유 무역 지대의 창설에 대한 움직임이 시작되었다. 이제 유럽연합은 세계 질서를 논하는데 제외할 수 없는 중요한 변수로 등장하였고 앞으로도 그 중요성은 강화될 것으로 보인다.

이처럼 '하나의 유럽'은 이미 명백하게 존재하고 있다. 물론 하나의 유럽이 순탄한 과정만을 밟아온 것은 아니다. 초창기의 원대하고 야심찬 군사 통합 계획인 유럽방위공동체는 실패하였고, 1960년대에는 프랑스 드골 대통령이 민족 주권을 보호한다는 명목으로 공동체 제도를 마비시킨 적도 있다. 1970년대의 통화 협력 체제는 회원국들의 단기적이고 기회주의적인 태도로 인해 성과 없이 막을 내려야 했다. 또 1980년대에는 영국 대처 수상의 유명한 "내 돈을 돌려달라"라는 정책으로 유럽연합 내 예산 배분과 관련된 문제가 발생하기도 하였다. 1990년대 단일 화폐의 출범을 앞두고 1992~1993년에는 통화 위기라는 태풍을 극복해야만 했다. 2000년대에는 유럽헌법안이라는 상징적인 계획을 야심적으로 추진하였으나 프랑스와 네덜란드, 그리고 아일랜드에서 국민들의 반대라는 복병을 만나 중도에 좌초되기도 했다. 그러나 역설적으로 통합이 순탄한 성장 과정만을 거친 것이 아니라 여러 차례의 위기를 넘기고 지금까지 어렵게 성장해 왔기 때문에 오늘날의 유럽연합은 보다 튼튼한 기반을 갖추게 되었다고 볼 수 있다.

유럽연합은 협력의 경험을 축적해서 만들어진 산물이다. 그리고 이러한 경험의 축적 과정 이면에는 하나의 운명 공동체를 만들기 위한 노력이 담겨 있는 것이다. 한 가지 획기적인 사실은 이렇게 어려운 통합 과정을 거치면서도 어느 국가도 유럽공동체나 유럽연합에서 탈퇴하지 않았다는 점이다. 과거 소련과 같이 힘에 의해 만들어진 연방도 아니고, 또 탈퇴한다고 해서 공식적인 제재가 가해지는 것도 아니었지만, 적지 않은 내부적 진통에도 불구하고 모든 참여 회원국은 그 자리를 지켜왔다. 회원국의 수는 오히려 계속 증가되어 왔고 유럽연합의 대기실에는 가입을 원하는 수많은 후보 국가들이 기다리고 있는 형편이다. 이와 같은 유럽연합의 성장과 발전은 국가들의 자발적인 참여, 협상에 의한 분쟁 해결, 법의 지배라는 합리적 원칙에 기초한 평화적인 지역 통합의 모델로 등장하게 된 것이다.

미래의 도전

유럽연합은 20세기 후반을 성공적으로 장식하면서 세계에 평화적 지역 통합의 모델을 제시하였지만 그렇다고 유럽연합의 미래가 평탄한 것만은 아니다. 유럽 통합의 역사에서 알 수 있듯이, 유럽의 역사는 실패와 굴절, 그리고 이를 극복하는 과정의 연속이었다. 유럽연합의 미래 역시 유사한 경로를 거쳐 나가게 될 것이다. 특히 연합의 회원국들의 단기적인 국가 이익과 장기적인 이익의 상호 모순성은 유럽연합을 운영하고 통합을 심화시켜 가는 과정에서 불가분 반복적으로 돌출될 것이다. 예컨대 영국이 어느 시점에 단일 화폐권에 가입하게 될 것인가를 결정하는 중요한 변수는 이 같은 단기적 이익과 장기적 이익 간의 저울질에 따른 결정이 될 것이다. 사실 이러한 모순은 처음부터 존재해 왔던 것이기도 하다. 유럽연합의 미래의 진로에 영향을 미칠 수 있는 도전으로는 다음과 같은 몇 가지를 예상해 볼 수 있다.

유럽연합이 극복해야 할 첫째 과제는 장기적인 경제 위기에서 탈출하거나 경제 위기의 사회적 결과를 소화할 수 있는 기제를 마련하는 것이다. 1970년대 시작된 유럽의 장기 불황은 구조적인 경제 사회 문제를 유발시켰다. 유럽연합의 평균 실업률은 1980년대부터 10%를 웃돌고 있다. 이는 유럽에 1,000만명 이상의 실업자가 있다는 것을 의미한다. 물론 미국이나 일본과 비교할 때 유럽의 실업자들은 상대적으로 관대한 사회 보장 제도의 혜택을 받고 있긴 하지만, 실업 문제가 장기화·구조화 되면서 사회보장 제도로 포괄할 수 없는 실업자 계층이 양산되고 있다. 장기 실업으로 더 이상 실업 연금의 혜택을 받지 못하는 계층과 한번도 일을 해 본적이 없어 제도적 도움을 받기 어려운 젊은이들이 늘어나고 있다. 이들에 대한 대책으로 일부 국가에서는 최저 소득제를 시행하여 노동을 하지 않더라도 시민으로서 일정한 소득을 보장받는 제도가 실시되고 있지만, 이러한 제도는 국가 예산과 사회 보장 제도의 재정 악화를 초래하여 차세대로 부담을 떠넘기는 결과를 낳고 있다.

최근에 이러한 구조적 문제를 해결하기 위해서 제안되는 방향은 크게 두 가지로 볼 수 있다. 먼저 보수주의자들은 근본적인 해결책이 경제 성장을 촉진시키는데 있다면서 시장의 원칙을 확산시키고 정부의 규제를 완화 철폐하여 자유로운 경제 활동을 보장해야 한다고 주장하고 있다. 유럽 국가들은 1980년대 단일 시장과 1990년대 단일 화폐를 추진하면서 상당 부분 이러한 방향으로 경제 정책의 틀을 맞추어 왔다. 재정 적자를 줄이고 통화량을 통제하며 반(反) 인플레 정책을 추진하였다. 실제로 유럽연합은 1997년부터 경기가 활성화되는 추세를 보여 주고 있으며 실업도 조금씩 감소하고 있다.

그러나 사회주의자들은 경제 성장이 실업의 근본적인 해결책이라는 점에 대해서는 동의하지만 방법에 대해서는 상이한 견해를 취한다. 이들은 시장 기제의 확산을 통한 경제 성장은 오히려 불평등을 강화할 가능성이 높으며, 이에 대한 보완책으로 케인스적 경기 부양책과 고용의 분담을 주장한다. 이들의 주장은 현실적으로 많은 지지를 얻은 바 있다. 1990년대 후반에는 유럽연합의 15개국 중 아일랜드와 에스파냐를 제외하고는 모두 사회주의 정당들이 집권한 바 있다. 1996년부터 이탈리아, 1997년에는 영국과 프랑스, 1998년에는 독일 등 유럽의 4대 강국이 모두 우파에서 좌파로의 정권 교체를 이루었다. 따라서 정책적인 차원에서 경기 부양과 사회적 기제의 확충이라는 방향으로 나아갈 가능성이 매우 높아졌던 것이다.

우리는 이 책의 1999년 판에서 극도로 세계화된 국제 경제 질서 속에서 유럽 사회주의 세력들의 시도가 성공할 수 있는가 라는 의문을 제기하였다. 그리고 시장 경제의 효율성과 인간적 사회를 건설하기 위한 사회적 기제를 이들 유럽 좌파 정권들이 성공적으로 실현해 낸다면, 21세기 유럽은 사회적 자본주의 모델을 세계에 제시할 수 있을 것이며, 반대로 이들의 시도가 실패로 돌아간다면 유럽은 미국식의 신자유주의 경제 사회 질서의 방향으로 나갈 수밖에 없을 것이라고 예측한 바 있다. 그만큼 유럽의 신사회주의 실험은 역사적으로도 적지 않은 의미를 지니고 있었던 것이다.

이들의 계획은 2000년 리스본 유럽이사회에서 일명 리스본 아젠다 또는 리스본 프로세스라는 이름으로 정리되었다. 우선 유럽 정상들은 유럽 지역이 새로운 세기의 경쟁에서 미국이나 동아시아에 비해 뒤처지고 있다는 사실을 인정하고 2010년 까지 이들 경쟁 세력을 제치고 다시 세계 경제의 선두를 달리겠다는 계획이 바로 리스본 아젠다이다. 그 구체적인 방향과 내용은 다음과 같다. 이론적으로 슘페터(J. Schumpeter)의 혁신(innovation)이라는 개념을 중심으로 결국 경제 발전은 창조적 혁신을 통해 이루어 나가야 하며, 21세기에는 정보 산업을 핵심으로 경제의 혁신을 추진해야 한다는 목표였다. 결국 지식 경제를 건설하여 세계의 주도권을 다시 유럽으로 가져오겠다는 원대한 계획이 수립되었던 것이다.

그러나 2010년의 목표 해가 다가오는 현재 리스본 아젠다가 제시하였듯이 유럽연합이 세계 경제에서 선두를 탈환했거나 그럴 가능성을 보여주고 있다고 하기는 어렵다. 21세기 초반 유럽 주요국 정치는 지속적인 유럽 좌파의 집권이 이루어 지지 않았다. 2001년 이탈리아에서는 베를루스코니 우파 정권이 집권하여 2006년까지 지속되다가 잠시 프로디 좌파 정권으로 바뀌었다가, 2008년 베를루스코니가 다시 집권하였다. 2002년 프랑스 대선에서 사회당은 결선 투표에도 참여하지 못하면서 정권을 잃었고 2007년에는 사회당 루아얄 후보가 드골파 사르코지에게 패배하였다. 독일의 슈뢰더 사민당 정권은 2005년 선거 결과로 메르켈(A. Merkel)에게 총리 자리를 양보하면서 기민당과의 연정을 형성할 수 밖에 없었다. 영국의 노동당 블레어 총리만이 연거푸 총선에서 승리하여 계속 집권하였고 브라운이 그를 이어 집권하고 있지만, 사실 영국 좌파는 가장 신자유주의적인 성향을 도입한 세력이라는 점을 감안해야 할 것이다. 결국 유럽은 사회적 자본주의 모델을 만들지도 못하고 그렇다고 미국식 신자유주의 경제로 전환을 적극 추진하지도 못하는 상황에서 우왕좌왕하고 있다고 표현하는 것이 정확할 것이다.

　이러한 현실은 유럽연합이 안고 있는 구조적인 문제에서 비롯된다고 할 수 있다. 위에서 살펴보았듯이 프랑스, 독일, 이탈리아, 영국 등 주요 국가들의 정치 일정이 제각각으로 진행되는 바람에 유럽의 역량을 동원하여 한 방향으로 추진하기가 무척이나 어려운 현실이다. 자칫 잘못하면 유럽은 이러한 경제적 단일성과 정치적 다양성의 모순 속에서 헤어나오지 못하고 장기간 마비되는 불행을 경험할 수도 있다. 경제적 단일성이란, 같은 유럽연합의 틀 속에서 상호 의존적인 경제를 가지고 있는데 정치적 힘을 모을 수 없는 각국의 정치 체제와 주기 때문에 혁신적인 정책이나 개혁을 추진할 수 없는 상황을 뜻한다.

유럽연합이 극복해야 할 두번째 도전은 중·동유럽 국가들의 가입을 원만하게 소화하는 것이다. 1차 협상 대상국으로 지정되었던 헝가리, 체코, 폴란드, 슬로베니아, 에스토니아, 그리고 2차 협상 대상국이었던 국가 중에서 슬로바키아, 라트비아, 리투아니아는 예상보다 빨리 2004년 조기에 가입하였다. 사실 상 2010년대나 2020년대에 가서야 가입이 성사될 수 있을 것으로 보였던 루마니아와 불가리아도 2007년 조기에 가입하는데 성공하였다.

우리는 이들 중·동구 국가들에 대해 두 시기로 나누어 문제가 제기될 수 있다고 예상했었다. 첫째로 가입 이전의 시기에 성공적인 민주주의 정치 체제의 수립과 시장 경제로의 이행을 완수해야 하는 문제였다. 만일 이 기간에 시장 경제로의 순조로운 이행에 실패하고 경제 위기에 돌입하게 되면 정치적인 안정이 훼손되면서 권위주의 체제가 수립될 가능성도 높아지고, 최악의 경우에는 유고와 같은 내전 상황이 발생할 수도 있었다. 하지만 중·동구는 이러한 우려와는 달리 상당한 정치 경제적 안정의 양상을 보여주었고 그 결과 유고와 같은 불행을 겪지 않고 빠른 시일 내에 유럽연합에 가입하는데 성공하였다. 실제로 유럽연합에 가입을 앞두고 있다는 사실은 경제적으로 많은 유럽연합 선진국들의 투자를 의미하였고 이러한 경제 상호 의존성의 심화가 이들 이행 국가들의 정치 경제 안정에 크게 기여하였다고 말할 수 있을 것이다.

둘째, 가입 이후의 시기에는 신규 회원국인 중·동유럽 국가들과 기존 회원 국가들 간에 유럽연합의 사업 예산 배정을 둘러싼 마찰이 심해질 가능성이 높은데, 이미 지중해권의 남유럽 국가들은 이러한 점을 우려하고 있다는 점을 지적하였다. 또한 경제 발전 수준에서 큰 차이를 보이는 중·동유럽 국가의 주민들이 보다 풍요로운 서유럽 지역으로의 대규모 이민을 시도할 가능성이 있는데, 이는 앞서 지적한 서유럽 국가의 심각한 실업 문제를 더욱 악화시킬 수 있다는 점 역시 예상하였다. 이와 동시에 유럽연합의 동진은 회원국의 수를 20여 개국 이상으로 늘리는 결과를 가져오는데, 이에 따르는 운영의 비효율성 문제로 많은 비판을 받고 있는 현재의 제도로 21세기의 보다 확대된 거대한 유럽연합을 운영할 수는 없을 것이다.

예산 배분에 있어 기존 회원국과 신입 회원국의 문제는 예측했던 바와 같이 상당한 내부적 대립과 모순을 초래하였다. 신입 회원국들은 더 많은 지원을 얻어내려고 노력하였고, 기존 지원을 받던 국가들은 기득권을 포기하지 않으려고 하였다. 또한 예산에 있어 재정적 기여를 하고 있던 부국들은 부담을 줄이려고 목소리를 내었다. 물론 유럽연합 내부의 분배의 정치는 다행히도 이런 문제들을 협상을 통해 해결해 내는데 어느 정도 성공을 거두고 있다고 평가를 내릴 수 있을 것이다.

중·동구 인력의 이민 문제는 유럽연합 기존 국가들이 각각 다른 원칙을 적용하였다. 물론 전체적으로 보면 유예 기간을 두어 노동력의 자유로운 이동이 곧바로 시행되지는 않았고 점차적으로 자유화될 것이기 때문에 영국과 같이 자유로운 노동 시장을 추구하는 회원국들만이 이민의 문을 활짝 열었다. 이로써 상당수 신입 회원국 노동력이 영국 시장으로 집중된 바 있다. 다른 한편 불법 이민 문제는 처음에 우려하던 것보다는 그다지 심각하지 않았는데 그 이유는 아마도 유럽연합으로의 조기 가입으로 인해 이들에 대한 상당한 투자와 경제 활성화 효과가 이민의 물결을 막는데 도움을 주었기 때문일 것으로 판단된다.

마지막으로 유럽연합의 회원국 증가로 인한 비효율성의 문제를 해결하는 방안은 유럽연합의 민주적 정통성을 강화함과 동시에 초국가적 정책 결정을 유도하는 것이 있는데, 이는 초국가기구로서 유럽연합의 위상 강화라는 점에서 기존 회원국 정부와 국민의 반발을 초래할 가능성이 높다고 예상하였다. 결국 유럽연합의 확대에 따른 제도적 도전은 회원국의 적극적인 정책 참여를 유지하면서 새로운 제도적 방안을 고안해 낼 수 있는 능력에 해결의 실마리를 두고 있는 셈이다. 사실 유럽 헌법은 이러한 문제를 인식하고 해결하려는 본격적인 첫번째 시도였다. 유럽 헌법은 비효율성의 문제를 단숨에 해결할 만한 강력한 제도를 도입하는 것은 아니었고, 다만 이러한 개혁을 시작하는 상징적인 기초 작업에 해당하는 변화였다. 그러나 이러한 시작조차 프랑스와 네덜란드에서 장애에 부딪치게 되었고, 이를 해결하기 위해 만들어낸 리스본 조약 역시 아일랜드에서 국민투표 부결의 복병을 만난 것이다. 유럽적 자본주의의 창출이 난관에 봉착하였듯이 확대에 이은 제도적 혁신 문제도 미로에 빠져 있는 셈이다.

유럽연합에 대한 세번째 도전은 유럽의 정체성의 위기(identity crisis)에 있다. 유럽은 공동 시장, 단일 시장, 단일 화폐 등 경제적인 이익을 도모하면서 자신의 정체성을 실현해 왔다. 정책적으로 그리고 대외적으로는 다른 국가들과 협상을 하면서 하나의 정체성을 만들어 왔고 하나의 제도적 기반을 통해 정체성을 구축하려고 노력해 왔다. 하지만 유럽연합은 거대한 시장과 강력한 화폐, 복잡한 제도와 절차만 가지고 있을 뿐 정체성의 기본이 되는 정신을 결여하고 있다는 비판을 받고 있다. 실제로 정체성은 객관적인 이해관계와 제도나 절차 등을 통해서 형성되기 보다는 주관적인 정신적 유대감과 소속감에 기초하고 있기 때문이다. 유럽 정체성의 문제는 이 같은 정신적 유대감과 소속감을 너무나 다양한 여러 민족들 사이에 새로 창출해 내야 한다는 점이다. 물론 새로 창출한다고 해서 모두 새로운 것은 아니다. 민족 국가들이 자신의 정체성을 확립하는 과정에서 과거의 건국 신화나 종교를 재발굴하였듯이 유럽의 일부에서도 그리스-로마-기독교 문명으로 연결되는 서구 문명에서 유럽의 정체성을 찾으려는 노력이 있었다. 하지만 다른 일부에서는 이 같은 과거 지향적인 정체성보다는 미래 지향적 정체성을 구축해야 한다고 주장한다. 일례로 개인의 자유와 인권을 보장하는 정치 및 경제 체제, 파괴적일 수 있는 시장적 기제와 사회적 기제의 적절한 보완을 통해 형성된 사회적 자본주의 모델, 법의 원칙이 지배하는 법치 국가의 모델, 국민 국가와 유럽연합에 가지는 유대감과 소속감의 다원화 등이 새로운 유럽의 정체성을 만들어 내는데 핵심적인 요소로 거론되고 있다. 문제는 인간의 감성에 호소하는 과거 지향적 정체성에 비해 이성에 기초한 미래 지향적 정체성은 만들어 내기도 훨씬 어렵고, 이를 대중적으로 전파 확산시키기는 더더욱 어렵다는 데 있다. 유럽이 이러한 합리적 이성적 정체성을 생산하고 일반화 시키는데 성공한다면 이는 위고가 예언한 대로 '인류' 라는 민족의 생성에 초석이 될 것이다.

정체성과 같은 문화 현상은 대표적으로 무척이나 느린 속도로 변화하는 영역이다. 그럼에도 불구하고 일부 연구자들은 유럽연합 내에서 일종의 가치 수렴 현상이 일어나고 있다고 지적하고 있다. 컬저와 같은 학자는 유럽 통합이 시장의 통합 뿐아니라 문화적 수렴 현상으로도 표출되고 있다고 주장하였다. 그는 세 가지 사례를 통해 설명하고 있는데 네덜란드의 마약 정책, 북구의 주류 정책, 그리고 아일랜드의 성에 관한 태도를 예로 들고 있다. 네덜란드는 마약의 복용에 대해 상대적으로 관용적인 태도를 보여 왔다. 스칸디나비아 국가들은 반대로 술의 소비에 대해 청교도적인 시각에서 제한을 가하는 문화적 정책적 성향을 가지고 있었다. 그리고 아일랜드는 전통적인 가톨릭 국가로서 성과 관련되어 가장 보수적인 법제와 가치관을 가지고 있었다. 그러나 유럽 통합이 추진되면서 다양한 루트를 통해 이러한 국가별 문화적 특성들이 사라지고 유럽 전체적인 수렴 현상이 나타난다는 것이다. 네덜란드의 마약 통제는 강화되는 한편, 북구의 주류 정책과 아일랜드의 성에 대한 제도는 완화 또는 개방화되어 간다는 설명이다. 이러한 연구 결과의 방향은 유럽 통합이 아주 느린 속도이기는 하지만 문화 영역에서도 서서히 이루어져 가고 있다는 사실을 보여 주고 있다.

유럽 통합의 역사는 이미 반세기를 넘어 섰다. 유럽의 민족들이 하나의 민족처럼 의원들을 뽑기 위해 투표한지도 이미 사반세기를 넘어 섰다. 유럽연합이라는 정치 경제 연합이 출범한지는 이제 10년이 넘었다. 유로라는 같은 화폐를 사용한 것도 10주년을 맞았다. 그리고 아직도 유럽은 새로운 회원국과 민족들을 그 구성원으로 받아들이고 있다. 유럽은 여러 번 지적했듯이 바벨탑이다. 그러나 다양한 언어를 사용하는 다양한 민족들은 언제나 유럽의 현실이었다. 중요한 것은 유럽이 바벨적 현실이라는 것이 아니라 하나의 탑을 형성하였다는 점이다. 물론 유럽연합이라는 바벨탑은 성경에서처럼 버려질 수도 있지만 오히려 위고가 예측하였듯이 인류를 비치는 등불이 될 수도 있다.

유럽연합이 위의 세 가지 중요한 도전을 이겨낼 수 있다면, 이는 유럽연합뿐 아니라 전 세계적으로도 기여할 수 있을 것이다. 유럽의 경제적 위기 극복의 방향이 배타적이고 착취적이며 불평등을 확대 재생산하는 방향이 아니라, 사회적 고민을 해결하려는 의지를 반영하고 있다는 점에서 세계 경제의 주도적 흐름이 되어 버린 야만적 자본주의의 방향을 재조정하는 데 기여할 것이다. 또한 유럽연합의 성공적 확대와 제도적 개혁은 일단 세계의 한 구석에 거대한 평화 안정 지역을 구축함과 동시에 다른 지역에도 이러한 평화적 방법을 통한 통합의 선례가 될 수 있을 것이다. 그리고 이성에 기초한 유럽의 정체성 수립은 궁극적으로 민족 감정이 지배하는 세계 다른 지역에 새로운 문제 해결의 모델을 제공할 것이다.

누가 21세기를 주도할 것인가

하나의 유럽은 이미 상당 부분 이루어져 있고 또한 앞으로도 계속해서 만들어져 갈 것이다. 유럽의 통합은 독일의 통일과 같이 어느 특정 시기에 전격적으로 이루어진 것이 아니라 긴 시간 동안 경험이 축적되고 교류의 밀도를 높여 가면서 추진된 것이기 때문이다. 이러한 유럽의 통합은 평화적인 안정 지역의 구축, 인간의 얼굴을 가진 자본주의와 이성적 원칙에 기초한 정체성이라는 차원에서 인류가 지향해야 할 방향을 선구적으로 보여주고 있다고 앞에서 요약하였다. 그러나 이러한 가치 지향적 논의를 접는다면, 유럽연합의 미래와 관련된 현실적인 관심 사항은 21세기에 누가 세계를 주도할 것인가 하는데 있다. 여기서 세계 '지배'가 아니라 '주도'라는 말을 선택한 까닭은 지배의 논리는 이미 냉전의 종식과 함께 상당 부분 그 의미를 상실했다고 보기 때문이다.

21세기는 유럽연합과 미국이 세계 주도권을 놓고 벌이는 각축의 장이 될 가능성이 높아 보인다. 물론 일본, 중국, 인도 등의 국가들도 앞으로 상당한 영향력을 행사할 것으로 예측되고 있지만, 이들이 적어도 21세기의 초반기에 세계적인 차원에서 국제 질서를 재편할 만큼의 구조적 영향력을 행사하리라고 보기는 어렵다. 일본은 현재 과학 기술 부문에서 세계 첨단을 달리고 있고, 무역 흑자의 누적으로 세계의 자본가로 행세하고 있지만, 일본식 자본주의 모델이나 정치 모델을 보편적인 국제 모델로 제시하는 데는 실패하였다. 이는 일본의 제한된 국가 규모에도 그 원인이 있지만 세계적 리더십을 발휘하고자 하는 책임과 의지의 차원에서 가지는 한계도 보여준다. 중국이나 인도는 2020년 또는 2050년이 되면 미국이나 유럽의 생산 규모를 능가할 것이라는 예측도 나오고 있다. 하지만 중국이나 인도의 현재 경제 발전 속도가 지속될 것이라는 가정은 너무 낙관적일 수 있으며, 실제로 이들의 경제 규모가 미국과 유럽을 능가하더라도 세계의 지적 문화적 주도권, 금융산업이나 통화 질서와 같은 부분에 있어서의 구조적 권력, 보편적 사회 모델로서의 리더십 등은 여전히 미국 유럽 중심으로 남아 있을 가능성이 높다. 미국과 유럽의 경쟁 관계 속에서 현재 미국은 유럽보다 우위에 있지만, 하나의 유럽은 미국 주도의 국제 질서에 도전장을 던질 것으로 보인다. 단일 시장과 단일 화폐의 완성은 미국의 세계 경제 주도력에 맞설 수 있는 유럽 경제 하부 체제의 완성으로 볼 수 있다. 그동안 미국은 달러라는 세계 기축 통화 발행국으로서의 많은 이점을 누려 왔다. 그러나 단일 화폐 유로의 등장은 달러라는 단일 기축 통화 체제에 대한 강력한 도전이 될 수 있을 것이다.

유럽의 경제적 통합은 이미 상당 부분 완성된 모습을 갖추어 가고 있는데 반해 정치적 통합은 그야말로 21세기 미래의 과제로 아직 남아 있다. 유럽의 앞마당이라고 할 수 있는 구 유고연방 지역의 갈등 해결조차 미국의 결단과 군대 파견이 없으면 제대로 해결되지 않는 상황이다. 유럽 국가들은 각각 자국의 이익과 외교적 전통에 기초하여 행동을 취하기 때문에 공동의 정책을 기대하기는 매우 어려운 것이 현실이다. 외교 안보 분야에서 유럽의 정치적 통합은 21세기에도 상당 기간 분열된 모습을 면하기 어려울 것으로 예상된다. 군대야말로 국가의 민족적 정체성이 고스란히 담겨 있는 최후의 보루라고 할 수 있으며, 군대의 통합이 전쟁이 아닌 평화적인 방법으로 완결된 사례는 역사적으로 전무하다. 따라서 예측 가능한 미래에 유럽연합 군대가 미국 군대와 같이 해외에 주둔하면서 영향력을 행사하는 모습을 보기는 힘들 것이다. 그러나 대규모 군사 행동을 제외한 분야에서는 정치적 통합이 점진적인 발전을 이룰 것으로 예측된다.

결론적으로 유럽연합은 미국을 대체하고 세계를 지배할 수 있는 세력으로 성장하기에는 근본적인 한계를 가지고 있다. 하지만 미국이 군사적 지배력을 계속 보유하고 있다고 해서 경제 통화 기술 등 다른 영역에서의 열세를 극복하는데도 명백한 한계가 존재한다고 보긴 어렵다. 강력한 군사력에도 불구하고 경제 체제의 비효율성과 정치적 통제력의 상실로 인한 소련의 해체에서 우리는 이러한 사례를 충분히 확인하였다. 21세기 미국과 유럽연합의 경쟁 관계에서 중요한 고리는 경제력과 군사력의 상호 관계에 있다고 볼 수 있다. 전반적으로 유럽은 군사력에서는 미국에 대한 열세를 극복하지 못할 것으로 보이지만, 적어도 경제적인 면에서 미국을 능가할 수 있는 잠재력을 키워가고 있다. 미국이 경제적인 경쟁에서 유럽연합에 뒤처지게 된다면 미국의 군사적 패권도 적지 않은 위협을 받게 될 것이다.

미국과 유럽의 경쟁 속에서 일본, 중국, 러시아, 인도 등의 세력은 사안과 상황에 따라 합종연횡을 반복할 것으로 예상할 수 있다. 우리는 21세기 초 여러 사안에서 이러한 복잡한 세계를 경험하고 있다. 북 핵 문제 또는 이란 핵 문제에 있어 미국과 일본은 튼튼한 동맹을 자랑하며 강력한 제제를 주장하고 있는 반면 중국과 러시아는 제제보다는 대화를 통한 해결을 강조하고 있다. 이런 양분된 세계에서 유럽연합은 오히려 중립적인 입장을 보여주고 있다. 경우에 따라서는 미국이나 일본 측의 제제를 지지하기도 하고, 중국이나 러시아 측의 대화를 선호하기도 한다. 다른 한편 이라크 전쟁은 유럽연합의 분열을 가져왔다. 영국, 이탈리아, 에스파냐, 폴란드 등은 미국 일본 측에 동참하였고, 프랑스와 독일은 오히려 러시아 중국과 같은 반전 세력으로 자리매김 하였다. 이탈리아와 에스파냐는 정권 교체 및 미국과의 갈등을 이유로 이미 철군하였고 지금은 미국과 영국 조차도 철군을 논의하고 있는 실정이다.

지구 온난화를 방지하기 위한 교토 의정서에 관해서는 유럽연합과 일본 등이 강력한 추진을 원하고 있는 반면 미국은 서명한 뒤 비준을 하지 않으면서 온난화의 실질적 위험이나 과학적 기준 등에 대해 의문을 제기해 왔다. 유럽연합은 강력한 추진 세력으로 러시아의 의정서 비준을 얻어냈다. 2004년 러시아 푸틴 대통령은 세계무역기구 가입에 있어 유럽연합의 지지를 조건으로 교토 의정서를 국내의 반대에도 불구하고 비준하기로 결정하였다. 다른 한편 중국과 인도는 자국 국민들의 낮은 일인당 가스 배출량을 내세우며 선진국들이 허리띠를 졸라매야 한다고 주장하고 있다.

미국은 동아시아에서 중국의 부상을 가장 염려하고 있는 것으로 판단된다. 따라서 일본과의 동맹 관계를 강화하면서 중일 간의 경쟁을 촉발시키고 일본을 통해 중국을 견제하려는 양상을 보여주고 있다. 마찬가지로 중국과 인도 사이의 경쟁을 초래하여 인도로 하여금 중국을 남쪽에서부터 견제토록 하려고 한다. 사실 미국의 외교가 파키스탄과의 전통적인 동맹 관계에서 인도로 최근 기울어져 가고 있는 현실은 중국이라는 변수가 상당히 강력하게 작용한 것으로 보인다.

에너지 자원의 확보는 21세기의 중요한 외교 과제로 등장하였다. 미국의 이라크 침공도 이러한 시각에서 분석할 수 있는데, 러시아는 주요 에너지 자원 보유국으로 유럽연합을 위협하기도 하고, 동아시아에서는 중국과 일본 사이에 경쟁을 부추기기도 하였다. 중국은 자국의 지속적인 경제 발전을 뒷받침할 수 있는 자원을 확보하기 위해 아프리카라는 전통적인 유럽연합과 미국의 영향권에 침투하는 모습을 보여주고 있다. 2006년 개최된 중국 아프리카 정상회의는 바로 이러한 외교 방향의 증명이며, 중국은 개발 원조를 통해 자신의 영향력을 확대하려고 노력하고 있다.

결국 미국과 유럽의 구조적인 권력을 바탕으로 일본, 중국, 러시아, 인도 등이 참여하는 영역마다 각기 상이한 질서가 변화 무쌍하게 형성되고 있다고 볼 수 있을 것이다. 유럽은 우리가 생각하는 것보다 훨씬 자유롭고 대등한 입장에서 미국과의 관계를 유지하고 있다. 이는 21세기 들어 미국을 추종하는데 급급하였던 일본과는 다른 모습이라고 할 수 있는데, 이러한 차이는 같은 민주주의와 시장경제라는 가치를 공유하면서도 외교 무대에서 얼마든지 다른 정책을 추구할 수 있다는 새로운 가능성을 보여 주고 있다고 할 수 있다.

이 책의 마지막 작업을 진행한 2008년 후반기부터 2009년 전반기 사이에도 거대한 변화들이 있었고, 결장에서 이에 대해 추가로 언급을 하지 않을 수 없다. 우선 2008년 9월 미국의 대표적인 금융회사인 리만 브라더스의 파산을 신호탄으로 세계 경제는 1929년 대공황을 버금간다는 침체와 위기를 맞았다. 이 위기는 몇 가지 교훈, 또는 적어도 인식의 전환을 가져 왔다. 첫째 1970년대 브레튼 우즈 체제의 붕괴 이후 세계적으로 진행된 금융 중심 자본주의의 발전이 가진 취약성을 노출하였다. 따라서 금융의 자유화, 개방화, 탈규제에 앞장 선 미국은 가장 심각하게 타격을 받게 되었던 것이다. 반면 이런 움직임에 동참하기는 했지만 자국의 금융 체제는 보수적으로 운영해 온 유럽, 특히 프랑스와 독일 중심의 대륙 유럽은 상대적으로 위기의 영향을 적게 받고 있다. 둘째 미국과 유럽은 위기의 충격이 미치는 과정에서 서로 다른 사회 모델임을 드러냈다. 미국은 경기 침체가 실업의 급속한 증가와 경제 활동의 급격한 침체로 곧바로 연결된 반면 유럽에서는 복지 국가 체제가 위기의 일차적인 방파제 역할을 담당하고 있는 것으로 분석되었다. 셋째 위기를 극복하기 위한 처방에 있어서 미국과 유럽은 대립적인 기조를 보였다. 미국은 감세와 지출 증대의 재정 정책을 통한 경기 부양을 강조한 반면 유럽연합은 세계 금융에 대한 규제와 감시의 필요성을 역설하였다. 조세 피난처와 헤지 펀드 등에 대한 세계적 차원의 통제가 필요하다는 인식이었던 것이다.

다음은 미국에서 8년간 지속된 부시 행정부가 막을 내리고 정치사적 의미를 가진 오바마(B. Obama)의 대통령 당선과 신행정부 등장을 들 수 있다. 아직 오바마 행정부의 정책 방향에 대해 속단하기는 이르지만 과거 부시(G. Bush) 행정부와 비교했을 때 몇 가지 중대한 변화를 감지할 수 있다. 미국은 자신의 이상만을 독단적·일방적으로 주장하기 보다는 다른 세력과 협력하고 타협하려는 모습을 보여 주고 있다. 미국은 아프가니스탄과

이라크에서 벌인 전쟁의 지속과 실패를 통해 상당 부분 자신감을 상실하였고, 다른 세력과의 협력만이 현실적인 해결책을 제공할 수 있다는 사실을 인식한 듯하다. 경제 위기가 개혁의 범위와 속도를 강화하기는 하였지만 민주당과 오바마는 이미 미국에서 복지 제도의 강화에 대한 구상을 갖고 있었다는 점에서도 신자유주의적 부시 행정부와는 차이점을 갖고 있다. 다른 한편 오바마 행정부는 과거보다 노동계급과 중산층의 이익 보호에 민감하기에 무역에서의 보호주의나 더 전반적으로 미국 경제 국익의 수호에 상대적으로 더 적극적일 가능성 또한 높아졌다. 협력적인 외교 정책의 패턴에도 불구하고 유럽을 비롯한 다른 세력과의 마찰 가능성이 높아졌다는 의미이다.

끝으로 경제위기, 미국의 정치적 변화와 함께 급격히 부상한 새로운 요인으로는 중국의 적극적인 세력화를 손꼽을 수 있다. 전 세계 경제가 위기와 침체를 맞고 있음에도 불구하고 중국은 여전히 성장을 계속하고 있다는 점에서 상대적으로 위기의 수혜자라고 할 수 있다. 게다가 중국은 세계 최고의 외환보유고를 바탕으로 미국의 경기 부양에 필수적인 국채시장을 좌지우지하는 입장으로 부상하였다. 세계의 공장일 뿐 아니라 세계의 자본가의 역할도 담당하게 된 셈이다. 중국은 이 기회를 틈타 세계 통화 질서의 재편과 같은 구조적인 문제를 제기하고 있으며, 이제 세계의 여론도 미국과 중국이라는 양대 세력의 대립 구도를 자연스럽게 받아들이고 있는 듯하다. 물론 이런 미중 구도가 과거 미일 구도처럼 백일몽으로 끝날지, 아니면 미소 구도처럼 장기간 지속될지 확언하기는 어렵지만 2009년 봄 현재 그 모습을 확연히 드러낸 것만은 확실하다.

이같은 국제적 변화는 유럽연합에도 새로운 과제를 안겼다. 가장 커다란 문제는 세계적 경제 위기라는 총괄적 충격이 이제 10년을 맞은 유로 단일 화폐권을 강타했다는 점이다. 유로권은 미국이나 영국에 비교했을 때 금융 위기의 정도는 상대적으로 약하지만 정책적 경직성은 무척 높기 때문에 더 많은 어려움을 겪을 수도 있다. 통화 정책은 보수적인 유럽중앙은행이 독점하고, 재정 정책은 각각의 회원국 정부가 보유하고 있기 때문이다. 또한 경제 위기는 대량 실업의 확산과 사회적, 정치적 혼란을 초래하여 반유럽적 또는 반통합적 세력의 강화를 가져올 수 있다. 이런 점에서 2009년 6월 예정된 유럽의회 선거는 하나의 시험이 될 것으로 예상된다. 대외 정책에 있어서는 과거 일방적인 부시 행정부 때와 비교했을 때 유럽과 미국의 협력 가능성이 높아졌다고 할 수 있으며, 구조적으로도 중국의 부상과 중미 대립은 유럽의 중재자적 역할을 더욱 강화한다고 조심스럽게 예상할 수 있다.

이상에서 논의한 내용들을 종합하여 볼 때 그동안 우리는 너무나 근시안적인 태도로 우리의 미래와 국제 관계를 다루어 왔다는 점을 반성해야 할 것이다. 지난 19세기 말 한반도 내에서 개국을 둘러싼 정쟁으로 힘을 소진하는 동안 동서양의 강대국들은 우리의 운명을 그들끼리 결정해 버렸다. 당시 우리의 지식인과 정치인들이 중국 중심의 세계관에 갇혀 다가오는 미래를 명확하게 판단하지 못했듯이, 20세기 말 한국이 지나치게 미국 중심의 세계관에 종속되어 있지는 않은지 우리 자신을 비판적으로 살펴보아야 할 것이다. 미국은 소련의 붕괴에 따라 세계의 유일한 초강대국으로 군림하고 있지만, 유럽연합의 등장은 국제 정치 경제적 세력 관계의 변화 가능성을 높여 주고 있다. 그럼에도 불구하고 유럽연합에 대한 우리의 논의와 관심의 정도는 여전히 그리 높지 않은 실정이다. 역사는 반복될 수 없지만 실수는 반복될 수 있다는 것을 기억해야 할 것이다.

참고문헌

조홍식, 2006, 『유럽통합과 민족의 미래』, 푸른길.

Paulette Kurzer, 2001, *Markets and Moral Regulation: Cultural Change in the European Union*, Cambridge: Cambridge University Press.

S. Garcia (ed), 1993, *European Identity and the Search for Legitimacy.* London: Piuter Publishers.